AF196782

Hans-Ulrich Wehler

Der Nationalsozialismus

Hans-Ulrich Wehler

Der Nationalsozialismus

Bewegung, Führerherrschaft, Verbrechen
1919–1945

Verlag C.H.Beck

Satz: ottomedien, Darmstadt
Druck und Bindung: cpi – Ebner & Spiegel, Ulm
Gedruckt auf säurefreiem, alterungsbeständigem Papier
(hergestellt aus chlorfrei gebleichtem Zellstoff)
Printed in Germany
ISBN 978 3 406 58486 2

www.beck.de

Inhalt

Vorwort

Oft wird die Frage nach einer knappen Geschichte des Nationalsozialismus aufgeworfen, die sich auf der Höhe des gegenwärtigen Forschungsstandes und Reflexionsniveaus befindet. Die Frage stellen immer wieder Lehrer, Studenten, Leistungskursschüler, Journalisten, Tagungsleiter, Akademiemitarbeiter, allgemein interessierte Staatsbürger – mithin tut das keine kleine Gruppe von Interessenten. Umfangreiche, nicht selten mehrbändige Darstellungen gibt es zwar in genügender Zahl (etwa von Kershaw, Evans, Knox, Payne), auch kann man sich schnell über das «Dritte Reich» und die Weimarer Republik informieren (bei Frei, Dülffer, Benz, Hildebrand – Peukert, Winkler, H. Mommsen, Kolb) oder auch auf erhellende biografische Essays über Hitler zurückgreifen (Haffner, Stern, Kershaw). Doch fehlt es erstaunlicherweise noch immer, mehr als sechzig Jahre nach dem Untergang des Hitler-Regimes, an komprimierten Analysen, welche sowohl den Aufstieg des Nationalsozialismus zur Massenbewegung bis 1932 als auch die Führerherrschaft seit 1933 bis hin zum Vernichtungskrieg und Genozid unter einleuchtenden Sachgesichtspunkten, dazu mit zugespitzten Formulierungen präsentieren, um die Auseinandersetzung mit diesen beiden Phasen zu erleichtern.

Darum bemüht sich der vorliegende Band. Er stützt sich auf die Spitzenleistungen der einschlägigen Forschungsliteratur, konkret aber auch weithin auf die Vorarbeiten in Band IV meiner «Deutschen Gesellschaftsgeschichte» (1914–1949). Sie sind an dieser Stelle freilich über mehrere Kapitel verteilt und deshalb vielleicht als zusammenfassender Überblick nicht voll zur Geltung gekommen. Dort sind sie vor allem Bestandteile der angestrebten umfassenden gesellschaftsgeschichtlichen Synthese. Hier dagegen steht eine keineswegs eng verstandene Politikgeschichte des Nationalsozialismus und des Führerabsolutismus eindeutig im Vordergrund. Dabei folge ich in der Gedankenführung, oft auch in den Formulierungen der «Gesellschaftsgeschichte», so dass man unmissverständlich klarstellen muss: Es handelt sich an diesen Stellen nicht nur um eine vielfach überarbeitete und ergänzte Orientierung an ihren politikgeschichtlichen Teilen, sondern auch um eine wörtliche Übernahme der früheren Ausführungen.

Gleich zu Beginn muss ebenfalls betont werden, dass dieser Band nicht einer der beiden geläufigen Theorien über die diktatorischen Systeme im Europa der ersten Hälfte des zwanzigsten Jahrhunderts folgt.

1. Die Faschismustheorie hat zwar in der kommunistischen Publizistik und Historiographie, dann dank der 68er-Bewegung die Verbreitung zu einer dogmatischen Interpretationsform erlebt. Sie ist jedoch im Hinblick auf den Nationalsozialismus und Hitler theoretisch wie empirisch in einer Sackgasse gelandet, aus der sie auch Ernst Noltes Verteidigung nicht hat herausführen können, da sie entscheidende Probleme des historischen Prozesses, wie er in Deutschland bis 1945 verlaufen ist, nicht angemessen zu erfassen, geschweige denn realitätsadäquat zu erklären vermag. Man kann zwar eine historisch haltbare, idealtypisch formulierte, undogmatische Fassung der Faschismustheorie entwickeln, die sie von den Schlacken einer spätmarxistischen Entwicklungslehre befreit. Doch sprengt selbst dann die deutsche, extrem radikalisierte Variante so oft den Idealtypus, dass eine andere Konzeption der Reparaturarbeit an diesem Typus vorzuziehen ist.

2. Nicht minder umstritten ist die Totalitarismustheorie, die auf die tendenzielle Gleichartigkeit faschistischer und kommunistischer Systeme zielt. Sie besitzt aber zum einen keinen Erklärungswert für die Phase des nationalsozialistischen Aufstiegs, und für die Regimephase erweist sie sich zum andern als nur begrenzt nützlich. Denn ihre konzeptionelle Starrheit wird der Extrempolitik des NS-Regimes, die etwa im Holocaust und im Slawenmord zu Tage trat, ebenso wenig gerecht wie seinen internen Wandlungsvorgängen. Andererseits aber sind totalitäre Züge dieses Regimes unleugbar zu erkennen, z. B. in dem Ziel, den «Volkskörper» durch radikale «Ausmerze» in eine rein arische «Volksgemeinschaft» zu verwandeln und den «neuen Adam» des arischen Herrenmenschen für die künftige Weltherrschaft zu züchten. Deshalb wird hier auch gelegentlich auf die unübersehbar rechtstotalitären Eigenarten der Führerherrschaft hingewiesen.

An Stelle der Faschismus- oder der Totalitarismustheorie werden hier zwei andere Konzeptionen wegen ihrer überlegenen Erklärungskraft bevorzugt. Das ist zum einen die Leitidee vom Radikalnationalismus als Mobilisierungs- und Integrationsdynamik, die seit dem Ersten Weltkrieg auch in Deutschland eine auffällig unheilvolle Rolle gespielt hat. In der nationalsozialistischen Massenbewegung wirkte sie sich, ungleich mächtiger als andere Antriebskräfte, als dominierende Motorik aus.

Zum anderen geht es um die aus Max Webers Politischer Soziologie stammende Strukturform der charismatischen Herrschaft, die im Hinblick auf Hitlers Herrschaft erst über die Partei, dann über Staat und Gesellschaft in ganz Deutschland eine überzeugende Erklärungskraft besitzt. Die abgehobene Sonderstellung des deutschen Diktators beruhte nicht nur auf seinem Personalcharisma, das ihm als politisches Talent eigen war, sondern auch und vor allem auf dem zugeschriebenen Charisma des Wundertäters, des Erlösers, des «zweiten Bismarck», das ihm aus breiten Segmenten der deutschen Gesellschaft erwartungsvoll angetragen wurde, als sich ihre Hoffnung zur Überwindung der existentiellen Krise zwischen 1918 und 1932 auf einen nationalen Messias und politischen Heiland als Retter aus aller Not richtete.

Es spricht viel für die Auffassung, die auf dem Abwägen der bisher konkurrierenden Interpretationen beruht, dass man mit diesen beiden Konzeptionen bei der Erfassung und Erklärung der Natur des Nationalsozialismus und der Führerherrschaft eindeutig weiter kommt, als wenn man sich auf einen faschismus- oder totalitarismustheoretischen Ansatz stützt oder aber die Anfälligkeit einer politischen Generation für autoritär-diktatoriale Regierungsformen zum eigentlichen Schlüsselphänomen erhebt. Ältere Argumentationsversuche, etwa den Nationalsozialismus auf die Entartungsneigung der modernen Massendemokratie oder auf eine Revolte gegen die Kriegsniederlage zurückzuführen, werden nicht mehr ernsthaft vertreten. Und dem historisch ahnungslosen Phantasiegespinst des von Daniel Goldhagen im Nationalsozialismus verorteten «eliminatorischen Antisemitismus», der angeblich seit Jahrhunderten in den tief verankerten Traditionen der deutschen politischen Kultur gespeichert gewesen sei und nur darauf gewartet habe, dass ihm der Nationalsozialismus die Schleusentore öffnete, ist ohnehin kein einziger sachkundiger Historiker, gleich in welchem Land, gefolgt. Schneller ist in der Geschichtswissenschaft noch nie die für kurze Zeit schillernde Seifenblase einer halsbrecherisch steil überzogenen These geplatzt.

3. Freilich kommt man mit Hilfe allein der Analyse von Nationalismus und charismatischer Herrschaft noch nicht dicht genug an die innerste Natur des Nationalsozialismus und damit an die mit ihm verbundene welthistorische Zäsur heran: an seine genozidale Mentalität und ihr Ergebnis: das Menschheitsverbrechen des Judenmords, dem der Planung zufolge nach dem Sieg über die Sowjetunion der Massenmord an 32 Millionen Slawen gefolgt wäre. Zwar war im extremen Nationalismus schon immer ein unbändiger Hass auf die vermeintlichen «Todfeinde» gespeichert; auch drängt sich die Konzeption der charismatischen Herrschaft geradezu auf, um die Legitimierung des Genozids durch den absoluten Führerwillen erklären zu können. Um aber nicht nur das Vernichtungsziel des Diktators, sondern auch die aktivistische oder zumindest gefügige Unterstützung des Genozids durch Hunderttausende, ja Millionen von Tätern und Helfern zu erfassen, bedarf es des Rückgriffs auf mentale Prägungen: durch den Jahrtausende alten christlichen Judenhass auf das «Volk der Christusmörder», auf den rassistischen und politischen Antisemitismus seit dem letzten Drittel des 19. Jahrhunderts, auf die rassistisch aufgeladenen Spielarten des Sozialdarwinismus und der Eugenikbewegung. Das Zusammenwirken dieser Strömungen, ihr Eindringen in den Kern der Kampfideologie einer politischen Massenbewegung, ihre Dominanz in der Vorstellungswelt ihres Volkstribuns, dem die Macht im Staat übergeben wurde, so dass erstmals ein fanatischer Antisemitismus mit uneingeschränkter Staatsgewalt und ungeahnt mörderischer Konsequenz praktiziert werden konnte – diese Vorbedingungen einer beispiellosen Katastrophe und dann ihr Verlauf selber müssen in dieser Analyse zur Geltung kommen. Dabei wird sich allerdings erneut herausstellen, welche Schlüsselrolle die charismatische Herrschaft Hitlers, der mit der Besessenheit seines Judenhasses Gleichgesinnte anzog und ihnen dann Aktionschancen verschaffte, auch in der «Judenpolitik» des «Dritten Reiches», insbesondere beim Holocaust gespielt hat, so dass sich die Erklärungskraft dieses Interpretationsansatzes wiederum bewährt. Um die zugespitzte These vorwegzunehmen: Ohne Hitlers charismatische Sonderstellung mit ihrem Monopol der Weltdeutung und Handlungsanweisung für den finalen Krieg zwischen Ariern und Juden wäre es nicht zum Holocaust gekommen.

Gegen die hier zugrunde gelegten Konzeptionen werden vermutlich bekannte oder auch neue Argumente geltend gemacht werden. Jeder Anhänger des agonalen Prinzips wird diesen Wettstreit der Ideen und der Erklärungsversuche begrüßen. Jedenfalls ist es an der Zeit, einige ausgefahrene Bahnen der Deutung des Nationalsozialismus und der Führerdiktatur zu verlassen und sich einer aussichtsreicheren Erklärung zuzuwenden.

Mancher wird auch fragen, warum Hitler nicht von vornherein, wie bisher schon so oft, als Großkrimineller, als Initiator und Exekutor eines Menschheitsverbrechens charakterisiert wird. Ein solches Urteil ist zweifellos berechtigt, voller moralischer Empörung auch leicht zu fällen. Doch es verstellt, weil es so plakativ und unstrittig zugleich ist, nur allzu häufig den Weg zu einer Erklärung von Hitlers Aufstieg und seiner zerstörerischen Macht, jahrelang getragen von der Begeisterung großer Teile der deutschen Gesellschaft. Deshalb geht es hier primär darum, den Entwicklungsgang und die politischen Fähigkeiten Hitlers zuerst einmal verständlich zu machen, ihn in die Rahmenbedingungen seiner Zeit einzuordnen, aber auch sein persönliches Talent als charismatischer Politiker hervorzuheben. Denn gerade diese Begabung wird von der geläufigen Kritik durchweg unterschätzt, so dass sie sich der Basis von Hitlers Erfolg und Machtposition nicht einmal nähern, geschweige denn sie überzeugend erfassen kann. Die Grundlage von Epochenbedingungen wie dem Radikalnationalismus, dem Personalcharisma und dem Antisemitismus verdient aber besondere Aufmerksamkeit, wenn wir die Ursachen der welthistorischen Wirkung dieser unheilvollen Figur und der von ihr geleiteten barbarischen Politik besser verstehen und erklären wollen. Auch dieses Unternehmen gehört zu den unaufschiebbaren Bemühungen um die Historisierung sowohl des Nationalsozialismus als auch des Phänomens Hitler.

Der Text wird nicht mit einem Anmerkungsapparat belastet, der angesichts der riesigen einschlägigen Literatur ohnehin nur die Spitze eines Eisbergs markieren könnte. Eine knappe Bibliographie soll aber die vertiefende Beschäftigung mit den behandelten Problemen erleichtern.

I. Die Aufstiegsphase

Jene Disziplin der Geschichtswissenschaft, die sich mit der deutschen Zeitgeschichte im «Zeitalter der Extreme», mithin in der ersten Hälfte des 20. Jahrhunderts beschäftigt, steht seit geraumer Zeit unter dem Imperativ einer entschlossenen Historisierung des Nationalsozialismus. Es geht nicht länger an, ihn – wie das geraume Zeit geschehen ist – als erratischen, fremdartigen, schwarzen Block, der den Normalverlauf der deutschen Geschichte aus unerklärlichen Gründen unterbrochen habe, gewissermaßen zu externalisieren, ihn auf die unheilvolle Tätigkeit eines aus Österreich importierten Asozialen zurückzuführen oder ihn als Exzess der modernen Massendemokratie einem gemeineuropäischen Phänomen anzulasten. Die Zeit dieser apologetischen Ausweichmanöver, die eine selbstkritische, argumentativ überzeugende Erklärung des von Deutschland ausgelösten «Zivilisationsbruchs» in den 1930er und 1940er Jahren verhindern, ist vorüber. Vielmehr geht es unzweifelhaft darum, den Nationalsozialismus sowohl in der Phase der politischen Bewegung als auch in der Phase des rechtstotalitären Regimes in jene Zusammenhänge einzuordnen, die der historische Prozess in Deutschland, aber auch in Europa geschaffen hat. Ihn in diesem Kontext genauer verstehen zu lernen – das meint der Begriff der Historisierung. Welche methodischen und theoretischen Probleme mit einer konsequenten Berücksichtigung dieser anspruchsvollen Maxime verbunden sind, wenn es darum geht, eine radikalnationalistische Massenbewegung, die Führerdiktatur, den staatlich organisierten Genozid und Vernichtungskrieg zu erfassen, wird im Verlauf der historischen Analyse erörtert werden.

Man muss sich zu Beginn vergegenwärtigen, dass der Begriff «Nationalsozialismus» keineswegs eine abwegige Fusion aus Nationalismus und Sozialismus verkörperte, wie sie in Deutschland zuerst nur eine bayrische Exotenpartei forderte, sondern zwei mächtige Ideensysteme des 19. Jahrhunderts zusammenführte. Im deutschen Sprachgebrauch war lange Zeit von Nationalbewusstsein, Nationalgefühl,

Patriotismus die Rede, als deren pejorative Variante der Nationalismus galt. Zum Teil hat sich diese negative Akzentuierung bis heute erhalten. Doch in der internationalen Forschung wird Nationalismus längst als relativ neutraler Allgemeinbegriff wie Liberalismus, Konservativismus oder Sozialismus verwendet. So auch hier.

Seitdem der Nationalismus seine durchdringende Gestaltungskraft im politischen Leben Europas, ja manchmal schon darüber hinaus, erwiesen und der Sozialismus, insbesondere in seiner marxistischen Variante, als Protest- und Reformbewegung seinen verblüffend schnellen Aufstieg erlebt hatte, lag, trotz aller Gegensätze, eine Annäherung dieser beiden Ideenkonglomerate in der Luft. Ein sozialistisch eingefärbter Nationalismus konnte mit seiner Gleichheitsidee an das programmatische Egalitätsdenken anknüpfen, das alle Nationsgenossen und -genossinnen im gemeinsamen Verband der Nation vereinen sollte. Ein national eingefärbter Sozialismus dagegen konnte den Internationalismus der organisierten Arbeiterbewegung abwerten und die Macht des nationalen Denkens für sich nutzen.

Es war kein Zufall, dass kurz nach dem Beginn des 20. Jahrhunderts diese Legierung von Nationalismus und Sozialismus erstmals im multinationalen Habsburgerreich auftrat. Denn dort wirkten die nationalisierenden Impulse, die mit den Nationalitätenkonflikten in den deutsch-tschechischen Mischsiedlungsgebieten Böhmens verbunden waren, auf die marxistische deutsche Arbeiterbewegung ein. Deshalb bildete sich in den letzten Vorkriegsjahren außerhalb der «Sozialdemokratischen Partei Österreichs» eine kleine «National-sozialistische Arbeiterpartei» deutscher Industrieproletarier heraus.

Wenig später fachte der Erste Weltkrieg nicht nur den Nationalismus in allen kriegführenden Staaten bis zur Gluthitze an, auch der Sozialismus wurde als Krisentherapie, die den kriegerischen Imperialismus der kapitalistischen Länder effektiv pazifizieren sollte, machtvoll aufgewertet. Im Deutschen Reich untergrub zum einen der auch in die Arbeiterschaft eindringende Kriegsnationalismus den überkommenen Internationalismus der Marxschen Geschichtslehre mit dem Ergebnis, dass der Kampf für den gefährdeten eigenen Nationalstaat als eine das Proletariat verpflichtende Aufgabe verstanden wurde. Zum anderen gewann freilich der linksmarxistische Internationalismus in den Reihen der «Unabhängigen Sozialdemokratischen Partei Deutschlands» und des «Spartakus-Bundes», des Vorläufers der «Kommunistischen Partei Deutschlands», durch den Kriegsverlauf mit seinen mörderischen Belastungen, nicht zuletzt wegen des Erfolgs der bolschewistischen Revolution, ebenfalls an Gewicht.

Während Repräsentanten des Nationalismus die konkurrierende Loyalitätsbindung des internationalistischen Sozialismus ganz so erbittert bekämpften wie die Protagonisten des Internationalismus den Nationalismus als Blendwerk einer kapitalistischen Ideologie verachteten, beschworen einflussreiche deutsche Intellektuelle unterschiedlicher politischer Couleur das angeblich unabweisbar symbiotische Verhältnis von Nationalismus und Sozialismus. Ob Friedrich Naumann und Oswald Spengler, Walther Rathenau und Ferdinand Tönnies, Ernst Niekisch und Arthur Moeller van den Bruck, Ernst Jünger und Werner Sombart, sie alle hielten, in wie unterschiedlichen Mischungsgraden auch immer, die Verbindung von Nationalismus und Sozialismus für eine unabweisbar heraufziehende Konstellation der Zukunft. Ob sie diese Verbindung begrüßten oder beklagten – die Fusion beider Strömungen galt ihnen als ein durchsetzungsfähiger Trend oder gar als historische Notwendigkeit.

Dass neben den mächtigen Lagern der nationalen Sozialdemokratie und der internationalen USPD und KPD eine nationalistische Zwergpartei 1919 in München, nicht aber in der von beiden Linksparteien erbittert umstrittenen Reichshauptstadt, entstand, war kein Zufall. Denn nach dem kurzlebigen, chaotischen Zwischenspiel einer roten Räterepublik im Frühjahr 1919, deren jüdische Spitzenfiguren dem Antisemitismus nur zu gelegen kamen, hatte der weiße Gegenschlag schwer bewaffneter Freikorpsverbände das Experiment um den Preis von mehr als tausend Toten niedergeschlagen. In der auf die Kriegsniederlage und Revolution folgenden Nachkriegszeit mit ihrer hektischen Suche nach verlässlicher Orientierung und Stabilisierung etablierte sich der Freistaat Bayern als «Ordnungszelle» des Reiches. Dieses Zentrum der mitteleuropäischen Gegenrevolution zog Unzufriedene magisch an. Sie verbanden einen militanten Antimarxismus mit antisemitischen und antidemokratischen Überzeugungen zu einer brisanten Mischung, welche die Suche nach einer neuen autoritären Ordnung anleitete.

In München wimmelte es damals geradezu von rechtsradikalen

Sekten und Verbänden, z.B. der «Thule-Gesellschaft», dem «Germanenorden», dem «Reichshammer-Bund», den Alldeutschen, den «Artamanen»; als erfolgreichste und mächtigste Organisation entpuppte sich seit dem Februar 1919 der hemmungslos antisemitische «Deutschvölkische Schutz- und Trutzbund», der es im Reich bis Mitte 1922 auf 200000 Mitglieder brachte. Zu diesen Splittergruppen gehörte auch die winzige «Deutsche Arbeiterpartei», die von dem alldeutsch beeinflussten Eisenbahnschlosser Anton Drexler gegründet worden war. Im Bierkeller, wo sich dieses Häuflein traf, tauchte im September 1919 als Spitzel des Münchner Reichswehrgruppenkommandos, das sich über die links- und rechtsradikalen Strömungen in München und Bayern auf diese Weise informieren wollte, ein Gefreiter des bayrischen Infanterieregiments Nr. 2 auf, der Adolf Hitler hieß. Binnen kurzem stieg er zur Spitzenfigur dieser Vereinigung auf, sicherte sich mit ultimativem Druck ihre formelle Leitung, trug dazu bei, ihr ein neues Programm zu verschreiben und sie auf «Nationalsozialistische Deutsche Arbeiterpartei» umzutaufen.

Von diesem Augenblick an verließ diese Partei die Peripherie des politischen Spektrums. Ihr Aufstieg zu einem weltbewegenden Phänomen in den folgenden zehn Jahren ist unauflöslich mit der Persönlichkeit Hitlers, mit seinen fixen Ideen, mit seinem politischen Talent, mit seinem Machtwillen verbunden. Er selbst verkörperte durchaus diesen dominierenden Einfluss, so dass sich Hitlers Anhängerschaft (seit 1928 auch offiziell auf den Wahlzetteln) «Hitler-Bewegung» nannte.

1. Der Radikalnationalismus als Grundkonstellation

Ehe jedoch auf diese Zentralfigur des neuen deutschen Rechtsradikalismus nach 1918 näher eingegangen wird, muss ein Blick auf die allgemeine Konstellation der 1920er Jahre geworfen werden, da dort wesentliche Erfolgsbedingungen für das Vordringen seiner Bewegung zu finden sind. Die Kriegsniederlage mit ihrem Absturz aus allen realitätsfernen Kriegszielillusionen, der revolutionär beschleunigte, plötzlich über Nacht erfolgende Zerfall der ein Jahrtausend alten monarchischen Ordnung und der Übergang in die von vielen ungeliebte Republik, der als Demütigung empfundene Versailler «Schandfrieden» und die ebenso als Kränkung wahrgenommene Abrüstung des verklärten Militärstaats, die Amputation des Reichsgebiets im Osten und im Westen sowie die alsbald einsetzende «Reparationsknechtschaft» – all diese in einem kurzen Zeitraum zusammengedrängten, schockartig wirkenden Erfahrungen steigerten den bereits während der Kriegsjahre übersteigerten Nationalismus zu einem tief traumatisierten, ressentimentgeladenen Radikalnationalismus, der gegen das vermeintliche Unrecht, gegen das Joch der von den Alliierten auferlegten Kriegsfolgen erbittert aufbegehrte. In der Folgezeit haben die Bürgerkriegserschütterungen und die Rheinlandbesetzung durch französische Truppen, die zerstörerische Hyperinflation und schließlich die schlimmste Depression des westlichen Kapitalismus, die Weltwirtschaftskrise seit 1929, die Auswirkungen dieses Syndroms traumatischer Erfahrungen noch weiter verschärft.

Eine grobe Unterscheidung lenkt auf zwei Varianten dieses deutschen Nationalismus in der Weimarer Republik hin. Dem konventionellen Nationalismus schwebte die Rückkehr zum verklärten Status quo des Kaiserreichs vor. Die Folgen dieser starren Traditionsfixierung darf man nicht unterschätzen, da die helle Folie der goldenen wilhelminischen Jahrzehnte dazu beitrug, die Misere der Nachkriegszeit, und das hieß auch immer: der Republik, in zusehends düsteren Farben erscheinen zu lassen. Der neue integrale, radikalisierte Nationalismus wollte auf dieses Ziel ebenfalls nicht verzichten, griff aber in seinen Leitvorstellungen weit darüber hinaus. Zum einen richtete sich seine dezidierte Massenorientierung auf die Mobilisierung aller Nationsgenossen und -genossinnen. Hatte sich der deutsche Nationalismus bislang oft auf die Gewinnung der bürgerlichen Klassen von Besitz und Bildung konzentriert, sollte jede soziale Eingrenzung jetzt endlich überwunden werden.

Der neue Nationalismus beschränkte sich aber keineswegs auf die Wiedergewinnung des kaiserdeutschen Status quo. Vielmehr visierte er eine neue Gesellschafts- und Staatsordnung an: Die Nation als eine von allen traditionalen Schlacken befreite, harmonisch zusammenlebende «Volksgemeinschaft», die oft auch bereits als meritokratische Leistungsgesellschaft konzipiert wurde, sollte jeden antiquierten Statusdünkel und verkrusteten Honoratioreneinfluss, vor allem aber die Sprengkraft des Klassenantagonismus endgültig überwinden. Diese neue innerstaatliche Gesellschaftsordnung konnte gegen den zu erwartenden heftigen Widerstand nur durch eine «permanente Revolution», wie das neue Modewort lautete, durchgesetzt werden. Insofern erfasste die Selbstcharakterisierung des neuen Nationalismus als «nationalrevolutionäre Bewegung» durchaus einen wesentlichen Aspekt seiner Programmatik.

Zugleich wurde durch den Erfahrungsschock seit 1914/1918, insbesondere durch den Umbau der einst mächtigen militärstaatlichen Monarchie in eine vielfach geschwächte Republik, die überkommene Hochschätzung des Staates scharf abgewertet. Seine Verkümmerung entzog der gängigen Staatsmetaphysik der politischen Theorie seit Hegels Zeiten den Boden. An seiner Stelle wurde jetzt das «deutsche Volk» sowohl als Garant der historischen Kontinuität als auch als Träger der nationalen Mission aufgewertet.

Damit aber öffnete sich ein Einfallstor für das Einströmen der «völkischen» Ideen. War «Volkstum» im frühen 19. Jahrhundert noch eine sozialromantische Idee, hatte es sich ein Jahrhundert später mit den Denkfiguren des Rassismus, des Sozialdarwinismus und des modischen Germanenkults aufgeladen. Im neuen Rechtsradikalismus der völkischen Verbände und Parteien, schließlich auch des Nationalsozialismus, fand das völkische Ideengemisch seine politische Heimat. Unter den Krisenbedingungen der Zeit steigerte es sich zu einem völkisch-rassistischen Auserwähltheitsglauben, der den klassischen Topos aller Nationalismen vom «auserwählten Volk» mit der noch gefährlicheren Idee von der auserwählten Rasse der Arier verband. Diese Leitidee diente jetzt nicht nur dazu, das akute Kränkungsgefühl und die realpolitische Schwäche zu kompensieren. Vielmehr überhöhte sie auch das Selbstwertgefühl, belebte das Sendungsbewusstsein und unterstützte nachdrücklich die Projektion einer glorreichen Zukunft, wie das der Nationalismus seit jeher getan hatte.

Innerhalb Deutschlands wurde der gereizte, ohnehin verletzte Nationalismus noch dadurch verstärkt, dass große deutschsprachige Minderheiten in jenen neugegründeten Nachfolgestaaten lebten, die seit 1918/19 aus dem Zerfall der multinationalen Großreiche hervorgegangen waren. In Polen etwa, in der Tschechoslowakei, in Ungarn, in Jugoslawien und in den drei baltischen Staaten waren sie an die Existenz als Herrenklasse oder doch als privilegierte ökonomische Führungsschicht gewohnt gewesen. Jetzt aber wurden sie von den neuen Staatsvölkern, die sie bisher nicht selten verachtet hatten, in einem wenig rücksichtsvollen Stil beherrscht. Die Spannungen, die durch dieses osteuropäische «Deutschtum im Ausland» heraufbeschworen wurden, haben zum einen den binnendeutschen Nationalismus weiter verschärft, zum andern aber in den deutschen Minderheiten einen auf das wahre, das deutsche Heimatland ausgerichteten Extremnationalismus stimuliert, der alsbald die jüngere Generation dieser «Volksgruppen» beseelte, so dass sie für die Parolen des Nationalsozialismus besonders anfällig wurden.

Die explosive Kraft eines deutschen Radikalnationalismus wurde nach 1918 gesteigert; sie hielt auch die Jagd nach den Sündenböcken in Gang, denen man den Absturz aus allen hochfliegenden Weltmachtaspirationen in die demütigende Niederlage anlasten konnte, um einer selbstkritischen Prüfung des eigenen Verhaltens zu entgehen. Die weithin geglaubte, da von Feldmarschall Paul v. Hindenburg und seinem Adlatus Erich Ludendorff sanktionierte «Dolchstoßlegende» lenkte den Hass auf die Linksparteien, die der nahezu siegreichen Fronttruppe angeblich kriegsentscheidend in den Rücken gefallen seien. Am rechten Rand der deutschen Innenpolitik herrschte dagegen die fanatische Überzeugung vor, dass «die Juden» Deutschlands Unglück auch im Krieg gewesen seien, zumindest aber, so das taktische Kalkül der Alldeutschen, jetzt als «Blitzableiter» für die inneren Spannungen und Enttäuschungen dienen sollten. An diesem radikalen Rand begann alsbald auch Hitler zu wildern.

Die dynamische Psychomotorik des Radikalnationalismus hätte durch belastbare Institutionen, insbesondere durch eine gefestigte politische Kultur vielleicht noch aufgefangen und gebändigt werden können. Beides aber war in der jungen Republik nicht im Nu aufzubauen gewesen. Deshalb blieb der Nationalismus ein Unruheherd, ein Vulkan, der zur aktionistischen Entladung drängte. In einer solchen Situation fiel der Steuerungskapazität von Weltbildern, mit deren Hilfe auch der Anprall von Krisenerfahrungen verarbeitet wird, eine maßgebliche Rolle zu. Welche vorrangigen Optionen standen im zeitgenössischen Gedankenhaushalt bereit?

Das immer wieder beschworene Ideal der «Realpolitik», seit Bismarcks Zeiten des deutschen Bürgers liebstes Kind, hätte eigentlich verlangt, nach einem derartigen Debakel den inneren wie den äußeren Frieden nicht partout zu verweigern, die erhalten gebliebene Ressourcenbasis für die Wiedergewinnung eines künftigen Großmachtstatus klug zu nutzen und gleichzeitig eine maßvolle Politik des Revisionismus einzuleiten. Eben diesem realistischen Kurs zu folgen waren jedoch die borniert protestierenden Verfechter der «Realpolitik» nicht bereit.

Der Liberalismus und der Konservativismus als überkommene Weltbilder erwiesen sich, wie sich alsbald herausstellte, ebenfalls nicht im Stande, eine derartige Anhäufung von neuartigen Krisenerfahrungen wegweisend zu ordnen. Scheitern kennzeichnete auch den Pazifismus, der eine gesinnungsethische Alternative verkörperte, für sie jedoch trotz eines Millionen erfassenden Gemetzels nur einen winzigen Anhang fand.

Dagegen hatte der Marxismus-Kommunismus ein Weltbild anzubieten, das zum einen den Weltkrieg als unvermeidbaren imperialistischen Konflikt der kapitalistischen Staaten mit dem Ergebnis eines ersten Revolutionserfolgs in Russland deutete, dem es nachzueifern galt. Zum andern verfügte es über eine geschichtstheoretisch fundierte Zukunftsvision. Wenn sich auch krasse Fehldeutung und politische Chimäre in ihm verbanden, gelang es ihm doch, Millionen von Orientierung suchenden Deutschen anzuziehen. Aber die Schwachstelle der kommunistischen Utopie steckte in der Priorität ihres Internationalismus, der dem Anprall der nationalistischen Leidenschaft, wie sich spätestens seit dem Sommer 1914 immer wieder erwiesen hatte, letztlich nicht gewachsen war. Dass er dem internationalistischen Credo den absoluten Vorrang einräumte, machte ihn für schlechterdings alle Repräsentanten des integralen Nationalismus zum Todfeind, da er – abgesehen von der Umsturzrhetorik und tödlichen Bedrohung der bürgerlichen Gesellschaft – der Verpflichtung auf Nation und Nationalstaat einen vermeintlich überlegenen Loyalitätspol erfolgreich entgegensetzte.

Im Vergleich mit diesem Konkurrenten besaß der deutsche Nationalismus ein umfassendes, weithin konsensfähiges Weltbild, das den Zusammenstoß rivalisierender Nationalstaaten mit einer überzeugenden Geschichtsdeutung zu verstehen half. Auf Grund seiner tiefen Verankerung in der deutschen Gesellschaft und dank seiner elastischen

Steigerungsfähigkeit bot er einen überzeugend wirkenden, glaubwürdigen Zukunftsentwurf: Er versprach attraktive Kompensationsleistungen in Gestalt neuer historischer Größe, um die Verletzungen der Epoche zu überwinden, er lehnte den Klassenantagonismus als tödliche Gefahr für die nationale Homogenität ab, und er beanspruchte eine klassen- und milieuübergreifende Geltungskraft. Mit alledem kam er sowohl der demokratisch-egalitären als auch der aristokratisch-elitären Grundströmung des Zeitalters entgegen.

In modernisierungstheoretischer Perspektive war die Lage Deutschlands seit 1918 durch einen allgemeinen Desintegrationsprozess gekennzeichnet. Das Reich und sein politisches System, das Militär und die Wirtschaft, die Sozialhierarchie und die überkommenen Werte, die Familie und die verbindlichen Sitten – alles schien einem destruktiven Verfall anheimzufallen. Dagegen pflanzte der Nationalismus das Banner seiner Integrationsverheißung auf, gestützt auf sein unerschütterliches Sendungsbewusstsein und auf seinen Mythos von der alle Leiden überwindenden Regenerationsfähigkeit. Als ihr höchstes Ziel wurde zunehmend die «völkische Wiedergeburt» verkündet – erneut ein Beweis dafür, wie flexibel sich auch der extreme Nationalismus gegenüber der «Erfindung von Traditionen» verhalten konnte. Auf der anderen Seite verstand sich fast von selber, dass auch die traditionellen Feindbilder mit ihrem Hass auf den französischen «Erbfeind», das «perfide Albion», die «slawische Dampfwalze», verstärkt durch die neue Bolschewismusfurcht, durch den Krieg und seinen deprimierenden Ausgang, ganz so aktiviert wurden wie das besonders für das Ressentiment gegen die «polnischen Landräuber» galt.

Angestachelt von den Erfahrungen seit 1914/18 wurde, wie gesagt, an die nationale Regenerationsfähigkeit appelliert, da nur sie die Energie freisetzen könne, um die besiegte Nation aus ihrem irdischen Jammertal herauszuführen. Mit dieser nationalen Erneuerung verbanden sich zugleich chiliastische Hoffnungen, aber auch überaus konkrete Absichten eines großdeutschen Expansionismus und des Wiedergewinns einer europäischen Hegemonialstellung.

Bekanntlich besitzen alle westlichen Nationalismen von Anfang an (und nicht erst in ihrer Spätphase) die Charakteristika einer politischen Religion insofern, als sie die eigene Nation als «auserwähltes Volk» im «gelobten Land» im Besitz einer historischen Mission und eines Sendungsbewusstseins glauben. Das ist das folgenreiche Erbe, das die Religion der altisraelitischen Eidgenossenschaft auf dem Weg über das Christentum dem westlichen Nationalismus mitgegeben hat. Deshalb hat sich der Nationalismus während seiner Ausbreitung und Intensivierung nicht erst allmählich zu einer politischen Religion gesteigert, sondern er hat von Anbeginn in seinem Kern den Charakter einer Religion besessen, die auf dem Wege des Transfers dem alttestamentlichen, durch seinen Bund mit Jahwe ausgezeichneten Judentum entnommen war.

Diese religiöse Überhöhung der Nation zeichnete den neuen deutschen Radikalnationalismus sogar im besonderen Maße aus. Ernst Jünger, einer seiner beredten Wortführer und damals viel gelesener Autor der neuen Rechten, sprach der Nation den «höchsten metaphysischen Rang» zu, der «alle anderen Werte bestimmt». Sie bedürfe auch des nur durch eine «nationale Revolution» zu gewinnenden «wehrhaften und autoritär gegliederten Staates aller Deutschen». Ja, nicht nur das: «Wer den Nationalismus bejaht», postulierte Jünger, «darf vor seiner logischen Konsequenz, dem Imperialismus, nicht Halt machen.» «Über kurz oder lang» werde auch nur eine einzige «Nation zur Leitung der großen Geschicke berufen sein»: Deutschland als prädestinierte Welthegemonialmacht. Auf derselben Linie sah ein Rechtsideologe wie Arthur Moeller van den Bruck am Ende des großen Mächteringens in den Deutschen «die geborenen Herren des Erdkreises». Ernst Jüngers Bruder Friedrich Georg glaubte sogar, dass die Nation den «Weg zu dem lebendigen Gott» eröffne. Der Staatsrechtler Carl Schmitt erkannte den «stärksten Mythos» bejahend «im Nationalen». Deshalb stimmte er vorbehaltlos Mussolinis Maxime zu: «Unser Mythos ist die Nation». Auch Hans Zehrer, der Spiritus Rector des republikfeindlichen «Tat»-Kreises, fand das einigende Band für das antiliberale und antidemokratische Lager «im Mythos der Nation». Er verband sich mit der politischen Utopie des «Dritten Reiches», des künftigen Machtstaats der Nation. Hans Frank, ein früher Nationalsozialist, hielt es für die wichtigste Doktrin seines Glaubens, dass «die Nation zur Religion des Diesseits» erhoben werde. Und Joseph Goebbels bestätigte unmissverständlich: «Der Nationalsozialismus ist Religion», er «muss einmal Staatsreligion der Deutschen werden. Meine Partei ist meine Kirche.»

Diese politische Religion des Radikalnationalismus samt all seinen hier und da abgeschwächten Einwirkungen auf das öffentliche Leben der Weimarer Republik und die Mentalität ihrer Staatsbürger ist für die politische Orientierung, für die Unterstützung politischer Aktionen und für die Legitimierung ihrer Stoßrichtung offenbar ungleich wichtiger gewesen als etwa der früher vieldiskutierte, vermeintlich unter dem Krisendruck erfolgende sozialökonomische Einbruch des «Mittelstandes» mit der Folge einer rechtsradikalen Kompensation seines Statusverlusts (die empirische Forschung hat diese Legende von seiner «Panik» schlüssig widerlegt), und sie war auch einflussreicher als die konventionell nationalistische Rhetorik der Machteliten im rechten Lager, die durch diese Stimmungsmanipulation ihre innen- und außenpolitischen Ziele zu erreichen suchten.

Was bedeutete die Anerkennung des Radikalnationalismus als weit ausholendes, klassen- und milieuübergreifendes, handlungsleitendes Weltbild für das Verständnis des Nationalsozialismus? Seit dem Erfolg von Mussolinis Faschismus hat man zahlreiche autoritäre Bewegungen und Parteien in Europa als faschistisch qualifiziert, folgerichtig wurde daher auch der Nationalsozialismus als radikalfaschistische Variante des gemeineuropäischen Faschismus definiert. Oder aber man hat ihn als die rechtstotalitäre «deutsche Diktatur» gedeutet. Hinzu kamen zahlreiche andere Interpretationen als Hitlerismus, als Herrschaft des Monopolkapitals, als politische Entartung der Massengesellschaft usw. Verzichtet man aber zunächst einmal auf diese konkurrierenden, in ihrer Überzeugungskraft krass unterschiedlichen Deutungsversuche, kann man die zahlreichen autoritären Bewegungen im Europa der Zwischenkriegszeit (einschließlich der faschistischen) – also in Italien und Deutschland, in Spanien und Portugal, in Polen und den Baltischen Ländern, in Ungarn und Rumänien, Jugoslawien und Griechenland – zu allererst einmal als nationalistische Massenbewegungen begreifen. Denn die ihnen eigentümliche Dynamik und Psychomotorik stammte in erster Linie aus einem gekränkten, gereizten, traumatisierten, radikalisierten Nationalismus, der sich mit dem Antimarxismus und Antisemitismus, mit dem Antiliberalismus und Antiparlamentarismus, mit Großreichsvisionen und Imperialismusplänen, mit hasserfüllten Feindbildern und Exklusionsphobien zu einem explosiven Aggregat verband.

Diese Ausgangsposition empfiehlt sich auch noch aus einem allgemeinen Grund. Im Sinne der gebotenen Historisierung des Nationalsozialismus wird er hier nicht als ein neues, bisher völlig unbekanntes Ideenkonglomerat angesehen, sondern in erster Linie als eine um giftige Ingredienzien vielfältig angereicherte Version des inzwischen seit langem tief verankerten Nationalismus. In seine radikalisierte Variante fügten sich zahlreiche Elemente des Nationalsozialismus zwanglos ein. Das lässt die Kontinuitätslinien an Stelle der oft überschätzten Diskontinuität nachdrücklich hervortreten.

Da an dieser Stelle nicht der internationale Vergleich, sondern der deutsche Nationalsozialismus zur Diskussion steht, wird in einem solchen Sinn davon ausgegangen, dass der zugespitzte Radikalnationalismus mit seinen Veränderungsimpulsen unter all den Schubkräften, die den Nationalsozialismus vorantrieben, die mächtigste Dynamik verkörperte. Zugleich gehörten aber zu seinem Kernbestand ein gesteigerter Antisemitismus und ein durch die KPD und den Bolschewismus verschärfter Antimarxismus. Während Hitler seine Bewegung, insbesondere den Massenanhang seit 1930, in erster Linie mit Hilfe seiner radikalnationalistischen und antimarxistischen Agitation mobilisierte, drängte in der Regimephase der Antisemitismus nach vorn.

Der Judenhass erwies sich als die vergleichsweise stärkste Motivationskraft. Denn es ist nicht zu bestreiten, dass der Antisemitismus im Weltbild Hitlers, seiner «alten Kämpfer» und seiner neuen Führungskader den Ausschlag gebenden, geschichtsdeutenden und verhaltensleitenden Einfluss ausgeübt hat, der schließlich seit 1941 in die Barbarei des Judengenozids führte. Das Urteil über die Vorrangigkeit von Radikalnationalismus und Judenfeindschaft hängt mithin von der Phase ab, auf die man blickt. In der Bewegungsphase bis 1932 stammte der maßgebliche Antriebsschub zu Gunsten der NSDAP aus der fanatischen Beschwörung der glorreichen Vergangenheit der Nation und ihrer nicht minder grandiosen, von der marxistischen Gefahr befreiten Zukunft. Während der Regimephase trat der vorher angefachte Bürgerkrieg gegen «die Juden» zusehends in den Vordergrund, steigerte sich aber erst seit 1939/41 zum Vernichtungskrieg gegen die europäische Judenheit und den Bolschewismus. Im jüdischen Marxisten oder Bolschewisten flossen beide Feindbilder zusammen.

Die komparative Perspektive fördert den Befund zutage, dass in allen autoritären Bewegungen und Parteien im Europa der Zwischenkriegszeit herausragende Führungspersönlichkeiten eine strategische Rolle gespielt haben. Das wird durch die Position bekräftigt, die Mussolini, Franco, und Salazar, Piłsudski, Ulmanis, Smetona und Päts, Horthy und Szálasi, Codreanu und Metaxas einnahmen. Nirgendwo aber gewann ein Individuum eine solche universalhistorische Bedeutung, wie sie Adolf Hitler zugesprochen werden muss. Nirgendwo symbolisierte ein einzelner so lange eine Massenbewegung, dann sogar ein politisches Regime, stand sein Name als Chiffre für das Radikalböse. Der «Führer» erst war es, der die Energien und Hassgefühle, die Hoffnungen und Sehnsüchte, die im Nationalsozialismus zur Aktion drängten, zu ungeahnter Gewalt bündelte. Deshalb ist der Nationalsozialismus seit 1921 immer Hitler-Bewegung gewesen.

2. Charismatische Herrschaft in Deutschland

Mit anderen Worten: Ohne Hitler wäre der Nationalsozialismus aller Wahrscheinlichkeit nach eine ordinäre autoritär-nationalistische Partei mit diffusen Zielen geblieben, wie es sie vielerorts gab, ohne aber in dieser Gestalt zu einer der verhängnisvollsten Destruktivkräfte des zwanzigsten Jahrhunderts aufsteigen zu können. Erst Hitler hat diese aberwitzige Konzentration der Zerstörungsimpulse zu bewerkstelligen vermocht, getragen freilich von einer ebenso atemberaubenden Resonanz, Zustimmung und Gehorsamsbereitschaft in der deutschen Gesellschaft. In der Erfassung der Wechselwirkung zwischen diesem welthistorischen Individuum und der deutschen Gesellschaft liegt daher der Schlüssel zu einer rationalen Analyse des Nationalsozialismus.

Dieser unübersehbaren Wechselwirkung wird man nicht gerecht, wenn Hitler von vornherein ausschließlich als politischer Großkrimineller stilisiert wird, der sein Volk und Europa ins Verderben gerissen habe. Genauso wenig sollte man Hegels oder Jacob Burckhardts positives Urteil über die große historische Persönlichkeit in das absolut Negative wenden, indem Hitler als Inkarnation schlechthin aller negativer Tendenzen des Zeitalters hingestellt wird. Und ganz so wenig wird dem Verständnis dieser Figur weitergeholfen, wenn man Hitler als Einbruch des aus Österreich in die angeblich heile deutsche Welt importierten Bösen schlechthin dämonisiert. Selbst der nüchterne preußische Historiker Otto Hintze, der bedeutendste deutsche Geschichtswissenschaftler in der ersten Hälfte des zwanzigsten Jahrhunderts, rätselte gequält daran herum, dass Hitler «eigentlich gar nicht zu unserer Rasse zähle». «Da ist etwas ganz Fremdes an ihm, etwas wie eine ausgestorbene Urrasse, die völlig amoralisch noch geartet ist.» Und schließlich wird man der Wechselwirkung zwischen Hitler und der deutschen Gesellschaft auch nicht gerecht, wenn man einem naiven intentionalistischen «Hitlerismus» einen strengen strukturanalytischen «Funktionalismus» gegenüberstellt, der den Nationalsozialismus vorrangig aus gesellschaftlichen Konstellationen erklärt, deren Zwänge Hitler geradezu als «schwachen Diktator» (Hans Mommsen) erscheinen lassen. Die Sorge, in der wissenschaftlichen Aufarbeitung noch einmal dem Hitler-Mythos der Goebbels-Propaganda zu erliegen, war zeitweilig spürbar präsent, sie hat jedoch zu einer unglücklich polarisierenden und erkenntnishemmenden Problemkonstruktion geführt.

Die theoretisch und methodisch überzeugendste Lösung dieses schwierigen Problems bietet Max Webers herrschaftssoziologisches Konzept der charismatischen Herrschaft. Es erweist sich als hilfreicher Idealtypus zur Anleitung der Interpretation, wenn es um Hitlers Aufstieg, den Charakter der nationalsozialistischen Massenbewegung, die Natur des NS-Regimes mit seiner Mischung aus führerstaatlicher Monokratie und polykratischen Herrschaftszentren, nicht zuletzt um die Ermöglichung des Vernichtungskrieges bis hin zum Holocaust geht.

Die Herkunft von Webers Charismabegriff aus der zeitgenössischen religionswissenschaftlichen Debatte braucht hier nicht erneut erörtert zu werden. Weber hat jedenfalls dieses Konzept säkularisiert und generalisiert, so dass er ihm in seiner universalhistorischen Typologie der Herrschaftsformen und ihrer Legitimierung einen zentralen Ort zuweisen konnte. Der Charismaträger zeichnet sich bei ihm durch eine als «außeralltäglich geltende Qualität» seines Talents aus, sei es nun religiöser oder politischer, rhetorischer oder militärischer Natur; er gilt als «Träger» geradezu «übernatürlich ... gedachter Gaben» und wird deshalb als «Führer gewertet». Die von ihm ausgeübte Herrschaft beruht auf der bedingungslosen Folgebereitschaft als Konsequenz einer hochgradig «affektuellen Hingabe» an diese auf Grund ihrer Eigenschaften und Leistungen faszinierende Führerpersönlichkeit, die jedem routinierten Rollengeflecht und Normengefüge entrückt ist.

Weber hat in dem Charismatiker sogar die einzige andere «große revolutionäre Macht» außer der Wucht eines fundamentalen technologischen Durchbruchs gesehen, da er die Übermacht traditionalistischer Erstarrung oder bürokratischer Verkrustung aufbrechen und zu einer innovatorischen Bewegungskraft aufsteigen könne. Daher vermag der Charismatiker im Grenzfall einen evolutionären Sprung herbeizuführen, den historischen Prozess auf ein neues Gleis zu lenken. Nach ihm geht dann die Geschichte seines Wirkungskreises anders weiter, als sie je zuvor verlaufen ist.

Wenn man das idealtypische Konstrukt der charismatischen Herrschaft der Analyse zu Grunde legt, kann man gar nicht entschieden genug klarstellen, dass das Ziel keineswegs die in eigenwilliger Terminologie vorgetragene Charakterisierung eines historisch einflussreichen Individuums ist. Vielmehr kann diese Denkfigur einer Ellipse mit zwei Brennpunkten verglichen werden. Der Charismatiker und seine Gesellschaft, die nach ihm verlangt, ihn trägt, ihn mit ihrer Loyalität bestätigt, stehen – wie immer wieder mit Nachdruck unterstrichen werden muss – in einer unauflöslichen Wechselwirkung. Weder kann der Charismatiker ohne seinen gesellschaftlichen Kontext realistisch beurteilt werden, noch kann das Verhalten der Gesellschaft ohne die Existenz und Einwirkung des Charismatikers angemessen verstanden werden. Mit unmissverständlicher Eindeutigkeit hat daher schon Weber darauf insistiert, dass die charismatische Herrschaft eine «soziale Dauerbeziehung», keineswegs jedoch eine abgehobene Despotie verkörpere. Ein Vorzug des Konzepts, der kaum hoch genug veranschlagt werden kann, besteht mithin darin, dass es von vorn herein verspricht, Persönlichkeit und Gesellschaftskonstellation analytisch zu vermitteln, anstatt sie in schlichter Polarisierung einander gegenüberzustellen.

Geht man von diesem herrschaftssoziologischem Deutungsangebot aus, um Hitlers Führerherrschaft erst über die Partei und dann über den Staat zu erfassen, muss man ein gutes halbes Dutzend von Dimensionen im Auge behalten.

1. Die unabdingbare Voraussetzung für den Aufstieg des Charismatikers ist immer eine existenzielle Krise, die alle herkömmlichen Vorstellungen übertrifft. Durch diese «total erschütterte Spannungsbalance seines gesellschaftlichen Feldes hochgetragen» (N. Elias) verspricht der Charismatiker, durch sein außergewöhnliches Handeln, durch «Wunder» im biblischen Sinn, die Situation zu bewältigen. Gelingt ihm tatsächlich die Krisenentschärfung, geht daraus eine objektive, dank seiner persönlichen Bewährung auch eine subjektive Legitimierung des Charismas hervor. «Die Schöpfung einer charismatischen Herrschaft» ist daher «stets das Kind ungewöhnlicher Situationen», sie entspringt einer «aus dem Außerordentlichen geborenen Erwägung».

Aus einem weithin anomisch wirkenden Desintegrationsprozess erwächst daher ein hochspezifisches «Autoritäts- und Abhängigkeitsverhältnis sui generis». Diese charismatische Autorität ist nun keineswegs ein «Zustand amorpher Strukturlosigkeit», die einem einzelnen zeitweilig ungeahnte Handlungschancen eröffnet, sondern «eine ausgeprägte soziale Strukturform mit persönlichen Organen und einem der Mission des Charismatikers angepassten Apparat von Leistungen und Sachgütern». Charismatische Herrschaft ist legitime Herrschaft, nicht etwa nackte Diktatur insofern, als die Gefolgschaft des Machthabers an sein Talent und das Werk, das er zu tun verspricht und tut, inbrünstig glaubt.

Im Kern geht es dem Charismatiker immer um die Lösung überalltäglicher Aufgaben. Der Bewährungszwang ist aber auch seine prinzipielle Handlungsbegrenzung. Wegen dieses Nexus, der zwischen seiner Sonderstellung und der Krisenbewältigung besteht, taucht aber, sobald das Charisma auf längere Zeit nicht mehr durch die Meisterung realer, pressierender Krisen bestätigt wird, die Versuchung zur Erzeugung artifizieller Krisen auf, um das Charisma erneut unter Beweis stellen zu können.

2. Auf der einen Seite muss die gesellschaftliche Disposition für das Verlangen nach einem Charismatiker vorhanden sein, auf der anderen Seite muss er durch seine Leistungen und Fähigkeiten bedingungsloses Vertrauen, ja fanatische Hingabe erst erzeugen. Hat er sich diese Basis verschafft, kann der charismatische Virtuose seine Macht ohne Geltungsschranken und ohne Einschränkung seiner Handlungskompe-

tenz gemäß der biblischen Maxime «Es steht geschrieben, ich aber sage Euch» ausüben. Da er für seine «personifizierte Eigenlegitimation absolute Geltung» beansprucht, kann keine fremde Macht die «charismatisch begründete Souveränität» in Grenzen verweisen. Auf Grund seines Definitionsmonopols, das ihm die verbindliche Wirklichkeitswahrnehmung und die Methoden zur Problemmeisterung festzulegen gestattet, und auf Grund seiner «überrechtlichen Dezisionsmacht» gewinnt er eine letztinstanzliche Entscheidungsgewalt, die es ihm ermöglicht, in dezisionistischem Stil und zutiefst arbiträr gesellschaftliche Normen und Traditionen, konventionelle Umgangsformen und rationale Begründungszwänge außer Kraft zu setzen.

Je mehr er institutionelle Normen aufzuheben vermag, desto intensiver ist die Beziehung zu seiner Anhängerschaft charismatisch geprägt. Der Charakter der Normenverdrängung gibt daher über den Wertehimmel genauer Aufschluss, dem der charismatische Verband folgt. Dabei gehört «die unerschütterliche Überzeugung von der eigenen Gabe, immer die richtigen und erfolgversprechenden Entscheidungen zu treffen, auf andere zu übertragen, zu jenen Bindemitteln, die über alle Rivalitäten und Interessenkonflikte hinweg Einheitlichkeit und Zusammenhalt» stiften. Dieses Talent und diese Überzeugung bilden die eigentliche Substanz des Glaubens an sein Charisma. Dank ihrer kann er seine Anhänger zu einer dynamischen Vorwärtspolitik «bei gleichzeitiger Verdeckung des Risikos und oft schwindelerregenden Aufstiegs» motivieren.

3. Der Geltungsbereich des Charismas erstreckt sich zunächst, ehe es in der Moderne im Rahmen charismatischer Herrschaft den gesamten Staatsverband zu umfassen beansprucht, auf die «charismatische Gemeinschaft der gläubigen Anhänger, die aus Not, Begeisterung, Hoffnung zu einer fanatischen Gefolgschaft mit hoher Emotionalisierung der Handlungsorientierung verschmelzen». Ihr typisches Kennzeichen ist eine – auch seit dem frühen Nationalsozialismus vielfach bezeugte – «Gesinnungsrevolution», eine psychische Erweckungserfahrung im Sinne der «Metanoia» (der singulären Sinnesänderung in der alt- und neutestamentlichen Tradition). Sie vermag unter dem Einfluss des Charismatikers die überkommene Normenwelt und den bisher verbindlichen Wertekodex aufzuheben, ehe sie durch den neuen Wertekanon des Charismatikers ersetzt werden. Sie ist im Stande, die

«zentrale Gesinnungsrichtung» zu verändern und eine «völlige Neuorientierung ... zur Welt überhaupt heraufzuführen». Nicht zuletzt schlägt sie sich auch in einer rational nicht leicht erklärbaren Gehorsamsbereitschaft gegenüber dem neuen Messias als höchste Autorität nieder.

4. Wie alle Herrschaftsverbände bedarf auch die charismatische Herrschaft, zumal der «kontinuierliche Bestand der tatsächlichen Fügsamkeit der Beherrschten» eine ihrer entscheidenden Aufgaben ist, eines Verwaltungsstabes, der aber nicht im Sinn der modernen Bürokratie durch eine straffe Organisation, durch ein kodifiziertes Regelwerk, formal institutionalisierte Konfliktlösungen, formalisierte Entscheidungsprozesse und Aktenführung charakterisiert ist. Vielmehr bleibt der Charismatiker stets der Herr der Personalpolitik. Deshalb ernennt er auf Grund seines persönlichen Vertrauens, nicht aber einer sachlichen Qualifizierung, alle seine Unterführer, die eine Art von charismatischer Aristokratie verkörpern, doch in ein persönliches Unterwerfungsverhältnis eingebunden werden. Immer bleiben «seine persönliche Ausstrahlung und Macht», seine «individuelle Überlegenheit und deren Einsatz» eine «unentbehrliche Bedingung für das Funktionieren seines Apparates».

Die charismatische Gefolgschaft wird freilich gegen diese Abhängigkeit von den Gnaden- und Gunstbeweisen ihres Anführers einer fluiden Positionsdynamik unterworfen. Der Zugang zum Machthaber erweist sich auch deshalb als entscheidender «Torhüter-Mechanismus». Da es keine führerunabhängige Kontroll- und Deutungsinstanz, geschweige denn eine normativ verbindlich abstrakte Rechtsordnung mehr gibt, behält die charismatische Gemeinschaft eine «personenvermittelte», da auf persönlicher Loyalität bauende «im Kern okkasionelle Binnenstruktur». Ein solcher Verband verkörpert zahlreiche Widersprüche, denn er ist paradoxerweise gleichzeitig «rigide und lose, autoritär und anarchisch, einheitlich und fragmentiert, zentralisiert und unkoordiniert, personalistisch und indifferent gegenüber institutionalisierten Rationalisierungsansprüchen».

Die charismatisch qualifizierten Stäbe, die zur Durchsetzung des absolute Geltung beanspruchenden Führerwillens und zur «Erzeugung der Unterwerfung» allmählich entstehen, erliegen einem Trend zur Patrimonialisierung insofern, als sie allein zu ausführenden Organen des charismatischen Machthabers werden – strukturell ähnlich den Fürstendienern im «Ganzen Haus» der mittelalterlich-frühneuzeitlichen Monarchen. Gelingt es dann dem Charismatiker, in den Besitz der Staatsgewalt zu kommen, entsteht deshalb ein dauerhaftes Problem, weil die charismatischen und die konventionellen bürokratischen Stäbe eine Doppelhierarchie mit einer spezifischen Konfliktdynamik ausbilden. Im Nationalsozialismus wird das der «Doppelstaat» (E. Fraenkel) sein, mit seiner spannungsreichen Koexistenz von maßnahmeorientierten Parteiorganisationen und kommissarischen Sonderbehörden einerseits, von normenverpflichteter, gesetzesbasierter staatlicher Verwaltungsbürokratie andererseits.

5. Eine essentielle Voraussetzung für den Aufstieg und die Herrschaft eines charismatischen Machtträgers ist außer der Fundamentalkrise ein soziokultureller Traditionsbestand oder eine politische Kultur, die das Wirken des «großen Mannes» in der Geschichte derartig privilegiert, dass eine hochrangige Option zu Gunsten der «historisch objektiv möglichen» (M. Weber) charismatischen Herrschaft in ihr gespeichert ist. Dazu genügt nicht die Verehrung eines bedeutenden Monarchen wie Friedrich des Großen oder die Erfolgsgeschichte einer Dynastie. Vielmehr muss es tiefer verankerte spezifische Dispositionen geben, wie sie sich auch in Deutschland formiert hatten.

Zur Epoche der «Defensiven Modernisierung» der deutschen Staaten nach 1800 gehörte auch die Bewunderung der Leistungen Napoleons, und mancher Wortführer der frühnationalen Bewegung erhoffte sich einen «deutschen Napoleon», einen «deutschen Heiland», wie Jahn und Arndt ihn nannten, der den Deutschen ihren Nationalstaat schenken werde. Bismarcks Reichsgründungspolitik hat solche Hoffnungen erfüllt, und die ein Vierteljahrhundert lang währende charismatische Herrschaft des ersten Kanzlers hat in einer entscheidenden Formierungsphase des jungen Staates, als viele Weichen für die Entwicklung seiner politischen Kultur gestellt wurden, einen tiefen Einfluss auf die politische Mentalität und Phantasie, auf das Verständnis und den Erwartungshorizont erfolgreicher Politik ausgeübt. Da das «persönliche Regiment» Wilhelms II. scheiterte, konnte er das Vakuum nach 1890 nicht füllen. Die Gloriole, die Hindenburg und Ludendorff zwischen 1914 und 1918 umgab, verblasste, als sich die Niederlage als unabwendbar herausstellte. Doch das «Ersatzkaisertum»

Hindenburgs als Präsident der Republik zehrte wiederum von dem zugeschriebenen Charisma, das der ehemalige Feldmarschall trotz des verlorenen Krieges genoss. Insofern bildete er als charismatisch überhöhte Figur ein Bindeglied zwischen Bismarck und Hitler.

In der Weimarer Republik diffundierte jedoch die Erwartung eines aktionsfähigen, nicht nur repräsentierenden Charismatikers in alle sozialen Klassen und Milieus, wobei sie die Gestalt eines wahren Erlösungsglaubens annahm. Ein an die Jahrtausende alte Vorläufertradition anschließender, leidenschaftlich bewegter Diskurs beschwor unentwegt die Befreierfigur eines politischen Messias, der die Demütigung und Wirrsal der Nachkriegszeit überwinden, als ein «zweiter Bismarck» – so der ständige Topos – die Nation in eine helle Zukunft führen werde. Indem er auf die alttestamentliche und exiljüdische Messiastradition, die im okzidentalen kollektiven Gedächtnis präsent war, zurückgriff, hat sich dieser Diskurs im deutschen Sprachraum mit dem Bismarck-Mythos aufgeladen, bis er in den 1920/30er Jahren eine unerhörte Wirkung gewann.

Insbesondere die akademischen Meinungsführer des Landes überboten sich kraft ihres angemaßten Prophetentums mit einer solchen Diagnose. Der Philosoph Max Scheler fand «eine beispiellose Sehnsucht nach Führung allüberall lebendig», während der evangelische Theologe Paul Wernle die große «Sehnsucht der Zeit ... nach Propheten gehen» sah. An der Spitze der von ihm verklärten Sozialorganisationen des «Bundes» musste nach dem Urteil des Philosophen Hermann Schmalenbach ein charismatischer Führer stehen, denn ein solcher Verband verlange nach «einem Gott, einem Heros, einem Meister».

Die bismarckgläubigen Historiker verlegten sich darauf, diese Erwartung zu präzisieren. Arnold Oskar Meyer wünschte sich einen «wahrhaft gottgegebenen Führer» vom Format eines Bismarck. Dessen Biograph Erich Marcks erwartete Hilfe nur dann, wenn «solch ein Führer (wie Bismarck) wiederkehrt». Johannes Haller wusste, dass ein neuer Führer wie Bismarck, «den die Nation als ihren Erlöser erkannt hat», «mit der Wunderkraft des Genius» alle Leiden der Zeit heilen werde. Und in der Sprache des Alten Testaments glaubte der Münchner Historiker Karl Alexander v. Müller, der als erster auf einem Schulungskurs in Hitler das rhetorische «Wunderkind» entdeckt hatte, dass «wir ... schreien wie der Hirsch nach Wasser in unserer Not nach einem, der uns führen soll». Allein die Erinnerung an Bismarck nähre die «Hoffnung, dass er eines Tages in unserem Volk von neuem erstehe». Es gehörte doch zum «Erbe der Bismarckzeit», konstatierte er vierzig Jahre später im Rückblick auf die erste Nachkriegszeit, nachdem er im «Dritten Reich» eine unrühmliche Rolle gespielt hatte, dass «vielleicht die meisten Deutschen das Heil von einem großen Einzelnen erwarteten». Die geradezu «hysterische Sehnsucht nach dem starken Mann», beobachtete im Januar 1930 auf der linken Seite des politischen Spektrums auch Julius Leber, ein scharfsichtiger Nachwuchspolitiker der SPD, in allen «Schichten des deutschen Volkes» mit resignativer Empörung.

Das Raunen der Germanisten verriet dieselbe Verachtung gegenüber der Leistungsfähigkeit politischer Institutionen, erst recht jenen der Republik. Gustav Roethe wünschte sich den rettenden Genius «als den großen Einzelnen, die echte Geburt deutscher Sehnsucht». An die Barbarossa-Legende anknüpfend, weissagte Hans Naumann: «Es schläft einer irgendwo, der Held und Retter unseres Landes.» Ähnlich sagte der protestantische Theologe Otto Procksch, wie das auch seine völkischen Ideen aufgeschlossenen Fachgenossen Friedrich Gogarten und Paul Althaus taten, siegessicher voraus, «dass der Held kommt, er komme als Prophet oder als König». Die Wortführer elitärer Intellektuellenzirkel wie Stefan George und Friedrich Gundolf kultivierten auf ihre Weise den Heroen- und Führerkult, der auch in der bündischen Jugendbewegung grassierte. Der Verleger Peter Suhrkamp klagte deren «Bereitschaft für jeden, der sie kommandieren will», mit bitterer Kritik an.

Einer der einflussreichsten Soziologen der 1920er Jahre, Othmar Spann, rief nach einem Führer «als Erlöser der Zeit von finsteren Gewalten», dem freilich sein Volk mit einem unbedingten «Gefolgschaftswillen» begegnen müsse. Oswald Spengler, populärer Prophet des untergehenden Abendlandes, traute nur dem plebiszitären Führertum eines neuen «Cäsarismus» die Realisierung des Volksgedankens zu. Auch Hans Zehrer verlangte das «scharfe, aber gerechte Kommandowort eines gerechten aber politischen Propheten, dann werde sich die Nation formieren und ... marschieren». «Des Führers Weg muss richtig sein, weil es der Weg der Nation ist.» Kein Wunder, dass Heinrich Claß, der langjährige Vorsitzende des «Alldeutschen Verbandes», den «neuen Bismarck» als «Diktator» kommen sah, «ersehnt von allen Guten im Volk», die «nach so langer führerloser Zeit auf den Führer warten».

Angesichts dieses Konsenses der rechten Intelligenz, aus deren Meinungsspektrum hier nur wenige Stimmen aus einer Unzahl gleichlautender Äußerungen herausgegriffen worden sind, kann es nicht überraschen, dass unter den neuen Rechtsradikalen der NSDAP diese Messiassehnsucht genauso wucherte. «Deutschland sehnt sich nach dem Einen», glaubte Goebbels 1924, «wie die Erde im Sommer nach Regen ... Herr, zeige dem deutschen Volk ein Wunder! ... Bismarck, Sta up.» Und dann, 1925 nach der Lektüre von Hitlers «Mein Kampf»: «Wer ist dieser Mann? Halb Plebejer, halb Gott? Tatsächlich der Christus oder nur der Johannes?» Dieser chiliastischen Nostalgie korrespondierte der «fanatisch-religiöse Einschlag» der «seltsam aufgewühlten Glaubenskraft», die dem marxistischen Philosophen Ernst Bloch damals an den Anhängern des neuen Rechtsradikalismus auffiel.

6. Idealtypisch wird die ökonomische Basis charismatischer Herrschaft nicht aus dem regelmäßig fließenden öffentlichen Finanzaufkommen des modernen Steuerstaats gebildet. Überhaupt ist sie durch eine eigenartige «Wirtschaftsenthobenheit» und indifferente Haltung gegenüber jedem rationalen Wirtschaftshandeln, deshalb aber auch durch eine spezifische Labilität und Krisenanfälligkeit gekennzeichnet. Vielmehr spielt der Sondergewinn aus Raubzügen oder Spenden eine Schlüsselrolle. Für das Hitler-Regime sind die staatlichen Einkünfte selbstverständlich unverzichtbar gewesen. Doch hat etwa die Beschlagnahmung fremden Eigentums und die Erpressung der deutschen Juden einen Milliardengewinn erbracht, noch ehe die gewaltige Beute aus der Annexion Österreichs und der Tschechoslowakei, erst recht aus den Kriegszügen diese Summe bei weitem übertraf, so dass sie zu einer systemstabilisierenden Externalisierung der Belastungen erheblich beitrug.

7. Das Charisma ist sowohl ein hochpersönliches Talent als auch ein Produkt überzeugender Zuschreibung, mithin, vom päpstlichen Amtscharisma abgesehen, nicht übertragbar. Wenn seine Aura verschwindet, wird auch der Charismatiker zu einem ordinären politischen Akteur degradiert. Die Macht politischer Verbände trägt, gleich wie sie verfasst sind, eine spezifische Dynamik in sich, und zur charis-

matischen Herrschaft gehört der bedrohliche Veralltäglichungssog, zumal das charismageleitete Verhalten der Gefolgschaft streng situationsgebunden vom Erfolg oder Scheitern abhängig bleibt. Sobald sich das Charisma nicht mehr an echten oder künstlich erzeugten Krisen überzeugend bewähren kann, drängt mit der Erosion seiner Geltungskraft unabwendbar die Nachfolgefrage auf die Tagesordnung. Die Kräfte der Entpersönlichung und Versachlichung, die Macht der Alltagsroutine zerstören den Nimbus des Charismaträgers. Traditionale oder rationale Herrschaftsformen siegen am Ende doch wiederum, immer freilich um den Preis, welcher der einst ihrem charismatischen Machthaber enthusiastisch zustimmenden Gesellschaft aufgebürdet wird. Im Falle Adolf Hitlers erreichte er aberwitzige Dimensionen.

8. Hitler als Galionsfigur charismatischer Herrschaft – das scheint zunächst gravierende Probleme aufzuwerfen. Im Prinzip lenken sie vor allem auf den wichtigen Unterschied zwischen Eigen- und Zuschreibungscharisma hin. An Napoleon und Bismarck ist das Eigencharisma ihres Talents frühzeitig erkannt worden, dann festigte es sich relativ schnell durch erstaunliche Erfolge. Hitler dagegen, der sich jahrelang in Wien und München als Asozialer herumgetrieben hatte und seither, um das mindeste zu sagen, als Mensch eine denkbar blasse Figur geblieben ist, gelangte auch im Weltkrieg nicht über den untersten Rang eines Gefreiten hinaus. Die extrem hohen Offiziersverluste in den Angriffswellen des deutschen Heeres während der Anfangsmonate des Krieges konnten nie wieder wettgemacht werden, lösten aber eine endlose Suche nach Führungsnachwuchs aus. Dennoch ist kein einziger Vorgesetzter Hitlers während der vier langen Kriegsjahre auf den Gedanken gekommen, den fraglos tapferen Gefreiten, der das Eiserne Kreuz Erster Klasse – eine Seltenheit auf seiner Rangstufe – erhielt, für einen Unteroffizierslehrgang vorzuschlagen. Als ebenso anonymer V-Mann überstand er in München die ersten wirren Nachkriegsmonate. Nichts deutete zu diesem Zeitpunkt auf eine außergewöhnliche Begabung des immerhin dreißigjährigen Mannes hin.

Dann jedoch trat Schritt für Schritt Hitlers Eigencharisma, sein genuin politisches Talent zu Tage. Dieses Talent ist vom zugeschriebenen Charisma streng zu unterscheiden, das einem vielversprechenden Individuum von stetig anwachsenden Segmenten seiner Gesellschaft zuerkannt wird. Es führt in eine Sackgasse, wenn man den Status des etablierten Charismatikers völlig auf die Zuschreibung durch eine autoritätssüchtige Gesellschaft zurückführt. Vielmehr ist es, wenn man das Konzept der charismatischen Herrschaft in der Interpretation produktiv anwenden will, unerlässlich, das Eigencharisma, das persönliche Talent des derart ausgezeichneten Individuums, anzuerkennen und nach seinen spezifischen herausragenden Eigenschaften zu suchen. Mit einer naiven Wiederbelebung des romantischen Geniekults hat diese Entscheidung nichts zu tun, auch wenn es manchem schwerfallen mag, einer so düsteren Figur wie Hitler ein solches Personalcharisma zuzubilligen. Trotzdem muss Hitlers Eigencharisma genauso nüchtern charakterisiert werden wie die gesellschaftliche Disposition, einem «zweiten Bismarck» erneut Charisma zuzuschreiben.

3. Der Aufstieg Hitlers und seiner Bewegung

Hitler hatte sich Ende November 1918, nachdem er eine Gasverletzung im Lazarett zu Pasewalk auskuriert hatte, wieder bei seinem bayrischen Infanterieregiment Nr. 2 in München zurückgemeldet. Bis zu seiner Entlassung im März 1920 blieb er formell Soldat. Von Hauptmann Mayr aus der «Aufklärungsabteilung» des Münchner Reichswehrkommandos wurde er probeweise als V-Mann angeworben. Solche dubiosen Figuren sollten in erster Linie dem Einfluss der Linken nach der Eisnerschen Republik, erst recht nach der Räterepublik entgegenwirken. Dafür wurden sie in Schnellkursen provisorisch ausgebildet, wobei einer der Referenten, der Historiker Karl Alexander v. Müller, als erster das «erstaunliche Redetalent» des österreichischen Gefreiten rühmte. Mitte September 1919 wurde Hitler zum Ausspähen in eine Versammlung der «Deutschen Arbeiterpartei» geschickt, deren Vorsitzender ihn voller Anerkennung für seine Redefähigkeit – «der hat a Goschn» – zur aktiven Mitwirkung aufforderte. Bereits am 16. Oktober hielt Hitler vor einem größeren Publikum eine Ansprache, die seine Rednergabe erstmals öffentlich bestätigte. Danach bildete sich sein Entschluss heraus, einen Weg in die Politik zu suchen. Seine Rede auf einer im Hofbräuhaus abgehaltenen ersten Massenversammlung vor zweitausend begeisterten Zuhörern am 24. Februar 1920 bestätigte das Erfolgserlebnis.

Hitler arbeitete sich im Nu an die Spitze der «Deutschen Arbeiterpartei» vor, die eine enge Verbindung zum «Deutsch-völkischen Schutz- und Trutzbund» aufrecht hielt. Nach dem erfolglosen Kapp-Putsch im März 1920, der auch das Münchner Rechtslager elektrisiert hatte, lobte Mayr Hitler bereits als «bewegende Kraft», da er sich als «Volksredner ersten Ranges» entpuppt habe. Hitlers Eigencharisma baute zuerst einmal und absolut vorrangig auf seinem plötzlich zu Tage tretenden rhetorischen Talent auf. Dank dieser Begabung stieg sein Stern in den Münchner Bierhallen auf, wo auch die Angehörigen der rechtsradikalen Szene verkehrten. Der vom vertrauten Honoratiorenton schroff abweichende, auffällige Redestil Hitlers, der sein Ressentiment gegen Versailles und «die Juden» hemmungslos hinausschrie und immer wieder mit der Beschwörung des nationalen Wiederaufstiegs verband, hat ihm die widerwillig gezollte Anerkennung als effektiver «Brüllaffe» oder als Besitzer medialer Fähigkeiten gegenüber seinem Massenpublikum eingetragen. Tatsächlich nutzte Hitler aber sein Redetalent optimal aus, steigerte durch dessen anhaltende Wirkung auf zahlreichen Veranstaltungen und Parteitreffen sein Selbstbewusstsein und baute auch selber, vor der Kamera seines «Leibfotografen» Heinrich Hoffmann stundenlang experimentierend, eine unterstützende, expressive Körpersprache auf. Inhaltlich boten Hitlers Reden nichts Originelles, denn er schleuderte nur seine in der Wiener Zeit angelesenen alldeutschen, antisemitischen Parolen in die Menge, schäumte gegen den «Schandfrieden» und den «Dolchstoß» der marxistischen Linken, beschwor das Allheilmittel der Judenbekämpfung, vor allem aber eine nationale Renaissance, wie das so mancher andere Agitator auch tat, doch mit einer unleugbar Aufsehen erregenden, schwer überbietbaren, hasserfüllten Passion.

Hitlers Aufstieg, buchstäblich aus dem Nichts, war aber nicht allein das Ergebnis seiner rhetorischen Begabung. Vielmehr hat sich auch seine «kommunikative Suggestionskraft», die er sowohl im kleinsten Kreis als auch auf Massenveranstaltungen auszuüben vermochte, zu einer außergewöhnlichen Wirkung gesteigert. Denn Hitler besaß offenkundig die für einen Politiker nicht mit Gold aufzuwiegende Fähigkeit, nicht nur zustimmungsbereite Sympathisanten, sondern «im direkten Kontakt auch Gegner in seinen Bann zu ziehen und seinen Willen durchzusetzen», wobei ihm sein exzellentes Gedächtnis zu Hilfe kam. Diese Überzeugungskraft war das Ergebnis einer in den schwierigen Anfangsjahren zäh geschulten Veranlagung, die ihm erst in den innerparteilichen Konflikten, später in den sogenannten Friedensjahren seines Regimes spektakuläre Erfolge ermöglichte.

Allein auf Grund seiner politischen Sonderbegabung, ohne jede Mitgift der Elitenzugehörigkeit, entwickelte sich Hitler in einem knappen Dutzend Jahre zu einem der gerissensten, zielstrebigsten, kaltblütigsten europäischen Berufspolitiker. Die Niederträchtigkeit seiner Methoden und der Aberwitz seiner fixen Ideen ändern zunächst einmal nichts daran, dass er unter den Bedingungen seiner Epoche als «Political Animal» fast allen zeitgenössischen Politikern zwischen 1930 und 1940 überlegen blieb. Es ist richtig, dass er selber den Führer-Mythos bewusst stilisiert hat, wie auch die nationalsozialistische Propaganda massiv zu seiner Inszenierung beitrug. Aber es führt in die Irre, an erster Stelle in dieser egozentrischen Anstrengung und propagandistischen Manipulation den Schlüssel zum Erfolg und zur Erklärung des Führer-Mythos zu sehen. Man muss vielmehr Hitlers Eigencharisma als Kombination seiner ungewöhnlichen Talente ernst nehmen, wenn man den Ursachen seiner erstaunlichen Karriere näherkommen will.

Schon in seiner Anfangszeit wurde Hitler allerdings wegen seiner Fähigkeit, als Volkstribun der neuen Rechten zu fungieren, von einflussreichen Figuren gefördert. So führte ihn etwa sein Führungsoffizier Mayr bei Hauptmann Ernst Röhm ein, der im Freikorps v. Epp an der blutigen Niederschlagung der Räterepublik beteiligt gewesen war und als bayrischer Stabsoffizier in der Münchner Reichswehrdivision für die Waffenabgabe der demobilisierten Truppenteile zuständig war, so dass er insgeheim paramilitärische Verbände mit Waffen versorgen konnte. Dadurch gewann Hitler Zugang zu einer organisatorisch begabten Schlüsselfigur der geheimen Aufrüstung, während Dietrich Eckardt von der «Thule-Gesellschaft» und Karl Alexander v. Müller ihn in die «bessere» Münchner Gesellschaft einführten. Ohne diese nachhaltige Unterstützung gleich zu Beginn seiner politischen Laufbahn wäre Hitler vielleicht noch längere Zeit ein kleiner «Werbeobmann» des Militärs geblieben. Jetzt aber wurde er durch den Sohn einer Münchner Oberklassenfamilie, den Kunsthistoriker Ernst «Putzi»

Hanfstaengl, in die großbürgerlichen Salons des Verlegers Bruckmann und des Flügelfabrikanten Bechstein eingeführt. Alsbald hatte sich Hitler als Lokalgröße derart etabliert, dass er von Ministerpräsident Gustav Ritter von Kahr empfangen und unter den Schutz der Staatsbehörden gestellt wurde.

Als der Kapp-Putsch gescheitert war, zog die bayrische «Ordnungszelle» die enttäuschten Rechtsradikalen erst recht an. Viele wurden von den – dank Röhm – schwer bewaffneten «Einwohnerwehren» aufgefangen, die schließlich 350000 Mann umfassten. Als sie Mitte 1921 endlich aufgelöst werden mussten, wurden zahlreiche ehemalige Offiziere und Aktivisten freigesetzt, die es in die neuen rechtsradikalen Verbände zog. Zu ihnen gehörte seit 1921 auch die «Sturmabteilung» (SA) der NSDAP, die zu einer von der Reichswehr protegierten paramilitärischen Privatarmee Hitlers heranwuchs. Als die Partei den «Völkischen Beobachter» erwerben wollte, wurde die halbe Kaufsumme von General v. Epp aus einem Reichswehrfond gestiftet. Durch Röhms und Epps Beistand lernte Hitler frühzeitig, sich mit der bewaffneten Macht aufs Engste zu arrangieren.

Schon im Mai 1921 war es Hitler gelungen, diktatorische Vollmachten für seine Position an der Spitze der Partei zu erzwingen. Seither trat er auch immer häufiger als der «Führer» auf – eine Stilisierung, die durch bewundernde Anhänger nach Kräften unterstützt wurde. Noch sah sich Hitler freilich als «Trommler und Sammler», denn er brauche, wie er in einem Interview im Mai 1921 offenherzig eingestand, «den Größeren hinter sich, an dessen Befehl er sich anlehnen dürfe». Im Rechtslager dachte man damals nach dem Scheitern des Großadmirals v. Tirpitz gemeinhin an Erich Ludendorff, dessen Nimbus trotz seiner feigen Flucht nach Schweden noch nicht verblichen war. Hitlers Adlatus Rudolf Hess stellte den persönlichen Kontakt her, und tatsächlich empfahl Ludendorff seither Hitler weiter. Auch das wirkte sich als wichtige Geste aus, da Ludendorff für kurze Zeit als symbolische Führungsfigur der neuen Rechten fungierte.

Hitler tat jetzt aber selber den entscheidenden Schritt. Nach Benito Mussolinis «Marsch auf Rom» mit seinen faschistischen Kampfgruppen im Oktober 1922 spürte ein Journalist auch in München die Sehnsucht nach einem «bayrischen Mussolini». Bereits im November 1921 hieß «nicht ohne Hitlers Dazutun» die Devise der NSDAP: «Deutschlands Mussolini heißt Hitler.» Mit dem Blick auf den Siegeszug der faschistischen Kolonnen in Italien will sich der Schweizer Diplomat und Historiker Carl Jacob Burckhardt schon damals notiert haben: «Man darf nicht daran denken, was aus einer ähnlichen Entwicklung in Deutschland würde, bei dem deutschen Hang zum Personenkult, dem Hang zur Übertreibung, der verzweifelten, blinden Tüchtigkeit, die in den Deutschen steckt.»

Mit wachsender Selbstsicherheit präsentierte sich der «Führer» in der Öffentlichkeit, um als Spitzenfigur der «Völkischen» anerkannt zu werden. In der Partei war er bereits unumstritten. Als ein Fliegerheld des Ersten Weltkriegs, der Pour-le-Mérite-Träger Hermann Göring, die Leitung der SA, die formell noch als selbständige Parteitruppe organisiert war, übernahm, erkannte er die Führungsrolle Hitlers bereitwillig an. Röhm, inzwischen zum Chef der geheimen Feldzeugmeisterei der Reichswehr arriviert, staffierte die SA mit Waffen aus seinem Arsenal aus. Und als im September 1923 ein Kartell der bayrischen paramilitärischen Verbände, der «Deutsche Kampfbund», aus der SA, dem «Bund Oberland» und der «Reichskriegsflagge» gebildet wurde, gewann Hitler darin mit Röhms und Ludendorffs Unterstützung die eindeutige Führungsstellung. Überdies konnte er seinen Anspruch darauf mit jenen 55 000 Mitgliedern begründen, die seine Partei inzwischen gewonnen hatte. Darüber hinaus genoss er als rühriger «Trommler für die nationale Sache» schon bis weit in das bürgerliche Lager hinein viel «Sympathie und Respekt».

In der abgründigen Krisensituation der Republik im Herbst 1923 brodelte auch in Bayern die Bürgerkriegsatmosphäre; der Reichswehrgeneral v. Lossow schlug Ende Oktober den «Einmarsch nach Berlin» vor mit dem Ziel der «Errichtung der nationalen Diktatur». Daraufhin bildete sich in München ein autoritäres Triumvirat für die bevorstehende Aktion. Hitler stieß zum Kreis dieser rechtskonservativen Verschwörer hinzu. Durch eine spontane Aktion gelang es ihm am 9. November, sie vor dem ominösen Putschversuch zeitweilig zu überrumpeln. Doch der symbolische Beginn seines Marsches nach Berlin brach, da sich die überlisteten Verbündeten sogleich wieder gegen ihn vereinigt hatten, im Feuer der Schutzpolizei vor der Feldherrenhalle zusammen. Die erschossenen Putschisten waren die ersten Märtyrer der Bewegung.

Hitler wurde nach einer höchst kulanten Behandlung durch die bayrische Justiz, die ihm als Aktionsmotiv seine «Vaterlandsliebe» zubilligte, für nur knapp ein Jahr in die komfortable Haft auf der Festung Landsberg verbracht, wo er für seine Anhänger Hof hielt. Hier fand er auch die Muße, mit der Unterstützung seines «Privatsekretärs» Rudolf Hess, eines gescheiterten Geopolitik-Studenten, an die Niederschrift seines programmatischen Elaborats «Mein Kampf» zu gehen. Sein Vertrauen auf Ludendorff war durch dessen Verhalten in der Putschsituation gebrochen worden, so dass sich auch die letzten Reste seiner einst unterwürfigen Bewunderung des «Feldherrn» auflösten. Endgültig nahm er seither die «nationale Führung» für sich allein in Anspruch.

Während seiner Haftzeit ließ Hitler seine Partei bewusst verfallen, um den durchgesetzten Hitlerzentrismus nicht durch das Aufkommen neuer Leitfiguren zu gefährden. Trotz des kläglich gescheiterten Putsches zogen die NSDAP und ihr ideologischer Zwilling, die «Deutschvölkische Freiheitspartei», die aus dem 1922 abgesplitterten Rechtsflügel der DNVP hervorgegangen war und während des 1923 verhängten zeitweiligen Verbots der NSDAP als deren Auffangbecken gedient hatte, immerhin zwei Millionen Stimmen bei der Reichtagswahl vom Mai 1924 auf sich; das brachte ihnen 32 Mandate ein. Dieses Ergebnis wirkte wie ein Warnsignal, das auf die Konsolidierung der republikfeindlichen Mehrheit bei den Hindenburg-Wahlen von 1925 hinlenkte.

Überdies sollte der Regionalerfolg nicht übersehen werden, denn eine Woche nach der Verurteilung Hitlers trug die bayrische Landtagswahl vom April 1924 dem von der NSDAP angeführten «Völkischen Block» 20 Prozent aller Stimmen ein, in München waren es sogar 35 Prozent. Erstmals zeichnete sich die Möglichkeit ab, dass eine rechtsradikale Massenbewegung entstehen könnte.

Sofort nach seiner Entlassung begab sich Hitler daran, die marode Partei neu aufzubauen, indem er sie erneut kompromisslos auf seine Führerrolle hin ausrichtete. Nunmehr wurde auch der Gruß «Heil Hitler» allgemein durchgesetzt. Konkret bedeutete die Organisationsarbeit, dass die tief zerstrittenen süddeutschen und norddeutschen Flügel der Partei zu einer handlungsfähigen, die ganze Republik umfassenden Sammlungspartei integriert werden sollten. 1926 gelang es

Hitler auf einer Bamberger Tagung, die dieser Vereinigung dienen sollte, aus dem Führungskreis der norddeutschen Nationalsozialisten um die Gebrüder Otto und Gregor Strasser den jungen Joseph Goebbels durch eine Art von förmlicher Konversion auf seine Seite zu ziehen. Dieser einem pietistischen Erweckungserlebnis ähnelnde Vorgang bewies eindringlich die Faszination, die von dem «Führer» ausgehen konnte. In einer Serie von unversöhnlich ausgefochtenen Machtkämpfen verteidigte Hitler seither sein Entscheidungsmonopol gegen alle Rivalen: 1930 gegen Otto Strasser und Walter Stennes, 1932 gegen Gregor Strasser, 1934 gegen Ernst Röhm. Danach stand er das letzte Jahrzehnt absolut konkurrenzlos da.

Trotz des Fortschritts bei diesem Expansionsunternehmen und trotz des Erfolgs, dass es 1925 gelang, die «Deutsch-völkische Freiheitspartei» aufzusaugen, konnte die NSDAP zunächst keinen stimulierenden Wahlsieg erringen. Auch 1928, als sie rund hunderttausend Mitglieder besaß, brachte ihr die Reichstagswahl noch nicht mehr als 810 000 Stimmen (2.6 %) ein; in der Bundesrepublik wäre sie mithin an der Fünf-Prozent-Hürde gescheitert. Das runde Dutzend ihrer Abgeordneten erreichte nicht mehr als ein Drittel der Fraktionsstärke von 1924. Die vier Hochkonjunkturjahre der Weimarer Republik seit 1924 wirkten sich in der Politik offensichtlich gegen die radikalen Kräfte aus.

Eine außerordentlich folgenreiche Konsequenz der Niederlage war die schon seit geraumer Zeit erwogene Umstellung auf eine von Grund auf veränderte Wahlstrategie. Hatte sich die NSDAP bisher an erster Stelle darauf konzentriert, die städtischen Arbeiter den marxistischen Linksparteien abspenstig zu machen, verlegte sie sich jetzt zielstrebig auf den Stimmengewinn in den städtischen Mittel- und in den bäuerlichen Besitzklassen. Sie öffnete sich aber überhaupt ohne jede Berührungsangst als flexible nationale Sammlungsbewegung unter einem integrierenden charismatischen Volkstribun allen neuen Sympathisanten gleich welcher sozialen Herkunft. In der Vieldeutigkeit ihres Parteiprofils lag seither geradezu das Geheimnis ihres Aufstiegs von einer völkischen Sekte an der Peripherie zu einer respektheischenden Massenbewegung auf der nationalen Bühne. Daher differenzierte sie jetzt auch ihre Propagandaaktivität, rief zahlreiche Unterorganisationen für spezifische Interessen ins Leben und bemühte sich erfolgreich darum, unter dem weiten Dach des «nationalen Erwachens» als eine «Omnibus-Partei» des Protests weiter zu expandieren. Hitler hat diesen Kurswechsel nachdrücklich unterstützt, denn längst war ihm und seinem engsten Beraterkreis klar geworden, dass nichts den charismatischen Führermythos so eindrucksvoll bestätigen konnte wie durchschlagende Wahlergebnisse im ganzen Land und in allen sozialen Milieus.

Tatsächlich stieg fortab die Attraktivität der Hitler-Bewegung in den Landtagswahlen bis 1930 kontinuierlich an. In Mecklenburg-Schwerin kletterte ihre Stimmenzahl von 1.7 auf 4.1, in Baden von 1.4 auf 7, in Thüringen sogar von 1.4 auf 11.3 Prozent der gültigen Stimmen. Schon seit der Mitte des Jahres 1929, mithin vor der mächtigen Unterstützung durch die Auswirkungen der Weltwirtschaftskrise seit dem Herbst 1929, nahm der Zustrom einen geradezu «lawinenartigen Charakter» an. Als Hitler im Sommer von den Initiatoren des Referendums gegen den reparationspolitischen Young-Plan kooptiert und damit von den Rechtskonservativen als honorig anerkannt wurde, so dass ihn auch die Hugenberg-Presse nachhaltig aufwertete, dehnte sich seine Reputation im Gesamtstaat weiter aus. Viele im Rechtslager teilten das Urteil des Chefs der «Alldeutschen» (Hitler hatte sich Claß gegenüber schon im Dezember 1920 als «treuer Schüler» offenbart), dass Hitler als «der lebende Ausdruck der Gemütsverfassung eines verzweifelten Volkes» für die Rechte gewonnen werden müsse. Im Oktober 1931 sollte die antirepublikanische «Harzburger Front» denselben Fehler, Hitler salonfähig zu machen, noch einmal wiederholen.

Bereits damals ist es Beobachtern der politischen Szene in Deutschland nicht entgangen, dass sich seit 1928/29 eine neue autoritäre Kraft im politischen Spektrum ausdehnte. Insofern bestätigte der sensationelle Ausgang der Reichstagswahlen vom 14. September 1930 zum einen den seit zwei Jahren anhaltenden Aufwärtstrend; zum anderen aber stieß die NSDAP, da sechs Millionen Wähler (18.3 %) hundertsieben Abgeordnete in das Parlament entsandten, in die zentrale politische Arena der Republik vor. Dass so viele Wähler «dem gewöhnlichsten, hohlsten, plattesten Scharlatanismus ihre Stimme geben», empfand der bedeutende liberale Journalist Theodor Wolff tief betroffen als eine schlechthin «ungeheuerliche Tatsache».

Ohne jeden Zweifel hing, wie 1930 vollends deutlich wurde, der Führernimbus auch mit dem Hitler erwartungsvoll zugeschriebenen Fremdcharisma eng zusammen. Früh sind solche Wunschvorstellungen aus dem intimen Kreis seiner ersten Münchner Bewunderer, von Rudolf Hess etwa und Max Amann, von Franz Esser und Hans Frank an Hitler herangetragen worden. Sein persönlicher Einsatz beim Putsch von 1923 und die Durchsetzung seines Leitungsmonopols haben solche Erwartungen verstärkt.

Die entscheidende Voraussetzung für eine dauernd haftende Zuschreibung entstand jedoch erst in dem Augenblick, als Hitler 1928/29 nicht mehr als ungebärdiger Exponent einer bayrischen Minipartei, der anfangs mit seiner Lederhose und Reitpeitsche noch belächelt worden war, sondern als republikweit ausstrahlende Symbolfigur der neuen Rechtsradikalen auf die Bühne der gesamtstaatlichen Politik trat. Denn hier traf er auf jene vorn charakterisierte gesellschaftliche und sozialpsychische Erwartungshaltung, die einem Messias, einem «zweiten Bismarck» in inbrünstiger Hingabewilligkeit entgegenfieberte. Erst jetzt war eine fundamental wichtige Vorbedingung für den weiten Weg eines Politikers mit Eigencharisma gegeben, als die in der politischen Kultur des Landes gespeicherte Zustimmungsbereitschaft, die ganz auf das Handeln einer extraordinären Persönlichkeit vertraute, zum Zuge kam. Anstatt auf die Funktionstüchtigkeit von verlässlichen Institutionen und die Gültigkeit von normativen Politikwerten zu vertrauen, sollte ein neuer Heiland aus der Misere heraushelfen.

Die Aktivierung dieser Messiashoffnungen hing keineswegs allein von dem politischen Sondertalent Hitlers oder von der anschwellenden Hoffnung auf einen «neuen Bismarck» ab. Vielmehr schuf das schon erörterte Krisensyndrom das entscheidende Geflecht von restriktiven Bedingungen, welche die latente in eine manifeste Entscheidungssituation überführten. Kriegsschock und Niederlage, territoriale Amputation und nationale Demütigung, Geldwertverlust und regionale Zersplitterung, Bürgerkrieg und Klassenkonflikt verschmolzen zu einer ubiquitären Desintegrationserfahrung. Auf ihr beruhte die Anziehungskraft des Wunschbildes von einer harmonisch zusammenlebenden «Volksgemeinschaft». Kein anderer vermochte sie so leidenschaftlich zu beschwören, wie Hitler das konnte – und er schrieb den Text seiner Reden bis zuletzt selber! Als Charismatiker stellte er sich über den Widerstreit der fragmentierten Loyalitäten, obwohl er zur gleichen Zeit das Spannungsverhältnis zwischen ihnen durch die antidemokratische und antirepublikanische, die antisemitische und antimarxistische Stoßrichtung seiner Agitation förderte. Als Heilsbringer versprach er, ungeachtet aller Divergenzen, jene neue Kohäsion, die nur der radikalisierte Nationalismus als einheitsstiftendes Weltbild bewirken könne.

Die Attraktivität des Radikalnationalismus wurde gesteigert durch jene dynamischen Elemente, die aus dem völkischen Lager einströmten. Denn ein genuiner Bestandteil der völkischen Ideen war der auf ethnische Homogenität reduzierte Nationsbegriff. Über ihn öffnete sich der Weg in eine breite Konsenszone, die der rassistische Antisemitismus ebenso mit ihm teilte wie mit der deutschtümelnden Utopie der «Volksgemeinschaft». Der unter den Völkischen, etwa in dem von Heinrich Himmler und Walther Darré frequentierten Bund der «Artamanen» wuchernde neugermanische Mythos mit seiner Blut-und-Boden-Ideologie konnte sich hier mühelos anschließen. Von völkischen Ideen durchsetzte Organisationen wie der «Verein für das Deutschtum im Ausland», die nationalen Kampfverbände, aber auch lockere Zirkel wie der Berliner «Tat-Kreis» und das «Politische Kolleg» bereiteten ebenfalls den Nährboden vor, auf dem sich der Nationalsozialismus ausdehnen konnte.

Es lag, wie bereits gesagt, in der Konsequenz dieses völkischen Nationalismus, dass nach der Zertrümmerung des Kaiserreichs und der Installierung der verhassten Republik die Loyalität vom Staat zum Volk hinüberwanderte. Nicht nur galt es als Garant der historischen Kontinuität, des Wiederaufstiegs, der historischen Mission; «Volksgröße» bot auch einen Ersatz für Staatsherrlichkeit. Da aber das deutsche Volk ohne effektive staatliche Organisation im agonalen Mächtesystem nicht überleben konnte, stieg der völkisch-nationale Machtstaat, in dem die «Volksgemeinschaft» als Gegenbegriff zur Klassengesellschaft die nationale Binnenhomogenität gewährleistete, als «Drittes Reich» zu einem der höchsten Zielwerte auf.

Der antiliberale, antidemokratische, antirepublikanische Impetus ließ sich mühelos mit den schwarzen Traditionen des Radikalnationalismus und der völkischen Strömung verbinden, teilweise sogar aus ihnen herleiten. Eine ebenso große Schwungkraft und Massenwirkung übte aber auch der Antimarxismus aus, den die Hitler-Bewegung seit jeher bis hin zum Aufputschen einer mörderischen Phobie kultivierte. Auch hier konnte sie an Traditionsbestände anknüpfen, die sich seit dem Auftauchen der «roten Gefahr» im Vormärz, dem Vordringen der Sozialdemokratie, der Antikriegspolitik der USPD und der «Dolchstoß»-Legende herausgebildet hatten. Tiefer drang aber wahrscheinlich noch der Stachel, dass der Internationalismus der SPD und KPD im Verein mit der marxistischen Klassenkampfdoktrin die innere Einheit und Vorrangigkeit der Nation in Frage stellte. Für die Kritiker aus dem rechtsradikalen Lager galt das Institutionengefüge der Linksparteien und der mit ihnen alliierten Freien Gewerkschaften, überhaupt das linke sozialmoralische Milieu geradezu als perfider Nationszerstörer.

Die marxistische Konfliktlehre mit ihrem transnationalen Loyalitätsimperativ traf den Nationalismus, erst recht den Radikalnationalismus, im Kern seines Geltungsanspruchs, da sie das verlockende Bild einer alternativen Utopie aufrichtete. Daher richtete sich der fanatische Hass gegen die «Linke», der auch die radikalnationale Massenbewegung des Nationalsozialismus beherrschte, keineswegs in erster Linie oder gar ausschließlich gegen die revolutionäre «Umsturzpartei» und die Schreckensvision einer «Diktatur des Proletariats» nach der Zerstörung der überkommenen Gesellschaftshierarchie und der Beseitigung des Privateigentums, obwohl solche Motive fraglos eine komplementäre Rolle spielten. Vielmehr stand im Vordergrund die Angst vor der Auflösung der Nation durch diese linken Kräfte, deren Anziehungskraft seit Jahrzehnten zu beobachten gewesen war, ehe sie durch die bolschewistische Revolution, die Konsolidierung der Sowjetunion und das Vordringen der KPD noch einmal drastisch unterstrichen wurde.

Mit dem Einströmen der völkischen Ideen in den extremen Nationalismus wurde das Horrorszenario, das sich mit der Expansion der «Linken» verband, noch weiter verschärft. Denn jetzt setzten sie nicht nur den Zusammenhalt der Nation, sondern darüber hinaus auch noch die geheiligte ethnisch-rassische Substanz des «Volkes» einer fatalen Zerreißprobe aus. Daher galt es, sie durch eine erbarmungslose Kampfstrategie auszuschalten. Und daher ordnete sich der militante Antimarxismus geradezu zwanglos, sogar mit innerer Notwendigkeit in das radikalnationalistische Weltbild ein. Für den glorreichen Wiederaufstieg der Nation und dazu für ihre völkische Geschlossenheit zu streiten, das bedeutete nach der schockierenden Kriegsniederlage auch immer zugleich, «der Linken» als Todfeind den inneren Krieg anzusagen. Sieht man einmal von dem winzigen, irrlichternden Häuflein der deutschen Nationalbolschewisten ab, hieß Radikalnationalist sein auch immer Antimarxist sein.

Die Wahlen von 1930 hatten bewiesen, dass die Fusion von Hitlers Eigencharisma und zugeschriebenem Charisma ein politisches Erdbeben auslösen konnte. Beflügelt vom Führernimbus konnte sich die NSDAP nach dem Zuwachs von sechs Millionen neuen Wählern, die ihr bereits die doppelte Stärke der rechtskonservativen DNVP verliehen, dank dieser politischen Lawine als erste gesamtdeutsche rechtstotalitäre Partei etablieren. Seit 1930 hielt auch ein Massenzustrom an, der alle früher erlebten Fluktuationen in der deutschen Parteiengeschichte bei weitem übertraf. Die Hitler-Bewegung wurde zum Alleinerben aller rechtsradikalen und völkischen Parteien und Verbände. Kurz nach dem Schlüsselereignis der Septemberwahlen kam sie bei den Bremer Bürgerschaftswahlen auf 25.6, bei den Landtagswahlen in Braunschweig auf 27.2, in Oldenburg sogar auf 37.2 Prozent. Bis zum Dezember 1930 gewann sie 400 000 neue Mitglieder.

Dem Absturz in die tiefste Depression, welche die deutsche Gesellschaft und Wirtschaft seit 1929 erlebt haben, entsprach umgekehrt der kometenartige Siegeszug der NSDAP. Sie brach seither in ein sozialkulturelles Milieu nach dem anderen, in eine soziale Klasse nach der anderen tief ein. Sie gewann neue Anhänger in den mittleren städtischen Erwerbsklassen, in der Bauern- und Landarbeiterschaft sowie unter jenen Arbeitern, die nicht durch ihre marxistische Überzeugung noch eine Zeitlang immunisiert wurden, doch nicht weniger auch in den noblen Villenvierteln der Großstädte. Bedenkenlos bediente sie alle Interessen mit ihrem nackten Populismus, der jedem Adressaten seine vorrangigen Wünsche zu befriedigen versprach – mit Erfolg, wie sich sogleich zeigen sollte, da sie sich in einer erstaunlich kurzen Zeit in eine alle Klassenschranken und Milieugrenzen überschreitende, autoritäre «deutsche Volkspartei» – wie Hitler selber sie damals selbstzufrieden nannte – verwandelte. Vorläufig resistent blieb nur die marxistisch imprägnierte großstädtische Arbeiterschaft (die KPD verbuchte sogar dank der Arbeitslosen einen weiteren Aufschwung) und das kleinstädtisch-ländliche katholische Milieu.

Ein Propagandatopos trat aber in den folgenden drei Entscheidungsjahren auffällig zurück: Das war der rabiate Antisemitismus, auf den selbst Hitler wegen der zahlreiche Wähler abstoßenden Wirkung nur noch zurückgriff, wenn ihm die Empfänglichkeit dafür von den örtlichen Parteigrößen zugesichert worden war. Eine Massenwählerschaft konnte offensichtlich, so die interne Stimmungsanalyse der Parteistrategen, nicht durch antisemitische Tiraden, sondern nur mit Hilfe des größtmöglichen gemeinsamen Nenners gewonnen werden. Ihn repräsentierte die Beschwörung der nationalen «Volksgemeinschaft» und des «nationalen Wiederaufstiegs», wie überhaupt der nationalsozialistischen Parole vom künftigen «Tausendjährigen Reich» unübersehbar Züge eines «nationalen Millenarismus» anhafteten.

Im Grunde sollten sich die zwei Jahre nach dem ersten Auftrumpfen im Herbst 1930 in einen einzigen langgestreckten Wahlkampf verwandeln. Zwar unterlag Hitler bei der Reichspräsidentenwahl im April 1932 noch eindeutig gegen den zum zweiten Mal kandidierenden greisen Amtsinhaber Hindenburg, doch stieg sein Stimmenanteil im zweiten Wahlgang auf ansehnliche 36.8 Prozent. (Dieser Erfolg war übrigens erst dadurch ermöglicht worden, dass ihm ein nationalsozialistischer Minister in Braunschweig die deutsche Staatsangehörigkeit verliehen hatte, ohne die der Österreicher gar nicht hätte kandidieren können.) Das verblüffende Endergebnis beschleunigte die Umorientierung im rechten Lager. Hitler wurde als politische Größe endgültig verhandlungsfähig, wie das die Bemühungen von Reichskanzlern und Unternehmern, Lobbyisten und protestantischen Geistlichen zeigten, die Hitler in die Politik der Republik einbinden, auch zu ihren Gunsten zähmen wollten. Das «konservative Establishment» begann, «symbolisch, finanziell und politisch das Tor zur Macht» zu öffnen. «Alle Macht dem Führer», lautete folgerichtig die ultimative Devise des «Völkischen Beobachters», der «deutsche Volksführer Adolf Hitler ... ist die letzte Hoffnung derer ..., denen nur eins blieb, der Glaube an Deutschland». Der vorteilhafte Trend bei den Landtagswahlen unterstützte diese Neigung, denn in Preußen erreichte die NSDAP jetzt 24.4, in Württemberg 24.5, in Hamburg 31.2, in Bayern 32.5, in Sachsen-Anhalt sogar 40.9 Prozent aller Stimmen.

Insofern kam der Triumph im Juli 1932 nicht gar so überraschend wie der sprichwörtliche Blitz aus heiterem Himmel. 13.8 Millionen Wähler (mehr als ein Drittel, 37.4 Prozent aller Stimmen, das 17fache der Zahl vor vier Jahren) katapultierten 230 Abgeordnete der NSDAP in den Reichstag. Während die Wahlbeteiligung von 1928 bis 1932 um 30 Prozent, von 30.8 auf 39.3 Millionen Stimmen anstieg und die Anzahl der Wahlberechtigten um 3.8 Millionen zunahm, gewann die Hitler-Bewegung ihren Zustrom zu drei Fünfteln aus Erstwählern und zu zwei Fünfteln aus ehemaligen Nichtwählern, dem größten Stimmenreservoir.

Mehr als jeder anderen Partei kam ihr der politische Mobilisierungseffekt zugute. Nicht einmal die Nationalliberalen des Jahres 1874, auch nicht die Sozialdemokraten von 1919 hatten auch nur von Ferne diese plebiszitäre Massenakklamation erlebt. Bis zum Jahresende stieg überdies die Mitgliederzahl auf 1.4 Millionen an, mithin seit 1930 um das Vierfache, während sich die Wählerzahl dramatisch verdoppelt hatte. Über Nacht stellte die NSDAP, weit vor der SPD mit ihren nurmehr 130 Abgeordneten, die stärkste Fraktion im Reichstag, über Nacht auch war Hitlers Machtposition in der Partei und in der deutschen Innenpolitik auf ungeahnte Weise noch einmal aufgewertet worden. Dennoch: Zwei Drittel der Wähler hatten sich nicht für die Hitler-Bewegung entschieden. Andererseits besaßen jetzt ausgerechnet die beiden totalitären Flügelparteien der NSDAP und KPD zusammengenommen die absolute Mehrheit im Parlament, konnten also eine negative Sperrminorität stellen.

Es trifft zu, dass die neuen Reichstagswahlen im November 1932 der NSDAP einen herben Rückschlag bescherten. Sie verlor zwei Millionen Stimmen, sank daher auf einen Anteil von 33.1 Prozent und musste mit ihren 197 Abgeordneten auf 34 MdR vom Sommer verzichten. Das Resultat wurde von der Partei mit tiefer Enttäuschung über den Abbruch ihres Siegeszugs, von allen Gegnern dagegen mit unverhohlener Erleichterung aufgenommen. Es war aber im Wesentlichen ein Ausdruck der nach fünf Wahlgängen im Verlauf eines einzigen Jahres scharf abgefallenen Mobilisierungsbereitschaft. Ihr konnte selbst Hitlers wahlpolitische tour de force nicht Einhalt gebieten. Noch ehe sich aber die NSDAP der Klage über das Abbremsen ihres Vormarsches und die gähnende Leere in ihrer Parteikasse hingeben, ehe auch die Verführungskraft des Hitler-Mythos ein weiteres Mal auf eine harte Probe gestellt werden konnte, übergaben Repräsentanten der alten Machteliten, angeführt von Reichspräsident Hindenburg, der sich auf einmal selber für den einstigen Gefreiten als besten Verteidiger der nationalen Einheit entschieden hatte, Hitler die Herrschaftsposition des Reichskanzleramtes.

Die letzten Reichstagswahlen am 5. März 1933 standen zum einen unter dem Einfluss einer massiven Propaganda der Regierung Hitler, zum anderen erlebte das Land die brutale Repression der beiden Linksparteien. Trotz ihrer Privilegierung als Kanzlerpartei erreichte die Hitler-Bewegung noch immer nicht die ersehnte absolute Mehrheit, kam aber immerhin auf 17.3 Millionen Stimmen (43.9 %), die ihr 288 von 584 Abgeordneten einbrachten – nicht mehr als fünf fehlten ihr zur absoluten Mehrheit. Mühelos wurde sie jedoch mehrheitsfähig durch ihre Allianz mit den 52 MdR der DNVP. Obwohl das Unheil durch dieses Wahlergebnis besiegelt wurde, bleibt es wahr, dass die NSDAP selbst bei dieser letzten, alles andere als freien Wahl die absolute Mehrheit verfehlt hat.

Ein befriedigender Trost ist das dennoch nicht, da ein großes Wählerpotenzial sein Gewicht zu ihren Gunsten noch in die Waagschale hätte werfen können. Die 2.6 Millionen Wähler der DNVP (52 MdR), die 660000 der DVP (11 MdR), die 887000 der Splitterparteien (12 MdR), die erodierenden rechten Flügel des Zentrums, der Bayrischen Volkspartei, selbst der SPD – sie alle waren für den Hitler-Mythos und die nationalistische Rhetorik längst anfällig, so dass weitere vier Millionen Stimmen (70 bis 80 MdR) leicht eine Beute der NSDAP hätten werden können. Zur Probe aufs Exempel hat es die Diktatur nicht mehr kommen lassen, dieses Zustimmungspotenzial aber bei ihren Volksabstimmungen zielstrebig in Bewegung gesetzt.

Ehe mit der Übertragung der Regierungsverantwortung auf die Regimephase des Nationalsozialismus einzugehen ist, empfiehlt es sich, sowohl die Ursachen der bestürzenden Erfolgsserie seit 1928/30 als auch noch einmal zusammenfassend die entscheidenden Gründe für die Wirkung Hitlers zu erörtern.

1. Mit der schlimmsten Wirtschaftsdepression, die Deutschland bisher erlebt hatte, schlug die Stunde des Charismatikers, den diese neue existenzielle Krise endgültig emportrug. Niemand konnte ange-

sichts von acht Millionen Arbeitslosen, der wachsenden Verzweiflung, des verheerenden ökonomischen Zusammenbruchs die Höllenfahrt dieser Krise bestreiten. Die Deutung von liberaldogmatischen Experten, es handle sich doch nur um eine verschärfte «Reinigungskrise» der Marktwirtschaft, löste nurmehr empörten Hohn aus. Kein Politiker hämmerte auf zahllosen Großveranstaltungen, zu denen Hitler schließlich mit dem Flugzeug einschwebte – dem staunenden Millionenpublikum von 148 Veranstaltungen allein zwischen April und November 1932 den Eindruck der Allgegenwart suggerierend –, den Zuhörern so leidenschaftlich und so beharrlich, so hasserfüllt und so siegesgewiss wie Hitler seine gnadenlose Kritik an der Misere des «Weimarer Systems» ein. Keiner prangerte die Hilflosigkeit der Berliner Politik, den «Ausverkauf», den «Verrat nationaler Interessen» im Stil seines «manichäischen Dualismus» so unerbittlich an. Keiner blieb aber auch so asketisch sparsam mit konkreten Reformvorschlägen, die sich dem Test der empirischen Überprüfung hätten stellen müssen.

Denn auf pragmatische Rezepte ließ Hitler sich nicht ein. Unablässig aber berief er sich in der Manier des charismatischen Propheten auf die höchsten Werte als Fixsterne seiner Politik: auf das Überleben der Nation im Zeichen ihres drohenden Untergangs, auf die Einheit, die Ehre, die Zukunft der Nation, auf die soziale Gerechtigkeit für alle «Volksgenossen». Bestehe erst einmal Einigkeit über den Vorrang dieser Zielwerte, schließe sich auch endlich die gesamte Nation zu einer gläubigen, die überkommene Hierarchie überwindenden «Volksgemeinschaft» zusammen, wie sie die Hitler-Bewegung in nuce bereits verkörpere, lasse sich auch jene Energie mobilisieren, die zur Überwindung der innen- und außenpolitischen Krisen unerlässlich sei, aber einzig und allein von ihm als «Führer der Nation» in die richtigen politischen Bahnen gelenkt werden könne.

Im künftigen «Dritten Reich» – diese Parole stieg zum eschatologischen Heilsbegriff auf – werde unter seiner Leitung alles Notwendige endlich verwirklicht werden. Dieser «vagen Ordnungsromantik» lag letztlich stets ein «harter nationaler Geltungsanspruch», der Primat der Nation im Inneren und nach außen zu Grunde. Mit ihm erreichten Hitler und die NSDAP die wachsende Millionenzahl ihrer Wähler und Mitglieder.

Ohne die Aura Hitlers, ohne die sichtbare Erfüllung der messianischen Hoffnungen durch diesen vom Schicksal geschickten «Sendboten» ist der rasante Aufstieg der NSDAP nicht überzeugend zu erklären. Dieser Magnetismus lässt sich natürlich bei den «alten Kämpfern», den schon in der Frühzeit der Bewegung engagierten Parteigenossen, besonders überzeugend nachweisen. In hunderten von erhalten gebliebenen Biographien wird immer wieder eine Art von Bekehrungserlebnis beschrieben. Nachdem er zum ersten Mal Hitler gehört habe, stand für einen von ihnen fest: «Da gab es nur noch eine Sache für mich, entweder mit Adolf Hitler zu gewinnen oder für ihn zu sterben. Die Persönlichkeit des Führers hatte mich total in ihrem Bann.» «Mein Ideal war eine Bewegung», bekannte ein anderer, «die die nationale Einheit ... des großen deutschen Vaterlandes bewirken würde ..., die Realisierung meines Ideals konnte nur durch einen Mann erfolgen: Hitler.» «Wer nicht die enorme Gewalt der Führer-Idee erlebt hat, wird niemals etwas davon verstehen», schrieb ein Dritter beschwörend. Aber «wann immer ich ... mich für unseren Führer einsetzte, fühlte ich, dass es nichts Höheres oder Edleres gab, das ich für Adolf Hitler und dadurch für Deutschland tun konnte», so dass «der weitere Inhalt meines Lebens ... meine Verpflichtung gegenüber Hitler ... ist, die reinste Verkörperung des deutschen Charakters.»

Den Ausschlag gab freilich, dass Hitler auf jene allgemeine gesellschaftliche Konsensbereitschaft traf, die nach einem «starken Führertum», ja nach einem politischen Messias verlangte. Erst dieser Verehrungseifer erzeugte jene immense Popularität, die seine charismatische Ausstrahlung verstärkte. Eine Hamburger Lehrerin, durchaus liberalkonservative Bildungsbürgerin, notierte sich im Frühjahr 1932 nach dem Besuch einer Massenkundgebung mit Hitler ihren Eindruck in Worten, die für eine weit verbreitete Haltung als typisch gelten dürften. Nach langem Warten: «Der Führer kommt. Ein Ruck geht durch die Massen ... dann sprach Hitler. Hauptgedanke: Aus Parteien soll ein Volk werden, das deutsche Volk.» «Wie viele sehen zu ihm auf in verzweifelter Gläubigkeit als dem Helfer, Erretter, Erlöser aus übergroßer Not.» Hitler «ist der einzige», schloss sie, «der heute noch Millionen Menschen etwas sein und geben kann, gleichviel was es ist»; er allein könne jedermann politisch begeistern, «weil er ohne Programm mitzureißen versteht».

Es kann kein ernsthafter Zweifel bestehen, dass Hitlers Wirkung als charismatischer Prophet und sein plakativer Radikalnationalismus den stärksten Mobilisierungseffekt auslösten. Er war die «mediale Drehscheibe», der Katalysator der Massenempfindungen, der die «leidenschaftliche Hingabe», die «Bereitschaft zur Selbstaufgabe», die «psychisch-existentielle Bindung» seiner fanatisierten Anhänger zu erzeugen vermochte. Der Führerkult, der Nimbus, die Aura um Hitler entsprangen daher, noch einmal, weit eher der spontanen Verehrung des ersehnten politischen Messias, als dass er ein Ergebnis von Goebbels' ausgeklügelter Propaganda gewesen wäre.

2. Hinzu kam der gewaltige politische Vorteil, dass die Hitler-Bewegung den Eindruck einer beispiellosen Dynamik, eines mitreißenden Elans, eines unerschöpflichen Aktivismus, nicht zuletzt, namentlich im Vergleich mit den etablierten Parteien, einer kampflustigen Jugendlichkeit vermittelte. Konzessionslos verfocht sie als «totalitäre Weltanschauungspartei» den «gnadenlosen Kampf» gegen alle Gegner. Das verschaffte ihr das Image, unverbraucht, tatkräftig, kampfbereit an jene Aufgaben heranzugehen, vor denen alle anderen offensichtlich zurückscheuten oder versagten. Seit den Wahlen von 1930 rückten außerdem zum ersten Mal geburtenstarke Vorkriegsjahrgänge in die Aktivwählerschaft ein, die nicht mehr im Kaiserreich, sondern in der Republik politisch sozialisiert worden waren. Unter ihnen fand die NSDAP so viele Sympathisanten, dass sie den Löwenanteil dieser Erstwähler an sich zog.

Die Anziehungskraft der dynamischen «Partei der Jungen» – «Ein junges Volk steht auf», sangen sie – beruhte auch darauf, dass sie im schroffen Gegensatz zur agrarromantischen Blut- und Bodenideologie ihr positives Verhältnis zur Technik, zur industriellen Welt, zur technokratisch gesteuerten Daseinsbewältigung energisch hervorhob. Davon ging offensichtlich eine anhaltende Faszination aus, die insbesondere junge Akademiker und Ingenieure, Techniker und Angestellte erfasste. Mit dem Parteiprogramm der frühen Münchner Jahre hatte das ganz und gar nichts zu tun, wohl aber mit dem viel beschworenen «Aufbruch der Jungen» gegen das verkrustete überlebte Alte, das in der Republik überall noch präsent war. Auf diese Sympathisanten wirkte nicht die rückwärts gewandte Utopie eines archaischen Bauern- und Kriegerlebens ein, wie sie die Partei für eine andere Klientel gleichzeitig verfocht, vielmehr wurde die eigentliche Attraktivität der Hitler-Bewegung durch ihre Modernitätsverheißung und ihren «Mobilisierungsappeal» verkörpert, mit Hilfe aller technisch-industriellen Mittel die Grundlage sowohl für den nationalen Wiederaufstieg als auch für eine meritokratische, aus sozialdarwinistischer Konkurrenz hervorgehende Leistungsgesellschaft zu schaffen – frei von den Schlacken des elitären Honoratiorenklüngels, der «obrigkeitlichen Volksferne», der verharschten Interessenverfolgung. Deshalb auch fand sich in der Massenbasis der Hitler-Bewegung jene eigenartige Ambivalenz von sozialreaktionären und modernen Elementen, von konservativer Beharrung und dynamischer Mobilität, von «ideologischem Fanatismus und pragmatischem Opportunismus», von «Zynismus und Glaubenspathos».

3. In einer inneren Affinität zum «jungen» Charakter der Partei stand die einschüchternde Gewalttätigkeit, häufig im Verein mit einem suggestiven militärischen Ordnungszeremoniell, das von den Kampforganisationen der SA und SS praktiziert wurde. Nach der Brutalisierung durch die Fronterfahrung des Weltkriegs gaben zunächst die älteren Jahrgänge der Soldatengeneration, der Freikorps, der subproletarischen SA-Rabauken den aggressiven Stil im Umgang mit dem «linken» Gegner vor. Schlägereien auf Wahlveranstaltungen, der Streit um Stammlokale und Strafexpeditionen in «rote Wohnviertel» gehörten frühzeitig zum Alltag der Braunhemden. Nach dem «Ausstieg aus der bürgerlichen Zivilisation», der Lösung von den überlieferten Normen und den «sozialmoralischen Autoritäten» – wie das der Charismatiker von seiner Gefolgschaft erwartete und durch seine Gesinnungsrevolution beförderte – bildete die freigesetzte «kriminelle Energie» ein «substantielles Element» des NS-Aktionismus, der sie in der Endphase der Republik allen anderen Parteien überlegen machte. Denn seit 1930 steigerten sich die Gewaltexzesse zu bürgerkriegsähnlichen Straßenschlachten ohne Rücksicht auf Verluste. Allein vom Januar bis zum September 1932 wurden 155 Tote – Erschlagene, Erstochene, Erschossene – offiziell registriert. Die Polizei war bei der Auflösung von Massendemonstrationen bisher auch nicht zimperlich vorgegangen, doch jetzt steigerte sich der Hass der SA bis hin zu dem von vornherein geprägten Willen, den Gegner zu töten.

Auf der anderen Seite reizten Parolen wie «Die Straße frei den braunen Bataillonen» und gezielte Provokationen wie der Einmarsch in proletarische Wohnquartiere auch die kommunistischen Verbände bis zur Weißglut und lösten die Reaktion aus, es den «Nazis» mit gleicher Münze heimzahlen zu wollen. Deshalb zeichnete sich der kommunistische Kampfstil ebenfalls durch brutale Rücksichtslosigkeit bis hin zum politischen Mord aus. Zurückhaltend traten dagegen das sozialdemokratische «Reichsbanner» oder die viel zu spät geschaffene «Eiserne Front» der Republikverteidiger auf. Die Initiative ging in aller Regel von den paramilitärischen Verbänden der Hitler-Bewegung aus. Sie präsentierten sich als aggressive, plebiszitär gestützte Gegenkraft gegen den Kommunismus und Sozialismus.

4. Die tief verwurzelte deutsche Tradition der Hochschätzung von nationalen Sammlungsbewegungen gehörte dazu, dass der Volksparteicharakter der NSDAP durchaus positiv beurteilt wurde. Sie ist in der Tat auf keine eindeutige Klassenherkunft festzulegen: weder auf den wirtschaftlich schwer angeschlagenen «Mittelstand» noch auf das Lumpenproletariat der Städte oder die Desperados des großen Krieges, deren Eingliederung in die Friedensgesellschaft gescheitert oder aber von ihnen selber verweigert worden war. Erst recht verfehlten alle mühseligen Anstrengungen der linken Faschismuskritik, die NS-Bewegung als Büttel des Großkapitals zu enthüllen, der allein aus den krisengeschüttelten bürgerlichen Klassen seinen Anhang gewonnen habe, die Realität dieser autoritären Omnibus-Partei. Denn die Anziehungskraft Hitlers und seiner Bewegung reichte viel tiefer in die gesamte Wählerschaft hinein, als diese einseitigen Deutungen suggerierten.

Seit 1930 stammte der größte Block von NS-Wählern aus den protestantischen Kleinstädten und Agrargebieten. Fast fünfzig Prozent kamen aus evangelischen Kleinstädten (mit bis zu 5000 Einwohnern), von denen es damals in Deutschland so viele wie sonst nirgendwo gab; nur ein Drittel stammte dagegen aus dem Reservoir der Großstädte. Kein anderes «Sozialmerkmal» hat die «nationalsozialistischen Wahlerfolge so nachhaltig beeinflusst wie die Konfession». Auf Grund einer langen Vorgeschichte, die sich vom Theologischen Rationalismus der Spätaufklärung über den liberalnationalistischen Kulturprotestantismus bis hin zur vorbehaltlosen Identifizierung mit dem «evangelischen Hohenzollernreich» erstreckte, hatte sich im deutschen Protestantismus einschließlich seiner Amtskirche eine spezifische Anfälligkeit gegenüber den Verheißungen der «Zivilreligion» des Nationalsozialismus herausgebildet. Das machte den evangelischen Wähler, statistisch gesprochen, genau doppelt so anfällig für den von der Hitler-Bewegung verfochtenen Radikalnationalismus und ihr «Drittes Reich» wie katholische Wähler.

Diese Anfälligkeit erwies sich in besonders hohem Maße, als der Nationalsozialismus in die kleinen und mittelgroßen Städte mit einer protestantischen Einwohnermehrheit eindrang. Sie wurden nicht durch die militanten Aufmärsche und den rabiaten Straßenterror erobert, obwohl auch dort Brachialgewalt als probates Mittel gegen die verhassten «Linken» gutgeheißen wurde. Vielmehr fand die Partei zusehends Anhänger in den zahlreichen sozialen Netzwerken solcher Städte, wo das Vereinsleben, aber auch der Wille zur Restauration einer autoritären Ordnung großgeschrieben wurde. Sie gewann die Hoheit über den Stammtischen, da ihr nationalistischer Protest gegen das volksferne «Weimarer System» und die Deutschland diskriminierende Nachkriegsordnung dumpfen Ressentiments kongenial entgegenkam. Pointiert gesagt: Die NSDAP musste dort selten ihren Anhang gewinnen, vielmehr hatten diese Städter geradezu darauf gewartet, dass der Radikalnationalismus der Rechtstotalitären und das charismatische Führertum eines «neuen Bismarck» die Erlösungshoffnung durch den nationalen Wiederaufstieg und das erfolgreiche Wirken einer großen Persönlichkeit befriedigte.

Die unheimliche Gewalt der Krise seit dem Herbst 1929, die mit der eklatanten Hilflosigkeit städtischer und staatlicher Instanzen schroff kontrastierende siegesgewisse Dynamik der Hitler-Bewegung, nicht zuletzt auch der furchterregende Bodengewinn der KPD als symbolische Bedrohung durch einen deutschen Bolschewismus haben in diesem städtischen Milieu den Pendelausschlag zugunsten des Rechtsradikalismus weiter begünstigt. Doch die grundsätzliche Richtungsentscheidung war längst vorher angelegt. Wenn die Parteien eines verblassenden Liberalismus und der bürgerlichen Mitte 1928 immerhin noch 28 Prozent aller Stimmen in diesem Milieu gewonnen hatten, waren es im Sommer 1932 noch ganze fünf Prozent! Fast 25 Prozent aber waren dort zur NSDAP gewandert, wo der integrale Nationalismus in alle Poren der Stadtgesellschaft eingedrungen war, der Lebensstandard rapide absank und die Angst vor dem Marxismus umging.

Dass die NSDAP zur Volkspartei geworden war, unterstreicht auch die Tatsache, dass sie zunehmend von Arbeitern gewählt wurde. Schon bis 1929 kamen 40 Prozent der neuen Parteigenossen aus der Arbeiterschaft. Im Durchschnitt gewann sie in der gesamten Republik 25 Prozent ihrer Stimmen aus dem proletarischen Milieu des flachen Landes und der Städte. In Agrarregionen konnte der Arbeiterstimmenanteil sogar auf 50 Prozent, in reinen Industriegebieten auch noch auf immerhin 33 Prozent ansteigen. Freilich fiel der Anteil stets dann niedrig aus, wenn es im Wahlbezirk besonders viele Arbeitslose gab, da diese in ihrer abgrundtiefen Enttäuschung gleich die radikalste Protestvariante wählten, mithin überwiegend zur KPD überliefen. Unbestreitbar blieb zunächst noch der Kern der marxistisch geprägten großstädtischen Arbeiterschaft immun.

Entgegen einer zählebigen Legende besaßen die Angestellten keineswegs eine auffällige Affinität zur NSDAP, deren Stimmengewinn im Gegenteil um so niedriger ausfiel, je mehr Angestellte in einem Wahlkreis lebten. Denn Angestellte besaßen im Allgemeinen weniger Protestgründe als Arbeiter, waren häufig in Gewerkschaften organisiert und votierten daher auch für die SPD. Dagegen entwickelte sich von 1928 bis 1930 ein überdurchschnittlich hoch und stetig anschwellender Beamtenzustrom, da die NSDAP die tiefe Vertrauenskrise auszunutzen verstand, die sich im Verhältnis der Bürokratie zum verachteten Weimarer Staat aufgetan hatte.

Zugleich vermochte die Hitler-Bewegung in das bäuerliche Milieu der protestantischen Gebiete einzubrechen, als sich dort die neue Agrarkrise verheerend auswirkte und die gesamte intermediäre Struktur der Interessenverfechtung zusammenbrach, so dass Walther Darrés «Agrarpolitischer Apparat» in einem verblüffenden Tempo in die weit aufklaffende Lücke hineinstoßen und massenhaft bäuerliche Wähler für die Partei gewinnen konnte.

Der Vergleich des Wahlverhaltens aller sozialen Milieus und Klassen zeigt, dass die höchste Anfälligkeit für den Nationalsozialismus unter protestantischen gewerblichen und bäuerlichen Selbständigen zu finden war. Insgesamt stellten die bürgerlichen Mittelklassen als größter Stimmenspender den Löwenanteil von 60 Prozent der

NSDAP-Wählerschaft. Insofern besaß die braune «Volkspartei» doch einen «Mittelstandsbauch» (J. Falter).

Anders als es ein zählebiger Vorwurf lange Zeit wahrhaben wollte, gab 1930/32 keine extrem hohe Stimmenzahl enthusiastischer Hitler-Wählerinnen den Ausschlag. Wohl aber stellte sich, zumal in der Weimarer Republik immer mehr weibliche als männliche Wähler zur Urne gingen, ein leicht überproportionaler Zuwachs an weiblichen Stimmen ein, der den dramatischen Aufstieg zur Massenpartei beschleunigte.

5. Angesichts der ausschlaggebenden Erfolgsbedingungen: des charismatischen Volkstribuns an der Spitze einer nationalistischen Sammlungsbewegung, des klassenübergreifenden Charakters einer autoritären, jungen, populistischen Volkspartei, der vagen, aber dynamisch wirkenden Alternative der Krisenbekämpfung, erscheint die Programmatik der NSDAP geradezu als zweitrangig. Das formelle Parteiprogramm von 1921, ein Sammelsurium von völkisch-rechtsradikalen Postulaten, wurde bereits 1926 unter Hitlers Verbot gestellt, dass es nicht mehr verändert werden dürfe, mithin als heiliger Text zu gelten habe. Überdies enthielt es keineswegs die Ziele, die später die Motorik der nationalsozialistischen Expansions- und Vernichtungspolitik vorangetrieben haben.

Seither mochte es dann und wann noch rivalisierende Deutungen ehrgeiziger Paladine wie Heinrich Himmler und Alfred Rosenberg geben. Zeitweilig, erinnerte sich Hans Frank, gab es sogar «grundsätzlich so viele Nationalsozialismen als es führende Männer gab». Doch Hitler setzte sein Interpretationsmonopol ebenso zielbewusst wie effizient durch. «Unser Programm heißt Hitler» lautete daher die völlig kongeniale Parole der Partei. Der Ideenmüll der nationalsozialistischen «Weltanschauung» gewann seine konkrete Bestimmtheit, seinen fatalen Richtungspfeil überhaupt erst durch die Aussagen Hitlers. Nur wegen dieser Auslegungssouveränität konnten seine idiosynkratischen Obsessionen später ihre mörderische Geschichtsmächtigkeit entfalten.

Diese charismatische Kapazität zur Weichenstellung lenkt konsequent auf Hitlers Weltbild hin, das dafür eine Steuerungsfunktion übernahm. Allerdings führt es in die Irre, aus dessen unleugbarer Bedeutung abzuleiten, dass Hitler seine Leitideen, sobald er dazu die Mittel der Führerdiktatur besaß, Schritt für Schritt in der Ausführung eines seit jeher anvisierten «Stufenplans» verwirklicht hätte. Solch eine Vorstellung überschätzt seine Handlungsrationalität, unterschätzt aber zugleich seine Flexibilität, seine Abhängigkeit von aktuellen Konstellationen, neuen Handlungschancen und konkurrierenden Akteuren. Dennoch: Da Hitler auf Grund der Abgehobenheit des charismatischen Machthabers einen extraordinären Handlungsspielraum ausnutzen konnte, fiel er in Entscheidungssituationen auf das Konglomerat seiner fixen Ideen geradezu mit Besessenheit immer wieder zurück.

Wenn man die Koordinaten dieses starren Weltbildes ordnet, stößt man auf zehn axiomatische Überzeugungen:

1. Hitler verstand die Geschichte als endlosen sozialdarwinistischen Kampf, in dem sich das Recht des Stärkeren, die natürliche Auslese der Überlegenen, das Überleben der Tüchtigsten durchsetzte. Der Krieg wurde auch von ihm als «Vater aller Dinge» glorifiziert. So gesehen verstand Hitler seine Politik zuerst als Kriegserklärung, dann als Kriegsführung gegen die bestehende Welt und die vorherrschende Weltauffassung. Auch gegenüber innerparteilichen und innenpolitischen Konflikten pflegte Hitler abzuwarten, bis sich der stärkste Konkurrent durchgesetzt hatte, so dass dem «Führer» die Entscheidung als gewissermaßen notarielle Bestätigung leichter fiel.

2. In dem welthistorisch folgenschwersten Kampf besaß das «arische» Volk der Deutschen auf Grund unübertrefflicher Qualität seiner Rasse jene Überlegenheit, die ihm das Naturrecht auf die Eroberung der weltpolitischen Führung gewährte. «Diesem größten Rassekern» von 84 bis 110 Millionen arischen Deutschen «wird und muss einmal», versicherte Hitler 1938 auf einer Geheimkonferenz mit höheren Offizieren, «die Welt gehören».

3. Innerhalb dieses von der Natur privilegierten Rassestaats galt uneingeschränkt das Führerprinzip. An der Spitze wurde es von Hitler selber repräsentiert, der bereits 1923 diagnostiziert hatte: Die «Nation lechzt nach einem Führer», ehe er 1925 in «Mein Kampf» konstatierte: «Über den deutschen Menschen im Diesseits verfügt die Nation durch ihren Führer.» Unterhalb seiner Spitzenposition setzte sich das Führerprinzip auf allen anderen Rängen der Herrschaftshierarchie weiter fort, jeweils in direkter Abhängigkeit von der Personalhoheit des «Führers».

4. Als Handlungseinheit und Loyalitätspol, als Integrationszentrum und Lebenssinn besaß die Nation den höchsten Wert. Ein leidenschaftlicher Nationalismus hatte sich daher vorbehaltlos in den Dienst ihrer Größe, ihrer Ehre, ihrer historischen Mission zu stellen. Die Entscheidung, welche nationalen Interessen auf welche Weise durchgesetzt werden mussten, traf in divinatorischer Sicherheit der «Führer», der sich dabei mit dem Massennationalismus im Einklang wusste.

5. Das innere Ordnungsgefüge der Nation musste zur «Volksgemeinschaft» umgebaut werden, welche die Spaltung durch den Klassenantagonismus überwinden und zu einem rassisch überlegenen Akteur aufsteigen müsse, sobald sie durch eine dezidierte staatliche Rassenpflege des «Volkskörpers» auch biopolitisch gekräftigt worden war.

6. Mit der Etablierung der «Volksgemeinschaft» sollte auch der Marxismus in allen Varianten, welche die NS-Bewegung von Anfang an erbittert bekämpft hatte, endgültig überwunden werden. Bis dahin gehörte ein kompromissloser Antimarxismus zu den Imperativen der Partei. Hitler hatte seinen Antimarxismus schon aus den Wiener Erfahrungen mit der Stärke der österreichischen Sozialdemokratie gewonnen und die Indoktrination durch alldeutsch-konservative Parolen erfahren, dann durch die Legende vom «Dolchstoß der Linken» in den Rücken der deutschen Front und die anschauliche Erfahrung der Münchner Räterepublik befestigt, längst ehe die Bolschewiki und die Sowjetunion in sein Gesichtsfeld traten. Als sie das taten, wurde auch die Ausschaltung der kommunistischen Großmacht eines seiner Fernziele.

7. Wie die Zielutopie und die Politik aller Linksparteien abgelehnt wurden, gehörten auch Demokratie und Liberalismus in die Rumpelkammer der Geschichte. Die Republik und der Parlamentarismus hatten einer autoritären Staatsform zu weichen. Dank dieser antiliberalen und antidemokratischen, antirepublikanischen und antiparlamentarischen Grundhaltung wurde der Nationalsozialismus zum Erben aller völkischen rechtsradikalen Strömungen, aber auch vieler in die Gesellschaft tief hineinreichender antimoderner Traditionen.

8. Die höchste Priorität genossen jedoch zwei weitere Zielvorstellungen: die «Entfernung der Juden» – dieses «unverrückbar» feststehende «letzte Ziel» des Antisemitismus hatte Hitler schon in seinem

ersten politischen Schriftstück vom September 1919 fixiert – und die Eroberung von «Lebensraum» im Osten. Der Judenhass Hitlers beruhte auf der Grundlage seines Rassismus und Nationalismus. Die Juden bildeten für ihn keine Religionsgemeinschaft, sondern eine verschworene Rassengenossenschaft, die ebenso wie das Ariertum die Weltherrschaft erstrebte. Dieser naturgegebene arisch-jüdische Antagonismus konnte nur durch einen Kampf bis aufs Messer in einem finalen Armageddon entschieden werden. Die Stunde dieses Rassenkrieges hatte, wie das Hitlers epochalem Gegenwartsbewusstsein entsprach, endlich geschlagen, und allein der «Führer» konnte ihn siegreich zu Ende führen.

Von dem vagen Postulat der «Entfernung» der Juden hat sich Hitler über die gesetzliche Diskriminierung unter einem die Staatsbürgerrechte verweigernden Fremdenrecht in verblüffend schnell gezogener Konsequenz bis hin zu der «ungeheuerlichen Radikalisierung und Brutalisierung der Judenbekämpfung» in «Mein Kampf» bewegt, wo er erstmals explizit die Vernichtung forderte. Auch seine politische Sprache, welche «die Juden» unentwegt mit Bazillen, Parasiten, Maden, Ratten und der Pest verglich, suggerierte gnadenlose Methoden.

Außer dem Rassenkonflikt ging es Hitler auch stets um die Verteidigung der völkischen Substanz der deutschen Nation. Die Juden als «Rassentuberkulose der Völker» mussten auch deshalb lückenlos eliminiert werden, weil sie die Substanz der arischen Nation «zersetzten», damit aber ihre Aktionsfähigkeit und ihren Heilsberuf tödlich gefährdeten. Da das auf seine Weise auch der internationale Marxismus tat, stellte der «marxistische Jude» namentlich in der KPD und in der Sowjetunion den Gipfel der Bedrohung dar.

Auch hier gilt es zu beachten, dass damit noch kein gradliniger Weg nach Auschwitz vorgezeichnet war. Doch dem langjährigen Denken in Kategorien einer «Vernichtung der jüdischen Rasse in Europa» – so Hitlers mehrfach wiederholte Prophezeiung vom Januar 1939 – lag bereits eine derart eklatante Missachtung aller humanen Normen zu Grunde, dass auch noch die letzten Schranken vor der Massenmordpraxis folgerichtig beseitigt werden konnten.

9. Um den Kampf um die Weltherrschaft, der in diesem wahnhaften Denken einen so prominenten Platz besaß, auch gegen die intrigante Macht des «Weltjudentums» durchstehen zu können, bedurfte

das «Dritte Reich» einer riesigen kontinentalen Machtbasis, die durch die imperialistische Eroberung von «Lebensraum» in Russland gewonnen werden sollte. Schon 1922 malte Hitler die «Zertrümmerung Russlands» aus, wobei er an die von Millionen deutschen Soldaten miterlebte Ostexpansion von 1918 fugenlos anknüpfen konnte. Deutsche «Bodenpolitik», hieß es dann in «Mein Kampf», könne nur in Russland betrieben werden, denn das «Riesenreich im Osten ist reif zum Zusammenbruch», nicht zuletzt deshalb, da dort seit 1917 jüdische Bolschewiki ihr Unwesen trieben. Bis zu seinem «Zweiten Buch» (1928) hat Hitler die Etappen dieses gewaltigen Eroberungskriegs klar entwickelt. Nicht nur galt fortab die historische Parallele: «Was für England Indien war, wird für uns der Ostraum sein.» Vielmehr avancierte die Lebensraumexpansion auch zu einer «chiliastischen Endzeitvorstellung», zur «Utopie einer ganz neuen völkischen Machtbasis und heroischen Herrenrassen-Existenz», die auch den neuen «Griff nach der Weltmacht» legitimierte.

10. Judenvernichtung und Lebensraumeroberung – sie gehörten zu den essentiellen Bestandteilen von Hitlers Gegenwarts- und Endzeitvorstellung. Nach dem Sieg über die Juden, den der «Führer» herbeizuführen bestimmt war, öffnete sich eine grandiose Zukunft: Die Weltherrschaft der Arier, vertreten durch das «Großgermanische Reich Deutscher Nation». Da es als die Mission von Hitlers Deutschland galt, «die ganze Erde aus der Verstrickung» des «jüdischen Völkertyrannen» zu befreien, durfte es nach vollendetem Sieg, wie ihn die «Vorsehung» in Aussicht stellte – nach einer Niederlage drohte freilich der «apokalyptische Weltbrand» –, zum «Herrn der Erde aufsteigen». Hitlers Deutsche sollten sich auch dann noch an der östlichen Grenze im Kampf gegen die anbrandenden Wellen slawischer «Untermenschen» unablässig weiter stählen. Doch in den großen Grundzügen war dann die Ruhelage einer providenziellen Weltordnung erreicht.

Judenvernichtung und Lebensraumimperialismus gehörten beide nicht zum Forderungskatalog des Parteiprogramms. Auf Grund seines Interpretationsmonopols wurden sie jedoch von Hitler als unverzichtbare Bestandteile der Realprogrammatik definiert. Seine ideologische Orthodoxie, seine «Weltanschauung» mit all ihren exzessiven Eigenarten, konnte auf diese Weise zum Kern der NS-Dogmatik und später zur Leitlinie des Kriegs- und Vernichtungshandelns werden.

Beide Fernziele: Vernichtungsantisemitismus und Ostexpansion waren, so dominant sie auch später waren, für die Massenmobilisierung bis 1933 unwichtig und ungeeignet. Nur für die aus den völkischen Verbänden stammenden Anfangskader der NSDAP besaßen sie eine hochrangige Bedeutung. Wenn dagegen Millionen Deutsche, soeben noch begeisterte Hitler-Anhänger, seit 1945 versicherten, ihre Zustimmung habe weder auf der Anziehungskraft dieser Ziele noch auf dem Parteiprogramm und der wegen ihres gräulichen Stils unlesbaren Bekenntnisschrift «Mein Kampf» beruht, war das unabhängig von der beflissenen Apologetik vielfach völlig plausibel. Denn das Erfolgsgeheimnis der Hitler-Bewegung lag anderswo: Führerkult und Hitlers charismatische Ausstrahlung, Rückkehr zur nationalen Größe, radikale Revision der Versailler Nachkriegsordnung, Krisenüberwindung durch «Volksgemeinschaft» und nationaler Aufstieg – diese Faktoren lagen der Massenmobilisierung und dem Sympathiegewinn in der Bevölkerung zugrunde. Dass sie aber solche realhistorische Folgen zeitigen konnten, unterstreicht noch einmal, wie unabdingbar der Radikalnationalismus und die Erwartung eines politischen Messias den gesellschaftlichen Resonanzboden für Hitlers charismatische Herrschaft gebildet haben.

II. Die Regimephase

4. Der Weg in die Führerdiktatur

Mit dem ominösen 30. Januar 1933 änderte sich die politische Konstellation in Deutschland, alsbald auch in der gesamten westlichen Welt, von Grund auf. Der Volkstribun an der Spitze einer radikalnationalistischen Massenbewegung übernahm mit dem Reichskanzleramt die Regierungsgewalt in einer hochentwickelten europäischen Mittelmacht. Seither standen seiner Politik nicht nur die Parteiorganisationen, sondern auch die gesamten Institutionen des Staatsapparats zur Verfügung. Zwei Hauptaufgaben lagen zunächst vor Hitler: Das neue Regime sollte in eine Führerdiktatur umgebaut und diese fest verankert werden, während gleichzeitig die charismatische Herrschaft über die Hitler-Bewegung in die ungleich anspruchsvollere charismatische Herrschaft über die gesamte Gesellschaft und ihren Staat ausgedehnt werden sollte.

Da Hitler im Reichstag über keine absolute Mehrheit von NSDAP-Abgeordneten verfügte, die ihm auch nach den Märzwahlen versagt geblieben war, und da seine Stellung in der Reichsregierung relativ eingegrenzt zu sein schien, agierte er ziemlich behutsam. Wie Mussolini in Italien war er zunächst auf seine Koalition mit dem Kartell der rechten Eliten angewiesen. Im Kabinett wurde er vorerst von nur drei Nationalsozialisten unterstützt: Das waren Innenminister Wilhelm Frick, der Minister ohne Portefeuille Hermann Göring, der aber in Preußen als Chef eines Schlüsselressorts, des Innenministeriums, fungierte und im April 1933 außerdem zum Luftfahrtminister ernannt wurde, sowie seit den Märzwahlen der Propagandaminister Joseph Goebbels. Andererseits sprang dem neuen Reichskanzler durchaus bereitwillig sein rechtskonservativer Koalitionspartner bei, dem auch die Mehrheit der aus früheren Kabinetten übernommenen deutschnationalen Fachminister entstammte oder doch nahestand. Mit dem Vizekanzler Franz v. Papen teilten sie in ihrem Wolkenkuckucksheim die satte Selbstzufriedenheit der Illusion, den großen Trommler so solide eingerahmt zu haben, dass sie ihn auch in Zukunft für ihre Zwecke eines autoritären Umbaus von Weimar zähmen konnten. Wie v. Papen sich nach der Installierung der neuen Regierung gegenüber dem Deutschnationalen Ewald v. Kleist-Schmenzin brüstete: «In zwei Monaten haben wir Hitler in die Ecke gedrängt, dass er quietscht.»

Hitler hatte keineswegs einen perfekten machttechnischen Meisterplan vor Augen, den er, einmal ins Kanzleramt gelangt, sogleich Schritt für Schritt verwirklicht hätte. Aber er baute doch in der ersten Regimephase bis 1934, dann in der zweiten Phase bis 1938 mit einer erstaunlichen Zielstrebigkeit und Machtbesessenheit eine rechtstotalitäre Monokratie auf, indem er alle sich ihm bietenden Handlungschancen zur Etablierung seiner uneingeschränkten Herrschaft, ohne zu zögern, ausnutzte. Auf diese Weise bildete sich die in der deutschen, ja europäischen Verfassungsgeschichte einmalige Regimeform der charismatischen Führerdiktatur heraus. Sie war das Ergebnis eines verblüffend beschleunigten Prozesses, der die Züge einer totalitären Revolution gewann. Doch ohne die Resonanz, die Billigung, die Unterstützung, die Hitler dabei in wachsenden Segmenten der deutschen Gesellschaft fand, wäre diese Umwälzung nicht möglich gewesen. Insofern bestätigen auch die entscheidenden Jahre zwischen 1933 und 1938 die strukturelle «Dauerbeziehung» zwischen dem Charismatiker und der ihn tragenden Gesellschaft.

Freilich gibt es noch immer eine spürbare Scheu, die seit 1933 initiierten Vorgänge in Deutschland als totalitäre Revolution zu kennzeichnen. Der ausschlaggebende Grund für diese distanzierte Zurückhaltung ist die positive Besetzung des Revolutionsbegriffs, die sich im Zusammenhang mit der Englischen, Amerikanischen, Französischen, auch mit der Industriellen Revolution in der politischen Semantik durchgesetzt hat. Aufgrund der geschichtsphilosophischen Überhöhung gelten diese Revolutionen als welthistorisch bedeutsame Schubkräfte, die das Entwicklungsniveau auf eine höhere Stufe angehoben hätten; sie fungieren auch als symbolpolitische Großereignisse eines folgenreichen Aufstiegs. Trotz des von der jüngeren Forschung geschärften Urteils über die Opfer und Grenzen solcher Gewaltakte lässt sich die positive Bewertung dieser klassischen westlichen Revolution weiterhin vertreten.

Doch im 20. Jahrhundert wurde mit der bolschewistischen Revolution seit 1917, dann mit der nationalsozialistischen Revolution seit 1933 und erneut mit der chinesischen Revolution nach dem Zweiten Weltkrieg ein neuer Typus von politisch-gesellschaftlicher Umwälzung auf die historische Agenda gesetzt: die totalitäre Revolution, die in ihrer linken oder rechten Variante statt eines langlebigen Aufstiegs und Zukunftsgewinns einen beispiellos opferreichen Regress im historischen Prozess markiert. Ihre barbarische Verlaufsgeschichte hat alle positiven Konnotationen von der lange Zeit aufgewerteten allgemeinen Revolutionsmetapher abgesprengt. Deshalb ist es gerechtfertigt, von einem neuen Revolutionstypus, eben der totalitären Revolution, zu sprechen. Sie wird den analytischen Verlaufskriterien einer revolutionären Umwälzung durchaus gerecht, führt aber nach dem mörderischen Experiment totalitärer Herrschaft unter ungeheuren Opfern und Folgebelastungen in den Untergang oder in eine lähmende Sackgasse des Entwicklungsprozesses.

Am Ende der nationalsozialistischen Revolution sollte das rassenideologische Ziel erreicht sein, nach der Vernichtung aller jüdischen und marxistischen «Todfeinde», dem «neuen Adam», dem arischen Herrenmenschen im gesunden Volkskörper, die Herrschaft über seinen kontinentalen «Lebensraum», ja die Weltherrschaft zu übertragen. Schon diese tatsächlich weit vorangetriebene biopolitische Umfundierung des historischen Prozesses verdient, auch wenn man von allen anderen Strukturveränderungen und -eingriffen absehen könnte, das Epitheton der totalitären Revolution. Denn bei ihr handelt es sich zwar um das exakte Gegenteil einer letztlich progressiven Aufwärtsbewegung, aber trotzdem um einen revolutionären Bruch mit der bisher bekannten Geschichte. In dem auf «totale» Erfassung zielenden Anspruch des NS-Regimes, seinen neuen Menschen heranzuzüchten und ihn mit der fanatischen «Weltanschauung» der arischen Herrenrasse an der Spitze einer über Abermillionen Heloten gebietenden modernen Sklavenhaltergesellschaft auszustatten, lag der totalitäre Kern seiner Programmatik und Praxis. Er rechtfertigt es, die totalitäre Revolution, die totalitären Nah- und Fernziele des totalitären Herrschaftssystems und seine totalitäre Vernichtungspolitik ohne Umschweife beim Namen zu nennen.

Überdies enthält die Konzeption der charismatischen Herrschaft das Argument, dass eine erfolgreiche charismatische Herrschaft regelmäßig mit einem tiefen revolutionären Umbruch verbunden ist. So gilt etwa die Metanoia, die folgenreiche «Gesinnungsrevolution», als ihr Werk. Man wird daher auf die Hypothese hingelenkt, dass auch Hitlers charismatische Herrschaft mit einer solchen mentalen Umwälzung verbunden war und die Gesinnungsrevolution der Führerdiktatur wegen ihrer totalitären Stoßrichtung besondere Aufmerksamkeit verdient.

Dass der Aufstieg der deutschen Führerdiktatur als neuartige rechtstotalitäre Revolution ablief, wird auch durch einen Kontrollvorgang bestätigt, indem man nämlich einige in der historisch-sozialwissenschaftlichen Forschung weithin akzeptierte, offenbar generalisierungsfähige Revolutionskriterien der Interpretation zugrunde legt.

1. Revolution wird als ein überwiegend langlebiger Umwälzungsprozess mit destruktiven und konstruktiven Elementen verstanden. An destruktiven Bestandteilen, etwa der Zerstörung der Weimarer Republik und ihrer Verfassung, des Rechtsstaats und des Föderalismus, fehlte es in Deutschland genauso wenig wie an konstruktiven im Sinne der Machthaber, etwa dem Aufbau der diktatorischen Herrschaftsordnung, der Einrichtung der NS-Organisationen und kommissarischen Sonderstäbe zur Durchsetzung der Systemziele, der Einsetzung einer neuen NS-Elite auf zahlreichen Kommandohöhen der politischen und gesellschaftlichen Macht.

2. Während der Revolution vollziehen sich Auflösung und Umbau des überkommenen Herrschafts- und Gesellschaftssystems. Die Hitler-Bewegung läutete erst die Desintegration der Weimarer Republik ein und vollendete deren Verfall; sie beschleunigte den Niedergang der parlamentarischen Demokratie und baute auf ihren Trümmern seit 1933 die institutionelle und mentale Gegenwelt der Führerdiktatur auf.

3. Eine extreme Polarisierung und Politisierung kennzeichnen die revolutionäre Landschaft. Das tat sie bereits in der Agonie der letzten Schlussphase von Weimar, in gesteigertem Maße sogar in den beiden ersten Phasen der nationalsozialistischen Machtkonsolidierung.

4. Revolution heißt auch: verbissener Kampf um hegemoniale Herrschaftspositionen. Das trifft auch und erst recht auf die totalitären Revolutionen zu. Innerparteilich wurde im Juni 1934 mit Ernst

Röhm der letzte potentielle Rivale Hitlers ausgeschaltet. In der Reichsregierung waren bekannte Politiker wie Hugenberg und v. Papen in Windeseile auf demütigende Weise von dem zuvor arrogant unterschätzten «Trommler» vollständig entmachtet worden. Alle Verfassungsorgane des Staates verloren ihren Einfluss. Länder, Parteien, Verbände – sie alle mussten im Grunde über Nacht der Einparteienherrschaft im Zentralstaat weichen. In verblüffender Geschwindigkeit gelang Hitler die Machtakkumulation allein in seiner Hand. Sogar die Militärführung beugte sich im August 1934, vollends im Frühjahr 1938 seinem Anspruch auf Alleinherrschaft.

5. Ein revolutionärer Umbruch setzt gewöhnlich die überlieferten Ordnungsprinzipien außer Kraft. Die Abfolge radikaler Eingriffe seit 1933 stülpte das gesamte politische System um, an seine Stelle traten der Führerabsolutismus, das Einparteienmonopol, die Unterwerfung ehemals autonomer Machtfaktoren. Zugleich wurde das befürchtete Weitertreiben der Umwälzung in einer «zweiten Revolution» der SA brutal erstickt.

6. Dem traditionalen Ordnungsgefüge wird in der Revolution eine Alternativprogrammatik unter Berufung auf überlegene Legitimationsideen und Institutionen entgegengesetzt. Parallel zur Destruktion der demokratischen Republik setzte ein von den Nationalsozialisten kontrollierter, insbesondere von Hitler und aktivistischen Protagonisten der «charismatischen Aristokratie» vorangetriebener Strukturumbau ein, der bereits bis zum Sommer 1934 zu einer neuartigen Kräftekonfiguration geführt hat.

7. Zur Revolution gehört gemeinhin auch die Einleitung eines Elitenwechsels, an den die Nationalsozialisten denkbar zügig herangingen. Dieser Umbau lässt sich auf markanten Feldern verfolgen. Im Staatsapparat waren bereits bis 1935 70 Prozent der Bürgermeister, 61 Prozent der Gemeindevorsteher, 63 Prozent der Landräte Parteigenossen. Weiterhin kann man an den Kommissariaten und Sonderstäben, an den Gauleitern mit ihrer Kompetenzenanhäufung, am Wachstum der SS, an Parteischulen wie den «Nationalpolitischen Erziehungsanstalten», den «Adolf-Hitler-Schulen» und SS-Junkerschulen den Elitentausch ablesen. Im Vergleich mit der deutschen Revolution von 1918/19 reichte der Einschnitt seit 1933 ungleich tiefer. Erst jetzt wurden überall die Macht- und Funktionseliten aus monarchi-

scher Zeit abrupt abgelöst. Im Hinblick auf soziale Herkunft, Ausbildung und Beruf, Sozialstatus, Lebenserfahrung und Lebensalter unterschied sich die NS-Elite markant von ihren Vorgängern. Wenn auch der Vorwurf der Inkompetenz und Korrumpierbarkeit der «Goldfasanen» nie verstummte, könnte man doch in mancher Hinsicht von einer nachgeholten sozialen Demokratisierung sprechen, die sich als eine Kraftquelle des Regimes erweisen sollte, weil sie namentlich in den jüngeren Generationen offenkundig eine begeisterte Zustimmung auslöste.

8. Die revolutionäre Veränderung von Staat und Gesellschaft umfasste auch einen Wandel der Mentalitätslagen und der Habitusformierung. Denn zu der Anbahnung einer neuartigen rassistischen Hierarchie gehörte auch komplementär die Utopie der egalitären «Volksgemeinschaft» aller arischen Deutschen, welche den Klassenantagonismus der Vergangenheit durch eine versöhnende Sozialharmonie überwinden sollte. Die «Volksgemeinschafts»-Rhetorik war keineswegs nur ein Goebbelsscher Propagandatrick, sondern nach den Erfahrungen der letzten Jahrzehnte eine, gleich ob auf dem rechten oder linken Teil des politischen Spektrums, von vielen geteilte Zielvision voll verheißungsvoller Zukunftsperspektiven. Die Gemeinschaftsbeschwörung während des Weltkriegs hatte ihr mächtig Auftrieb gegeben. Vor allem die jüngeren Generationen verbanden mit diesem Ordnungsentwurf die Aussicht auf das Niederreißen antiquierter Barrieren, auf erleichterte Aufstiegsmobilität, auf eine meritokratische «Leistungsgemeinschaft», in der sich die individuelle Tüchtigkeit in sozialdarwinistischem Konkurrenzkampf bewähren, zu Berufserfolg und sozialer Anerkennung führen werde. Die entfesselte Leistungsgesellschaft der frühen Bundesrepublik sollte weithin auf den Antriebskräften und Erfahrungen dieser Gesinnungsrevolution beruhen.

9. Und schließlich gehören zu allen Revolutionen die menschlichen Opfer. Während der Englischen Revolution forderte der offene Bürgerkrieg zahlreiche Opfer, und Anhänger der Monarchie flohen vor den Puritanern wie später Puritaner vor der restaurierten Königsherrschaft. In den amerikanischen Kolonien traten während der Revolutionsjahre mehr königstreue Loyalisten die Flucht an als Monarchisten während der Französischen Revolution, in der während der ersten

Wirren und als Folge des Jakobinerterrors Abertausende starben. Die totalitären Revolutionen des 20. Jahrhunderts haben die Opferzahl gewaltig vermehrt. Auch die rechtstotalitäre Revolution des Nationalsozialismus hinterließ bereits in den sechs Friedensjahren mit Tausenden von ermordeten deutschen Juden, Kommunisten, Sozialdemokraten und Republikanhängern eine breite, blutige Spur. Der Zweite Weltkrieg als Folge dieser Revolution hat die Anzahl der Opfer in eine beispiellose Höhe angehoben.

Wenn man sich diese Aspekte der nationalsozialistischen Umwälzung im Lichte der gängigen Revolutionskriterien vergegenwärtigt, lässt sich durchaus von einer totalitären Revolution sprechen.

Welche Entscheidungen und Ereignisse haben nun jene hektische, atemberaubende Dramatik geschaffen, mit der Hitler in engster Verbindung mit seinen Parteiformationen, mit der Reichswehr, mit der Bürokratie sowie einer akklamationsbereiten Öffentlichkeit und Gesellschaft nach der Machtübergabe am 30. Januar die eigentliche Machteroberung und Machtstabilisierung durch eine totalitäre Revolution vorangetrieben hat. Dank ihrer hatte Hitler am Ende der ersten Regimephase, im August 1934, bereits eine wahre «Omnipotenzstellung» als Symbol der Schritt für Schritt auf den Staat ausgedehnten charismatischen Herrschaft gewonnen.

Hitler hatte in letzter Minute vor seiner Ernennung die Auflösung des Reichstags ultimativ durchgesetzt, die – erstes Versagen der Zähmungsstrategie – durch eine Notverordnung Hindenburgs bereits am 1. Februar 1933 dekretiert wurde. In fünf Wochen mussten Neuwahlen abgehalten werden. Hitler strebte mit der erhofften Mehrheit, nur 35 MdR fehlten seiner Partei dazu, im Parlament sowohl eine formale Legitimation für seinen «nationalen» Kurs an als auch eine plebiszitäre Rückendeckung für das anvisierte Herrschaftsmonopol. Die gegen die Rückkehr zum parlamentarischen Betrieb protestierenden Deutschnationalen wurden souverän übergangen, allenfalls durch Hitlers Ankündigung besänftigt, durch ein «Ermächtigungsgesetz» ohnehin die Gesetzgebung vom Reichstag auf die Regierung zu übertragen.

Fast zwei Monate lang blieb auch für die Regierung Hitler das Notverordnungsrecht des Reichspräsidenten das wichtigste Machtinstrument. Bereits mit der Notverordnung «Zum Schutz des deutschen

Volkes» vom 4. Februar begann der Weg in die Ausnahmegesetzgebung, mit deren Hilfe seither ein blitzschnell vollzogener Umbau des konstitutionellen und staatsrechtlichen Ordnungsgefüges einsetzte, der im August 1934 seinen vorläufigen Höhepunkt erreichte.

Nachdem die KPD am 31. Januar zum Generalstreik aufgerufen hatte, ein in jeder Hinsicht vergeblicher Appell, griff die Regierung auf eine längst vorformulierte Schubladenvorlage zurück, als sie Eingriffe in die Presse- und Versammlungsfreiheit ganz so für rechtens erklären ließ wie Verfolgungsaktionen gegen politische Gegner. Das stellte sich als Auftakt eines terroristischen Wahlkampfes heraus. Damit wurden zugleich die Weichen auf längere Sicht gestellt, längst ehe das ominöse «Ermächtigungsgesetz» vom 22. März eine breite Interventionsbasis schuf. Das generelle Versammlungsverbot für die KPD wurde von einem Verbot kommunistischer und sozialdemokratischer Zeitungen begleitet. Wenn auch das Reichsgericht mutig widersprach, erwies sich die drastische Einschüchterung doch als äußerst effektiv. Am 17. Februar verschärfte Göring als preußischer Innenminister die Gangart durch einen Schießbefehl, der sich gegen die Vertreter jeder öffentlichen oppositionellen Regung richtete. Dass bei der Ausführung nicht lange gefackelt werden sollte, unterstrich die Ernennung von 50000 Hilfspolizisten aus den Reihen der SA und SS.

Die Berichte über den blutigen Wahlkampf wurden durch eine sensationelle Nachricht unterbrochen, als am späten Abend des 27. Februars der Reichstag in Flammen stand. Viele sahen darin das Fanal eines von der KPD ausgelösten Aufstandes – ein Urteil, das sich bis in die höchste NS-Führung ausbreitete. Skeptische Beobachter dagegen hielten den Reichstagsbrand für ein Bubenstück der neuen Machthaber, mit dem durchschaubaren Zweck, daraus neue Repressalien ableiten zu können. Diese Deutung gewann nicht zuletzt dank der geschickten Agitation des kommunistischen Pressezaren Willy Münzenberg an Plausibilität, so dass sie sich weithin durchsetzte, als das Regime seine Schreckensseite enthüllte. Die erst ziemlich spät einsetzende Forschungskontroverse (1962) über den Initiator: hier den holländischen Anarchosozialisten Marinus van der Lubbe als Einzeltäter, dort braune Brandstifter, ist vorerst mit den bisher besseren Argumenten zugunsten der Alleintäterschaft van der Lubbes entschieden worden, bleibt aber immer noch ein Gegenstand lebhaften Streits.

Allerdings besitzt die Frage nach dem Schuldigen allenfalls eine periphere Bedeutung im Vergleich mit der rücksichtslosen Energie, mit der die NS-Spitze noch in der Nacht auf den 28. Februar den spektakulären Anlass, der ihr geradezu wie gerufen kam, zielstrebig ausbeutete. Bereits am 28. Februar erschien die neue Notverordnung «Zum Schutz von Volk und Staat», die unter dem Vorwand, dem kommunistischen Umsturzversuch mit außergewöhnlichen Mitteln begegnen zu müssen, den Ausnahmezustand in Permanenz begründet. Sie wurde nie mehr aufgehoben und stieg zu einem der Grundgesetze des «Dritten Reiches» auf. Alle Grundrechte wurden auf unbegrenzte Zeit suspendiert; im Grunde widerfuhr das auch der Weimarer Verfassung, obwohl sie bis zum Mai 1945 formell nie beseitigt wurde. Die polizeiliche Schutzhaft, ein neuer Euphemismus für willkürliche Verhaftung als krasses Gegenteil des Rechtsschutzes, dazu freigestellt von jeder richterlichen Kontrolle, wurde erlaubt, das faktische Verbot der KPD- und SPD-Presse ermöglicht, jedes Vergehen mit der Zuchthaus- oder sogar Todesstrafe geahndet. Ausführungsbestimmungen wurden, um der willkürlichen Entscheidung freie Bahn zu schaffen, wohlweislich nie erlassen.

In der aufgeputschten Atmosphäre der bürgerkriegsähnlichen Zusammenstöße während des Wahlkampfes, in dem der Straßenterror der braunen Kampfbünde zu 69 Toten führte, fand die drakonische «Reichstagsbrandverordnung» außerhalb des Linkslagers nicht nur entschiedene, sondern sogar enthusiastische Zustimmung, da angeblich die kommunistische Revolutionsgefahr gebannt werden musste. Noch in der Nacht vom 27. auf den 28. Februar waren zahlreiche kommunistische Reichstagsabgeordnete und Funktionäre verhaftet, alle Parteibüros geschlossen worden. Bis Mitte März befanden sich nicht weniger als 7500 Kommunisten, darunter der Parteichef Thälmann, in Haft. Auf der Klaviatur des bürgerlichen Antimarxismus verstanden die neuen Herren vorzüglich zu spielen.

Unter solchen Auspizien brachten die Wahlen am 5. März 1933 der Hitler-Koalition die erwartete Mehrheit. Trotz der hohen Wahlbeteiligung verfehlte die NSDAP, wie vorn bereits ausgeführt, die absolute Mehrheit, obwohl ihr dank der 13.3 Millionen Wähler und der 288 (von 584) MdR dazu nur fünf Abgeordnete fehlten. Doch zusammen mit den 52 Abgeordneten der Deutschnationalen «Kampffront

Schwarz-Weiß-Rot» erreichten sie mit 340 Abgeordneten die begehrte Majorität (52.9 %). Die SPD (18.3 %), die KPD (12.3 %) und das Zentrum (11.2 %) kamen auf immer noch erstaunliche 41.8 Prozent. Überdies besaßen die Nationalsozialisten, da die KPD- und die SPD-Sitze im Reichstag vakant bleiben mussten, ohnehin die absolute Mehrheit.

Mochte die Zunahme der Hitler-Bewegung im Gesamtstaat auch hinter den hochgespannten Erwartungen empfindlich zurückbleiben, zeigte doch der Einbruch in bisher ziemlich resistente Wählermilieus – etwa der Gewinn von 20.7 Prozent in Niederbayern, 16.3 Prozent in Oberbayern, 13.8 Prozent in Württemberg –, welche Konsensressourcen die NSDAP noch ausnutzen konnte. Das latente Kräftepotential von etwa vier Millionen Stimmen (70–80 MdR) ist bereits erwähnt worden. Im Effekt konnte die plebiszitäre Akklamation durchaus als Mandat für autoritäre Führung und gegen die verketzerte parlamentarische Demokratie gelten. Hoch befriedigt konstatierte Hitler am 7. März im Kabinett, dass das Wahlergebnis einer «Revolution» zugunsten seiner Regierung gleichkomme.

Das Resultat des 5. März hatte zwei unmittelbar wirksame Folgen. Zum einen strömten seither, das Auge in starrem Opportunismus auf die Karriere gerichtet, Millionen neuer Mitglieder, an der Spitze Beamte und Lehrer, die sog. «März-Gefallenen», in die NSDAP. Die 1.5 Millionen Parteigenossen des Jahres 1932 verdreifachten sich bis Ende 1934 auf 4.5 Millionen. Parteiintern galt nur das erste Drittel als Gemeinschaft der privilegierten «Alten Kämpfer», während die Neuzugänge auf offen geäußertes Ressentiment trafen. Als Bremse wurde ein Aufnahmestopp bis zum 1. Mai 1939 verhängt.

Zum andern trieben jetzt NS-Führung und Partei die sog. «Gleichschaltung» der Länder mit forciertem Tempo voran. Im Kern lief sie auf eine staatsstreichartige Unterwerfung unter die neue Berliner Zentralgewalt hinaus. Innerhalb einer einzigen Woche wurde diese «Gleichschaltung» abgeschlossen. Sie ging nicht aus einer machiavellistisch geplanten «Revolution von oben» im Verein mit einer von Berlin aus raffiniert manipulierten «Revolution von unten» hervor. Vielmehr begegnete eine von Hitler und seiner strategischen Clique instinktsicher verfolgte Entmachtungsstrategie, die mit zahlreichen «situationsbedingten Improvisationen und Ad-Hoc-Entscheidungen» operierte, aber keineswegs einem Generalstabsplan für den Aufbau des Führerstaats folgte, einem nicht zu unterschätzenden spontanen Aufbegehren der lokalen SA-Kohorten, die nach dem Wahlsieg der Maxime «Dem Sieger die Beute» folgten, um sich beim Kampf um die Pfründe öffentlicher Ämter endlich den begehrten Anteil zu sichern. Die Notverordnung vom 29. Februar und die Polizeifunktion der SA verschafften ihr einen Freibrief, als sie jetzt – und diesmal traf es wortwörtlich zu – ihre «Machtergreifung» praktizierte. Die Länderregierungen brachen unter dem Doppeldruck des Berliner Ultimatums und der SA-Gewalt zusammen. Das Gleichschaltungsgesetz vom 31. März besiegelte die Zerstörung des traditionellen deutschen Föderalismus, die mit der Einsetzung von weisungsgebundenen «Reichsstatthaltern» als Kontrolleuren der Umsetzung von Führerrichtlinien verkoppelt wurde.

In Preußen war es bereits im Vorlauf zu dieser gesamtstaatlichen Entmündigungsaktion nach dem «Preußenschlag» zu einem zweiten Staatsstreich gekommen, als v. Papen eine Notverordnung erwirkte, die ihm die restlichen Befugnisse der Landesregierung kommissarisch übertrug und den Landtag auflöste, damit er, ebenfalls am 5. März, neu gewählt werden konnte. Hitler machte sich jedoch selber zum Reichsstatthalter in Preußen, verjagte den konservativen Steigbügelhalter umstandslos aus dem Amt des kommissarischen Ministerpräsidenten und wies es Göring zu. Dieses schnell durchgeführte Unternehmen war symptomatisch nicht nur für den selbstbewussten Umgang des «Führers» mit den Repräsentanten des Zähmungskonzepts, sondern auch für das Ausmaß des nach fünf Wochen bereits gewonnenen Entscheidungsspielraums.

Die Erfolge bei der Durchsetzung des nationalsozialistischen Herrschaftssystems feierte das Regime am 21. März, dem «Tag von Potsdam», als Hitler und Hindenburg mit einem Fest in der Garnisonkirche den neuen Reichstag eröffneten. Goebbels, soeben als erster deutscher Propagandaminister installiert, gelang das raffinierte Blendwerk einer Fusion von charismatischen und traditionalen Elementen, als er den zivil gekleideten «Volkskanzler» mit dem uniformierten Feldherrn als Verkörperung preußischer Tradition gemeinsam auftreten ließ – ein Akt massenwirksamer Symbolpolitik. Ihm gab Generalsuperintendent Otto Dibelius mit demselben Text, den der Hofprediger Dryander für seinen ersten Kriegsgottesdienst am 4. August 1914 gewählt hatte («Ist Gott für uns, wer mag wider uns sein») auf der Linie eines radikalisierten, völkisch infizierten Nationalprotestantismus die religiöse Weihe, aber auch die vergangenheitspolitische Aufwertung als «Wiedergeburt des Geistes von 1914».

Angesichts dieses Spektakels, das die Stimmung für die Verschärfung des autoritären Kurses durch das «Ermächtigungsgesetz» erfolgreich stimulierte, ging die Nachricht fast unter, dass eine neue Notverordnung vom selben Tag die Bestrafung «heimtückischer Angriffe», sei es auch nur in Gestalt einer mündlichen Kritik an Regierung und Partei, durch Sondergerichte erlaubte. Zu dieser neuen Aufhebung rechtsstaatlicher Sicherheit passte es, dass am folgenden Tag (22.3) das erste offizielle Konzentrationslager in Dachau von SS-Chef Himmler eingerichtet wurde. Dieser neue Lagertypus, der zu einem makabren Kennzeichen des Regimes wurde, sollte die mehr als drei Dutzend «wilden» Lager der SA, SS und Schutzpolizei ablösen. Neuer Lager bedurfte der NS-Staat aber schon deshalb, weil allein bis Mitte März rund 100000 politische Gegner verhaftet worden waren, ehe sie in überfüllten Gefängnissen und improvisierten Lagern verhört, gefoltert, zu Tode gequält oder ohne weitere Begründung wieder entlassen wurden.

In jenen Märztagen jagten sich die Ereignisse. Bereits am 22. März wurde dem neuen Reichstag das längst erwartete «Ermächtigungsgesetz» zur Abstimmung zugeleitet. Damit stand eine entscheidende staatsrechtliche Weichenstellung bevor. Denn die Vorlage hob die Gewaltenteilung auf, indem sie die legislative Gewalt vollständig der Reichsregierung übertrug, die fortab auch die verfassungsändernden Gesetze ohne den Reichstag erlassen konnte. Zahlreiche KPD- und SPD-Abgeordnete waren zu diesem Zeitpunkt in Haft oder untergetaucht, so dass der Reichstag nicht legal zusammengesetzt war, als das «Ermächtigungsgesetz», eine demoralisierende Symbiose von Pseudolegalität und Terror, von fast allen Parteien angenommen wurde. Selbst das Zentrum und die Bayrische Volkspartei waren in der Aussicht auf ein attraktives Reichskonkordat geködert worden. Allein die SPD stimmte in einem Akt bravouröser Zivilcourage trotz des Gejohles der SA-Zuschauer dagegen.

Dieses «Reichsführungsgesetz» ersetzte die Volkssouveränität als verfassungskonforme Legitimationsgrundlage der Weimarer Republik durch die absolutistische Führersouveränität. Nicht nur der Reichstag, sondern auch das Notverordnungsrecht wurden ausgeschaltet, da Hitler von der Diktaturgewalt des Reichspräsidenten unabhängig wurde und eine – dem Anschein nach legale – eigene Machtbasis gewann. Sie ermöglichte es ihm, aus eigener Vollmacht den gesamten sozialen und politischen Pluralismus innerhalb kürzester Zeit zu liquidieren.

Seither konnte Hitler formale Legalität für seine Handlungen gemäß seiner Ernennung zum Reichskanzler und aus dem «Ermächtigungsgesetz» beanspruchen, traditionale Legitimation aus der engen Kooperation mit Hindenburg und aus dem Anschluss an das symbolische Kapital der preußischen Traditionen herleiten und schließlich in einem erstaunlich schnell zunehmenden Maße charismatische Legitimation nicht allein aus seiner Position als demagogischer Volkstribun, sondern aus seinen innen- und außenpolitischen Leistungen als Staatschef beziehen.

Immer entschiedener berief sich Hitler auf die charismatischen Elemente, auf seinen Aufstieg kraft seiner historischen Sendung. Ein derartiger Führermonismus war weder mit parlamentarischer Verantwortung noch mit der Teilung der Staatsgewalt und dem regelkonformen Fortbestand der Reichsregierung vereinbar. Bereits seit Mitte März entschied daher Hitler – widerspruchslos wurde es von den Ministern der Zähmungsclique hingenommen – immer häufiger buchstäblich im Alleingang. «Im Kabinett ist die Autorität des Führers nun ganz durchgesetzt», konstatierte Goebbels am 22. April tief befriedigt, «der Führer entscheidet». Daher war es nur folgerichtig, dass Hitler im Juli 1933 ohne formellen Beschluss die Kollegialberatung des Kabinetts kurzerhand abschaffte und stattdessen das Umlaufverfahren einführte. Die betroffenen Minister mussten sich seither auf eine Gesetzesvorlage intern einigen, ehe sie Hitler, der dadurch von jedem Argumentationszwang entlastet wurde, zur abschließenden Entscheidung vom Chef der Reichskanzlei vorgelegt werden durfte. Ihren konsequenten Abschluss fand diese Entwicklung bereits im Oktober 1934, als Hitler ohne jede offen geäußerte Opposition die Gehorsamspflicht der Minister gegenüber dem «Führer» zusammen mit einem Rücktrittsverbot einführte; selbst informelle Ministertreffen wurden untersagt. Die Verlagerung der Machtgewichte lässt sich auch daran ablesen, dass das

Kabinett anfangs jeden zweiten Tag, 1934 nur neunzehnmal, 1935 zwölfmal, 1936 viermal, 1937 sechsmal und im Februar 1938 zum letzten Mal tagte.

Das «Ermächtigungsgesetz» wurde wegen seiner indirekt anerkannten Bedeutung alle vier Jahre peinlich genau erneuert, zum letzten Mal 1943 durch einen Führererlass auf unbegrenzte Zeit. Der degradierte Reichstag trat völlig in den Schatten. Bis zum Kriegsausbruch von 1939 verabschiedete er nur sieben Gesetze. Im Grunde zählten, da die politische Kastration des Kabinetts noch hinzukam, nur die Führergewalt sowie die Parteiformationen und Sonderstäbe als Instrumente des Führerwillens.

Eine Woche nach dem Triumph der Monokratie enthüllte das Regime seine Fratze, als es am 1. April 1933 zu einem ersten Boykott jüdischer Geschäfte, Anwälte und Ärzte durch seine SA-Schergen schritt. Drei Tage lang demonstrierte der NS-Staat, wie er die nackte Gewalt der Gosse zu mobilisieren verstand. Dass es sich nicht um eine kurzlebige, geschweige denn spontane Eruption handelte, bewies die Folgezeit. Schon am 11. April folgte das Verbot der Berufsausübung für jüdische Richter, Staats- und Rechtsanwälte, am 22. April der Ausschluss jüdischer Ärzte von den Krankenkassen. Damit setzte die reichsrechtliche Diskriminierung jüdischer Deutscher voll ein, widerspruchslos, ja bereitwillig mitgetragen vom deutschnationalen Koalitionspartner und den Honoratioren der Zähmungspolitik.

Innerhalb der folgenden sechs Jahre sollte sich die existenzgefährdende Stigmatisierung in rund 1400 sonderrechtlichen Vorschriften niederschlagen. Dass eine solche Apartheidspraxis im Grunde ohne offenen, geschweige denn wirkungsvollen Protest, sei es wegen feiger Gleichgültigkeit oder mangelhafter Zivilcourage, aus Angst vor der SA-Vergeltung oder aber aus hämischer, stillschweigender Billigung hingenommen wurde, bestätigt eindringlich, auf welches tiefgelagerte Unterstützungspotential der militante Antisemitismus, der sich seit dem Anfang und dem Ende der Weimarer Republik in den Parteien, den Verbänden und in der Öffentlichkeit verstärkt herausgebildet hatte, zurückgreifen konnte. Keineswegs zufällig hatte der Arierparagraph des «Stahlhelms», des «Jungdeutschen Ordens» und des «Deutschnationalen Handlungsgehilfenverbandes», des «Deutschen Turnerbundes» und der Burschenschaften die staatsbürgerlichen

Gleichheitsrechte ungestraft missachtet. Und dass die fanatische Judenfeindschaft der «alten Kämpfer», an ihrer Spitze Hitler selber, anstelle von Hasstiraden zur physischen und sonderrechtlichen Aktion drängte, konnte seit Anfang April 1933 kein Zeitgenosse mehr leugnen.

In diesen Zusammenhang reiht sich auch das Gesetz vom 7. April zur «Wiederherstellung des Berufsbeamtentums» ein. Denn es erlaubte nicht nur die Zwangspensionierung politisch «unzuverlässiger» Beamter, sondern dank seinem Arierparagraphen vor allem die Entlassung jüdischer Beamter. Hatte sich ein Großteil der vergangenheitsfixierten höheren und mittleren Beamtenschaft in der Republik nur äußerst widerwillig zur Kooperation mit der Regierung bereit gefunden, schwenkte die Bürokratie jetzt ohne vernehmbaren Einspruch auf die Linie des neuen Regimes ein, das Ordnung, Stabilität, Effizienz, insbesondere aber «nationale Werte» so nachdrücklich betonte. Der anhaltende Arbeitsdruck, der auch im endlosen Strom der Gesetzesvorlagen und Verordnungen zutage trat, wurde ebenso klaglos hingenommen wie die rigorose Entfernung republiktreuer und jüdischer Arbeitskollegen keinen Hauch von Widerspruch auslöste. Von insgesamt 1.5 Millionen Beamten wurden immerhin zwei Prozent entlassen oder in den Ruhestand versetzt. Der nationalsozialistischen Penetration einer als Korporation derart versagenden Bürokratie waren seither Tor und Tür geöffnet.

Im Mai und Juni 1933 ging es Schlag auf Schlag weiter, als die politische und soziale Machtkonsolidierung auch von der Basis des «Ermächtigungsgesetzes» aus vorangetrieben wurde. Anfang April hatte der Gewerkschaftsführer Theodor Leipart in einem abstoßenden Akt politischer Blindheit und opportunistischer Anbiederung an die Regierung ihr die loyale Unterstützung des «Allgemeinen Deutschen Gewerkschaftsbundes» angetragen. Überraschend erfüllte sie einen langjährigen Wunsch der Arbeiterbewegung, als sie den 1. Mai zum gesetzlichen «Feiertag der nationalen Arbeit» erklärte. Doch schon am 2. Mai leitete sie die Zerschlagung der Gewerkschaften ein, beschlagnahmte ihren Besitz und ihr Vermögen, während die SA die Gewerkschaftshäuser besetzte. Die anschließende Selbstauflösung des ADGB besiegelte seinen Untergang. Als kompensatorische Organisation wurde am 10. Mai die «Deutsche Arbeitsfront» unter der Führung des nationalsozialistischen «Reichsorganisationsleiters» Robert Ley gegründet. Sie erfasste binnen kurzem alle Arbeiter, aber auch die Unternehmer und Angestellten durch ihre Zwangsmitgliedschaft, so dass sie innerhalb von zehn Jahren zur NS-Mammutorganisation par excellence mit 25 Millionen Mitgliedern (1941) und einem bürokratischen Wasserkopf von 44 500 Beamten und Angestellten heranwuchs.

Am 19. Mai wurden unternehmens- oder verwaltungsnahe «Treuhänder der Arbeit» als staatliche Kommissare mit der Befugnis zur Lohnfixierung gesetzlich eingesetzt. Nicht zuletzt damit wurde die Sozialpartnerschaft der Weimarer Republik samt der Tarifautonomie sang- und klanglos begraben. Ebenfalls seit Anfang Mai wurden Handwerk und Handel zu «Reichsständen», unverhüllten Zwangskartellen, umorganisiert. Im Juli folgte der «Reichsverband der «Deutschen Industrie», der in den «Reichsstand der Deutschen Industrie» unter der Leitung von Gustav Krupp v. Bohlen und Halbach umgewandelt wurde. Walther Darré, der überaus erfolgreiche Inspirator des «Agrarpolitischen Apparats», übernahm als «Reichsbauernführer» die Leitung aller landwirtschaftlichen Verbände; der HJ-Führer Baldur v. Schirach als «Reichsjugendführer» die Aufgabe, die gesamte Jugend zwischen dem 10. und 18. Lebensjahr für das «Dritte Reich» zu organisieren. Beim Autodafé vom 10. Mai trat in der Verbrennung von Büchern unerwünschter Autoren vor jubelnden Studenten und SA-Männern der Anspruch des Regimes zutage, auch das kulturelle Leben einer unnachsichtigen Gängelung zu unterwerfen.

Während die Regierung Hitler auf ein formelles Verbot der KPD und des zahnlosen Löwen «Reichsbanner» verzichtete, wurde die SPD am 22. Juni von Innenminister Frick nicht durch ein neues Sozialistengesetz, sondern, zusätzlich deprimierend, auf dem einfachen Verordnungsweg als «volks- und staatsfeindliche Organisation» verboten. Die Selbstauflösung aller anderen Parteien schloss sich in der Woche zwischen dem 27. Juni und 5. Juli fugenlos an, wobei DNVP- und Zentrumsabgeordnete um einen Hospitantenstatus in den NSDAP-Fraktionen des Reichstags und der Landtage kläglich bettelten. Ein kümmerlicher Rest an Eigenständigkeit des Zentrums unter seinem «Reichsführer» Brüning (wie er sich jetzt in der Imitation des semantischen Modetrends nannte) wurde abgelehnt; drei Tage vor der Paraphierung des Konkordats löste es sich in vorauseilendem Gehorsam auf. Der einst mächtige «Stahlhelm» war schon am 1. Juli der SA überstellt worden. Innerhalb kürzester Zeit hatte die Epoche des Parteien- und Verbandspluralismus ein Ende gefunden. Mit der Ausschaltung aller autonomen intermediären Institutionen wurde die Entmündigung der deutschen Gesellschaft fortgesetzt, denn jede Chance der Interessenartikulation, erst recht der Koalitionsbildung war ihr jetzt genommen worden. In den bürgerlichen Mittelklassen unter den Konservativen wuchs Hitlers Reputation aber auch deshalb so steil an, weil dieser Vorgang als «rücksichtslose Unterdrückung der Linken», als Kampf gegen das «rechtsfreie Chaos» des Kommunismus vorbehaltlos gebilligt wurde. Waren nicht unter dem neuen Kanzler die staatserhaltenden Ordnungskräfte gegen Anarchie und Marxismus endlich erfolgreich angetreten?

Die beschleunigte Verlagerung der sozialen Macht auf das Regime beruhte zum guten Teil entweder auf der Zerstörung von Institutionen oder auf ihrer Umwandlung in NS-Organisationen, zumindest auf der Entpolitisierung und Gleichschaltung formal weiter bestehender Vereinigungen. Auch nach außen hin wurde damit die «Einrahmung», erst recht die «Zähmung» Hitlers durch konservative Politikexperten endgültig ad absurdum geführt. Es passt in diesen Zusammenhang, dass der «Wirtschaftsdiktator» im Kabinett, Alfred Hugenberg, nach seinem blamablen Auftritt auf einer Londoner Konferenz mühelos zum Rücktritt veranlasst werden konnte. «In fünf Monaten» habe Hitler, konstatierte der französische Botschafter in Berlin, André François-Poncet, fast mit verhaltener Anerkennung, «eine Wegstrecke zurückgelegt», «für die der Faschismus fünf Jahre brauchte». Auch ein selbstzufriedener Hitler fand im Kabinett, dass der «Abschluss der Revolution» nahe, es gelte nur noch «die letzten Reste der Demokratie zu beseitigen».

5. Das Regime des Führerabsolutismus

Als machtpolitisch genauso wichtig wie der institutionelle Durchsetzungserfolg erwies sich bereits in diesem Frühjahr 1933 der tief in die reichsdeutsche Gesellschaft hineinwirkende Konsens des «nationalen Aufbruchs» unter der Ägide des starken Mannes in Berlin. Der Eindruck, dass eine «legale Revolution» und die gnadenlose Bekämpfung aller Spielarten des Marxismus, die sicht- und spürbare Handlungsfähigkeit der Regierung Hitler sowie nicht zuletzt der ruhmlose Untergang schlechthin aller Gegenkräfte das politische Sondertalent des «Führers» durchweg bestätigten, erleichterte die Ausdehnung seiner charismatischen Herrschaft weit über seine «Bewegung» hinaus, auf den Staat und rasch anwachsende Segmente der Bevölkerung. Auf seine Weise hat das Goebbels damals klar erfasst. «Was wir jetzt erleben», notierte er in seinem Tagebuch, «ist eine Übertragung unserer Dynamik auf den Staat. Es geschieht das in einem derart atemberaubenden Tempo, dass man darüber kaum zur Besinnung kommt».

Am 6. Juli 1933 zog Hitler, spürbar befriedigt, eine Zwischenbilanz: «Wir stehen in der langsamen Vollendung des totalen Staates.» Diese Worte wirkten wie eine Handlungsmaxime unmittelbar vor dem neuen Schub von Gesetzen, die den Übergang vom parlamentarischen System zum plebiszitären Führerabsolutismus, mithin den voranschreitenden Zerfall des Normenstaates besiegelten. Am Jahrestag des legendären Sturms auf die Pariser Bastille am 14. Juli hielt es die NS-Spitze für einen wohl kalkulierten symbolischen Akt, ihr revolutionäres Gegenprogramm weiter auszuführen. Die Akklamationsmaschine des Reichstags, der im Berliner Volksmund der «teuerste Gesangverein der Welt» hieß, wurde für die Verabschiedung eines halben Dutzends folgenschwerer Gesetze noch einmal in Gang gesetzt.

1. Das Gesetz gegen die Neubildung politischer Parteien deklarierte die NSDAP zur monopolistischen Staatspartei. Damit wurde der Einparteienstaat formell inauguriert, der Führerstaat unterbaut.

2. Das Gesetz über Volksabstimmungen wurde bestätigt. Im November desselben Jahres konnte es zum ersten Mal für ein formelles Massenplebiszit genutzt werden.

3. Das Gesetz zur Verhütung erbkranken Nachwuchses eröffnete nach der ersten antisemitischen Verordnung der nationalsozialistischen Rassenpolitik ein weites Feld, auf dem mit beispielloser Härte und Unterstützung zahlreicher Eugeniker und Ärzte die Gesundheit des «Volkskörpers» herbeigeführt werden sollte.

4. Das Gesetz über die Einziehung «volks- und staatsfeindlichen Vermögens» legalisierte die Enteignung von Regimegegnern, z. B. auch des KPD- und SPD-Vermögens.

5. Das Gesetz über die Ausbürgerung politischer und jüdischer Emigranten erweiterte die rechtliche Grundlage, um die NS-Leitvorstellung von der rassischen und politischen Homogenität verwirklichen zu können.

Wenn in einigen Gesetzen das «völkische Prinzip» beschworen wurde, trat darin die ins Staatsrecht gewendete Phantasmagorie vom Herrschaftsauftrag der «germanischen Rasse» zutage. Er bestimmte seither – abschließend formuliert im Gesetz zum «Schutz des deutschen Blutes» vom 5. September 1935 – das Rechtsverständnis vom deutschen «Volk» oder von der deutschen «Nation» als einer alle Fragmentierung überwindenden rassischen Einheit. Wo sie noch durch unreine Schlacken und Fremdkörper entstellt wurde, mussten diese rigoros entfernt werden; der viel beschworene Volkswille, faktisch nur ein Akklamationsinstrument, artikulierte sich unmittelbar in der Führergewalt. Alle ihr entgegenstehenden Gesetzesbarrieren, und wichtige gab es in der Tat noch, mussten daher beseitigt werden.

Ausgerechnet zu diesem Zeitpunkt gelang der Regierung Hitler ein geradezu sensationeller Prestigeerfolg mit tiefgreifenden außen- und innenpolitischen Auswirkungen. Der seit einem Dutzend Jahre auf einen Vertrag bedachte Vatikan bescheinigte mit dem Konkordat zwischen dem Reich und der Kurie den internationalen wie innerdeutschen Status der Hitler-Diktatur. Der Außenminister der Kurie, Eugenio Pacelli, und Mitarbeiter wie der Prälat Kaas gewannen zwar einen gewissen Spielraum für die katholische Kirche, doch zugleich desavouierten sie mit dem Politikverbot für Geistliche und der Distanzierung vom Zentrum den deutschen politischen Katholizismus überhaupt. Unstreitig verlieh dieser erste völkerrechtliche Vertrag des Regimes (der als einziger seiner Verträge bis heute fortbesteht!) den neuen Machthabern die Gloriole der Respektabilität. Nicht zuletzt neutralisierte er aber auch Gegenkräfte in dieser Anfangsphase der Herrschaftskonsolidierung.

Es ist letztlich eine müßige Frage, ob das Zentrum für seine Stimmabgabe zugunsten des Ermächtigungsgesetzes mit dem Konkordatsabschluss geködert worden ist. Vertrauliche Gespräche von Kaas mit v. Papen und dem Berliner Nuntius Orsenigo deuten darauf hin, dass die Kurie wegen des erwünschten Vertragsabschlusses darauf hin drängte. Dass ein solches Abkommen mit dem Vatikan, mit attraktiven staatlichen Konzessionen garniert, auch einen optimalen Hebeldruck gegen das Zentrum ermöglichte, hatte Hitler frühzeitig erfasst. Eine realistische Überlebenschance besaß das Zentrum nach dem Willen der neuen Machthaber genauso wenig wie die anderen Parteien. Und dass das Reichskonkordat ein schmerzhaftes Opfer wert sei fand auch, nach der Weichenstellung durch den Prälaten Kaas, in der Zentrumsführung weitgehend Zustimmung. Auch Brüning fügte sich vor der Abstimmung über das «Ermächtigungsgesetz» der vorgeblichen Parteiraison. Vor diesem Kardinalfehler hätte das Zentrum zusammen mit der «Bayrischen Volkspartei» die notwendige Zweidrittelmehrheit für den Verfassungsbruch verhindern können, und eben deshalb waren sie von der NS-Spitze relativ pfleglich behandelt worden.

Hatte die Deutsche Bischofskonferenz bereits am 28. März zur Loyalität aller katholischen Deutschen gegenüber der neuen Regierung aufgerufen, löste der Konkordatsabschluss das begeisterte Lob der Kirchenfürsten aus. Der Osnabrücker Bischof Wilhelm Berning wurde wegen seiner Verdienste um den Vertrag zum preußischen Staatsrat ernannt – und nahm Amt und Titel geschmeichelt an. Der Freiburger Erzbischof Conrad Gröber, der ebenfalls an den Verhandlungen wesentlich beteiligt gewesen war, stellte sich, offensichtlich enthusiasmiert, «restlos hinter ... das neue Reich».

Innerhalb eines halben Jahres hatte das NS-Regime ein größeres Stück Wegs zurückgelegt als es zu hoffen gedacht hatte. Im Hochsommer feierte es daher in Nürnberg triumphierend den «Reichsparteitag des Sieges». Unmittelbar danach zog es sein Einflussnetz noch enger. Das Gesetz über den «Reichsnährstand» (13.9.) unterwarf zusammen mit dem «Reichserbhofgesetz» (29.9.) die gesamte Landwirtschaft einem rigiden Dirigismus. Die am 22. September geschaffene Reichskulturkammer, eine Domäne des umtriebigen Goebbels, stülpte regimeabhängige Organisationen über das gesamte kulturelle Leben.

Der auch ohne die Pressekampagne bejubelte Austritt aus dem unbeliebten Völkerbund (14.10.) unter dem Vorwand, dass die Verweigerung der militärischen Gleichberechtigung die «nationale Ehre» kränke, eröffnete Hitler die günstige Chance, ein Plebiszit über die Billigung dieses Affronts mit der Akklamation durch einen neuen Reichstag zu verkoppeln. Goebbels' Propagandamaschine lief auf Hochtouren. Ihr massiver Appell verlangte eine uneingeschränkte Bejahung des Werkes der ersten zehn Monate durch das Votum für die konkurrenzlose nationalsozialistische Einheitsliste. Tatsächlich zog die «Liste des Führers» bei einer extrem hohen Wahlbeteiligung (95.2%) offenbar ohne Wahlfälschungen 92.3 Prozent, die Volksabstimmung sogar 95.1 Prozent der abgegebenen Stimmen (40.5 von 45 Millionen Wählern) auf sich. Da eine systematische Wahlmanipulation nicht betrieben wurde, spiegelten die Ergebnisse aller Wahrscheinlichkeit nach die vorherrschende Stimmung in etwa wider. Der charismatische Volksführer fand seine Erfolgsbilanz in einem erstaunlichen Maße bestätigt.

Mit dem Gesetz über die «Einheit von Partei und Staat» (1.12.) wurde das freiheitsfreundliche System der konstitutionellen «Checks and balances» weiter zerstört. Der Nationalsozialismus wollte «von jeher», gestand Goebbels, «den totalen Staat». Die NSDAP wurde zu einer Körperschaft des öffentlichen Rechts mit eigener Gerichtsbarkeit und zur «Trägerin des Deutschen Staats» erhoben. Damit aber wurde die Verschränkung des parteipolitischen und des staatlich-administrativen Entscheidungspotentials herbeigeführt. Folgerichtig wurden jetzt auch zwei hohe Parteifunktionäre, Hitlers Stellvertreter in der Partei, Rudolf Heß, und SA-Stabschef Ernst Röhm im Ministerrang in die Reichsregierung aufgenommen. Am 30. Januar 1934 schuf das Gesetz über die «Ordnung der nationalen Arbeit» das sozialökonomische Grundgesetz des Regimes, das den Unternehmern als «Betriebsführern» neue Herrschaftsrechte einräumte, die Mitarbeiter dagegen als «Gefolgschaft» ihren Anordnungen unterwarf. Schon seit dem Betriebsvertretungsgesetz vom 4. April 1933 konnte der Unternehmer beim «Verdacht staatsfeindlicher Betätigung» Arbeiter jederzeit fristlos entlassen, den aus der Wirtschaft und der Bürokratie stammenden dreizehn «Treuhändern» wurden weitreichende Interventionsrechte zugesprochen. Das damit in engem Zusammenhang stehende Gesetz über den «organischen Aufbau der deutschen Wirtschaft» vom 27. Februar 1934 verwandelte alle bisher autonomen «Pressure Groups» in staatlich organisierte Zwangsverbände. Dadurch wurden sie zu Kontrollorganen der Berliner Interventionspolitik. Fasst man alle diese Vorschriften zusammen, tritt ein durch und durch autoritäres Arrangement hervor, das durch den Einfluss der «Arbeitsfront» beschönigt, teilweise auch etwas korrigiert wurde. Trotz des einschneidenden Verlustes hart erkämpfter Rechte dehnte sich unter Arbeitern, wie der Exil-SPD vertraulich berichtet wurde, die Auffassung aus, dass Kritik «als Sabotage an der Aufbauarbeit der Regierung empfunden» werde.

Am ersten Jahrestag der Machtübergabe hob das Gesetz über den «Aufbau des Reiches» die Bestandsrechte der Länder und den Reichsrat auf. Das war erneut ein unverhüllt verfassungsbrechender Akt, mit dem die letzten Reste des tausendjährigen deutschen Pluralismus zertrümmert wurden. Der zentralstaatliche Leviathan setzte seinen Siegeszug fort. Konsequent wurde jetzt auch erstmals ein Reichsministerium für «Wissenschaft, Erziehung und Volksbildung» unter der Leitung von Bernhard Rust, dem sechsten NS-Minister im Kabinett, eingerichtet. Himmler als neuer Chef der Geheimen Staatspolizei, der Gestapo, und seine rechte Hand, Reinhard Heydrich, der Leiter des Amtes der Gestapo und des parteieigenen «Sicherheitsdienstes», verwirklichten jetzt ihren Anspruch auf gesamtstaatliche Kontrolle, die später im Reichssicherheitshauptamt ihre Zentrale fand. Wenige Tage später trat ihnen der Volksgerichtshof als ein parteiabhängiges Sondertribunal, das dem Vorbild bei den sowjetischen Schauprozessen entsprach, zur Seite.

Hinter dieser Flutwelle an strukturverändernden Gesetzen standen nicht nur die neuen Machthaber als Initiatoren, sondern auch und vor allem eine ganz so beflissene wie fleißige Ministerialbürokratie, deren Juristen jede, aber auch jede Willensäußerung leitender NS-Politiker in Gesetzestexte umgossen. Vergewissert man sich, in welch kurzer Zeit dieser rechtliche Umbau mit seinen außerordentlich tiefgreifenden Konsequenzen stattfand, drängt sich der Eindruck auf, dass eine derart hektische Aktivität nicht ohne die innere Zustimmung zahlreicher Autoren der Vorlagen möglich gewesen sein kann.

Im neuen Jahr 1934 hatte sich allerdings der seit der Machtübergabe schwelende Konflikt zwischen dem auf Machtkonsolidierung bedachten «Führer» und der unentwegt für die «wahre nationalsozialistische Revolution» agitierenden SA weiter zugespitzt.

Immerhin stand der ehrgeizige Stabschef Ernst Röhm, als einziger im NS-Führungspersonal ein Duzfreund Hitlers, an der Spitze eines Drei-Millionen-Heeres von unzufriedenen Braunhemden. Das war unübersehbar ein Machtinstrument außerhalb der Staatsinstitutionen, um die «nationale Revolution» als SA-Revolution von unten fortzusetzen. Von der Erfolgsstimmung beflügelt, strebte er einen durchgreifenden Elitenwechsel an, da «wir jetzt die Herren sind».

Bis 1931 war die SA bereits so stark wie die Reichswehr geworden, doch im Juni 1934 zählte sie nach einer Zeit unbegrenzter Mitgliederaufnahme und dem Anschluss von Verbänden wie dem «Stahlhelm» sogar 3.5 Millionen Angehörige. Junge Männer im Alter zwischen dem 18. und 30. Lebensjahr stellten die große Mehrheit der Aktivisten, die durch das bündisch-personalistische Prinzip der Frontkämpfer- und Freikorpstradition geprägt worden waren und die terroristisch-anarchistische Subkultur der SA-Stürme im Vergleich mit den Parteibürokraten als die Heimstatt der wahren «Elite von Kämpfern» schätzten. Sie beanspruchten einen Großteil der Erfolge von 1930 bis 1933 als Ergebnis ihrer handfesten Leistungen, rühmten sich ihrer 95 Toten und 14000 im Dienst Verwundeten allein im Jahr 1932. Als innerparteilicher Machtfaktor besaß eine solche militante, gewaltbereite Massenorganisation unter ihrer ambitiösen Führung ein keineswegs zu unterschätzendes Gewicht, dessen Bedeutung Hitler vollauf bewusst war.

Bei der Gleichschaltung der Länder, Parteien und Gewerkschaften hatte sich die SA noch einmal als unentbehrlich erwiesen. Nach den Märzwahlen wollte sie sich erst recht nicht mit Zuwarten ohne Patronagechancen zufrieden geben, zumal das Selbstbewusstsein ihrer Spitzenkräfte weiter anstieg. Es äußerte sich auch in der Neigung zu hochmütiger Willkür. Nach dem Tod eines SA-Mannes verlangte Röhm Ende Juli 1933 in einem Erlass, dass fortab als Sühne von dem zuständigen SA-Führer «bis zu zwölf Angehörige der feindlichen Organisation, von der der Mord vorbereitet wurde, gerichtet werden sollen». Damit wurde das Prinzip der Geiselerschießungen im Partisanenkrieg seit 1941 zynisch vorweggenommen. Auf jeden Fall fühlte sich die SA jetzt als Herr der Straße: Allein während der sog. Köpenicker Blutwoche Ende Juni 1933, als die SA brutal gegen die Linke vorging, gingen 91 Tote und 500 Gefolterte auf ihr Konto.

Wurden SA-Funktionäre für öffentliche Aufgaben in die Pflicht genommen, wie das im ersten Halbjahr 1933 öfters vorkam, blieben sie nach Röhms Auffassung weiterhin in erster Linie SA-Führer und wurden nur in zweiter Linie Organe der Staatsverwaltung. Daher war die

Gefahr nicht von der Hand zu weisen, dass außer der Partei auch die SA die staatliche Personalpolitik zu usurpieren, den Staatsapparat zu durchsetzen suchte. Damit aber drohte ein Umschwenken der Beamtenschaft gegen das Regime.

Ein dumpfes Murren in der SA verlangte die Auflösung der Allianz mit der «Reaktion». Die Revoluzzer-Romantik von der künftigen «wahren nationalsozialistischen Revolution» wollte kein Ende nehmen. Von dieser blinden Dynamik ging eine beunruhigende politische Atmosphäre aus. Für Hitler gab es in dieser Phase nur den Imperativ, dass seine eigenen Ambitionen durch die SA nicht gefährdet werden durften. Mit wachsendem Misstrauen beobachtete er ihre Stimmungslage. Warnend erteilte er im Sommer 1933 in einer Rede vor den Reichsstatthaltern der «zweiten Revolution» eine schneidende Absage. «Wir lassen keinen Zweifel darüber, dass wir einen solchen Versuch, wenn nötig, im Blut ersticken würden.» Dieser martialische Ton schien ihm auch deshalb geboten zu sein, weil die Reichswehr, die unverzichtbare Stütze des Regimes, die SA mit ihrem Anspruch, ein «braunes Volksheer» zu bilden, erst recht Röhms Wunsch, Kriegsminister zu werden, mit äußerstem Argwohn verfolgte. Nicht selten war daher bei Hitler von den Meriten der Reichswehr, aber nicht mehr von den Verdiensten der SA die Rede.

Röhm, zu Beginn ein wichtiger Förderer des unbekannten Gefreiten, verstand sich eher als selbstbewusster Mitstreiter statt als Untergebener, wenn er seine sozialrevolutionären Anschauungen äußerte. Die SA werde, protestierte er ein halbes Jahr nach der Machtübergabe, «stiefmütterlich behandelt» und sei nach dem Sieg «zur Seite geschickt worden», so dass sie voll «ernstester Besorgnisse» sei. Dennoch sei sie es, die den «Sieg des reinen, des unverfälschten Nationalismus und Sozialismus gewinnen und erhalten», damit aber auch zum «Grundpfeiler des kommenden nationalsozialistischen Staates» aufsteigen werde. Schwer bewaffnete SA-Stabswachen entstanden. Bis zum Frühjahr 1934 beschaffte Röhm für seine Bataillone 173 000 Gewehre und 1900 Maschinengewehre. Derartige Worte und Taten mussten als unverhüllte Drohkulisse, ja als Vorspiel zu einer offenen Machtprobe wirken.

Hitler begegnete der Lage mit der kompromisslosen Forderung nach der «Beendigung der Revolution». Noch tastete er Röhms Stellung nicht direkt an, nahm ihn sogar als Minister ins Kabinett auf, hetzte aber doppelzüngig gegen die SA, der er das Handwerk legen wolle. Seit der erfolgreichen Konsolidierung des Regimes gewann die Tonart eine bissige Schärfe. Nur «Narren» glaubten noch, höhnte Hitler im Februar 1934, «die Revolution sei nicht beendet». Im März 1934 endeten die Bemühungen um einen gütlichen Ausgleich. Seither steigerte sich vielmehr die systematische Isolierung und Verketzerung der SA. Hitlers wichtigste Verbündete für die herannahende Kraftprobe, die er mit spürbarer Unsicherheit bis zu einem günstigen Zeitpunkt hinauszögerte, waren zum einen Himmler, Goebbels und Göring, zum anderen war es die höchst pfleglich behandelte Reichswehr. Sie stellte dann auch Ende Juni 1934, als der Diktator die Initiative ergriff, bereitwillig die Waffen und Autos, um den verhassten Rivalen auszuschalten. Überdies stand sie Gewehr bei Fuß für den Fall, dass die SA für längere Zeit Widerstand leisten sollte. Als Handlanger des Führerwillens fungierte Himmlers SS in dem Augenblick, als Röhm am 30. Juni 1934 in einer Nacht-und-Nebel-Aktion verhaftet und mit fünfzig höheren SA-Führern ermordet wurde. Brutaler hätte der Stopp der «Parteirevolution von unten» in der Bartholomäusnacht der SA nicht ausfallen können.

Hitler nutzte die Gelegenheit zu einem Doppelschlag. Gleichzeitig wurden überall im Reich von seinen Häschern alte Rechnungen beglichen. Die Generale v. Schleicher und v. Bredow (kein Protest erhob sich im Berliner Offiziersklub), Gregor Strasser und Wolfgang Kapp, v. Papens Mitarbeiter Edgar Jung und der Vorsitzende der «Katholischen Aktion», Erich Klausener, gehörten zu den rund zweihundert Ermordeten des bis zum 2. Juli andauernden Massakers.

Wie sah das politische Ergebnis der bürgerkriegsähnlichen «Nacht der langen Messer» aus? Ein «großer Gewinner des Konflikts» war die Wehrmacht, die sich als einziger «Waffenträger der Nation» bestätigt fand. Der zweite Gewinner war Himmler, der seither Hitler unmittelbar unterstellt war und nun für die SS organisatorische Selbständigkeit sowie grünes Licht für den beschleunigten Ausbau erlangte. Die SA dagegen stand seither machtlos da. Ihr neuer Stabschef Viktor Lutze, ein blasser Troupier, musste auf einen Kabinettsposten verzichten. Leni Riefenstahls berühmt-berüchtigter Film über den «Parteitag des Willens» von 1934 fing die symbolische Choreographie der neuen

Machthierarchie perfekt ein, als rechts, dicht hinter Hitler, Himmler über das Tagungsgelände zur Tribüne marschierte, während Lutze auf der linken Seite mit deutlichem Abstand folgen musste. 18 Prozent der rund 10000 alten SA-Führer wurden in der Folgezeit mit empfindlichen Strafen belegt und kaltgestellt. Nach dem drastischen Bedeutungsverlust behielt die SA allenfalls noch einen repräsentativen Charakter im lokalen Umfeld. Ihre Demontage besiegelte auch das Ende aller Zielvorstellungen von einem von ihr noch zu erkämpfenden «nationalen Sozialismus».

Als Hauptgewinner stand jedoch fraglos Hitler selber da, dessen Mordaktion, als Niederschlagung eines vermeintlichen Putsches homosexueller Rabauken getarnt, reichsweit wegen ihrer «rücksichtslosen Entschlossenheit» eine bemerkenswerte Zustimmung fand, obwohl die tödlichen Folgen des nackten Machtkampfes, auch die Ermordung angesehener Honoratioren, keineswegs verborgen geblieben waren. Der Vertrauensvorschuss, den Hitler für sein tatkräftiges Handeln zur «Rettung der Nation» in angeblich letzter Minute erhielt, mündete in blindes Vertrauen. Die befreiende, verantwortungsbewusste Tat habe, hieß es, «wie ein reinigendes Gewitter gewirkt». Seine Weitsicht, seine unbeugsame Entschlossenheit, seine harte Faust hätten eine zweite Revolution der SA-Horden mit unabsehbaren Folgen verhindert.

Sein Ansehen stieg aber auch deshalb sprungartig an, weil er jetzt als Hüter von Moral und Ordnung dastand. Die Bekämpfung des moralischen Verfalls der SA-Führung, deren homosexuelle Mitglieder längst bekannt waren, hatte den «Führer», wie die kleinbürgerliche Prüderie urteilte, zum aufrechten Verteidiger der Sittenstrenge erhoben. Zur «Aufrechterhaltung und Hebung der Stimmung», lautete Görings triumphierendes Urteil, sei die Liquidierungsaktion doch vorzüglich geeignet. Die blutige Niederschlagung des «Röhm-Putsches» sei, rechtfertigte sich Hitler am 3. Juli, «als Staatsnotwehr» rechtens gewesen. Ein Reichsgesetz verschaffte den Morden nachträglich eine Pseudolegitimation, durch die der Mord zur Staatspolitik erklärt wurde.

In der «Deutschen Juristenzeitung» prostituierte sich Carl Schmitt, die Leuchte der deutschen Staatsrechtler, als Apologet dieser Verbrechensserie, indem er unter dem Titel «Der Führer schützt das Recht» mit dem Rechtsstaat auch den Ehrenkodex der deutschen Jurisprudenz verriet. «Der wahre Führer ist immer auch Richter», dozierte Schmitt. «Aus dem Führertum fließt das Richtertum.» «In Wahrheit war die Tat des Führers rechte Gerichtsbarkeit. Sie untersteht nicht der Justiz, sondern war selbst höchste Justiz.» Im Reichstag erscholl das Echo, als Hitler am 13. Juli seinen Rechenschaftsbericht gab. «Wir alle billigen immer das», konstatierte Göring, «was der Führer tut». «Ich habe kein Gewissen, mein Gewissen heißt Adolf Hitler.»

Anschließend wurden alle Akten zur Röhm-Krise vernichtet. Hitler hatte sein Ziel unangefochtener Herrschaft erreicht, als er mit der Eliminierung den einzigen verbliebenen innerparteilichen Machtrivalen ausschaltete. Dadurch wurde seine charismatische Sonderstellung weiter gestärkt.

Welche Konsequenzen er daraus zu ziehen im Stande war, zeigte sich, bevor vier Wochen vergangen waren. Noch ehe die Nachricht von Hindenburgs Tod am 2. August in Berlin eingetroffen war, sah ein Gesetz vom 1. August vor, dass die Ämter des Reichspräsidenten und des Reichskanzlers zu einer einzigen Spitzenstellung verschmolzen werden sollten. Wegen der darin erwarteten Umstände trat es bereits am folgenden Tag in Kraft. Unter der neuen Amtsbezeichnung «Führer und Reichskanzler» vereinigte Hitler seither die vier Funktionen des Staatsoberhaupts, des Regierungschefs, des Oberbefehlshabers der Streitkräfte und des Parteiführers in seiner Person. Durch diese vorbildlose Konzentration der Staatsgewalt wurde endgültig die absolute Führermacht in der Gestalt einer allmächtigen Selbstherrschaft etabliert, welche die «institutionelle Freisetzung der Handlungsfähigkeit» Hitlers besiegelte. Seine charismatische Position, nunmehr mit allen Insignien der Macht ausgestattet, wurde auch staatsrechtlich zementiert.

Nach nur anderthalb Jahren wurde mit diesem Akt der Herrschaftsabsicherung ein institutionelles und symbolisches Ziel erreicht, das am 30. Januar 1933 keiner, zu allerletzt der Zirkel der famosen Zähmungsexperten, für möglich gehalten hätte. Sofern sie noch dem Kabinett angehörten, trafen sie dort auf Hitlers Vollmacht, die Minister allein ernennen und entlassen zu können. An die Stelle des Staates als abstrakte juristische Person war in der Tat der «Führerstaat» getreten. Eine weitere außerordentlich gravierende Konsequenz der neuen Machtstellung Hitlers lag darin, dass seit Anfang August 1934 auch vier entscheidende «institutionelle Sicherungen», die in der Weimarer Republik den Weg in einen eventuellen Krieg einer strengen Kontrolle unterworfen hatten, über Nacht entfielen. Das erforderliche Reichsgesetz war schon seit dem Ermächtigungsgesetz allein Hitlers Sache; seine Ausfertigung lag seit dem 2. August 1934 ebenso in seiner Hand wie der Oberbefehl über die Streitkräfte und das Bündnisrecht.

Die Wehrmachtspitze hatte zusammen mit einem Gutteil des Offizierkorps die rüstungsfreundliche NSDAP und Hitler als unangefochtenen Tribun einer Massenbewegung seit dem Winter 1932/33 nachdrücklich unterstützt. Dafür wurde sie von Hitler, der sich der fundamentalen Bedeutung dieses informellen Allianzpartners voll bewusst war, mit äußerster Zuvorkommenheit behandelt. «Wenn das Heer nicht am Tag der Revolution auf unserer Seite gestanden hätte», räumte er im September 1934 auf einer Geheimkonferenz freimütig ein, «dann stünden wir nicht hier». Die blutigen Exekutionsmethoden während der Röhm-Affäre hatten nicht zuletzt dazu gedient, der Wehrmacht zu beweisen, dass unter Hitler die Alternativmacht eines braunen Volksheeres eine Schimäre blieb. Voller Zufriedenheit darüber, dass der «Führer» die Aufrüstung in großem Stil ankurbelte, stand die Wehrmacht auch weiterhin an seiner Seite. Beflissen kündigte Kriegsminister v. Blomberg, der bereits im Februar 1934 den Arierparagraphen für das Offizierkorps und das Hakenkreuz als Wehrmachtsemblem eingeführt hatte, im Kabinett von sich aus an, die Truppe auf die Person Hitlers vereidigen zu lassen.

Dieser folgenschwere Vorgang, der mit seinem anachronistischen Ritual an die absolutistische Militärpraxis anknüpfte, bekundete endgültig die willige Kooperationsbereitschaft der Wehrmacht. Zugleich infizierte er das Militär mit der Rechtsverachtung des Regimes, denn v. Blombergs Befehl an die Truppe im Stil einer «staatsstreichartigen Manipulation» entbehrte der vorgeschriebenen Gesetzesgrundlage, die erst nachträglich am 20. August geschaffen wurde. Die fatale Rolle der Militärs bei der Besiegelung der Alleinherrschaft des «Führers» kann daher machtpolitisch kaum überschätzt werden. Mit einer atemberaubenden Bereitschaft setzte es die Geschichte seiner «Selbsttäuschung» seit 1918/19 fort.

Der Triumph des «Führers» als wahrhaft «souveräner Diktator» wurde durch ein weiteres Plebiszit am 19. August vollendet. Bei einer Beteiligung von 95.7 Prozent der Stimmberechtigten votierten 89.9 Prozent für die Sanktionierung des Coups vom 2. August, dessen Resultat drei Wochen später in Gesetzesform gegossen wurde, denn die Herren der «legalen Revolution» wussten die Wirkung dieses Aktes auf ihr gesetzestreues Volk sehr wohl einzuschätzen.

Die einschmeichelnde Theorie von der Legalität der nationalsozialistischen Machteroberung ist in Wirklichkeit eine absurde Legende. Denn die Machtübergabe am 30. Januar erzeugte zwar einen unleugbaren «Legalitätseffekt», eröffnete aber tatsächlich einer endlosen Serie von Gesetzes- und Verfassungsbrüchen Tür und Tor. Während die Machtsteigerung der Präsidialregierung bis hin zur Diktatur des charismatischen «Führers» vorangetrieben und die Liquidierung des Rechtsstaats und der Freiheitsspielräume verbürgenden intermediären Strukturen durchgesetzt wurde, verschlangen sich zwei Vorgänge. Zum einen wirkten sich nationalistische Aufbruchstimmung, entfesselte Dynamik und gesellschaftliche Mobilisierung zugunsten des Regimes aus, so dass die plebiszitäre Zustimmung in der neu gewonnenen «charismatischen Gemeinschaft» rasch in die Breite und Tiefe wuchs. Zum andern sorgten einschüchternde Bedrohung, brutaler Terror und rücksichtslose Entrechtung dafür, dass oppositionelle Regungen erstickt, zumindest stillschweigende Hinnahmen erzeugt wurden.

Mit dem Blick auf das Ende der ersten Phase des Herrschaftsausbaus Anfang August 1934 lässt sich eine klare Bilanz ziehen:

1. Die zentralistische Regierungsdiktatur Hitlers war an die Stelle der parlamentarischen Republik getreten. Ein schier omnipotenter charismatischer «Führer», eben noch als «böhmischer Gefreiter» verspottet, bündelte alle Herrschaftsfunktionen und -mittel in seiner Hand, so dass der Führerabsolutismus bereits zum eigentlichen Gravitationszentrum der Macht geworden war.

2. Der Reichstag war, völlig entmachtet, zur Akklamationsmaschine degradiert worden.

3. Alle Parteien waren entweder verboten worden oder hatten sich in tiefer Ohnmacht selber aufgelöst. Die meisten Verbände, wie etwa die Gewerkschaften, waren zerschlagen oder unterworfen worden.

4. Reichsrechtlich war der Einparteienstaat zugunsten der NSDAP formal legalisiert, der totale Lenkungsanspruch ihrer Führungsspitze

befestigt worden. All diese tektonischen Verschiebungen zeigten, dass die politische Landschaft in einem unglaublichen Tempo von Grund auf verändert worden war.

5. An die Stelle des traditionsreichen Föderalismus war ein rigoroser Zentralismus getreten, der alle Länder und ihre Landtage aufgelöst, den Berliner Direktiven freie Bahn geschaffen hatte.

6. Der Rechtsstaat lag zertrümmert da. Die Bürger waren der Willkür der Polizei, der SS und SA, der Sondergerichtsbarkeit hilflos preisgegeben.

7. Die Verfolgung, Vertreibung und Ermordung politischer Gegner und jüdischer Deutscher hatte auf breiter Front eingesetzt. Ernsthafte Zweifel an der Zielstrebigkeit der neuen Machthaber waren auch in dieser Hinsicht nicht mehr erlaubt.

8. In der Erbgesundheitspolitik tauchten die Umrisse einer völkisch-eugenischen Rassenpolitik auf, welche die Gesundheit des arischen «Volkskörpers» über alles setzte und dieses Ziel durch die «Ausmerze» aller Fremdkörper erreichen wollte.

9. Die alten Machteliten, die sich eben noch als geschickte Dompteure eines Volkstribuns plebejischer Herkunft gesehen hatten, waren in abhängige Funktionäre umgewandelt, oft in NS-Sonderorganisationen überführt oder direkt zu Parteiorganen gemacht worden.

10. Überhaupt war ein zügiger Elitenwechsel eingeleitet worden. Dieser «stürmische Personalumbau ... verwandelte die Elitenstruktur der deutschen Gesellschaft», denn die kollektive Blitzkarriere der «alten Kämpfer», die zahlreichen neuen Verwaltungsstäbe mit Parteibuchpositionen und frühzeitig auch der Lenkungswille des SS-Ordens ließen die Umrisse einer neuen Machthierarchie erkennen.

11. Im öffentlichen Leben hatte sich der Nationalsozialismus zu einer Säkularreligion mit Monopolanspruch aufgeschwungen. Schon im August 1933 hatte Hitler ungeschminkt gefordert, dass der Nationalsozialismus «selbst eine Kirche werden» müsse. Diese Stilisierung wurde durch die intensive Goebbels-Propaganda gefördert, während gleichzeitig die Vielfalt des kulturellen Lebens uniformiert, die Kirchen gegängelt, ihre Heilsfunktionäre verfolgt wurden.

12. Vor allem aber hatte sich die charismatische Sonderstellung Hitlers in Staat und Gesellschaft enorm gefestigt. Ein breiter Konsens stützte den «Führer», der jede kollegiale Entscheidungsbildung im

Kabinett schon beseitigt und völlige Selbständigkeit auch gegenüber den Koalitionspartnern des 30. Januar errungen hatte. Mit dem Nimbus des «außeralltäglichen Sendboten» beanspruchte er Orientierung ausschließlich an seinen obersten Wertvorstellungen, ohne eine formale normative Handlungsbindung hinzunehmen. Dass viele seiner Werte – an erster Stelle nationale Ehre, nationale Geltung, nationale Stärke, völkische Auserwähltheit, Führerprinzip, historische Mission – von Abermillionen geteilt und insofern von ihm instinktsicher als verallgemeinerungsfähig erkannt wurden, verschaffte ihm seine erstaunliche Resonanz.

Die Sehnsucht, durch einen politischen Messias, einen «zweiten Bismarck», aus dem Tal der Tränen, in das sich so viele Deutsche durch die Kriegsniederlage, die Demütigung durch Versailles und die Belastung während der wirtschaftlichen Depression verstoßen fühlten, herausgeführt zu werden, schien endlich in Erfüllung zu gehen. Mit ihrer plebiszitären Zustimmung zu dem autoritären Kurs des neuen Cäsar in Berlin bejubelten sie ihre eigene Entmündigung. Der Aufbruch zu jenen neuen Ufern, wo die Wiedergewinnung des Status als nationaler Machtstaat winkte, versöhnte sie mit ihrem Freiheitsverlust.

Ist es daher, noch einmal, angesichts der Tiefendimension der Zäsur im ersten Herrschaftsjahr gerechtfertigt, von einer konventionellen Gegenrevolution zugunsten des konservativen Establishments zu sprechen? Oder ging es um einen auf Gewaltakte gestützten Übergang zu einer autoritären Regierungsform, wie sie während der Krise des Parlamentarismus im Europa der Zwischenkriegszeit häufig aufgetaucht war? Nein, bereits der gedrängte Überblick über die Resultate der ersten Etappe der Herrschaftsstabilisierung erweist, dass es sich um eine neuartige rechtstotalitäre Revolution handelte, aus der die vorbildlose Führerdiktatur, seit dem August 1934 für jeden erkennbar, hervorgegangen war.

In den vier Jahren, die auf den Höhepunkt des Augusts 1934 folgten, hat Hitler seine charismatische Herrschaft im Gesamtstaat mit Zustimmung der großen Mehrheit der Reichsbevölkerung (auch von den meisten der im März 1933 noch Opponierenden) weiter befestigen können. «Not, Begeisterung und Hoffnung» als die elementaren Antriebskräfte zugunsten des Charismaträgers wirkten sich weiterhin zu seinen Gunsten aus. Dazu hat die Wirkung einer verblüffenden Serie von außen- und innenpolitischen Erfolgen ausschlaggebend beigetragen.

Die Überzeugungskraft des Charismatikers hing, wie vorn ausgeführt, in einem essentiellen Sinn von der Bewährung seines Talents in einer dramatischen Krisensituation ab. Nachdem er ursprünglich zur Bewältigung einer solchen Notlage angetreten ist und einen überzeugenden Erfolg errungen hat, muss er fortlaufend neue Krisen meistern – wenn sie sich nicht einstellen, muss er sie selber auslösen –, um die Valenz seiner extraordinären Begabung zu beweisen, oder aber das Verblassen seines Charismas, die «Veralltäglichung» seiner zu traditionalen oder rationalen Ordnungsformen in Kauf nehmen.

Hitler ist es gelungen, mit Aufsehen erregenden Mitteln das Instrumentarium der Diktatur brutal ausnutzend, die «große Krise» in Deutschland, die ihn emporgetragen hatte, in zweifacher Hinsicht aufzulösen. Dem Staatszerfall begegnete sein Regime mit einer autoritären Politik, die gleitend, doch im Grunde unheimlich schnell den Übergang in die totalitäre Führerherrschaft ermöglichte. Die Depression und ihre schmerzhaften Folgen, die Massenarbeitslosigkeit von acht Millionen Menschen, wurden innerhalb von drei Jahren durch die Staatskonjunktur und Rüstungswirtschaft überwunden.

Damit hatte sich Hitler ein Erfolgspolster verschafft, das nach der Auffassung einer ständig weiter wachsenden Mehrheit denkbar eindrucksvoll ausfiel. Es gehört zum Verhängnis der deutschen Geschichte in den 1930er Jahren, dass zum einen Hitlers Erfolgsserie sechs Jahre lang bis 1939 anhielt und dass er zum anderen in schwierigen Situationen bedenkenlos eine Krise zu fabrizieren riskierte, deren Meisterung seinen Nimbus als wundertätiger Dompteur erneut aufleuchten ließ.

Denn diese heiklen Situationen stellten sich in der Regel keineswegs als Ergebnis ungesteuerter politischer Prozesse ein, deren Auswirkungen die deutsche Politik in Mitleidenschaft zogen und ihr eine Reaktion abverlangten. Vielmehr übernahm Hitler durchweg den drängenden, aktiven Part, oft jenseits der Grenze zum Hasardspiel. Dass er aus solchen Grenzsituationen seiner Vabanquepolitik, die typische Kehrseite des unaufhörlich nach Krisenbewältigung jagenden Charismatikers, Jahr für Jahr triumphierend hervorging, hat das Ansehen des «Führers», der «die Politik des fait accompli», wie ein SoPaDe-

Bericht betroffen festhielt, «souverän beherrscht», bis zu einem Punkt gesteigert, wo es hieß: «Hitler gelingt einfach alles».

Man kann den innenpolitischen Akklamationsgewinn von den außenpolitischen Erfolgen unterscheiden. Eine durchschlagende Wirkung ging von der Beseitigung der Arbeitslosigkeit aus. Der legitimatorische Effekt ist kaum zu überschätzen. Schon im Juli 1934 wurde der Exil-SPD berichtet, dass «große Teile der Arbeiterschaft ... der unkritischen Verhimmelung Hitlers verfallen» seien. «Gerade unter Arbeitern» habe Hitler «persönliches Vertrauen» gewonnen. In den bürgerlichen Mittelklassen und unter Konservativen aus gleich welchem sozialen Milieu wurde die Zerschlagung der Linksparteien und der Freien Gewerkschaften mit Häme und Hingabe gefeiert. Das Reichskonkordat mit der Kurie galt den meisten loyalen Katholiken als denkwürdiges Entgegenkommen. Als es schon spürbar voranging, bescherte die Abstimmung im Saargebiet, wo am 13. Januar 1935 91 Prozent der Wähler für die Rückkehr in den deutschen Staatsverband stimmten, dem exaltierten deutschen Nationalismus ein Geschenk, das dem Regime als Promotor des radikalen Nationalismus weiter Auftrieb gab. Unverzüglich befriedigte Hitler den nationalen Geltungsdrang noch einmal, als er am 9. März wieder auftrumpfend den Aufbau einer in Versailles verbotenen deutschen Luftwaffe verkündete. Und am 16. März führte er, erneut eine ungeahndete Provokation der ehemaligen Alliierten, unter frenetischem Jubel die allgemeine Wehrpflicht wieder ein.

Im folgenden Jahr dienten die Olympischen Spiele in Berlin dazu, die vermeintliche Liberalität und Weltoffenheit des «Dritten Reiches» aller Welt zu demonstrieren. Hitlers Prestige erreichte einen neuen Höhepunkt. Seine Popularität war, wie viele ausländische Beobachter verblüfft feststellten, tief verankert. Nach dem Prinzip des «panem et circenses» nahmen auch die öffentlichen Aufmärsche und Demonstrationen, Feste und Wettbewerbe der nationalsozialistischen Massenorganisationen, umrahmt von der allgegenwärtigen Militärmusik, zahlreiche Menschen für das Regime ein, boten sie doch eine Möglichkeit, seine Macht mitzuerleben und sich mit ihrer Wucht zu identifizieren. Überdies sollte man weder die Faszination übersehen, die vom Erntedankfest am Bückeberg mit 800 000 Feiernden oder vom Reichsberufswettkampf mit seinen Millionen von Teilnehmern ausging, noch die Leistungsfähigkeit großer Institutionen unterschätzen, die wie die «Arbeitsfront», die «Nationalsozialistische Volkswohlfahrt», das «Winterhilfswerk» Millionen von ehrenamtlichen Mitarbeiter fanden. Das flächendeckende Freizeitprogramm der «Arbeitsfront» hatte bis 1937, statistisch gesehen, bereits jeden erwachsenen Deutschen einmal im Jahr erfasst, das «Winterhilfswerk» und die «Volkswohlfahrt» hatten Millionen spürbar geholfen.

Unstreitig nahm auch in jener Zeit die «Suggestivität der Volksgemeinschaftsidee» weiter zu. Nach 1945 ist sie lange Zeit als perfider Verführungstrick der Goebbels-Propaganda abgetan worden. Doch inzwischen ist überzeugend herausgearbeitet worden, wie attraktiv das Ideal einer klassenlosen Sozialharmonie auf Millionen gewirkt hat, wie tief es seit dem ausgehenden 19. Jahrhundert, zumal seit dem Ersten Weltkrieg in ihrer politischen Mentalität verwurzelt war, wie raffiniert dann die Machthaber diese Sehnsucht nach einer von Antagonismen freien, formierten Gesellschaft bedient haben. Die weit verbreitete Überzeugung, dass der Nationalsozialismus, vornehmlich wieder der «Führer», für die Realisierung dieser Zielvorstellung aktiv einträte, gehört zu den großen innenpolitischen Stabilisierungserfolgen des Regimes, die seinen Legitimationsfundus vergrößerten.

Spektakuläre außenpolitische Erfolge, die sich vorrangig mit Hitlers Person verbanden, gewannen aber die Oberhand mit einer Wirkung, die seit 1935/36 über die Erfolgsbilanz im Inneren wahrscheinlich noch weit hinausreichte. Anders gesagt: Da in der Innenpolitik die forcierte Aufrüstung für eine schwere Belastung sorgte, neue Krisen schwer abzufangen waren, Engpässe und Dienstverpflichtungen aller Art neue «Siege» erschwerten, stieg die Bedeutung der legitimatorischen Wirkung der Außenpolitik. Sie diente bis 1939 vornehmlich vier Zwecken: Sie sollte, erstens, die Konsolidierung des Regimes abschirmen, vor allem die aufklaffende «Sicherheitslücke zwischen Rüstungsstand und Rüstungsrisiko» tarnen oder sogar schließen. Zum Zweiten sollte sie die Revision des verhassten Versailler Vertrags radikaler vorantreiben als das die Weimarer Republik je unternommen hatte. Drittens sollte sie die Wege in die Expansion des «Dritten Reiches» vorbereiten und absichern. Und schließlich sollte sie, dem alten Ratschlag Macchiavellis folgend, die Zustimmungsbereitschaft der Bevölkerung erhöhen, denn Erfolge in den auswärtigen Beziehungen verschaffen gewöhnlich auch einen innenpolitischen Legitimationszuwachs.

Schon der deutsch-russische Handelsvertrag vom April 1933 bewies, wie sich Hitler zur Förderung des wirtschaftlichen Aufschwungs über ideologische Dogmen hinwegsetzen konnte. Alsbald entschärfte der alle Welt überraschende deutsch-polnische Nichtangriffspakt vom Januar 1934, der zweite große außenpolitische Erfolg nach dem Konkordat, in Berlin als Beweis für Hitlers Friedenswillen gerühmt, einen bitteren Konflikt mit dem in Deutschland am meisten verhassten Nachbarstaat. Diese demonstrative Geste, zu der keine Weimarer Regierung politisch bereit oder im Stande gewesen wäre, unterstrich, wie das auch der Austritt aus dem Völkerbund im Oktober 1933 getan hatte, die Handlungsautonomie, die Hitler in der Außenpolitik frühzeitig gewonnen hatte. Sie sollte sich seit 1935 zur «absoluten, unkontrollierten Entscheidungsgewalt» steigern.

Der deutsch-englische Flottenvertrag vom Juni 1935 diente nicht nur dazu, Hitlers geschickt geheuchelte «Friedenspolitik» zu unterstreichen, sondern er signalisierte auch, dass die deutsche Aufrüstung von London hingenommen und der Versailler Vertrag durch eine völkerrechtliche Abmachung unterlaufen wurde. Noch drastischer demonstrierte am 7. März 1936 die Besetzung des entmilitarisierten Rheinlands durch deutsche Truppen, wie kaltblütig Hitler der zugespitzten Situation im Inneren, wo sich die prekären Ernährungs-, Preisauftriebs- und Devisenkrisen überschnitten, mit einem riskanten Coup begegnete, der zwar den Bruch des Locarno-Vertrags bedeutete, im Erfolgsfall aber sein Charisma bestätigen musste. Die Wehrmachtsspitze hatte, da nur kleine deutsche Einheiten gegen den drohenden Einmarsch französischer Divisionen aufgeboten werden konnten, geradezu aufgebracht von dem Unternehmen abgeraten, obwohl nach Hitlers Kalkül der imperialistische Krieg, den Mussolinis Italien gegen Abessinien vom Zaun gebrochen hatte, die Aufmerksamkeit der Westmächte soweit absorbierte, dass ihre Handlungsfähigkeit in Mitteleuropa gelähmt wurde.

Im Auswärtigen Amt erkannte Minister v. Neurath, dass «ausschließlich innenpolitische Gründe» Hitler zu diesem Zeitpunkt vorantrieben. Der «Führer» setzte sich aus diesen Motiven erstmals auf der ganzen Linie gegen seine Generäle durch. Da eine nennenswerte französische Reaktion ausblieb, führte der begeisterte Jubel in Deutschland nach dieser «eigenmächtigen Instinktpolitik» zu einer massiven Prestigesteigerung, hatte doch Hitlers Aktion erneut einen Teil des Versailler Traumas gelöscht. Die skeptischen Militärs standen düpiert da. Ein SoPaDe-Berichterstatter hielt von Hitlers Besuch in München am 17. März fest, dass selbst der Enthusiasmus des Augusts 1914 «nicht den Eindruck gemacht» habe, wie diesmal der Einzug Hitlers in die «Hauptstadt der Bewegung». Das beweise, wie Hitler «im Volk außerordentlich an Boden gewonnen hat. Er wird von vielen geliebt.» Auch in der städtischen Arbeiterschaft wurde Versailles die Schuld am «Tiefstand der Existenzmöglichkeiten des deutschen Arbeiters» zugewiesen und jede «Befreiung von seinen Fesseln bejubelt». Es kann daher nicht überraschen, dass ihm die plebiszitären Wahlen am 29. März 1936 fast 99 Prozent der Stimmen einbrachten.

In der internationalen Arena konnte Hitler sein Image fortlaufend verbessern. Die überraschende Intervention in dem seit dem Juli 1936 tobenden Spanischen Bürgerkrieg zugunsten der Franco-Putschisten, wiederum das Ergebnis eines einsamen Führerentschlusses, entsprang einem mehrschichtigen Kalkül. Die Gefahr einer Volksfront-Regierung, wie sie soeben in Frankreich gebildet worden war, sollte gebannt, die angeblich «marxistisch-jüdische» Verschwörung zerschlagen und die antibolschewistische Wächterrolle des «Dritten Reiches» bekräftigt, die Sicherheitslage gegenüber Frankreich verbessert und die Kooperation mit dem faschistischen Italien gestärkt werden. Unter dem Strich überwog die ideologische Motivation, auch wenn sich aus dem Eingreifen der «Legion Condor» innenpolitisches Kapital schlagen ließ, da es sich um den ersten deutschen Militäreinsatz seit 1918 handelte.

Im November 1937 eröffnete Hitler der Wehrmachtsspitze ganz ungeschminkt, wie das im sog. Hoßbach-Protokoll festgehalten wurde, dass er demnächst die Annexion Österreichs und eines Großteils der Tschechoslowakei betreiben werde. 1934 hatte der voreilig unternommene Anlauf zu einer nationalsozialistischen «Machtergreifung» in Österreich, der zur Ermordung von Bundeskanzler Engelbert Dollfuß geführt hatte, mit einem Debakel geendet, das die Berliner Machthaber zu einer Vertagung ihrer großdeutschen Politik zwang. Im Winter 1937/38 taktierte Hitler gegenüber Wien zuerst eher vorsichtig.

Dagegen war es Göring, der auf eine Intervention drängte. Dann jedoch setzte die von Bundeskanzler Kurt v. Schuschnigg angeordnete Volksabstimmung, die als Gegengewicht gegen die Berliner Bedrohung gedacht war, Hitler unter Entscheidungszwang. In einer demütigenden Konferenz mit v. Schuschnigg betonte der «Führer» Mitte Februar 1938 pathetisch die Notwendigkeit, seinen «geschichtlichen Auftrag» zu erfüllen, «weil mich die Vorsehung dazu bestimmt hat», Österreich «heim ins Reich zu holen». Bisher schon habe er «in der deutschen Geschichte das Größte geleistet, was je einem Deutschen zu leisten bestimmt war». Jetzt komme der krönende Abschluss noch hinzu.

Innenpolitisch hatte Hitler eine Woche zuvor die Autonomie des Führerwillens demonstriert, als er die Krise an der Wehrmachtsspitze Anfang Februar in seinem Sinn löste. Kriegsminister Werner v. Blomberg musste wegen einer Mesalliance, der Oberbefehlshaber des Heeres, General Werner v. Fritsch, wegen einer freiweg erfundenen homosexuellen Verfehlung den Abschied nehmen; ihm folgte der regimehörige General Walther v. Brauchitsch. Der skeptische Generalstabschef Ludwig Beck wurde durch General Franz Halder ersetzt. Das Amt des Kriegsministers wurde von Hitler kraft seiner Führungsgewalt in einsamer Entscheidung aufgehoben. Er selber übernahm die Befehlsgewalt über die gesamten Streitkräfte. Als militärischer Stab wurde ihm das neugeschaffene, völlig weisungsabhängige Oberkommando der Wehrmacht unter General Wilhelm Keitel unterstellt.

Mit diesem abschließenden Coup hat sich Hitler zum einen, wie das in dem Gesetz vom 2. August 1934 schon angelegt war, endgültig an die Spitze der militärischen Machtpyramide gesetzt. Zum andern schaltete er damit den letzten konkurrenzfähigen Machtfaktor aus, der seine Entscheidungsdomäne zumindest potentiell hätte einengen können. Damit war der Weg zur omnipotenten Führerherrschaft auf einem neuen Gipfel angelangt. Aus Keitels Sicht sah das so aus: «Seit 1938 ist keine der maßgebenden Entscheidungen in Gemeinsamkeit und Beratung zustande gekommen. Es war Hitlers Eigenart, jeden Ressortchef in der Regel allein unter vier Augen zu sprechen. Zusammenkünfte, in denen Entscheidungen getroffen wurden, waren letzten Endes Befehlsausgaben.»

Zur selben Zeit, als Hitler die Militärspitze in Besitz nahm, wechselte er auch zwei missliebige Minister aus: Der Amateuraußenpolitiker Joachim v. Ribbentrop trat an die Stelle v. Neuraths und Walther Funk an die Stelle Schachts; die letzte Sitzung des Reichskabinetts besiegelte den Abschluss der vollständigen Gleichschaltung, und das große Revirement erleichterte zugleich die schnelle Entscheidung für den Einmarsch deutscher Truppen am 12. März 1938 und den unverzüglichen «Anschluss» Österreichs. Hitler stand, spontan umjubelt, für Deutsche und Österreicher (99.7 Prozent stimmten für den «Anschluss») als Vollender des großdeutschen Traumes da. Der Hegemonie in Europa war das neuetablierte «Großdeutsche Reich» ein gutes Stück näher gekommen. Vor allem aber sei die Leistung, hieß es, alle Deutschen in Mitteleuropa in einem einzigen Nationalstaat vereint zu haben, nicht einmal Bismarck geglückt. Die Wahlen zum neuen «Großdeutschen Reichstag» am 7. April 1938, flugs mit einem weiteren Plebiszit verbunden, ergaben eine Mehrheit von 99 Prozent der Stimmen. In freien Wahlen unter der Aufsicht des Völkerbundes wäre das Ergebnis, so darf man hier spekulieren, vermutlich kaum anders ausgefallen. Kein europäischer Politiker genoss damals «größere Popularität als Hitler». Mit bitterböser Skepsis notierte Thomas Mann im Exil, «dass die Deutschen sich mit Hitler, und Hitler sich mit Deutschland identifiziert» hätten.

Und Hitler selber? Er gehe, versicherte der charismatische Messias der Deutschen, «mit traumwandlerischer Sicherheit den Weg, den mich die Vorsehung gehen heißt». Wäre Hitler zu diesem Zeitpunkt einem Herzinfarkt oder einem Attentat erlegen – hätten ihm die Deutschen nicht allen Terror und all das Leid, das er schon über Millionen gebracht hatte, bereitwillig verziehen und ihr vergöttertes politisches Genie als größten Staatsmann ihrer neueren Geschichte verehrt? Im Frühjahr 1938 erreichte daher Hitlers Prestige einen absoluten Höhepunkt. «Das Land ist jetzt völlig darauf vorbereitet», hieß es in einem SoPaDe-Bericht, «dass der Führer alles kann, was er will.» Im Hochgefühl seines Erfolges, angetrieben von der rastlosen Jagd nach neuen glanzvollen Leistungen und getragen von der Überzeugung, dass nur er allein solche gewaltigen Aufgaben in seiner vermutlich kurzen Lebenszeit lösen könne, brach Hitler nur wenige Wochen später mit der Tschechoslowakischen Republik die «Sudetenkrise» vom Zaun. Vordergründig ging es um die Verbesserung der Lage der großen deutschsprachigen Minderheit – seit Jahrhunderten Deutsch-Österreicher im habsburgischen Vielvölkerstaat, die sich seit 1918 nach Reichsdeutschland hin orientiert hatten.

Tatsächlich aber visierte Hitler, wie er am 8. März 1938 hohen Militärs und Beamten mit brutaler Offenherzigkeit erklärte, die Zerschlagung der Tschechoslowakei an. Obwohl zwei Tage später eine entsprechende «Führerweisung» vorlag, ging diese Sudetenkrise, vor allem wegen der Vermittlungstätigkeit des englischen Premierministers Neville Chamberlain während des gesamten Sommers, in keine deutsche Angriffsaktion über. Die schrillen Forderungen der deutschen Propagandakampagne, die das Recht auf vollständige Selbstbestimmung beschwor, sich aber auch bis zum Ruf nach territorialer Ablösung des «Sudetengebietes» steigerte, nahm an Bedrohlichkeit zu. Trotzdem wurden sie durch das Münchner Abkommen, mit dem Hitler dank seiner erstaunlichen Überredungskunst innerhalb weniger Stunden eine Maximallösung erreichte, am 29. September vorerst entschärft. Das Reich gewann das Sudetengebiet, Hitler selber «ein fast legendäres Ansehen», das jeder innerdeutschen Kritik an seiner Risikopolitik vorerst den Boden entzog. Erleichtert über die staatsmännische Vermeidung eines Krieges herrschten Bewunderung und Dankbarkeit in der Bevölkerung vor, die – wie es in einem vertraulichen Bericht hieß – «von der Staatskunst unseres Führers begeistert ist». Hitler aber schäumte, dass ihn die Konferenz, so prestigefördernd sich die Ergebnisse auch auswirkten, in letzter Minute um die Gelegenheit eines Krieges gebracht hatte.

So schnell wie nur irgend möglich holte Hitler das zerstörerische Unternehmen nach, als er Mitte März 1939 die sog. Resttschechei besetzen ließ. Daraufhin wurde aus diesem Territorium die erste deutsche Kolonie im Osten gemacht. Schon begrifflich knüpfte das dort eingerichtete «Reichsprotektorat Böhmen und Mähren» ganz unverstellt an die deutsche Kolonialsprache seit den 1880er Jahren an. Zum ersten Mal aber hatte sich Hitler über die Wirkung seiner dramatischen politischen Aktion von Grund auf getäuscht. In den Regierungszentralen der Westmächte setzte sich jetzt endlich die Auffassung durch, dass mit dem wortbrüchigen Diktator keine Politik des Interessenausgleichs, wie sie in München unter Berufung auf das Nationalitätsprinzip auf Kosten der Tschechoslowakei noch einmal geglückt zu sein schien, betrieben werden könne. Diese Einsicht sollte zu einem grundlegenden Kurswechsel in London und Paris führen.

Vorerst aber rundete Hitler seine Revisionspolitik dadurch ab, dass er Litauen zwang, das 1923 annektierte Memelgebiet am 22. März 1939 an das Reich abzutreten. Als Hitler am 20. April 1939 seinen 50. Geburtstag pompös feierte und die Wehrmacht mit einer klirrenden Machtkundgebung ihre «grenzenlose Unterwerfung» demonstrierte, stand für die erdrückende Mehrheit der Deutschen fest, dass der «Führer» als nationaler Heiland, größer noch als Bismarck, in einsamer Höhe das «Großdeutsche Reich» zu unvergleichlicher Macht und neuem Ansehen geführt habe.

6. Legitimation durch Konjunkturpolitik

Die existentielle Krise, deren Überwindung der Charismatiker den Zeitgenossen stets verheißt, besaß in Deutschland unterschiedliche Dimensionen. Die schmerzhaften Folgen der Kriegsniederlage, der Zerfall erst des Kaiserreichs, dann der weithin verhassten Republik, die institutionelle Desintegration, gehörten gewiss zu ihnen. Aber seit 1929/30 drängte sich die mörderische Depression unstreitig in den Vordergrund. Als innenpolitischer Imperativ musste daher für die Regierung vorrangig sein, die Massenarbeitslosigkeit zu beseitigen, möglichst sogar die Vollbeschäftigung zu gewinnen. Davon hing, nachdem die drei vorhergehenden Präsidialkabinette an eben dieser Aufgabe gescheitert waren, die Glaubwürdigkeit der Behauptung ab, dass die Regierung der «nationalen Konzentration» die Krise endlich meistern werde. In einem fundamentalen Sinn hingen überhaupt die Herrschaftsstabilisierung des NS-Regimes und die Gewinnung einer breiten Legitimationsbasis von ihrem beschäftigungspolitischen Erfolg ab.

Hitler hat mit sicherem Instinkt erfasst, welche immense Bedeutung einer aktiven Politik gegen die Geißel der vergangenen vier Jahre, die millionenfache Arbeitslosigkeit, im Zeichen hochgespannter, von ihm selber verstärkter Erwartungen seit dem Februar 1933 zukam, auch und gerade im Hinblick auf den Zugewinn an persönlichem Prestige, das in der schwierigen Phase der Übertragung seiner charismatischen Herrschaft über die Partei auf den gesamten Staat eindrucksvoller Bestätigung und Verstärkung bedurfte.

Hitler verfügte über alles andere als solide ökonomische Kenntnisse; dass auch diese nicht weiterhalfen, hatte freilich soeben Brüning demonstriert. Doch Hitler besaß eine schnelle Auffassungsgabe, ein stupendes Gedächtnis und die vielfach erprobte kommunikative Fähigkeit, auch erfahrene, sachkundige, selbstsichere Männer trotz ihrer anfänglichen Opposition in seinem Sinn umzustimmen. In der alsbald vorbereiteten Gesprächsrunde mit Repräsentanten der Großwirtschaft traf er jedoch auf eine tief sitzende Skepsis gegenüber staatlichen Eingriffen. Allein Carl Bosch von der IG Farben sprach sich für eine kraftvolle Staatsintervention aus. Reusch und Vögler dagegen, die Sprecher der Ruhrindustrie, rieten dringend ab. Bei dem Spitzengespräch in der Regierung sträubte sich der «Wirtschaftsdiktator» Hugenberg ebenfalls gegen jedwedes Konjunkturprogramm, da man damit nur die Inflation ins Land zurückhole.

Wegen dieses Inflationsvorwurfs, dessen massenpsychische Tiefenwirkung er wie jeder andere in dieser Runde sehr wohl kannte, zögerte Hitler eine Zeit lang, sich festzulegen, drängte dann aber auf entschiedene Maßnahmen. Im April 1933 unterstützte er den Vorschlag von Arbeitsminister Seldte, öffentliche Aufträge als Stimulans einzusetzen. Finanzminister Schwerin v. Krosigk und Reichsbankpräsident Schacht sprangen ihm seither gegen Hugenberg bei. Schacht wusste am besten, dass Hitler kein volkswirtschaftlicher Experte, doch in seiner Zielbesessenheit unorthodoxer Einfälle fähig war. Hitler, urteilte er rückblickend, «war ein Genie der Findigkeit. Er wusste für die schwierigsten Situationen oftmals Lösungen, die überraschend einfach waren, auf die andere aber nicht kamen». Seine Vorschläge seien «oft brutal, aber fast immer wirksam» gewesen.

Hitler verließ sich in dieser prekären Situation auf eine «wirksame Mischung» von Anreizen und populistischer Rhetorik. Da die Regierung nicht darauf achten konnte, bis sich eine Belebung des Arbeitsmarktes durch die unverzüglich in Gang gesetzte Rüstungswirtschaft einstellte, wurde zwischen Mai und September 1933 ein Bündel von staatlichen Maßnahmen zur Ankurbelung der Konjunktur und zur Bekämpfung der Arbeitslosigkeit initiiert. Nachdem Fritz Reinhardt, ehemals Gauleiter von Oberbayern und seit April 1933 als einer der wenigen überzeugten Nationalsozialisten auf der Führungsebene der Reichsministerien energischer Staatssekretär des Finanzministeriums, Ende Mai mit einer Milliarde aus Staatsmitteln 800 000 Arbeitsplätze zu schaffen versprochen hatte, wurde am 1. Juni das sog. erste «Reinhardt-Programm» verabschiedet, dem dieser Betrag für Arbeitsbeschaffungsmaßnahmen zur Verfügung gestellt wurde.

Am 22. Juni wurde der Bau der Reichsautobahn als propagandistisch hochgejubelter staatlicher Auftrag eingeleitet. Bis 1938 flossen drei Milliarden in dieses Projekt, das insgesamt aber nur 250 000 Arbeiter absorbierte. Darüber hinaus wurden weitere Infrastrukturaufträge an die Reichsbahn und die Post, für den Bau von Flughäfen und Kanälen vergeben. Mitte Juni kamen spürbare Steuererleichterungen hinzu. Auch der Wohnungsbau wurde nachdrücklich gefördert. Innerhalb des folgenden Jahres wuchs er bis zum Februar 1934 um 270 Prozent und zog mehr Investitionen an sich, als das dieser wichtige Wachstumssektor je nach 1918 getan hatte. Die neuen Ehestandsdarlehen erwiesen sich gleichfalls als schneller Erfolg. Ein zinsfreier Zuschuss von bis zu 1000 Mark wurde für die nachfrageanregenden Haushaltseinrichtungen gewährt, für jedes Kind die Rückzahlung um ein Viertel gekürzt. Bereits 1933 wurden 200 000 Darlehen in Anspruch genommen. Seither stieg die Zahl noch weiter rasch an. 1935 waren bereits 370 000 Darlehen in der Höhe von 206 Millionen Mark abgerufen worden.

Nach der Sommerpause folgte am 21. September das zweite «Reinhardt-Programm», das vor allem die saisonale Winterarbeitslosigkeit vermeiden helfen sollte. Bis Ende 1934 erreichten die Finanzmittel für diese Arbeitsbeschaffungsmaßnahmen die Höhe von 5.2 Milliarden Mark (das entsprach einem Prozent des Bruttosozialprodukts), bis 1935 stiegen sie auf 6.2 Milliarden Mark. Außerdem war für Papen und Schleicher bereits eine Milliarde Mark für denselben Zweck mobilisiert worden, die sich wegen der Wirkungsverzögerung erst seit 1933 zugunsten der neuen Regierung vorteilhaft geltend machten. Seit 1934/35 wirkte sich dann vollends der kräftige Nachfragesog der Rüstungswirtschaft auf dem Arbeitsmarkt aus.

Bereits nach einem Jahr nahm das Regime triumphierend für sich in Anspruch, die Arbeitslosenzahl von offiziell sechs Millionen auf

3.7 Millionen gesenkt zu haben. Nach anderthalb Jahren hatte es angeblich schon eine Reduktion um 60 Prozent erreicht. Ungeniert wurde allerdings auch die Statistik manipuliert, indem 2.2 Millionen Arbeitslose auf dem Papier wegdefiniert wurden. 1936 erübrigten sich aber solche propagandistisch wirksamen Tricks, denn das «Dritte Reich» erreichte seit 1936 als erstes Industrieland mit der Überwindung der Depression auch die ersehnte Vollbeschäftigung, während sich etwa in den Vereinigten Staaten eine Arbeitslosenquote von 24 Prozent bis 1939 hielt.

Im internationalen Vergleich – und überall kämpften die Regierungen gegen die Auswirkungen der weltweit schmerzenden Depression – beruhte der Erfolg der nationalsozialistischen Konjunkturpolitik auf ihren neuartigen Elementen: auf dem großen Volumen des antizyklischen Konjunkturprogramms, auf der expansiven Kreditschöpfung – als habe bei beiden Keynes Pate gestanden –, auf der Rücksichtslosigkeit der Durchführung und auf dem missionarischen Eifer, mit dem Hitler und seine Regierung den wirtschaftlichen Aufschwung zu ihrer Sache machten. Vor allem aber beruhte die effektive Konjunkturankurbelung auf dem Nexus mit der Rüstungspolitik, für die schon bis zum März 1936 mit 10.6 Milliarden Mark doppelt so viel ausgegeben wurde wie für alle zivilen Arbeitsbeschaffungsmaßnahmen. Diese Kombination von Antriebsfaktoren fand sich nirgendwo sonst, und der verblüffende Erfolg schien ihr zunächst im Urteil der Öffentlichkeit Recht zu geben.

Wenige Erfolge haben den Nimbus Hitlers als eines heilbringenden Erlösers, welcher der unsäglichen Misere von mehr als acht Millionen Arbeitslosen ein Ende machte, so gesteigert, seine Regierung derart mit der Gloriole einer beispiellosen Leistung umgeben, wie dieser «Sieg in der Arbeitsschlacht». Noch Jahrzehnte nach dem Zweiten Weltkrieg konzedierten zahlreiche Deutsche zwar bereitwillig das Unheil, das Hitlers Krieg über die Welt gebracht hatte, bestanden aber weiter darauf: «Er hat doch die Leute von der Straße gebracht.» Wie konnte das gelingen?

1. Die konjunkturpolitischen Maßnahmen der Regierung demonstrierten ihre Handlungsbereitschaft, auch im Hinblick auf ungewöhnliche Maßnahmen, in großem Stil. Außerdem gewann sie dadurch zunehmend Stabilität für den Wirtschaftsprozess zurück. Beides wussten

viele Unternehmer zu schätzen, wenn sie über Neueinstellungen entschieden, mochten prominente Repräsentanten auch dem liberalen Aberglauben von der reinigenden Kraft der ohne Staatshilfe selbsttätig endenden Krise noch immer anhängen.

2. Tatsächlich hatte die Depression in Europa 1932 ihren absoluten Tiefpunkt erreicht, und erste Signale der zyklischen Erholung wurden 1933 auch von der deutschen Industriewirtschaft, verstärkt seit 1934, aufgenommen. Ein sachte einsetzender Aufschwung begann daher, ungeachtet der Staatskonjunktur, belebende Impulse auszusenden.

3. Für die Beschäftigungspolitik der Unternehmen war die Tatsache von grundlegender Bedeutung, dass sie mit keinem von den Arbeitnehmern erzwungenen Lohnanstieg, nicht einmal mit einer einzigen gewerkschaftlichen Tarifforderung mehr zu rechnen hatten. Nicht nur herrschte faktisch ein kompletter Lohnstopp, die Basisgröße der Lohnquote schrumpfte sogar, wie es die Arbeitgeber seit Jahren gefordert hatten, von 1932 = 68 auf 1938 = 55 Prozent. Schon dieser genau vermerkte Umstand wirkte investitions- und beschäftigungsfördernd, zumal gleichzeitig die Unternehmerprofite bis 1939 jährlich im Durchschnitt um 36.5 Prozent kräftig anstiegen.

4. Der zügige Ausbau großer Bürokratien durch die NSDAP, die «Arbeitsfront», den «Arbeitsdienst», zahlreiche Ämter und Stäbe, entlastete spürbar den Arbeitsmarkt, insbesondere von Angestellten und Akademikern. Auch die Wehr- und die Arbeitsdienstpflicht zogen seit 1935 Hunderttausende aus dem Arbeitsmarkt.

5. Seit 1934/35 ging eine drastisch steigende Nachfrage nach Arbeitskräften von der Rüstungswirtschaft aus, da enorme Summen in sie hineingepumpt wurden. Das löste einen machtvollen Multiplikatoreffekt aus, der namentlich in den klassischen Industrierevieren die Zahl der Arbeitslosen scharf reduzierte. In gewisser Hinsicht war daher die Vollbeschäftigung ein «Sekundärerfolg von Hitlers Entschluss, Deutschland kriegsfähig zu machen».

6. Dennoch ist es fraglich, ob diese Konstellation sich so schnell und so durchschlagend ausgewirkt hätte, wenn nicht Hitler selber im Verein mit Goebbels' Propagandaapparat die Rhetorik der «Arbeitsschlacht», die es so schnell wie nur irgend möglich zu gewinnen gelte, mithin die populistische Beschwörung des nationalen Aufschwungs unentwegt in Gang gehalten hätte. Der modernen Konjunkturpolitik

ist längst bewusst, welche bedeutende Rolle die Psychologie der Krisenbekämpfung und die Semantik der beanspruchten Steuerungskompetenz spielt. Sie waren bis in die 1970er Jahre hinein (seither gelten offenbar andere Bedingungen) unabdingbar, um eine Art von Pawlowschem Reflex auszulösen: Staatliche Mittel und Maßnahmen verhießen die Wiedergewinnung der Prosperität, die Unternehmer reagierten mit Investitionen und der Vergrößerung der Belegschaft.

Damals jedoch war ein derart massives, geradezu bedenkenlos optimistisches Engagement von Regierungsvertretern noch eine Innovation, die allerdings ganz auf der Linie der zu dieser Zeit von Keynes suggerierten Konjunkturtherapie lag. Jedenfalls ging von dem Engagement, das die Regierung Hitler und vor allem der Reichskanzler selber so anhaltend der Öffentlichkeit einhämmerten, eine ansteckende Dynamik aus. Überdies verstärkte die Arbeitsbeschaffungspolitik das «Bewusstsein volksgemeinschaftlicher Solidarität». Diese «Bewusstseinstatsache», und sie «erfasste Hitler sehr genau», wirkte aber «naturgemäß auch volkswirtschaftlich stimulierend».

Insofern darf man die «eigentliche Leistung» Hitlers, mit seinen rhetorischen Fähigkeiten und dem Beschwörungsgestus des charismatischen Demagogen die Erholung gleichsam herbeigeredet zu haben, nicht unterschätzen. Als sich dann der Erfolg relativ schnell einstellte und Abermillionen die Sicherheit ihres Arbeitsplatzes und Lohnes zurückgewannen, konnte Hitler sich mit guten Gründen öffentlich rühmen, dass seiner Führerherrschaft eine «Autorität» zugewachsen sei, «wie sie noch kein Regime vor uns besessen hat».

7. Die Natur charismatischer Herrschaft im «Dritten Reich»

Parallel zum Ausbau von Hitlers Monokratie entwickelte sich im «Dritten Reich» eine Polykratie miteinander rivalisierender Partikulargewalten. Man hat diese beiden Prozesse eine geraume Zeit lang als gegenläufige Tendenzen, im Grunde als unübersehbare Gegensätze aufgefasst. Die einen hielten die monolitische Führerdiktatur für unvereinbar mit der angeblich weit überschätzten Vielherrschaft konkurrierender Machtzentren. Die anderen sahen in ihr die effektive Erosion des Führerabsolutismus, so dass hinter einer glänzenden Fassade die «Strukturlosigkeit» eines «ungeordneten Kräftefeldes» vorherrschte.

Diese beiden Herrschaftsphänomene als Alternative aufzufassen oder starr zu polarisieren ist jedoch erkenntnisblockierend. In der Realität des NS-Regimes gehörten die charismatische Einherrschaft und die Polykratie der Machtaggregate sogar mit systembedingter Notwendigkeit zusammen. Als Initiator der Partikulargewalten konnte Hitler nicht nur mit diesen Sonderstäben, die Effizienz in seinem Sinn versprachen, das Routinehandeln der Bürokratie umgehen, sondern auch einen erbitterten Wettbewerb zwischen den etablierten Staatsinstanzen und neuartigen Parteiformationen, zwischen überkommenen Funktionseliten und ad hoc geschaffenen Exekutivstäben freisetzen, bis sich der Stärkste, wie es seiner sozialdarwinistischen Grundüberzeugung entsprach, durchgesetzt hatte und dann auch vom «Führer» als Sieger anerkannt wurde. Der «Pluralismus der Aktionszentren» gestattete es zum einen, dass der Diktator sich längere Zeit die Mühsal des Kräftemessens und den Wettlauf um seine Entscheidung beobachtend, von unentschiedenen Konflikten fernhalten konnte – und diese Distanzierungsfähigkeit war fraglos ein «wesentliches Element der Führungstechnik Hitlers». Zum anderen wurden durch diese polykratische Rivalität sowohl die institutionellen Grenzen zwischen Staat, Gesellschaft und Partei zusehends verflüssigt als auch Chancen und Grenzen der Führergewalt markiert, da Hitler gelegentlich die von einem Machtzentrum vorformulierten Ergebnisse gewissermaßen als Notar nur noch ratifizierte.

Bei allen grundlegenden Entscheidungen konnte er jedoch letztlich immer wieder seine Rolle als unangefochtener, die Abhängigkeit von seinem Urteil wirklich ausnutzender «supremus arbiter» spielen. Er allein übte die Richtlinienkompetenz und die maßgeblichen Steuerungs- und Koordinationsfunktionen aus, mochte er sich auch täuschend als «ehrlicher Makler» loben lassen. Er allein fungierte als Besitzer des Interpretationsmonopols und als abschließende «überrechtliche Definitionsinstanz», nach deren Spruch es keine Revisionsmöglichkeit mehr gab. Die im Grunde anarchische Polykratie der Satrapien, die ausschließlich durch den Führerwillen geschaffen und zusammengehalten wurden, trug daher auf ihre Weise dazu bei, einen regimespezifischen Machtmechanismus zu verstärken: dass nämlich «die Person des Führers als Kern eines grundlegenden Konsenses ihre entscheidende integrative Kraft im nationalsozialistischen Herrschaftssystem» behaupten konnte.

Man kann sogar noch einen Schritt darüber hinaus gehen: Der Machterhalt Hitlers an der Spitze eines charismatischen Herrschaftssystems machte die Rivalität polykratischer Sonderstäbe «herrschaftsstrategisch» geradezu zur unabdingbaren Voraussetzung. Dieser postulierte Zusammenhang lenkt auf eine Eigenart der Organisationsprinzipien charismatischer Herrschaft hin. Auch sie benötigt wie jede gleichwie legitimierte Herrschaftsordnung die Existenz von ihr adäquat angepassten Verwaltungsstäben als Garanten des «kontinuierlichen Handelns, das auf Durchführung der Ordnung und direkte oder indirekte Erzeugung der Unterwerfung unter die Herrschaft» gerichtet ist. Auch charismatische Herrschaft ist ja keineswegs, wie Max Weber weiter argumentiert, ein «Zustand amorpher Strukturlosigkeit», ausgefüllt allein mit den erratischen Willensimpulsen des Charismaträgers, sondern eine «soziale Strukturform mit persönlichen Organen und einem der Mission des Charisma angepassten Apparat von Leistungen und Gütern».

Zu diesen Organen gehörten im NS-Regime die zahlreichen führerunmittelbaren Sonderstäbe, deren Stellung, wie Jahrhunderte zuvor im Patrimonialismus, sowohl auf einem «persönlichen Unterwerfungsverhältnis» als auch auf dem «persönlichen Vertrauen» beruhte, das der «Führer» als Herr der Personalpolitik ihren Leitern entgegenbrachte. In der Regel gab Hitler durch den Dezisionismus seines Führerbefehls den Auftrag, außergewöhnliche Projekte, etwa den Autobahnbau, die Euthanasie-Aktion, den Judenmord, durch Sonderstäbe zu lösen. Da ihre Leiter nicht auf Grund sachlicher, auf generalisierbaren Leistungskriterien beruhender Qualifikation, sondern allein auf Grund des Vertrauensvorschusses gewählt wurden, den die charismatische Aristokratie genoss, entstand eine durchaus «okkasionelle Binnenstruktur ohne jedes geregelte Verfahren der Anstellung oder Absetzung durch führerunabhängige Kontroll- und Prüfungsinstanzen».

Überdies entsprach die Polykratie auch noch einer anderen Eigenart charismatischer Herrschaft insofern, als diese «spezifisch irrational im Sinne der Regelfremdheit» ist, und nach Möglichkeit «keine abstrakten Rechtssätze und Reglements, keine formale Rechtsfindung beachtet». Auch in dieser Hinsicht gewann Hitler ein Maximum an regelferner Autonomie, wenn er seine Exekutivgewalten an Stelle des Routinebetriebs der Bürokratie bevorzugte.

Weiterhin entsprach die polykratische Machtdelegation einem verfassungspolitischen Grundzug der NS-Herrschaft, die im Grunde auf einem «Geflecht von Personenbindungen», auf der Fusion des Klientel- und Cliquenwesens mit der Führergewalt beruhte. Deshalb gehörte die jeweilige Personenauswahl und Personenkonstellation in den wichtigsten Machtpositionen zu den entscheidenden Zügen der Herrschaftsstruktur. Diese strategische Bedeutung des führerabhängigen Cliquenwesens konnte sich im Polyzentrismus der Sonderexekutiven in reiner Form entfalten.

Diese Partialgewalten drängten in politische und soziale Machtpositionen, vor allem in den überkommenen Staatsapparat. Die Kraft ihres Vorstoßes entschied darüber, ob die Durchsetzungsfähigkeit solcher charismatischer Stabsorganisationen dazu ausreichte, bei der Penetration der staatlichen Verwaltungsordnung das administrative Vollzugsmonopol, den Primat an Stelle der Hälfte einer Doppelhierarchie zu gewinnen. Manchmal gelang ihnen das, manchmal ergab sich aber auch eine Pattsituation, so dass, aufs Ganze gesehen, jahrelang der Schwebezustand einer zweipoligen: sowohl charismatischen als auch bürokratischen Herrschaftsordnung mit einem freilich rasch anwachsenden Übergewicht der Sonderexekutiven erhalten blieb.

Durch den erbitterten Wettkampf entstand zugleich eine auf Systemtransformation drängende interne «Destruktionsdynamik». Denn die neuen Stäbe tendierten zu einer gemeinsamen Front gegen die herkömmliche Staatsverwaltung, erwiesen sich dank der Rückendeckung durch die absolute Führergewalt meist als durchsetzungsfähig, und trieben deshalb den nach relativ rationalen Bauprinzipien konstruierten bürokratischen Staatsapparat in einen unaufhaltsamen Erosionsprozess. Das Spannungsverhältnis im nationalsozialistischen «Doppelstaat» zwischen dem überkommenen Normenstaat mit Routineverwaltung zum einen und dem Maßnahmestaat mit seinen Eingriffsstäben zum andern löste sich daher spätestens seit 1936 immer häufiger zu Gunsten der führerimmediaten Partikulargewalten in einer neuen NS-Herrschaft auf, die sich immer weiter von der überkommenen Staatsordnung entfernte.

Dieselben Sonderstäbe entstanden nicht allein als Ausfluss der Berliner Führergewalt, sondern auch auf der Ebene der Mittelinstanzen. Dort führte der aus dem «Führerprinzip» abgeleitete Regionalabsolutismus der Gauleiter und Reichsstatthalter zu demselben Prozess der permanenten «Zellteilung» mit demselben Resultat einer Vervielfältigung der Machtzentren, die in unablässiger Konkurrenz um Kompetenzen und Ressourcen lagen, ihre Zuständigkeitsbereiche auf Kosten der Verwaltungsbürokratie ausdehnten und auch auf diesem Aktionsfeld eine schließlich unüberschaubare Fragmentierung des inneren Ordnungsgefüges herbeiführten.

Auf Grund dieser Prozesse wurde eine von der Zentralgewalt bis zu den Provinzfürsten hinabreichende, in der europäischen Staatenwelt bisher beispiellose Herrschaftsform in Deutschland etabliert: die «charismatisch legitimierte, teils bürokratisch», vor allem aber extrabürokratisch durch Sonderstäbe «unterbaute neoabsolutistische Führerdiktatur». Ihr Verfassungskern, die auf der Polykratie beruhende charismatische Monokratie, muss konkret erläutert werden.

1. Eine Art von Vorlauf der später voll ausgebildeten Polykratie stellten Parteiorganisationen im Besitz einer gewissen Handlungsautonomie dar, die sich zugleich aber im Zustand unbestreitbarer Führerabhängigkeit befanden. Mit ihnen entstanden Machtzentren, die seit 1933 in staatliche Tätigkeitsfelder hineinstießen. An erster Stelle rangierten hier die Gauleiter. 1935 gab es 33, von denen zehn zugleich als Reichsstatthalter, fünf als Oberpräsidenten und zwei (Goebbels und Rust) sogar als Reichsminister ihre Partei- und Staatsämter kombinierten. Ausnahmslos «alte Kämpfer», pochten sie auf ihre Verdienste seit der «Kampfzeit», ihre nahezu unbeschränkten Vollmachten und auf ihre persönliche Bindung an Hitler, wenn sie seit der Machtübernahme staatliche Sondervollmachten und Aufträge – mit besonders folgenreichen Konsequenzen in den seit 1939 eroberten Gebieten – ansammelten und ausnutzten. In jedem Konflikt beharrten sie auf ihrer ausschließlich Hitler geschuldeten Verantwortung, und Hitler wiederum belohnte sie mit verblüffend nachsichtigem Langmut gegenüber ihren Fehlern und Versäumnissen für ihre Vasallentreue in der charismatischen Gemeinschaft der Kampfzeit. Ihr damals bewiesenes loyales Verhalten, ihre Härte und Durchsetzungskraft, wiederholte er mehrfach, blieben für ihn das ausschlaggebende

Beurteilungskriterium. Aus Sorge vor einer kollektiven Meinungs- und Entscheidungsbildung seiner Gauleiter empfing Hitler jedoch vorsichtshalber nie mehr als gleichzeitig zwei von ihnen, so dass er seine sozialkommunikativen Künste im kleinsten Kreis ausspielen konnte.

Unterhalb der Gauleiterebene pochten die Kreisleiter auf dieselben Meriten und Vergünstigungen. Wegen dieser selbstherrlichen Autonomisierung entzog sich der Parteiapparat weithin der Kontrolle durch die – untereinander wiederum rivalisierenden – «Reichsleiter», den «Stellvertreter des Führers» und die Spitzenfunktionäre der Münchner Parteileitung. «Von einem zusammengefassten und einheitlich geführten höheren Parteiführercorps» könne, klagte der Oldenburger Gauleiter Carl Röver 1943, «keine Rede mehr sein». Jeder habe «sich mehr oder weniger auf eigene Füße gestellt». Diese Aufsplitterung der Parteimacht hatte Hitler frühzeitig begünstigt, da sie seine diktatorische Parteiführung erleichterte. Erst recht unangefochten blieb nach 1933 die abgehobene Position des «Führers» bestehen, da er mangels institutioneller Konkurrenz und Kontrolle seine Entscheidungsmacht gegenüber den Provinzial- und Parteisatrapen unbeschwert praktizieren konnte.

2. Symptomatisch für die Erosion der staatlichen Herrschaftsgewalt und typisch für das Auswuchern von Sonderexekutiven zu einer langen Reihe führerunmittelbarer Stäbe war die bereits am 30. Juni 1933 erfolgende Ernennung des Ingenieurs Fritz Todt, eines tatkräftigen «alten Kämpfers» (seit 1922) mit hervorstechendem Organisationstalent, zum «Generalinspekteur des deutschen Straßenwesens», der mit seinen Experten den Bau der Autobahn forcieren sollte.

Ohne irgendeine Anbindung an das Reichsverkehrsministerium, an dessen Spitze der Zähmungsgarant Eltz v. Rübenach zu diesem Affront schwieg, fungierte Todt, Hitler direkt unterstellt, als Leiter einer «Obersten Reichsbehörde». Ihr sichtbarer Erfolg bescherte Todt im Dezember 1938 die Ernennung zum ebenfalls führerimmediaten «Generalbevollmächtigten für die Bauwirtschaft», dem unter anderem die Errichtung der Befestigungsanlagen des «Westwalls» übertragen wurde. Während diese Aufgaben ausgeführt wurden, entstand der Riesenapparat der «Organisation Todt», die als einzige NS-Institution, von Hitler abgesehen, den Namen ihres Leiters tragen durfte.

Im Dezember 1940 wurde der effiziente Technokrat zum Reichsminister für Bewaffnung und Munition, damit aber außerhalb des Wirtschaftsministeriums zum Organisator der gesamten Kriegswirtschaft ernannt. Seither vereinigte er das Machtpotential von drei führerunmittelbaren Sonderexekutiven in seiner Hand, bis er, nach eindringlichen Warnungen vor der Fortsetzung des aussichtslosen Krieges, im Februar 1942 bei einem mysteriösen Flugzeugabsturz in der Nähe des Führerhauptquartiers im ostpreußischen Rastenburg umkam.

Außer Todt wurde auch der hitlerhörige junge Architekt Albert Speer als führerunmittelbarer «Generalinspekteur der Reichshauptstadt» mit außerordentlich weitreichenden Vollmachten ausgestattet, um Hitlers gigantomanische Pläne einer Herrschaftsarchitektur in der künftigen Welthauptstadt «Germania» ohne jede Rücksicht auf die historisch gewachsene Stadtstruktur auszuführen. Bei der Ausführung seines Vorhabens ließ Speer jüdische Bewohner aus ihren Häusern und Mietwohnungen rücksichtslos entfernen. Insofern überschritt er in kalter Leidenschaft, vom Ehrgeiz verzehrt und ganz im Bannkreis seines «Führers» gefangen, von Anfang an ohne jedes Bedenken die Grenze «zwischen der normativen Staatsordnung und der terroristischen Gewaltanwendung». Als er im Februar 1942, Günstling Hitlers, aber trotzdem überraschender Sieger, zum Nachfolger Todts ernannt wurde, gelang ihm die organisatorische Leistung einer Steigerung der Rüstungsproduktion unter den Bedingungen des totalen Krieges und der alliierten Luftherrschaft. Er förderte aber mit der Ausbeutung von zehntausenden von KZ-Sklaven auch die Verlängerung des Krieges.

3. Einen anderen Typus der neuartigen Partikulargewalten verkörperten die nationalsozialistischen Massenorganisationen mit staatlichem Hoheitsanspruch – gewaltig aufgeblähte Institutionen, die sich von der eher elitären Zusammensetzung der Sonderstäbe mit ihren Spezialaufträgen klar unterschieden. Schon die Republik hatte 1932 das Amt eines «Reichskommissars für den Freiwilligen Arbeitsdienst» eingerichtet, das Franz Seldte einige Wochen lang in der Regierung Hitler wahrgenommen hatte. Ende März 1933 übernahm Konstantin Hierl als «Beauftragter des Führers» und zugleich als Staatssekretär im Reichsarbeitsministerium den beschleunigten Ausbau des Arbeits-

dienstes, der im Februar 1934 als eigener Parteiverband zum «Reichsarbeitsdienst» umgegründet wurde. Hierl hat seit dem Herbst 1933 den begehrten Rang einer führerimmediaten «Obersten Reichsbehörde» angestrebt, drang damit aber nicht durch. Dennoch leitete er in faktischer Selbständigkeit seine Organisation, die nach der gesetzlichen Einführung der Arbeitsdienstpflicht im Juni 1935 unter ihrem «Reichsarbeitsführer» zu einem Riesenbetrieb anwuchs, durch den Hunderttausende von jungen Männern und Frauen ein Jahr lang hindurchgeschleust wurden.

Vom «Arbeitsdienst» ging in den Friedensjahren eine unübersehbare Werbewirkung aus, zu der auch eine erhebliche internationale Resonanz gehörte, die nicht zuletzt im Interesse zahlreicher Besucherdelegationen zutage trat. Denn der «Reichsarbeitsdienst» galt als eine geradezu vorbildliche Organisation im Umgang mit der Arbeitslosigkeit junger Leute, aber auch als eine begrüßens- und nachahmenswerte Einrichtung zur Überwindung sozialer Barrieren zwischen den Klassen und Milieus. 1940 gewann der «Reichsarbeitsdienst» eine eigene Gerichtsbarkeit, doch dauerte es noch bis Anfang 1943, bis er aus der Ministeriumsanbindung ausscheren durfte und Hierl endlich seine «Oberste Reichsbehörde» etablieren konnte.

4. Parallel zu Hierl bemühte sich Baldur v. Schirach, geschickter Organisator der nationalsozialistischen Studenten und im Juni 1933 von Hitler zum «Reichsjugendführer» ernannt, die parteieigene «Hitler-Jugend» (HJ), die 1934 immerhin schon 3.5 Millionen Mitglieder zählte, in eine Staatsjugend mit lückenloser Erfassung aller 10- bis 18jährigen umzubauen. Nach dem Vorbild der Wehr- und Arbeitsdienstpflicht strebte v. Schirach einen staatlichen Auftrag zur Verpflichtung aller Jugendlichen an. Hitler selber sprach sich schließlich für den exklusiven Status einer «Obersten Reichsbehörde» aus, so dass v. Schirach ihm direkt unterstellt wurde, lehnte die beanspruchte Mitwirkung der Wehrmacht kühl ab und ließ die HJ am 1. Dezember 1937 zur staatlichen Pflichtorganisation erheben. In ihr wurden die 10- bis 14jährigen in der Sonderformation des «Deutschen Jungvolks», die 14- bis 18jährigen in der eigentlichen HJ oder im «Bund Deutscher Mädel» (BDM) zusammengefasst. Seither durchliefen alle Jungen und Mädchen die achtjährige HJ-Ausbildung, dann den einjährigen Arbeitsdienst, und für die jungen Männer folgte noch der zweijährige

Wehrdienst. Danach sollte die Elite seit 1939 in die Mitgliedschaft der NSDAP überführt werden.

5. Monströse Ausmaße erreichte innerhalb weniger Jahre die «Deutsche Arbeitsfront», die unmittelbar nach der Zerschlagung der Gewerkschaften gegründet worden war. Reichsorganisationsleiter Robert Ley hatte die Führung dieser Massenorganisation mit ihrer Zwangsmitgliedschaft übernommen, die alle Arbeiter, Angestellten, Beamten und Unternehmer in ihrer Mammutkorporation mit mehr als 20 Millionen Mitgliedern zusammenführte. Als Pseudogewerkschaft diente die «Arbeitsfront» an erster Stelle als Instrument zur regimekonformen Gleichschaltung und Formierung der Arbeiterschaft, bemühte sich aber auch darum, den Verlust der Tarifhoheit und der Mitbestimmungsrechte durch konkrete sozialpolitische Reformen in Betrieben wettzumachen. Kantinen, Sportanlagen, Waschräume, neu gestrichene Werkshallen, Werksärzte – die Arbeitsbedingungen wurden spürbar verbessert. In einem reichsweit veranstalteten Wettbewerb wurden «nationalsozialistische Musterbetriebe» ermittelt und ausgezeichnet. Freizeitaktivitäten und Betriebsfeste sollten das Gemeinschaftsgefühl steigern und die «Arbeitsfront» als einen Wohltäter erscheinen lassen, der sich über Klassengrenzen hinwegsetzte.

So gewann etwa die Arbeitsfront-Initiative «Kraft durch Freude» unstrittige Popularität. Sie organisierte unter der wirkungsvollen Parole «Der deutsche Arbeiter reist» einen Massentourismus, der innerhalb von sechs Jahren jeden zweiten Deutschen erfasste. Bis 1939 hatten 10.3 Millionen an längeren Urlaubsfahrten, 54.6 Millionen an kürzeren Freizeitveranstaltungen teilgenommen. Zwar betrug der Arbeiteranteil auf den begehrten Schiffsreisen in die nordischen Fjorde oder zu den Azoren nur 17 Prozent, doch dieser Prozentsatz wäre vorher schlechterdings undenkbar gewesen. Als eine multifunktionale Organisation, die gleichzeitig als «Gesinnungspolizei, Sozialamt, Gewerbeaufsichtsamt, Volkshochschule, Reiseveranstalter, Bauträger», Arbeitervertretung und VW-Produzent fungierte, förderte sie den Konsens mit dem Regime. Denn die vermeintliche Modernität einer Klassen überwindenden Leistungsgemeinschaft nährte das Gefühl wachsender sozialer Gleichheit.

Außer der «Arbeitsfront» entwickelten sich auch andere NS-Verbände, wie die «Nationalsozialistische Volkswohlfahrt», die «NS-Lehrer-, Studenten-, Ärzte-, Rechtsanwaltsbünde», das «NS-Kraftfahrerkorps», die «NS-Frauenschaft» oft zu machtvollen Gebilden, die von der Partei nicht mehr umfassend kontrolliert werden konnten, aber allesamt Partei- und Staatsfunktionen unentwirrbar miteinander verquickten. Andere wie die «Reichskulturkammer» und der «Reichsnährstand» stiegen zu quasistaatlichen Herrschaftsinstitutionen auf.

6. Das klassische Beispiel einer nebenstaatlichen Partikulargewalt ist jedoch das verwaltungsunabhängige und rechtsenthobene Imperium der SS-Herrschaft gewesen. Auf absolute Loyalität gegenüber Hitler verpflichtet – «unsere Ehre heißt Treue» lautete ihr Credo – entwickelte sich die SS zur mächtigsten Sonderexekutive des Führerabsolutismus, die als elitärer Orden neuer Herrenmenschen Hitler «entgegenarbeitete»: 1932 mit 52000, 1933 schon mit 209000 Mitgliedern. Auf der Grundlage ihrer blinden Ergebenheit betrieb diese Prätorianergarde unter der Doppelspitze von Himmler und Heydrich mit äußerster Zielstrebigkeit eine atemberaubende Machtansammlung. Im Ergebnis führte sie zur folgenreichsten Verschmelzung von Partei- und Staatsorganisationen: SS, KZ-Wachmannschaften, Waffen-SS, Sicherheitsdienst, Gestapo und Polizei fanden sich mit rassenpolitischen Institutionen unter dem Dach einer Hitler unterstellten metastaatlichen Ausnahmegewalt vereint, die bis 1943 zu einem wahren «imperium in imperio» aufstieg.

Himmler war es von seiner Ausgangsposition als Chef der Bayrischen Polizei aus bereits bis zum Frühjahr 1934 gelungen, die Leitung aller Politischen Polizeien im Reich in seiner Hand zu vereinigen. Nach der Röhm-Krise übernahm die SS auch die Verwaltung der Konzentrationslager und baute die «Totenkopf-Verbände» als Wachmannschaften auf (1934: 2000). Theodor Eicke sorgte als «Inspektor der Konzentrationslager» für eine Vereinheitlichung des Lagerwesens bis 1937. Als die Ausgaben für die Lager-SS und die Gestapo auf den Reichshaushalt übernommen wurden, gab es mit Dachau, Buchenwald und Sachsenhausen drei große Lager mit etwa 10000 Insassen, die von 4000 SS-Männern bewacht wurden.

Außer der Politischen Polizei und dem Lagersystem bildeten die bewaffneten SS-Bereitschaften den dritten Machtpfeiler, der Himmlers Einfluss abstützte. Im März 1933 war als größter Verband die «Leibstandarte Adolf Hitler» gegründet worden, die am symbolträchtigen 9. November 1933 auf Hitler, nicht etwa auf den Reichspräsidenten, vereidigt wurde. Das war «einer der ersten Akte der Konstituierung der Führergewalt» und insofern symptomatisch für die künftige Entwicklung. Bis 1935 kamen zwei weitere SS-Standarten und zwei SS-Junkerschulen für die Ausbildung des parteieigenen Offiziernachwuchses hinzu. Als nach der Blomberg/Fritsch-Krise im Februar 1938 die Opposition der Wehrmacht gegen den gefährlichen Konkurrenten entfiel, gewann Himmler die Ermächtigung Hitlers zur Expansion der bewaffneten SS. Sie wuchs seither zu einer selbständigen Sondergewalt unter Himmler heran, der er sogar die eigene Gerichtsbarkeit zu sichern verstand.

Himmler hat bis 1936 die Polizei aus der Innenverwaltung herausgelöst. Die Gestapo gewann durch ein preußisches Gesetz vom Februar 1936 ihre organisatorische Selbständigkeit, die sogar die Befreiung vor jeder gerichtlichen Überprüfung ihrer Akte umschloss. Im Juni 1936 besiegelte ein Führererlass die Einrichtung einer einheitlichen Polizei im gesamten «Dritten Reich». Himmler wurde zum «Reichsführer SS und Chef der deutschen Polizei» ernannt, ein Titel, der ihm die enge Verbindung von SS und Polizeiapparat zu institutionalisieren gestattete. Tatsächlich wurden seither Gestapo, Sicherheitsdienst, Kriminalpolizei und Ordnungspolizei im Zuge einer Verparteilichung der öffentlichen Gewalt verschmolzen.

Formal unterstand zwar Himmler als Staatssekretär dem Reichsinnenminister, als Reichsführer SS aber genoss er an der Spitze einer außernormativen Sonderexekutive eine führerimmediate Stellung direkt unter Hitler. Mit dessen Zustimmung konnte er die SS- und Polizeiaufgaben Ende September 1939 im Reichssicherheitshauptamt zentralisieren. Dadurch entstand ein eigener «Neben- und Überstaat, mit unerhörten Zwangsmitteln» auf der Grundlage von entstaatlichten Staatsfunktionen. Anfang Oktober 1939 wurde Himmler in einem Geheimerlass Hitlers, der soeben die «neue Ordnung der ethnographischen Verhältnisse» in Osteuropa drohend angekündigt hatte, zum «Reichskommissar für die Festigung Deutschen Volkstums» ernannt, dem die gesamte Germanisierungs-, Rassen- und Umsiedlungspolitik als weitere Domäne des SS-Imperiums übertragen wurde.

Vom Anfang bis zum Ende blieb die SS außerhalb der Legalität des Normenstaates, usurpierte aber deshalb umso bedenkenloser staatliche Funktionen. Ihr Charakter als kampfbündische Einsatztruppe blieb trotz der riesigen Expansion der Waffen-SS ganz so erhalten wie ihre bedingungslose Bereitschaft, als Exekutor des geäußerten oder auch des nur vermuteten Führerwillens die Aufgabe einer Avantgarde des Massenmords zu übernehmen.

7. Einen weiteren Typus unter den Exekutivstäben verkörperten die als Pseudoministerien verkleideten Kommissariate, die sich mit Sondervollmachten auf der Basis eines Führerbefehls über die klassische Ressortteilung hinwegsetzten. Das «Amt für den Vierjahresplan», Todts und Speers Spezialbehörden für die Kriegswirtschaft, in reiner Form die Partikulargewalt des «Reichskommissars für die Festigung Deutschen Volkstums» gehörten zu diesen charismatischen Verwaltungsinstitutionen, welche durch die unaufhaltsame Erosion der Staatsgewalt die Kompetenzentleerung der überkommenen Ministerialbürokratie vorantrieben.

Eine Zeit lang repräsentierte Görings unersättliche Ämterakkumulation die bedenkenlose Fusion von Sonderstäben und Staatsaufgaben. Als preußischer Ministerpräsident und Innenminister, Reichsluftfahrtminister und Oberbefehlshaber der Luftwaffe (mit einem eigenen, als «Forschungsamt» getarnten Nachrichtendienst mit 3000 Mitarbeitern) und als Reichsjäger- und Reichsforstmeister war er schon mit Aufgaben überladen, als Hitler ihn als seinen Vertrauensmann mit dem unscheinbaren Titel eines «Beauftragten für den Vierjahresplan» an die Spitze einer Superinstanz für die Wirtschaft und den «Arbeitseinsatz» mit eigenem Verordnungsrecht stellte. Als Vorsitzender des obersten Gremiums, des Generalrats, präsidierte Göring einem kaum verschleierten Wirtschaftskabinett. Die stürmische Expansion der Vierjahresplanbehörde führte zusammen mit dem allgemeinen Kurs einer forcierten Rüstungs- und Autarkiepolitik zum Rücktritt Schachts vom Amt des Reichswirtschaftsministers (November 1937) und des Reichsbankpräsidenten (Juni 1939); in knechtischer Gesinnung blieb er aber formal weiterhin Kabinettsmitglied. Sein mediokrer Nachfolger in beiden Positionen, Walther Funk, vermochte Göring kein Paroli zu bieten.

Als Todt dann 1940 zum Rüstungsminister avancierte, gewann er die eigentliche kriegswirtschaftliche Führungsposition, von der aus er Göring mit der Vierjahresplanbehörde zu einem Subalternapparat degradierte. Speer hat die Beteiligung der Großwirtschaft weiter ausgedehnt, indem er das antibürokratische «Führerprinzip» mit der Effizienz industrieller Manager im Rahmen der sog. «Wirtschaftlichen Selbstverwaltung» kombinierte. Als sein Spitzenorgan, die «Zentrale Planung», mit dem «Generalbevollmächtigten für den Arbeitseinsatz», dem thüringischen Gauleiter Fritz Sauckel als Leiter dieses neuen Exekutivstabs, seit dem März 1942 kooperierte, wurden die staatlichen Behörden ihres Einflusses sowohl auf die Kriegswirtschaft als auch auf den Arbeitsmarkt vollends beraubt.

Eine mit Görings Ämterhäufung vergleichbare Kumulation betrieb auch Goebbels. Seit 1926 Gauleiter von Berlin, seit 1930 zugleich Reichspropagandaleiter der NSDAP, wurde er 1933 auch Reichsminister für Volksaufklärung und Propaganda sowie Vorsitzender der Reichskulturkammer, 1944 noch Generalbevollmächtigter für den «totalen Kriegseinsatz». Bis hin zur völligen Ununterscheidbarkeit vermischten sich in seiner Person Partei- und Staatsaufgaben.

Diese typische Vermengung von Funktionen charakterisierte auch Sauckels Tätigkeit als mitteldeutscher Parteifürst und Leiter des Sonderkommissariats für den «Arbeitseinsatz», einer autonomen, ebenfalls führerimmediaten Lenkungsbehörde zur Beschaffung von Arbeitskräften aus dem Reich und dem gesamten besetzten Europa. Dank dieser Personalunion auf der obersten staatlichen Ressort- und führerherrschaftlichen Handlungsebene konnte das Arbeitsministerium völlig ausgeschaltet werden, und selbst Speer hatte es schwer, den auf seine Legitimation kraft Führergewalt pochenden Sauckel in seine Pläne einzubinden.

Über nachteilige Formen der Polykratie war man sich auch im Arkanbereich der Partei im Klaren. «Das Prinzip des Wachsenlassens, bis der Stärkste sich durchgesetzt hat», hieß es etwa in einer Denkschrift der Parteikanzlei, «ist sicherlich das Geheimnis der geradezu verblüffenden Entwicklung und Leistung der Bewegung». «In der Aufbauzeit» sei es auch fraglos «nützlich gewesen». Doch habe sich längst die nachteilige Wirkung eingestellt, dass ein hohes Maß an Energie «in Kompetenzstreitigkeiten bis in die Ortsgruppen» hinein aufgezehrt werde. Dass der Dschungelkampf der Sonderstäbe und Behörden dem genuinen Organisationsprinzip charismatischer Herrschaft folgte und insofern im «Dritten Reich» gar nicht einzudämmen war, konnte und wollte man sich in Hitlers Nähe nicht eingestehen.

8. Auch im unmittelbaren Umfeld des Diktators, wo man eine straffe zentralistische Leitungsmaschinerie vermuten könnte, setzte sich der von Hitler in Gang gehaltene sozialdarwinistische Kampf der charismatischen Stabsorganisationen fort. Zeitweilig rangen vier Kanzleien um Einfluss, der von der Chance des Zugangs zum Machthaber abhing. Dabei verbuchte jener Stab den größten Machtzuwachs, der diesen Zugang am effektivsten kontrollieren konnte.

a) Die aus dem Kaiserreich und der Weimarer Republik übernommene Reichskanzlei wurde von Staatssekretär Heinrich Lammers, einem effektiven Berufsbeamten, geleitet. Wegen der Degradierung des Kabinetts wurde der regelmäßige Kontakt zwischen Hitler und seinen Ministern unterbrochen. Da der «Führer» nur entscheidungsreife Vorlagen als Ergebnis des Umlaufverfahrens zu sehen wünschte, wuchs Lammers an Stelle des Reichskanzlers in die Rolle eines Koordinators der Ministeriums- und der Regierungsarbeit hinein, der im Vorfeld der Führerentscheidung dem Ämterchaos eine Abstimmung abzugewinnen trachtete. Daher war es nur folgerichtig, dass er im November 1937 zum Reichsminister ernannt und den übrigen Kabinettsmitgliedern gleichgestellt wurde. Seine Nähe zum «Führer» und sein Recht auf Immediatvortrag in Berlin, auf dem Obersalzberg und später im Führerhauptquartier, verschafften ihm das «bürokratiespezifische Machtpotential», die Vorzüge des «Amtsmechanismus» zur Filterung der Eingaben, Vorlagen und Einflussversuche zu nutzen. Dieser Siebungsprozess wird deutlich, wenn man sich vergegenwärtigt, dass jährlich (1940) 200 000 Eingänge in der Reichskanzlei verzeichnet und täglich 600 Akten bearbeitet wurden. Das dadurch gewonnene Dienstwissen des Kanzleichefs beeinflusste nachhaltig den Informationsstand des Machthabers.

Lammers' Schlüsselstellung befähigte ihn, Willensäußerungen des Diktators, der sich in aller Regel nur knapp in grundsätzlicher Form äußerte, in einen «Führerbefehl» zu übersetzen – gedeckt durch die stereotype Formel: «Aufgrund besonderer Ermächtigung durch den Führer ...». Auf diese Weise wurde die Reichskanzlei bis 1939 zur «Zentralstelle der Führergesetzgebung». In den ersten Jahren hielt Lammers vier Mal wöchentlich seinen einstündigen Vortrag zur Vorbereitung von Hitlers Entscheidungen; seit 1937 wurde er nur alle vier bis acht Wochen vorgelassen, und im Krieg verlor er den Machtkampf gegen Bormanns Parteikanzlei.

Entschiedener noch als Innenminister Frick hielt Lammers am Ideal der normorientierten Staatsverwaltung fest. Da er einer leistungsfähigen Behörde vorstand, gelang ihm einige Jahre lang eine ziemlich effiziente Bündelung der Willensimpulse und eine Koordinierung des Gesetz- und Erlasswesens. Damit aber trug auch die Reichskanzlei dazu bei, die Willkürherrschaft und das Terrorregime des Charismatikers zu stabilisieren, der sich kraft seiner geschichtlichen Sendung außerstaatlich legitimiert glaubte, wenn er sich im Rekurs auf seine letzten Werte über regelorientiertes Staatshandeln immer wieder hinwegsetzte.

b) Die Präsidialkanzlei unter dem ewig präsenten Staatssekretär Meißner, dessen biegsames moralisches Rückrat jedem Regime von Ebert über Hindenburg bis zu Hitler zu dienen gestattete, verlor nach der Fusion der Ämter des Reichskanzlers und des Reichspräsidenten im August 1934 jeden nachhaltigen Einfluss.

c) Umgekehrt gelang es der für Hitler als Parteiführer im November 1934 eingerichteten «Kanzlei des Führers» unter Philipp Bouhler nicht, die erhoffte Schlüsselstellung überhaupt erst einmal zu gewinnen. Das hing im Wesentlichen mit der ungleich energischeren Durchsetzungsfähigkeit der vierten Kanzlei zusammen.

d) Denn als «Stellvertreter des Führers» (in der Partei) hatte Rudolf Heß, keineswegs nur ein skurriler, initiativeloser Speichellecker, seinen eigenen Sonderstab aufgebaut. Im April 1933 erhielt er nicht nur die Blankovollmacht, in allen Parteifragen in Hitlers Namen zu entscheiden, sondern auch den Einfluss der Partei auf die gesamte Gesetzgebung und die Ausführungsbestimmungen zu sichern. Nominell wurde sein Apparat zur zentralen politischen Kontrollinstanz gegenüber der Reichsverwaltung. Doch traf das beanspruchte Veto sogar bei jeder Beamtenernennung auf erbitterten Widerstand, bis es schließlich abgewehrt werden konnte.

Unablässig arbeitete Heß, der den Rang eines Reichsministers erhielt, trotz solcher Rückschläge an der Expansion seiner Kompetenzen. Deshalb gliederte er auch seiner Institution – ein neues Beispiel für das unaufhörliche Auswuchern charismatischer Stäbe – zahlreiche

Unterorganisationen an, die unverzüglich nach eigener Selbständigkeit strebten. So befasste sich etwa die «Dienststelle Ribbentrop» mit außenpolitischen Fragen, und der Dilettant an ihrer Spitze erlebte seinen Triumph, als er 1938 tatsächlich Außenminister v. Neurath ablöste. Die im Mai 1933 gegründete «Auslandsorganisation der NSDAP» unter Ernst Wilhelm Bohle war für den Dienstverkehr aller reichsdeutschen Parteistellen mit nationalsozialistischen Organisationen im Ausland zuständig. Beide Institutionen lagen im Streit mit dem im April 1933 geschaffenen «Außenpolitischen Amt» unter Alfred Rosenberg, dessen Amateure sich weder gegen die parteiinterne Konkurrenz noch gegen das Auswärtige Amt durchzusetzen vermochten. Außerdem band Heß eine Zeit lang die Ämter für Bauwesen unter Speer, für Sport unter «Reichssportkommissar» Hans v. Tschammer und Osten, für Kultur unter Philipp Bouhler, für Siedlungspolitik unter Ludovici, für Wirtschaftspolitik unter Pritzler sowie den «Volksdeutschen Rat» an sich. Alle lagen in einem heftigen Kompetenzgerangel mit Parteirivalen und Staatsbehörden, bis sie in diesem Dschungel von mächtigeren Organisationen aufgesogen wurden oder untergingen.

Nach der politischen Selbstliquidierung Heß' durch seinen Englandflug im Mai 1941 kam sein Stabsleiter, der Fememörder und Alt-Parteigenosse Martin Bormann, unter dem Titel «Leiter der Parteikanzlei», dazu im Rang eines Reichsministers, zum Zuge. Seinem «Führer» bedingungslos ergeben, ehrgeizig und intrigant, aber mit ungewöhnlicher Arbeitskraft ausgestattet, baute Bormann, der geradezu in Reinkultur eine allein von Hitlers Gunst abhängige charismatische Stabsorganisation repräsentierte, seine Kanzlei im Verlauf einer unersättlichen Machtappropriation zum bedeutendsten Apparat der obersten Reichsverwaltung zügig aus. Bereits 1941 gingen ihm 400 Mitarbeiter zur Hand, deren Zahl schon im Vergleich mit den 75 Beamten in Lammers' Reichskanzlei oder den 437 Beamten im Reichsjustizministerium das steigende Gewicht der Parteikanzlei anzeigte.

Als ständiger Begleiter Hitlers auch im Führerhauptquartier kontrollierte Bormann den Zugang zum Machthaber und hielt mehrfach täglich seinen Vortrag, während Lammers, obwohl er sich als frischgebackener SS-Obergruppenführer an Himmler anzulehnen suchte, inzwischen um Termine betteln musste. Hitler teilte seine Willensäußerungen durch die Adjutanten, zunehmend aber durch Bormann mit. Im Februar 1943 mit der Vertrauensstellung des «Sekretärs des Führers» ausgezeichnet, partizipierte er an der «Allzuständigkeit» Hitlers und goss dessen oft nur vage Mitteilungen mit der Zauberformel, der Erlass entspreche dem «erklärten Willen des Führers», in eine operative Zieldefinition um. Auf diese Weise instruierte Bormann den Parteiapparat samt den widerspenstigen Gauleitern (obwohl er an ihnen und an der SS auflief), unterband aber auch jede Mitwirkung der Reichskanzlei an der Gesetzgebung. Seit 1942 bildete Bormanns Parteikanzlei, allein auf das Vertrauen des Charismatikers gegründet, den mächtigsten extrabürokratischen Exekutivstab des Führerabsolutismus. Wie kaum eine andere Organisation entsprach sie den Bauprinzipien charismatischer Herrschaft, damit aber auch deren innerster Tendenz zur Auflösung, ja parasitären Zersetzung des normativ gebundenen rationalen Staatshandelns.

8. Die Konsensbasis der Führerherrschaft

Es besteht kein ernsthafter Zweifel, dass die Führerdiktatur in den sechs Friedensjahren des «Dritten Reiches» eine stürmisch wachsende, schließlich enthusiastische Zustimmung aus der deutschen Gesellschaft erfahren hat. Mit dem «Anschluss» Österreichs und der Münchener Konferenz erreichte sie 1938 ihren vorläufigen Gipfel. Kein deutscher Politiker hat seit der Begeisterung, die in den frühen 1870er Jahren durch Bismarcks Reichsgründung ausgelöst worden war, je wieder eine solche Popularität wie Hitler gewonnen. Sie war das Ergebnis einer, wie es vielen schien, makellosen Erfolgsbilanz in der Innen-, erst recht in der Außenpolitik. Hatte Hitler als messianischer Volkstribun seit 1929/30 die Überwindung der existentiellen Krise und den Aufstieg zu neuer nationaler Herrlichkeit versprochen, dankte ihm jetzt die Mehrheit seiner Deutschen mit leidenschaftlicher «Hingabe und Gehorsamsbereitschaft». Als außer der Wiedergewinnung der sozialen Sicherheit durch die Vollbeschäftigung mit ihrer Befreiung von krasser materieller Not auch noch der «aufgestaute Integrationshunger», der bis 1933 wegen der extremen Polarisierung von Politik und Gesellschaft nach einem rettenden charismatischen

Ordnungsstifter verlangt hatte, gestillt und zugleich die Sehnsucht nach einer neuen glaubwürdigen Autorität befriedigt worden war, gab es das seltene Phänomen des Kairos, des einmaligen historischen Augenblicks, in dem Führerherrschaft und Volksmeinung in vorbehaltloser Übereinstimmung standen.

Selbstverständlich existierte auch die pechschwarze Kehrseite dieser glänzenden Medaille. Die politische Opposition war mit gnadenloser Härte zerschlagen, der frühe sozialdemokratische und kommunistische Widerstand nahezu ausgelöscht, überhaupt der Rechtsstaat zerstört worden. Die Instrumente des Terrors: Gestapo, Schutzhaft, Ausbürgerung, KZ brachten jede Regimekritik zum Schweigen. Der Bürgerkrieg gegen stigmatisierte Minderheiten wie die jüdischen Deutschen und die «erbkranken Minderwertigen» war voll im Gang. Kritikern dieses Kurses hielt Hitler im November 1934 in Weimar auftrumpfend entgegen: «Ich bin nicht Reichskanzler geworden, um anders zu handeln als ich 14 Jahre lang gepredigt habe.»

Dass es diese vielfältige, von Hitlers Anhängern bagatellisierte oder verdrängte Repression Jahr für Jahr gegeben hat, ist unstreitig wahr. Dennoch wäre es verfehlt, den Führerstaat primär als Terrorregime zu charakterisieren, in dem eine Bande von Desperados unter der Leitung eines österreichischen Asozialen eine Art von Fremdherrschaft über Deutschland ausgeübt habe, der sich die anständige, aber wehrlose Mehrheit habe fügen müssen. Diese Deutung des «Dritten Reiches» ist zwar eine geraume Zeit lang von einer verblüffend apologetischen Historiographie in der frühen Bundesrepublik vertreten worden, um sich der bestürzenden historischen Wahrheit nicht stellen zu müssen. Doch verfehlt sie im Kern, so unleugbar der tödliche Terror und seine Demonstrationseffekte ihre Wirkung getan haben, die breite Konsensbasis, die der «Führer» mit der Masse seiner Deutschen bis 1939 geteilt hat. Wo lagen die Ursachen dieser Übereinstimmung?

1. Hitlers charismatische Herrschaft hatte die weitverbreitete sozialpsychische Disposition, auf die überlegene Tatkraft einer großen Persönlichkeit, eines «zweiten Bismarcks», eines nationalen «Heilands» zu hoffen, in einem erstaunlichen Maße befriedigt. Die Vollbeschäftigung, die Zertrümmerung des Marxismus und die «Volksgemeinschaft» wurden ganz so wie die Wiederaufrüstung, die Revision von Versailles und das «Großdeutsche Reich» seiner Person mit ihrem

«übermenschlichen» Genius zugeschrieben. Selbst die Mordaktion während der Röhm-Krise wurde noch als zielbewusste Tat, die das Land vor einer unheilvollen «zweiten Revolution» gerettet habe, verklärt. Die vertraulichen Berichte an die Exil-SPD – ein um so glaubwürdigerer Ersatz für die fehlenden Resultate der Meinungsforschung, als sie von dezidierten Regimekritikern stammten – spiegeln das verblüffend schnell wachsende Maß an Zustimmung, Bewunderung, grenzenlosem Vertrauen, ja Liebe wider.

Die Gängelung des öffentlichen und privaten Lebens, die autoritäre politische Steuerung, der «Rechtsdezionismus», der materiales Recht durch den Führerwillen ersetzte, wurden ebenso hingenommen oder sogar als Rückkehr zu einer eindeutigen Ordnung begrüßt wie die «überstaatliche Selbstherrschaft» des «Führers», der seit dem Sommer 1934 alle Staatsgewalt in seiner Person verkörperte und seinen autonomen Handlungsspielraum 1938 noch einmal ausdehnen konnte. Schien das nicht ein erträglicher Preis für die enthusiasmierende Erfolgsserie zu sein? Oder erlebte man sogar die eigentliche moderne Regimeform der Zukunft? Selbst die einst machtgewohnten Eliten wurden durch diese Erfolgskontinuität korrumpiert; sie verloren fast über Nacht ihre eigene Führungsfähigkeit und beugten sich, nicht zuletzt aufgrund ihrer autoritären Eigendisposition, dem «genialen Führer».

Wichtiger noch als die krasse Abwertung der herkömmlichen Machteliten und das vollständige Debakel ihrer Zähmungspolitik war jedoch das Ausmaß entfesselter Energie und Bewunderung, das durch die pausenlos demonstrierte charismatische Macht Hitlers über seine Gegner und widrige Umstände in großen Segmenten der Bevölkerung, namentlich in der jüngeren Generation, ausgelöst wurde. Irritiert beobachtete der französische Botschafter François-Poncet die «romantische Erregung, die mystische Ekstase, eine Art von heiliger Besessenheit», die Hunderttausende vor seinen Augen ergriffen habe. Die strukturelle Schwachstelle dieser Politik, der typisch charismatische Drang, in immer neuen Krisensituationen bis hin zum Vabanquespiel das außergewöhnliche Talent zu beweisen und die Hitler-Begeisterung zu aktualisieren, wurde als kühl kalkulierte Strategie eines souveränen Kopfes, der einmalige Ergebnisse aneinanderzureihen verstand, nicht aber als das Kaschieren ungelöster Probleme wahrgenommen.

Die Aura um Hitler hat zu aufschlussreichen Exzessen der kultischen Verehrung geführt, welche die unbezweifelbare Massenwirksamkeit des Führer-Nimbus bezeugen. Diese Vergötterung konnte auf dem Boden einer «bedingungslosen Gläubigkeit», einer «selbstvergessenen Hingabe» und einer «Extremform des pervertierten Idealismus» ihre charakteristischen Züge gewinnen. Heute wird man sie als bizarre, ins Lächerliche übergehende Äußerungen einer deformierten politischen Mentalität und Emotionalität ironisieren. Damals aber waren sich Millionen in der pseudoreligiösen Verhimmelung ihres «Führers» einig.

«Christus ist zu uns gekommen durch Adolf Hitler», verkündete etwa ein evangelischer Oberkirchenrat aus Thüringen, und Gauleiter Kube wiederholte das Gebet «Adolf Hitler gestern und heute und derselbe auch in Ewigkeit». Auf der Gedenktafel einer Bremer Kirche, die ursprünglich nach dem dubiosen SA-Toten «Horst-Wessel-Kirche» heißen sollte, dann aber nur Dankeskirche genannt wurde, hieß es 1938: «Aus Dankbarkeit für die wunderbare Errettung unseres Volkes vom Abgrund des jüdisch-materialistischen Bolschewismus durch die Tat des Führers.» Da war es offenbar nur noch ein kleiner Schritt, bis ein ehrwürdiges Weihnachtslied zeitgeistkonform umgedichtet wurde: «Stille Nacht, heilige Nacht / alles schläft, einer wacht / Adolf Hitler für Deutschlands Geschick / führt uns zu Größe, zu Ruhm und zum Glück / gibt uns Deutschen die Macht.»

In einer derart exaltierten Atmosphäre der Führervergottung konnte Hitler mit seiner hochentwickelten Witterung für Stimmungen unmittelbar nach der neuen Prestigeaufwertung während der Olympischen Spiele in ekstatischen Worten seine messianische Sonderstellung unter dem Jubel von Hunderttausend Anhängern auf dem Reichsparteitag von 1936 beschwören: «Das ist das Wunder dieser Zeit, dass ihr mich gefunden habt ... unter soviel Millionen! Und dass ich euch gefunden habe, das ist Deutschlands Glück!» Offenbar haben Hitlers «theatralische Aktivität», seine «emotionalisierte Rhetorik» und die «Unbedingtheit» seiner Zielvorstellung immer wieder den richtigen Nerv getroffen.

Unmittelbar nach seinem 50. Geburtstag, als während der Feierlichkeiten im gesamten «Großdeutschen Reich» ein neuer Höhepunkt des Sykophantentums erreicht worden war, nahm Hitler mit unnachahmlicher Hybris alle Erfolge der letzten sechs Jahre als charismatische Leistungen in einer so bemerkenswert offenherzigen Rede für sich in Anspruch, dass sie ein längeres Zitat rechtfertigt: «Ich habe das Chaos in Deutschland überwunden, die Ordnung wieder hergestellt, die Produktion auf allen Gebieten unserer nationalen Wirtschaft ungeheuer gehoben», rief Hitler dem Reichstag mit manischer Ich-Besessenheit zu. «Es ist mir gelungen, die uns allen so zu Herzen gehenden sieben Millionen Erwerbslosen wieder in nützliche Produktion einzubauen, den deutschen Bauern trotz aller Schwierigkeiten auf seiner Scholle zu halten und diese selbst zu retten, den deutschen Handel wieder zur Blüte zu bringen und den Verkehr auf das Gewaltigste zu fördern. Um den Bedrohungen durch eine andere Welt vorzubeugen, habe ich das deutsche Volk nicht nur politisch geeint, sondern auch militärisch aufgerüstet, und ich habe weiter versucht, jenen Vertrag Blatt um Blatt zu beseitigen, der in seinen 448 Artikeln die gemeinste Vergewaltigung enthält, die jemals Völkern und Menschen zugemutet worden ist. Ich habe die uns 1919 geraubten Provinzen dem Reich wieder zurückgegeben, und habe Millionen von uns weggerissener, tief unglücklicher Deutscher wieder in die Heimat geführt, ich habe die tausendjährige Einheit des deutschen Lebensraums wieder hergestellt und ich habe ... mich bemüht, dies alles zu tun, ohne Blut zu vergießen und ohne meinem Volk oder anderen daher das Leid des Krieges zuzufügen. Ich habe dies ..., als ein noch vor 21 Jahren unbekannter Arbeiter und Soldat meines Volkes aus meiner eigenen Kraft geschaffen.»

Freilich räumte Hitler mit seinem bevorzugten Floskelritual auch ein, dass er als ihr irdisches Instrument nur das Werk der «Vorsehung» vollende. Und haben nicht jene Abermillionen, die ihrem «Führer» zu seinem Geburtstag im April 1939 frenetisch zujubelten, in ihm einen gottgesandten Messias gesehen, der sie im Gegensatz zu den geflissentlich übersehenen Hunderttausenden von geknechteten jüdischen Deutschen und oppositionell Gesinnten im Frieden aus der Misere der jüngsten Vergangenheit herausgeführt hatte?

2. Die Resonanz, die Hitler fand, beruht zum einen, wie man nicht oft genug wiederholen kann, ganz wesentlich auf jener in der deutschen politischen Kollektivmentalität gespeicherten sozialen Disposition, in Krisenzeiten auf das Handeln großer historischer Individuen

zu vertrauen. Dieses Erbe der politischen Kultur Preußens und des Kaiserreichs hatte sich in der Zeit der Weimarer Republik, insbesondere seit 1929, zu einer inbrünstigen Hoffnung gesteigert, als die wirtschaftliche und politische Fundamentalkrise der reichsdeutschen Gesellschaft ihr Vertrauen auf die Leistungsfähigkeit der Verfassungsinstitutionen vollends untergrub. Die Faszination, die von Hitler und seiner Bewegung ausging, war zum anderen vorrangig eine Wirkung der von ihm verkündeten «neuen nationalen Utopie», der Wiedergewinnung hegemonialer Größe nach der traumatisierenden Erfahrung ihres Verlusts.

Wie alle genuin faschistischen Bewegungen verkörperte auch und gerade der Nationalsozialismus einen «populistischen Ultranationalismus» (R. Griffin), der vom Mythos der nationalen Wiedergeburt und der Verheißung einer neuen, revolutionär begründeten Ordnung inspiriert wurde. Insofern vereinigte Hitler, als ihm der Vorstoß ins Zentrum der Macht gelang, all jene Erwartungen auf sich, die auf einen nationalen Erlöser gerichtet waren. Mit anderen Worten: Er stieg zum «repräsentativen Individuum des deutschen Nationalismus» (J. P. Stern) auf, nachdem der tief gekränkte und verletzte Nationalismus seit 1918 nicht mehr zur Ruhe gekommen war.

Es trifft offensichtlich zu, dass der Führernimbus auch ein Medienprodukt war, das die Goebbelssche Propagandamaschine seit den späten 1920er Jahren geschaffen hat. Aber man darf nicht übersehen, dass der Hitler-Kult schon viel früher in der Partei eingesetzt hatte, und als er zu einem einflussreichen Faktor des gesamtstaatlichen öffentlichen Lebens wurde, hatte der «Führer» längst sein Personalcharisma weiterentwickelt. Vor allem aber trugen ihn das unerhörte gesellschaftliche Echo und die daraus resultierende Zustimmungsbereitschaft weiter empor. Sie konnten allein von der Propaganda nicht geschaffen, sondern nur aktiviert werden. Hitler war daher nur zum Teil «Medium», vorwiegend aber selbstherrlicher «Meister der Machtentfaltung». Ohne die Auswirkungen der seit 1918 extrem spannungsreichen soziopolitischen Desintegration der deutschen Gesellschaft kann man weder den Zustand des zusehends radikalisierten deutschen Nationalismus noch die seit 1934 klar erkennbare Konvergenz der Meinungen: in Hitler den ersehnten nationalen Retter gefunden zu haben, angemessen erfassen.

3. Es hing sowohl mit dem Charakter der nationalsozialistischen Massenbewegung und dann mit dem Ultranationalismus des «Dritten Reiches» als auch mit den Eigenarten der charismatischen Herrschaft Hitlers zusammen, dass sich aus der Fusion von extremem Nationalismus und Charismagläubigkeit die charakteristischen Züge jener politischen Religion hervorhoben, als die der Nationalismus von Anfang an in die Welt getreten war. Hitler und auch Goebbels war dieses religiöse Phänomen sehr wohl bewusst, und Hitler hatte ja nicht nur ungeschminkt gefordert, dass der Nationalismus selber zu «einer Kirche» werden müsse, sondern auch aus halb instinktiver, halb rational kalkulierter Einsicht den Aufstieg dieser Säkularreligion unterstützt.

Dazu gehörte auch die verbindliche Institutionalisierung von Ritualen, die ehrfürchtig-weihevolle Distanz schufen, indem sie die Präsenz des Numinosen suggerierten. Die Anrede «Mein Führer» etwa erkannte nicht nur die erhabene Sonderstellung des Staats- und Parteichefs an, sondern auch die Leitfunktion für den eigenen Lebensweg. Auf den Nürnberger Reichsparteitagen wurde vor Hunderttausenden die liturgische Imitation eines Kultsystems gefeiert, wenn Hitler einsam, in gebührenden Abstand von seinen «Messdienern», den SA- und SS-Anführern, begleitet, unter den Klängen seiner Kirchenmusik, des nur für seine Auftritte reservierten «Badenweiler Marsches», zu dem erhöhten Redealtar schritt, von dem aus er in seiner Predigt die Zeit verpflichtend deutete, oder wenn er in der Dunkelheit unter Speers raffiniertem Lichtdom aus Hunderten von Scheinwerfern seine Erbauungsmesse zelebrierte. Einen nicht minder zivilreligiösen Duktus besaßen das jährliche Gedenken an die ersten «Märtyrer der Bewegung», die Toten des gescheiterten Putsches von 1923, und das Zeremoniell der Fahnenweihe, die nur Hitler unter Berührung der sakralisierten «Blutfahne» von 1923 dort vornehmen durfte.

Auf der Imitation des amtskirchlichen Kalenders beruhte auch die liturgische Selbstinszenierung des nationalsozialistischen Festjahres, das geradezu einen Anspruch verriet, wie er gewöhnlich einer theokratischen Herrschaft eigen ist. Die Festtage begannen mit dem 30. Januar, dem Jahrestag der vermeintlichen «Machtergreifung», wurden mit dem «Heldengedenktag» (anstelle des Volkstrauertags) im März, dem Geburtstag Hitlers am 20. April, dem «Tag der nationalen Arbeit» am 1. Mai und dem «Muttertag» fortgesetzt, ehe im Juni und noch einmal im Dezember die germanophilen «Sonnwendfeiern», im September der Reichsparteitag, im Oktober das Erntedankfest auf dem Bückeberg und schließlich am 9. November der Totenkult in der «Hauptstadt der Bewegung» folgten. Die kirchliche Agenda konnte zwar zu keiner Zeit wirksam verdrängt werden, doch trat der Wille, den Nationalsozialismus als politische Religion auch zu praktizieren, unmissverständlich zu Tage.

4. Dass die soziale Sicherheit als Folge der Vollbeschäftigung Hitler einen enormen Glaubwürdigkeitsbonus verschafft hat, ist seit langem ein fester Topos bei der Erklärung seines massenwirksamen Erfolgs. Die verblüffend schnelle Beseitigung der Arbeitslosigkeit von acht Millionen und der Wiedergewinn der sozialen Sicherheit stellten aber auch einen zentralen Bestandteil der nationalsozialistischen Zielutopie einer wahren «Volksgemeinschaft» dar. Von diesem «wirksamsten Element» der innenpolitischen Verheißungen ging eine eminente «Suggestivkraft» aus. Mit der auch vom Führer formierten «Volksgemeinschaft» wurde aber nicht nur das Feldzeichen einer alle Klassenantagonismen überwindenden Sozialharmonie aufgerichtet, sondern es verband sich mit ihr auch eine zweifache Stoßrichtung.

Zum einen vermochte dieses Leitbild eine entschärfte Variante der harmonischen klassenlosen Gesellschaft aus dem verbreiteten Marxismus in sich aufzunehmen und in eine Antriebskraft zugunsten der vermeintlich überlegenen Gegenutopie zu verwandeln. Zum andern implizierte die propagandistisch überhöhte Idee der «Volksgemeinschaft» auch eine scharfe antibürgerliche Spitze, da sie der Vision von der auf Leistung und Bildung, auf «natürlicher» Hierarchie und individueller Entfaltung, politischen Freiheitsrechten und autonomer Lebensgestaltung beruhenden «Bürgerlichen Gesellschaft» eine kollektivistische («Gemeinnutz geht vor Eigennutz»), auf Unterordnung und Fremdsteuerung beruhende Zielvorstellung entgegensetzte.

Von den Protagonisten der «Volksgemeinschaft» wurde freilich der Leistungsgedanke der «Bürgerlichen Gesellschaft» in einer typischen Abwandlung übernommen. Allen durch Rassezugehörigkeit und Leistungsvermögen qualifizierten, nicht mehr durch Besitz, Bildung oder ständische Vorrechte privilegierten «Volksgenossen» sollte in der heraufziehenden meritokratischen «Leistungsgemeinschaft» der soziale Aufstieg offenstehen. Der mit der «Volksgemeinschaft» verbundene Modernitätsappeal des Regimes hat im Verein mit seiner Mobilisierungsfähigkeit eine Transformationsdynamik ausgelöst, die zur Legitimierung des «Dritten Reiches», insbesondere in den jungen Generationen, entscheidend beigetragen hat. Es waren mithin nicht etwa allein die Erfolge des Charismatikers, die geschickt manipulierte plebiszititäre Akklamation, geschweige denn die Gewalt des Terrors gegen die Linke, die dem Führerstaat soviel Beifall einbrachten. Vielmehr war es die aus positiven, befreiend wirkenden lebensgeschichtlichen Erfahrungen hervorgehende Zustimmung der Begünstigten, die dem Regime so bereitwillig ihren persönlichen Erfolg gutschrieben.

Als aktiver Legitimationsspender der Führerherrschaft, insofern als einer der «bemerkenswertesten Erfolge nationalsozialistischer Sozial- und Gesellschaftspolitik», hat sich daher die weit verbreitete Überzeugung erwiesen, in einer mobilitäts- und aufstiegsfreundlichen, ungleich offener als vor 1933 wirkenden Gesellschaft zu leben, die sich auf dem Weg zu einer «egalitären Leistungs-Volksgemeinschaft» (M. Broszat) befand.

Wie konnte es zu diesem erstaunlich tief verankerten Glauben kommen, der auch nach 1945 noch eine geraume Zeit lang zählebig fortbestand? Ist dem Nationalsozialismus eine zumindest «verbale Sozialrevolution» gelungen, als deren Fernziel die «klassenlose Gleichheit aller Volksgenossen» winkte? Oder wurde die «pseudoegalitäre Nivellierung» aller Sozialklassen unter der Führerdiktatur als Chance des Aufstiegs für alle missverstanden? Denn von einer echten Chancengleichheit für alle Staatsbürger kann angesichts der «extremen Ungleichheit» in der Gesellschaft des «Dritten Reiches» je nach der Zugehörigkeit zur privilegierten oder zu einer diskriminierten «Rasse», der Herkunft aus einer gesunden oder erbkranken Familie, der Mitgliedschaft in der NSDAP oder gar in der SS, der Existenz in einem NS-anfälligen oder resistenten Milieu, der Gesinnungskorruption oder mutigen Distanz nicht ernsthaft die Rede sein.

Die deutsche «Doppelrevolution» seit der Mitte des 19. Jahrhunderts hatte einen tiefgreifenden gesellschaftlichen Strukturwandel in Bewegung gesetzt, der sich im Kaiserreich weiter durchsetzte. Diese Entwicklungsdynamik des deutschen Modernisierungsprozesses führte aber zu einem bedrohlichen Stau soziopolitischer Schubkräfte, da sich die autoritäre Ordnung des Reichs zu keiner adäquaten Veränderung der Machthierarchie bereit und imstande erwies. Daher blieb das klassische Modernisierungsdilemma zwischen sozialökonomischem Progress und politischer Beharrung nicht nur weiter bestehen, sondern nahm an Intensität noch weiter zu. Dieses Problempotential hat die Revolution von 1918 in wesentlichen Zügen nicht aufgelöst. Trotz des Übergangs zu einer neuen politischen Regimeform blieb sie in sozialstruktureller Hinsicht relativ folgenlos. Überall bestand die überkommene Elitenkonstellation weiter fort. Das galt für die Bürokratie, die Militärführung und die protestantische Geistlichkeit, für die Großindustrie, das Parteienestablishment und die städtischen wie ländlichen Honoratiorencliquen, für die Verbände, den Betriebspaternalismus und den ländlichen Sozialpatriarchalismus. Überall trafen die jungen Generationen auf erstarrte Privilegienbastionen, und als die fatale Depression seit 1929 noch mehr Aufstiegswege versperrte, breitete sich unter den geburtenstarken Jahrgängen der Vorkriegszeit die bittere Kritik an einer Republik aus, die sich als unfähig erwies, attraktive Karrierewege offenzuhalten und die relative Deprivation des Nachwuchses effektiv zu bekämpfen.

Die gebremste, aber weithin rumorende Veränderungsdynamik hat der Nationalsozialismus, der sie selber in vielfacher Hinsicht widerspiegelte, auf seine Weise sehr genau erfasst. Das bewies der Massenzulauf aus den jüngeren Generationen, dessen «eruptive Form» den aufgestauten Druck verriet. Diese jüngeren Kräfte strebten die Lösung aus traditionellen Bindungen, die Überwindung verkrusteter Strukturen an. Sie drängten auf Modernität, auf Mobilität und Egalität, auf Partizipation und Repräsentation.

Eben das versprach ihnen der Nationalsozialismus mit seinen äußerst wirksamen modernen Stilmitteln. Indem er diese, seine eigentliche Attraktivität für die mit dem Status quo Unzufriedenen mit der Utopie des nationalen Wiederaufstiegs und der völkischen Erneuerung verband sowie mit der Freisetzung eines «kämpferischen Aktivismus» und «leidenschaftlichen Einsatzes» dem Aktionsbedürfnis der Aufbegehrenden entgegenkam, band er ihre Loyalität an sich. Den hochgespannten Erwartungen, an dem Großprojekt der Modernisierung Deutschlands unter den Auspizien eines dynamisierten Nationalismus selber teilnehmen zu können, entsprach, offenbar glaubwürdig, die messianische Vision eines – im Vergleich mit allen anderen Parteipolitikern – ganz ungewöhnlichen charismatischen «Führers» mit seiner extraordinären «Willenspotenz» und der rhetorischen Fähigkeit, das Erreichen großartiger Ziele zu einer unumstößlichen Gewissheit zu erheben.

Zu den attraktivsten Verheißungen stieg die Politisierung einer massenwirksamen Sozialutopie auf: die neudeutsche «Volksgemeinschaft», die auf der Grundlage einer nationalrevolutionären Erneuerung und freien Aufstiegsmobilität für jedermann, ungeachtet seiner sozialen Herkunft, die Überwindung aller bisher hemmenden Klassenbarrieren und Milieuschranken in der meritokratischen, sozialegalitären Leistungsgesellschaft der Zukunft in Aussicht stellte. Diese Zielvision verlieh dem Nationalsozialismus für viele eine mitreißende sozialpsychische Suggestivität, da sich mit ihr die Hoffnung auf eine ungeahnte «Existenzausweitung» ebenso verband wie jene «leidenschaftliche Hingabe» und der «fanatische Aktionismus», häufig verkleidet als «aufopferungsfähiger Idealismus», die diese verlockende Aufgabe in Angriff nehmen wollten.

Die Volksgemeinschaftsutopie und ihre, wie es vielen schien, Schritt für Schritt glückende Realisierung blieb auch nach 1933 ein «Gravitationszentrum» der Hitler-Bewegung. Ohne die Politisierung der jungen Generationen ist die auffällige «Energie der neuen Eliten» des «Dritten Reiches» nicht zu verstehen. Sie erwiesen sich als eine «gesamtgesellschaftlich bahnbrechende» Erscheinung, keineswegs der SA-Rabauke, das agitatorische Großmaul, der unpraktische Ideologe, die vielmehr von der gängigen innerparteilichen Kritik als «Bonzen» gescholten wurden.

Die von Hitler und seinem Regime in Gang gehaltene sozialdarwinistische Konkurrenz wurde von den aufstiegsgierigen Protagonisten der «egalitären Leistungs-Volksgemeinschaft» rassisch qualifizierter Volksgenossen als Stimulans der Leistungssteigerung und eines ständigen Veränderungsdrucks willkommen geheißen, da sich damit eine faszinierende Modernität verband. Der hohe Preis für die Entfesselung des Leistungskampfes bestand jedoch aus einer unverhüllten «moralischen Hemmungslosigkeit», einer «Brutalisierung der Machtdurchsetzung» und der «Herrschaft des nackten Effizienzdenkens».

Im Grunde wurde dadurch ein rapider Zerfall der christlich-humanistisch-aufklärerischen Normenwelt herbeigeführt. Anstelle des moralischen Wächteramts der Eltern und der Familie, des Lehrers und des Geistlichen setzte sich nach der Demontage der traditionellen Meinungsführer das «moralisch anspruchslose gesunde Volksempfinden» als Richtschnur durch, das ein «dickes Polster der Empfindungslosigkeit gegenüber der Inhumanität des Regimes» vermittelte, doch im Einklang mit der Opposition gegen anachronistische Normen und ein volksfernes, abstraktes Recht stand. Wenn jetzt Haltung, Energie, Kraft, Durchsetzungsfähigkeit, Willensstärke als Leitwerte der nationalsozialistischen «Menschenzucht» galten, korrespondierte diese Orientierung zum einen durchaus mit dem Drang der jüngeren Generationen, aus der patriarchalischen Konventionalität provinzieller Bindungen, aus dem «Standesdünkel und Kastengeist» endlich in die schöne, neue Welt ihrer egozentrischen Sozialnormen und generationsspezifischen Ressentiments aufzubrechen. Zum andern entsprach sie aber vollauf der Abwertung, der Zerstörung des tradierten sozialmoralischen Normengefüges durch den «Führer», der mit der rücksichtslosen Selbstsicherheit des Charismatikers an die Stelle der überlieferten Werte und Regeln die für diese Regimeform typische Bindung allein an seine idiosynkratischen Eigenwerte setzte. An dem weit gediehenen Ausmaß der daraus hervorgehenden Normenvernichtung kann man erneut die Durchsetzungsgewalt der charismatischen Führerherrschaft ablesen. Mochte ihre Rassenlehre auch vielfach nicht ganz ernst genommen werden, trug sie doch nachdrücklich dazu bei, «moralische und kulturelle Hemmungen abzubauen» und an ihrer Stelle den uneingeschränkten Leistungskampf des darwinistischen Ausleseprozesses zu setzen.

Ein markantes Ergebnis der Veränderungsdynamik und Normenzerstörung bei gleichzeitiger Neuorientierung auf die neue nationalsozialistische Wertewelt ist nicht zu übersehen. «Ohne so viele erfindungsreiche, innovative, leistungskräftige, auf Effizienz bedachte Köpfe ..., ohne den aufgestauten Drang, sich gegen die Vorherrschaft der Alten» jetzt endlich selber «zu verwirklichen», aus dem Regelwerk des Althergebrachten in Familie und Religionsgemeinschaft, Schule und Beruf auszubrechen, ist die Energie der neuen Eliten der NS-Gesellschaft nicht zu verstehen. Typische Repräsentanten dieser Antriebsstruktur waren etwa Speer und seine «jungen Männer», Heydrich und zahlreiche Experten im Reichssicherheitshauptamt, Stuckart und andere schnell arrivierte Bürokraten – alle etwa um 1905 geboren und mit Ende 20 in hohen Ämtern des Regimes tätig. Gleich, ob ihre ideologische Bindung schwach oder hoch entwickelt war, verband sie doch vor allem die Motivation und das Bewusstsein, unter den neuen Bedingungen schneller Karriere machen, die eigenen Fähigkeiten entfalten und ihren hochfliegenden Ehrgeiz befriedigen zu können. Aus ihrer Sicht war ihre soziale Aufstiegsmobilität ganz wesentlich darauf zurückzuführen, dass unter der Führerherrschaft «ständisch-konservative Resistenzkräfte», insbesondere auch «soziale Bewusstseinsstrukturen» abgebaut wurden, so dass sie und ihresgleichen in einer «beweglicheren Gesellschaft», in der Leistung angeblich stets mehr als Herkunft zählte, leichter vorankommen konnten.

Genährt wurde diese Überzeugung, die keineswegs nur auf egoistischen Illusionen beruhte, durch die realhistorischen Veränderungen. Die NSDAP und ihre angegliederten Organisationen boten zahlreichen Jüngeren die ersten Stufen auf einer neuartigen Karriereleiter. 1939 etwa waren in 38 Gauen, 827 Kreisen und 21 000 Ortsgruppen der Partei rund 700 000 Funktionäre tätig. Bis 1942 stieg ihre Zahl einschließlich aller Parteifunktionen auf zwei Millionen an. Allein die «Arbeitsfront» besaß 44 500 hauptamtliche Mitarbeiter. Abertausende wurden im «Arbeitsdienst», im «Winterhilfswerk» und in der «Volkswohlfahrt» sowie in den Fachverbänden administrativ tätig. Fast ein Drittel des SS-Führerkorps stammte aus den oberen Mittelklassen und besaß einen Universitätsabschluss. Binnen kurzem entstand auf diese Weise eine «neue politische Gesellschaft», teilweise in heftiger Konkurrenz, teilweise in Überlappung mit der überkommenen Hierarchie, jedenfalls ausgestattet mit zahlreichen neuen Wegen des Aufstiegs und dann der Elitenbildung. Gleichzeitig strömten Tausende in die neu geschaffenen Positionen der Staats- und Wehrmachtsverwaltung, deren Vielzahl ebenfalls dem «Dritten Reich» zu verdanken war.

HJ und BdM unterstützten die seit langem geforderte Jugendautonomie, und ihre höhere Führerschaft genoss, von den Tausenden von Bannführern ab aufwärts, die soziale Sicherheit fester Planstellen. Junge Offiziere trugen eine egalitäre Tendenz in das in seinen Konventionen erstarrte Offizierkorps, seit 1942 gab es dort einen geradezu fundamentalen Umbau. Der patriarchalische Stil in vielen Unternehmen wurde durch zielstrebige junge Manager mit ihrem dank des Rüstungstempos ungewöhnlichen Entscheidungsspielraum, aber auch von der «Arbeitsfront» aufgebrochen. Die symbolische Egalisierung verringerte besonders fühlbar die Distanz zwischen den Unter- und den Oberklassen.

Wenn es dem «Winterhilfswerk» mit seinem Appell an die kollektive Opferbereitschaft gelang, bis zum Kriegsausbruch 2.5 Milliarden Mark zu sammeln und «bedürftigen Volksgenossen» zuzuleiten, wenn ihnen auch die «Volkswohlfahrt» mit ihren 16 Millionen Mitgliedern beisprang, wenn Hunderttausende von jungen Leuten aus allen sozialen Klassen ein Jahr im «Arbeitsdienst» zusammenleben mussten, wurde das als schlüssiger Beweis für die Realität der Volksgemeinschaft aufgefasst. Allem Anschein nach war sie doch, wie viele durch solche Erfahrungen belehrt wurden, «mehr als ein Mythos».

Fraglos verstanden sich auch die Spitzen des Regimes auf die symbolische Praxis egalitär wirkender Politik. Hitler legte Wert darauf, als «Volksführer zum Anfassen» zu gelten, etwa wenn er regelmäßig mit zahlreichen Berlinern am Eintopfessen des «Winterhilfswerks» teilnahm. Der endlose Strom obligatorischer Bilder, der ihn mit lachenden Kindern, strahlenden Arbeitern oder bewundernden Soldaten zeigte, konnte es mit dem Werbefeldzug eines jeden amerikanischen Präsidentschaftskandidaten aufnehmen. Als die Neue Reichskanzlei fertig gestellt war, feierte er vor der offiziellen Eröffnung ein üppiges Betriebsfest mit Speers Bauarbeitern. Sein Umgang mit den Angehörigen jener Arbeiter, die 1935 beim Tiefbau der Berliner U-Bahn tödlich verunglückt waren, erinnert an das Handauflegen mittelalterlicher thaumaturgischer Herrscher bei der Heilung der Skrofulose. Die gelenkten Medien wurden angehalten, über dergleichen Vorgänge auffällig zu berichten und sie kontinuierlich ins Bild zu setzen.

Unentwegt wiederholten Ley, Göring und Hitler die Geste, in einer möglichst großen Öffentlichkeit Arbeitern die Hand zu schütteln, da sie um den Wert der körpersprachlichen Respektbekundung wussten. Hitlers Motto vom Mai 1933: «Ehre der Arbeit» verfehlte auf längere Sicht genauso wenig seine Wirkung wie die Zusammensetzung der Urlaubsreisenden bei den wochenlang anhaltenden KdF-Kreuzfahrten, wo das Sechstel an Arbeitern als repräsentativ hingestellt wurde, oder wie das Programm «Schönheit der Arbeit», das Speer im Rahmen der «Arbeitsfront» organisierte; es brachte den Betriebsgemeinschaften zahlreiche Kantinen, Waschräume, Sportplätze und Grünanlagen. Nicht umsonst bemühte sich auch die «Arbeitsfront», durch Sportunterricht in Tennis und Reiten, durch Tanzschulen und gehobene Touristik ebenfalls streng exklusive Freizeitaktivitäten für jedermann zugänglich zu machen, so dass vor allem die symbolische Bedeutung der Öffnung elitärer Zirkel der Attraktivität der gelebten «Volksgemeinschaft» zugute kam.

Wer zu den durch Aufstieg und Anerkennung Begünstigten gehörte und zudem von seinen positiven Erfahrungen mit der «Volksgemeinschaft» fasziniert war, konnte lebensgeschichtlich auf die Teilnahme an einem Erfolgsprozess in den Friedensjahren zurückblicken – und dieser Eindruck blieb auch bei vielen noch nach 1945 erhalten. Freilich durfte er keine jüdische Mutter oder auch nur einen jüdischen Großvater besitzen, musste er die Augen vor der Diskriminierung von «Marxisten» und der Schikanierung von jüdischen Deutschen bis hin zu ihrer Vertreibung verschließen. Kurzum: Er musste sich einen egozentrischen Tunnelblick allein auf die eigene Karriere zulegen. Dadurch wurde eine enorme, doch sozial blindwütige Leistungsenergie freigesetzt. Sie erwies sich imstande, zumal sie immer wieder von utopischen, von den Alltagsproblemen ablenkenden Fernzielen stimuliert wurde, den «unerhörten Kräfteverschleiß» eine Zeit lang zu kompensieren, den die «chaotische Macht- und Kompetenzkonkurrenz» in der nationalsozialistischen Herrschaftsorganisation auslöste. Da sich die Führerdiktatur aber als strukturell unfähig erwies, den von ihr geförderten sozialdarwinistischen «Bellum omnium contra omnes» und die «selbstzerstörerische Überdehnung des Kräftepotentials» in eine überlebensfähige dauerhafte Neuordnung zu überführen, erlag das Regime nicht zuletzt auch seiner eigenen Destruktionsdynamik.

5. Und schließlich darf bei der Antwort auf die Frage nach der Konsensbasis trotz der bestürzenden Exilierung der besten Köpfe die Unterstützung der Führerdiktatur durch die noch immer als normsetzende Elite anerkannten bildungsbürgerlichen Intellektuellen nicht gering geschätzt werden. Der Resonanz genießende Schriftsteller Gottfried Benn etwa stand mit seinem kurzlebigen, aber um so heftigeren regimefreundlichen Fieberanfall Anfang 1933 nicht allein da, als er am «Dritten Reich» dessen «Vision von der Geburt des Menschen, vielleicht die letzte großartige Konzeption der weißen Rasse über-

haupt», hingebungsvoll bejubelte. «Eine herrschaftliche Rasse», wusste der Amateurhistoriker Benn, «kann nur aus furchtbaren und gewaltsamen Anfängen emporwachsen». Da wollten auch andere Schriftsteller nicht zurückstehen, Ina Seidel z. B. mit ihrer byzantinischen Ergebenheitseloge: «Wer ahnte schon», fragte sie, «dass unter uns tausenden der eine war, über dessen Haupt die kosmischen Ströme deutschen Schicksals sich sammelten, um sich geheimnisvoll zu steuern und den Kreislauf in unaufhaltsam mächtiger Ordnung neu zu beginnen?»

Ernst Forsthoff, Frankfurter Professor für Öffentliches Recht und schreibfreudiger völkischer Publizist, nach 1945 aber ungebrochen angesehener Heidelberger Juraprofessor, optierte gleichzeitig als Repräsentant der Carl-Schmitt-Schule mit geradezu atemloser Hast für den «totalen Staat», der nunmehr an die Stelle des «Staates von Weimar», dieser «Verfallsform des bürgerlichen Rechtsstaats», treten werde. «Alle instinkthaften, vorwärtstreibenden, in der Substanz revolutionären Kräfte sind zum Angriff auf das Erbe dieser Zeit übergegangen. Das bürgerliche Zeitalter wird liquidiert und es ist die Verheißung einer besseren Zukunft, dass es mit rücksichtsloser Entschlossenheit und dem Mut zur äußersten Konsequenz geschieht. Nur akademische Pedanten werden darüber erschrecken», wusste der feinsinnige Staatsrechtler, «dass diese Abrechnung summarisch erfolgt». Unter Kritik witterte Forsthoff nur die Absicht der Sabotage, etwa durch den «jüdischen Journalismus».

Als neues Ziel schwebte ihm eine «auf echten Rangverhältnissen beruhende Ordnung des geeinten Volkes» vor. Jenseits «verfehlten rechtsstaatlichen Denkens» mit seinen «antiquierten Freiheiten» müsse die neue Verfassung des totalen Staates «von echten, sachlichen Unterscheidungen» ausgehen: Von «Freund und Feind», wie das unlängst Forsthoffs Lehrer Carl Schmitt mit seiner «innerstaatlichen Feinderklärung» eingeschärft hatte, «von volksgemäß und volksfremd, von deutsch und undeutsch». Anstatt weiter auf der liberalen «Entartung» der Trennung von Staat und Gesellschaft zu beharren, müsse «die Totalität des Politischen im totalen Staat ihre Form finden». Widerspruch sei mit «aller Schonungslosigkeit auszurotten», Missachtung staatlicher Autorität «rücksichtslos auszumerzen».

Alsdann müsse die «Herrschaftsordnung des totalen Staates» in «den Formen einer persönlichen Herrschaft» organisiert werden, zu der Hitler dank seiner «unvergleichlichen persönlichen Qualität» berufen sei. Welche vorrangige Aufgabe stand dem «Führer» jetzt bevor? 1933 «wurde der Jude ... zum Feind und musste als solcher unschädlich gemacht werden». Die seither anhaltende «Säuberung» diene nur dazu, so Forsthoffs Apologie der anlaufenden «Judenpolitik» und des ersten Pogroms, «in Vollziehung der Unterscheidung von Freund und Feind alle diejenigen auszumerzen, die als Artfremde und Feinde nicht länger geduldet werden konnten». Wenn aber «das internationale Judentum» sich des Versailler Vertrags als seines «Instruments» bemächtige, um den «deutschen Lebensraum weiter zu verhängen», trete ihm «ein Geschlecht» entgegen, «das die Gefahr nicht fürchtet» und «heroisch» handeln werde.

Dass die Vermischung der Terminologie Schmitts mit der eugenischen Ausmerzesemantik zum Postulat des rassistischen Bürgerkriegs führte, durch den der «totale Staat» erst die «Einheit des Volkes» erzwingen musste, konnte bei diesem Sprecher der «Jungen Generation», der bereits die «Revolution von Rechts» seit Jahren energisch unterstützt hatte, kaum überraschen. Doch die Brutalität der Sprache, die nackte Verachtung des Liberalismus, der über den Honoratiorenantisemitismus weit hinausgehende unverhüllte Judenhass, die devot-schmeichlerische Verklärung der Führerherrschaft Hitlers – sie beschrieben dem Lesepublikum, wohin der Marsch in Forsthoffs «bessere Zukunft», in die neue Welt des totalen Staates gehen sollte. Nur wenige Jahre später lieferte Forsthoffs Zeitgenosse Ernst-Rudolf Huber, auch er ein Mitglied der Schmitt-Schule, in seinem «Verfassungsrecht des Großdeutschen Reiches» die perfekte Apologie der Führerherrschaft, dank der Deutschland in dieser Zukunft bereits angekommen war.

Wenn selbst der auf den Verfassungsstaat vereidigte Rechtslehrer den durch «Ausrottung» und «Ausmerze» gereinigten totalen Staat bereits 1933 so enthusiastisch pries, wenn andere angesehene Juristen, Historiker und Sprachwissenschaftler, Philosophen, Pädagogen und Demographen, Verfechter der «deutschen Soziologie», der «deutschen Physik» und der «deutschen Mathematik», alle hingerissen von der in ihrer Berufsklasse vorherrschenden nostalgischen Sehnsucht nach dem starken Staat der Kaiserreichszeit, nicht nur die Ankunft des autoritären Staates begrüßten, sondern auch seine Perfektionierung zum totalen Staat mit Führerabsolutismus und «Volksgemeinschaft» forderten – wie konnte diese tief gestaffelte Zustimmung aus der akademischen Intelligenz, zumal alle Kritiker bereits mundtot gemacht worden waren, ihre Wirkung auf eine Orientierung und Deutung in einer Epoche des Umbruchs suchende Öffentlichkeit verfehlen? Die exponierte Stellung der deutschen Mandarine in der Sozialhierarchie gewährte diesen «Meistern des Worts», die seit jeher auf die wuchtige Wirkung der Sprache gebaut hatten, noch einmal einen Einfluss, den unheilvoll zu nennen schon eine Beschönigung wäre. Nach der Katastrophe für Millionen herrschte freilich an der Stelle früherer markiger Beredsamkeit nurmehr Stillschweigen oder die Berufung auf einen bedauerlich «irregeleiteten Idealismus».

9. Staatliche Rassenpolitik

Die nationalsozialistische Rassenpolitik konnte zum ersten Mal in Europa die staatliche Sanktionsgewalt einsetzen und den Rassismus zur Staatsdoktrin erheben. Das hatte es vorher nur in der Konföderation der amerikanischen Südstaaten gegeben, und später sollte es im südafrikanischen Apartheidregime wieder auftauchen. Die Berliner Politik richtete sich nicht allein gegen die Juden, obwohl die «Judenpolitik» das berüchtigtste Aktionsfeld absteckte, auf dem sich die Vorgeschichte des Massenmords, dann der Holocaust selber mit ungeahnter Gewalt entfalteten. Vielmehr muss man die antijüdische Politik in den allgemeinen Rahmen der Rassenpolitik einordnen. Ihr ging es um die Reinigung des deutschen «Volkskörpers», der durch «minderwertige» Elemente, insbesondere durch Juden, aber auch durch Geisteskranke, Asoziale, Zigeuner, Slawen tödlich gefährdet sei. Denn ohne rigorose Eingriffe verdränge nach dem ungeheuren Aderlass während des Weltkriegs – so lauteten die wahnhaften Befürchtungen einer «biologischen Katastrophe» – binnen kurzem eine Mehrheit der «Minderwertigen» die rassisch «Hochwertigen». Aus dieser Zwangsvorstellung resultierte das aktivistische «Drängen auf eine Lösung», das einen wachsenden Druck hin auf effektives Handeln zugunsten der «volkshygienischen» Unterstützung der Arier erzeugte. Dabei rückte die «harte Vererbungslehre des sozialdarwinistischen Selektionstheorems» in den

Vordergrund und stimulierte auf der Linie einer elitären «Züchtungsutopie» die unbarmherzigen Eingriffe.

Unstreitig erreichte die «Judenpolitik» das äußerste Extrem: die industrielle Massentötung ohne Ansehen von Alter und Geschlecht. Doch Millionen rücksichtslos verfolgter Slawen noch vor dem im «Generalplan Ost» anvisierten «Ethnozid» von mehr als dreißig Millionen Russen, Hunderttausende von Toten als Folge der Euthanasieaktionen und Hunderttausende durch Zwangssterilisation lebenslänglich Verkrüppelte weisen auf die riesigen Dimensionen der rassisch-eugenischen Utopie des NS-Regimes hin. Während seiner menschenfeindlichen Aktionen folgte es aber nicht allein seiner eigenen Programmatik, sondern es konnte auf die begeisterte Unterstützung zahlreicher Mediziner, Eugeniker, Bevölkerungswissenschaftler, Raumplaner, Verfechter der «Volksgeschichte» zurückgreifen, die sich in den beiden vergangenen Jahrzehnten mit wachsendem Radikalismus das große Ziel des gnadenlos gereinigten «Volkskörpers» zu eigen gemacht hatten. Sie stellten ihren Aktionsdrang und ihr Fachwissen vorbehaltlos in den Dienst des neuen Regimes, als dieses die Schleusentore für eine konsequente Rassenpolitik öffnete. Auch auf diesem Gebiet erwies sich, dass die Führerdiktatur keineswegs ihren Willen gegen latentes Widerstreben durchsetzen musste, sondern auf die Kooperationsbereitschaft strategisch wichtiger Expertengruppen und Funktionseliten traf, die sich nur zu bereitwillig in den Dienst des gemeinsamen Großprojekts: der «Ausmerze» aller Rasse- und Volksfremden, stellten. Dieses Verhalten fügte sich in das Grundmodell charismatischer Herrschaft, in der die willige Zustimmung und Eigeninitiative gesellschaftlicher Gruppen auf die Entscheidungsmacht der Führungsspitze traf, der sie aus eigener Überzeugung «entgegenarbeiteten».

a. Die «Judenpolitik»

Die Ermordung der europäischen Juden markiert eine universalhistorische Zäsur. Mit der zielstrebigen Vernichtung des Lebens von sechs Millionen Menschen, denen einzig und allein die Zugehörigkeit zu ihrer «Rasse» vorgeworfen wurde, erreichte die barbarische Tötungsaktivität des «Dritten Reiches» ihren auch in vergleichender Perspektive einzigartigen Höhepunkt.

Der radikale Antisemitismus hatte sich seit dem ausgehenden 19. Jahrhundert zunehmend in die deutsche Gesellschaft hineingefressen. Seit der zweiten Hälfte des Weltkriegs und während der Weimarer Republik, als die Jagd auf Sündenböcke anhielt, die man für die beispiellose Abfolge von Katastrophen verantwortlich machte, war diese Strömung, die in «dem Juden» den Urheber der Niederlage und aller Belastungen seither sah, weiter angeschwollen. Ein latenter Alltagsantisemitismus war ebenfalls weiter vorgedrungen. Er nahm die Exzesse des Wortes und der Tat stumm hin, rügte sie wohl sogar gelegentlich, verstand sich aber nie zu einer Verteidigung der staatsbürgerlichen Gleichheitsrechte. Den Aufstieg der jüdischen Deutschen im Wirtschaftsleben und in der Wissenschaft vermochten allerdings beide Varianten der Judenfeindschaft nicht zu verhindern, Anlass zu skeptischen Vorwürfen schuf diese Mobilität aber unüberhörbar.

In der «Weltanschauung» des Nationalsozialismus wurde ein extremer Antisemitismus gespeichert, der seit 1921 auf eine «Lösung» durch den Staat drängte, ohne dass sich ein konkreter Gesamtplan, wie denn die von Hitler geforderte «Entfernung der Juden» vor sich gehen solle, herausgebildet hätte. Anstelle der Realisierung einer solchen Zielkonzeption kam eine seit 1933 phasenweise verschärfte antijüdische Staatspolitik in Gang, welche gegen die halbe Million jüdischer Deutscher alsbald in der Form eines Bürgerkriegs geführt wurde, der seit 1941 in die systematisch betriebene Vernichtung der europäischen Judenheit überging.

Diese antijüdische Politik, die vom Pogrom über die sonderrechtliche Diskriminierung bis zur Vertreibung außer Landes reichte, schien jahrelang keiner unzweideutigen Richtlinie für die «Entfernung» der stigmatisierten Minderheit zu folgen. Vielmehr experimentierte sie mit der Häufung von Terroraktionen, um möglichst viele ihrer Angehörigen in die Emigration zu zwingen. Diese Regierungspolitik, durch SA-Gewalt und Reichsgesetze ausgeführt, wurde – wie alle sachkundigen Untersuchungen bisher ergeben haben – von der großen Mehrheit der Bevölkerung billigend, jedenfalls protestlos hingenommen, aber nur in begrenztem Umfang aktiv unterstützt. Der praktizierte Antisemitismus des «Dritten Reiches» war nicht das Ergebnis einer judenfeindlichen Massenstimmung, die Taten gegen die Juden wollte; er konnte daher auch keiner systemfördernden Integration dienen. Und die

Goldhagen-Legende vom «eliminatorischen Antisemitismus», der in Deutschland, seit Jahrhunderten in der politischen Kultur gespeichert, nur auf den Startschuss des NS-Regimes gewartet habe, um zur Verfolgungsaktion übergehen zu können, wird schon durch dieses Verhalten dementiert. Zugleich traf aber der NS-Antisemitismus auf keinen entschiedenen Protest, keine öffentliche, auf Zivilcourage gestützte Ablehnung und Kritik. Der Radauantisemitismus der SA mochte stumme Missbilligung auf sich ziehen, wie etwa in der «Reichskristallnacht» von 1938. Doch die gesetzlich getarnte Diskriminierung wurde durchweg kritiklos akzeptiert oder sogar für eine längst überfällige Korrektur des jüdischen «Vordrängelns» gehalten, so lange sie sich in geregelten Bahnen vollzog.

Dieses Kollektivverhalten eines beschämenden Schweigens wirft ein grelles Licht auf die politische Mentalität der Deutschen jener Zeit, auf ihre Missachtung fundamentaler Menschenrechte, ihren mangelnden Mut zur Kritik, ihre Gleichgültigkeit gegenüber den Drangsalierten. Zieht man den kirchlichen und zumindest teilweise geäußerten öffentlichen Widerstand gegen das Euthanasieverbrechen zum Vergleich heran, fällt das Urteil über die stumme Hinnahme der staatlichen «Judenpolitik» umso deprimierender aus.

Dieses eigentümliche Verhältnis des idiosynkratischen Radikalantisemitismus Hitlers und des NS-Regimes einerseits, der passiven Duldung oder hämischen Billigung durch die Bevölkerung andererseits wird, wie bereits gesagt, durch die Erfindung des «eliminatorischen Antisemitismus» völlig verfehlt. Die Judenfeindschaft im deutschsprachigen Mitteleuropa hat sich von der Grundlage des fatalen christlichen Antijudaismus und Hasses auf das «Volk der Christusmörder» keineswegs mit unentrinnbarer Notwendigkeit bis zum Holocaust gesteigert. Vielmehr liegt das eigentlich erklärungsbedürftige Problem darin, warum gerade dort, wo die schwierige Judenemanzipation vergleichsweise erfolgreich verlaufen war, die Integration in das deutsche Bürgertum zu einer eindrucksvollen Symbiose geführt hatte, der klassische neuhumanistische Bildungskanon so bereitwillig unter die Ideale der Lebensführung aufgenommen wurde, die Aversion eines zählebigen, durch solche Erfolge gereizten Antisemitismus und schließlich die Fundamentalkritik des rassistischen politischen Antisemitismus sich seit 1933 zuerst zu einer Vertreibung und dann sogar zu einer systematischen Vernichtungspolitik steigern konnte.

Die peinigende Frage, die oft zu hilflosem Rätselraten geführt hat, kann dennoch, sofern man eine möglichst rationale Erklärung der unvorstellbaren Barbarei anstrebt, überzeugend beantwortet werden, wenn man von zwei vorn erörterten charakteristischen Strukturmerkmalen des nationalsozialistischen Regimes ausgeht: von der charismatischen Herrschaft Hitlers und der Polykratie der von ihm eingesetzten Sondergewalten. Das erste Merkmal lässt sich in den Worten Ian Kershaws, des kompetentesten Hitler-Biographen, pointiert so beschreiben: «Da es Hitler war, der ... die weltanschaulichen Zielsetzungen des Nationalsozialismus wie ihre Umsetzung in praktische Politik maßgeblich bestimmte und seine Entscheidungen von allen streitenden Gruppen innerhalb der NS-Bewegung als letzte Instanz auch bei der Auslegung weltanschaulicher Fragen angesehen wurden, ist es zulässig, die Fixpunkte der Weltanschauung Hitlers als den eigentlichen Kern der NS-Ideologie anzusehen.»

Zu diesen fixen Ideen gehörte seit dem Augenblick, als Hitler in München die politische Bühne betrat, auch sein leidenschaftlicher Antisemitismus, dessen letztes Ziel, wie er in seinem ersten politischen Schriftstück (1919) forderte, die «Entfernung der Juden aus Deutschland» sein müsse. Hitler hat die Juden von Anfang an nicht als eine Religionsgemeinschaft, sondern allein als «Rasse» verstanden, die als «Rassentuberkulose» ihre Gastvölker zerstöre. Sie verkörperten für ihn alle unbegriffenen, tödlichen Gefahren der Moderne, aber auch alle akuten Bedrohungen der Gegenwart. Mit monotoner Besessenheit führte er die Niederlage von 1918 und die verhasste parlamentarische Demokratie, den Marxismus und die Sowjetunion auf das Werk von Juden zurück. Diese Grundauffassung hat Hitler in «Mein Kampf» brutalisiert, ohne jedoch eine Konzeption zu entwickeln, wie denn die jüdischen Deutschen lückenlos «entfernt» werden könnten. Stattdessen verharrte er in der Öffentlichkeit in einer allgemeinen Drohgebärde – von seinen Anhängern als Verheißung, von den Skeptikern als hohle Rhetorik wahrgenommen. Insgeheim aber wirkte er als vorantreibender Initiator aller bösartigen Schikanen.

Mit dem Aufbau seiner charismatischen Herrschaft in der Partei war auch die erfolgreiche Durchsetzung von Hitlers Interpretationsmonopol verbunden gewesen. Ernsthafte ideologische Richtungskämpfe hat es daher, im Unterschied zu allen anderen totalitären Bewegungen, in der NSDSAP nicht gegeben. Diese unangefochtene Deutungskompetenz, die es ihm erlaubte, vorrangige Probleme und den Weg zu ihrer Lösung selbst zu definieren, wurde seit 1933 auf das gesamtstaatliche Herrschaftssystem übertragen, konnte jetzt aber den gesamten Staatsapparat mit seiner Durchsetzungsmacht in ihren Dienst stellen.

Daher kann man zugespitzt formulieren, dass die «Judenpolitik» von 1933 bis hin zum Holocaust ohne den fanatischen Antisemitismus des «Führers», der an allen antijüdischen Maßnahmen entscheidend beteiligt war, nicht möglich gewesen wäre. Erst der «Führerwille» kanalisierte den dumpfen, gewaltbereiten oder den bisher nur schwadronierenden Antisemitismus in die Zielrichtung der Vertreibung und Vernichtung. Erst seine Grundauffassung gestattete es den zahlreichen Helfershelfern, der Sanktionierung ihres Handelns durch den «Führer» gewiss, ihm allenthalben «entgegenzuarbeiten».

So unbestreitbar der radikale Antisemitismus der «Alten Kämpfer», überhaupt des völkischen Kerns der NSDAP ist, verdankte doch Hitler seinen atemberaubenden Aufstieg seit 1929/30 keineswegs primär der Mobilisierung des deutschen Antisemitismus. Hätte er, lautet die kontrafaktische These, seinen extremen Antisemitismus, an der Spitze des Staatswesens angelangt, nicht weiterverfolgt, hätte es vermutlich zwar einige SA-Pogrome, aber keine durch den «Führerwillen» gedeckte Diskriminierungs- und Eliminierungspolitik des «Dritten Reiches» gegeben. Die Satrapen und subalternen Figuren hätten ohne Hitlers massive Förderung und verbindliche Legitimierung einen derart koordinierten Liquidierungsfeldzug aus eigener Kraft nicht zustande gebracht. Da aber der zur Tat drängende extreme Antisemitismus zur innersten Antriebsmotorik Hitlers gehörte, kam der antijüdischen Politik seine geballte charismatische Legitimationskraft zugute, und sein energiegeladener Vernichtungswille führte schließlich bis hin zur Ausführung des Massenmordes.

Nun ist es eins, die Schlüsselfunktion dieses Charismaträgers auch in der «Judenpolitik» nachdrücklich hervorzuheben, aber etwas ganz anderes, die Mitwirkungsbereitschaft von Hunderttausenden von mehr oder weniger bereitwilligen Helfern zu erklären – und das erst recht, wenn man den Irrweg zum Mythos vom «auserwählten bösen Volk» des «eliminatorischen Antisemitismus» nicht einschlägt. Unbestreitbar war es ein Novum der nationalsozialistischen Judenverfolgung, dass sie mit Hilfe der Staatsgewalt betrieben wurde, sich mithin nicht mehr in der aufgeregten Agitation einer rechtsradikalen Massenbewegung erschöpfte. Konkret bedeutete das, dass Hunderttausende von Verwaltungsbeamten und Polizisten, Richtern und Staatsanwälten, Finanzamts- und Eisenbahnbeamten, schließlich auch von Wehrmachtsoffizieren und -soldaten für ihre Zwecke eingeschaltet werden konnten. Auf nennenswerten, geschweige denn hartnäckigen Protest dieser obrigkeitsgläubigen Exekutoren staatlich verordneter Schikanen und zuletzt eines Menschheitsverbrechens stießen sie dabei nicht. Ohne ihre beflissene Beihilfe wäre jedoch diese judenfeindliche Politik, zumal mit derart tödlicher Effizienz, überhaupt nicht ausführbar gewesen.

Maßgeblich für die gesamte Rassen- und speziell die Judenpolitik war indes, dass an erster Stelle polykratische Sonderstäbe, die sich als extrastaatliche Institutionen jeder klassischen Normorientierung entzogen, zu ihrer Verwirklichung eingesetzt wurden. Das trifft insbesondere zu auf die SS, das Reichssicherheitshauptamt, die Gestapo und den SD, die KZ-Wachmannschaften, die Einsatzgruppen, den Geheimstab für die Euthanasie. Der Einsatz solcher führerloyalen Partikulargewalten ermöglichte auch das erstaunlich hohe Maß an Geheimhaltung, die auch beim Holocaust bis zuletzt praktiziert wurde. Aus der engen Kooperation dieser Sonderexekutiven und einer gefügigen Staatsdienerschaft ging erst die Diskriminierungspraxis, dann das Vernichtungswerk hervor. Der blinde Gehorsam und ideologische Fanatismus, den die Leiter der Sonderstäbe und deren Angehörige den Anordnungen des charismatischen «Führers» entgegenbrachten, erklärt ihre Bereitschaft, ihm «entgegenzuarbeiten», und dazu ihre Gefügigkeit, die oft genug durch ihre eigene antisemitische Grundüberzeugung verstärkt wurde.

Blickt man etwa auf die Führungselite des Reichssicherheitshauptamts, die Michael Wildt in seiner vorbildlichen Studie präzise analysiert hat, trifft man auf einige hundert prototypische Angehörige der «Generation des Unbedingten». Meist handelte es sich um Jungakademiker mit vorzüglichen Examensnoten, nicht selten mit dem Doktortitel ausgestattet, selbstbewusst am Beginn einer vielversprechenden Karriere, und keineswegs um gescheiterte Existenzen, Desperados, Freikorpskämpfer, wie sie in der SA so zahlreich vertreten waren. Angehörige der Schlüsseljahrgänge 1904/05 oder der noch jüngeren Alterskohorten dominierten unter ihnen. Sie suchten die «Bewährung» im Verwaltungsdienst des «Dritten Reiches», an Polizei- oder SD-Aufgaben, aber auch in den Einsatzgruppen des Judengenozids oder in den Gestapo-Leitstellen der deutschen Besatzungsherrschaft überall in Europa. Sie führten jeden Befehl aus, handelten skrupellos, allein auf makellose Erfüllung ihrer Aufgaben bedacht. Dafür brachten sie gewöhnlich die völkisch-antisemitischen Ideen ihrer Studentenzeit und des Rechtslagers der Weimarer Republik mit. Insofern besaßen sie die Disposition, die im «Dienst an der Sache» des «rassereinen, judenfreien» Reiches mühelos fanatisiert werden konnte. Daher verkörperten sie in der Tat das Führungspotential für eine aggressive Rassen-, Verfolgungs- und Ausmerzepolitik.

Angehörige dieser NS-Elite waren geradezu prädestiniert, dem «Führer entgegenzuarbeiten», mithin aus eigener Überzeugung zur Aktion überzugehen, zumal sie dabei stets sicher sein konnten, sich auf der Generallinie der nationalsozialistischen Politik, speziell des «Führerwillens», zu bewegen. In aller Regel blieben sie jedoch in die Befehlshierarchie des Führerstaates eingebunden. Sie übernahmen genauso bereitwillig geheimpolizeiliche Aufgaben im besetzten Europa wie die Liquidierung von hunderttausenden von Juden durch Killerbrigaden unter ihrer persönlichen Leitung. Hätte aber ein Hitler-, Himmler-, Heydrich-Befehl aus irgendwelchen praktischen Gründen die Judenvernichtung aufgeschoben, hätten sie sich ganz so penibel daran gehalten, wie sie umgekehrt jeden Mordauftrag gehorsam ausführten. Bei aller Bereitschaft zum «unbedingten» Handeln hingen sie doch von der Anweisung des charismatischen «Führers», von der Berufung Himmlers oder Heydrichs darauf ab, dass sie doch den «erklärten Willen des Führers» in operative Zielvorgaben übersetzten. Bei aller Handlungsbereitschaft bleibt der «nervus rerum» auch der Elite des Reichssicherheitshauptamts ihre Führerabhängigkeit: ihre strenge Fixierung auf das letztinstanzliche Wort Hitlers mit seinem Entscheidungsmonopol und seinem Sonderstatus, stets als unbezweifelbare Legitimationsquelle fungieren zu können.

Der Gehorsam des Staatsapparats dagegen, der wie eine gewissenlose Maschinerie funktionierte, erklärt sich zum einen aus den normativen Imperativen der Bürokratietradition, etwa der Gehorsamspflicht, der Akzeptanz der Hierarchie der Anordnungsberechtigten, der Funktionstüchtigkeit ohne insistierendes Nachfragen. Mehr aber noch zum anderen aus dem Defizit, das die von den Staatsdienern geteilte politische Kultur aufwies. Denn erst der mangelnde Respekt vor der Gültigkeit universeller Menschenrechte, die Verweigerung rechtsstaatlicher Verfahren für stigmatisierte Minderheiten von Staatsbürgern, die diese Verfahren ohne Ansehen von konfessioneller oder politischer Überzeugung, geschweige denn Rasse verdienten, auch der fortwirkende Glaube an das historische Eigenrecht der großen Persönlichkeit, deren Genius sich über jede Schranke hinwegsetzen dürfe – all diese Eigenarten haben erst die Einbruchstelle für die von den Staatsinstitutionen: von der Bürokratie über die Justiz bis hin zur Wehrmacht getragene «Judenpolitik» weit geöffnet.

Auch nach 1933 wurde, wie vorn erwähnt, kein antijüdischer Meisterplan von Partei- oder Staatsstellen entworfen. Ebenso konnte von der erfolgreichen Mobilisierung der Bevölkerung, von ihrer ideologischen Integration durch den staatlich praktizierten Antisemitismus keine Rede sein. Noch 1935 fiel Hitler als Nahziel nur eine konsequente Apartheid ein, als er forderte: «Heraus aus allen Berufen ..., eingesperrt in ein Territorium, wo sie sich ergehen können ..., während das deutsche Volk zusieht, wie man wilde Tiere sich ansieht.» Die inhumane Stoßrichtung war zwar nur allzu deutlich zu erkennen, doch jede operative Anleitung, wie und wo ein solches Ghettogebiet eingerichtet werden sollte, blieb in der Alltagspraxis der endlosen Drangsalierung noch ganz offen.

Andererseits war bis zu diesem Jahr die nationalsozialistische Verfolgungspolitik schon erschreckend in Bewegung geraten. Das erste Pogrom im April 1933 hatte den Schleier der bisher geheuchelten Wohlanständigkeit zerrissen. Bis zum Jahresende wanderten bereits 37000 jüdische Deutsche aus. Dem Pogrom folgte eine bis Ende 1934 anhaltende erste antijüdische Welle mit dem Berufsverbot für Ärzte und Rechtsanwälte, Richter und Staatsanwälte. Ihre offene Diskriminierung wurde durch zahlreiche sonderrechtliche Regelungen für viele Lebensbereiche fortgesetzt, wie überhaupt das stigmatisierende Ausnahmerecht dem gewalttätigen Pogrom bis 1938 vorgezogen wurde. Dennoch verschlägt es einem noch immer die Sprache, mit welcher Raffinesse, Perfidie und Lückenlosigkeit bis zum Kriegsausbruch fast anderthalb Tausend solcher sonderrechtlichen Vorschriften – vom Verbot der Benutzung von Bänken in Parks über die Aussperrung aus Badeanstalten bis hin zur Regulierung des Sexuallebens – zustande kamen und buchstabengetreu angewandt wurden.

Die zweite Phase der antijüdischen Politik dauerte von Ende 1934 bis Ende 1937. Während bis zum Sommer 1935 die Terroraktivität mit unterschiedlichen Maßnahmen anhielt, schloss sich im Herbst ein legalisierter Verfolgungskurs an, für den die «Nürnberger Gesetze» vom 15. September 1935 den Boden bereiteten. Zwei Tage vor dem Ende des Parteitags, nach längerer Vorbereitung, dann doch eilends improvisiert, wurden dort Gesetzesentwürfe gutgeheißen, die das längst schwer belastete Zusammenleben von jüdischen und christlichen Deutschen definitiv zerschnitten. Gesetzeskraft erhielt danach ein neues «Reichsbürgergesetz», das die staatsbürgerliche Gleichheit der jüdischen Deutschen beendete, indem es ihnen einen inferioren Rechtsstatus zuwies. Sie durften überdies nicht mehr die Reichsflagge hissen oder die Reichsfarben zeigen. Das zweite Machwerk, das künftige «Gesetz zum Schutz des deutschen Blutes», verbot als «Rassenschande» sowohl die Eheschließung als auch den außerehelichen Geschlechtsverkehr zwischen jüdischen Deutschen und «Staatsbürgern deutschen Blutes». In den Formulierungen dieses Gesetzes schlug sich eine perverse sexuelle Besessenheit nieder, die man eher bei dem fränkischen Gauleiter Julius Streicher mit seinem pornographischen Revolverblatt «Der Stürmer» als bei den federführenden Juristen des Reichsinnenministeriums vermutet hätte. Auf dieser Linie wurde es zum Beispiel auch jüdischen Männern untersagt, weiterhin «arische» Hausangestellte unterhalb der Schwelle des 45. Lebensjahres zu halten.

Der alsbald folgende Gesetzeskommentar von Hans Globke und Wilhelm Stuckart dehnte den Begriff der Rassenschande unablässig aus, indem er auf einer perfiden Erweiterung durch ominöse «beischlafähnliche Handlungen» insistierte. Als Adenauers Kanzleramtschef hatte Globke 15 Jahre später mit seinem Kommentar selbstverständlich, wie die gängige Exkulpation damals lautete, «nur

Schlimmeres verhüten wollen». Verurteilt wegen Rassenschande wurden in den ersten fünf Jahren nach dem Erlass des «Blutschutzgesetzes» 1911 Angeklagte, wobei nicht allein die absolute Zahl, sondern auch der Abschreckungseffekt ausschlaggebend gewesen ist.

In der Bevölkerung herrschte hier und da stillschweigende Missbilligung, aber auch Befriedigung über die rechtliche Kanalisierung des antisemitischen Wildwuchses. Jede offene Kritik an den «Nürnberger Gesetzen» blieb wiederum aus. Wegen der Berliner Olympischen Spiele von 1936 wurde Ruhe an der antijüdischen Bürgerkriegsfront verordnet. Doch Ende 1936 verstärkte sich der Boykott jüdischer Unternehmen. Ihre Verdrängung aus dem Wirtschaftsleben durch die sog. «Arisierung», durch den Zwangsverkauf an «arische» Interessenten, durch Sondersteuern, Zwangsabgaben und Willkürakte der Devisenfahndung häufte sich.

In dieser beklemmenden Atmosphäre schaltete sich Carl Schmitt, inzwischen preußischer Staatsrat und ebenso eilfertiger wie einflussreicher Berater des Regimes, in die antijüdische Hetzkampagne ein. Früher schon, im ersten Amtsjahr der Regierung Hitler, hatte Schmitt ganz so triumphierend und enthüllend wie präzise konstatiert, dass sich die Verfassungsgrundlage des «Neuen Staates» verschoben habe: von der «Gleichartigkeit» der Staatsbürger zur «Artgleichheit» der Volksgenossen. Auf einer Tagung der «Reichsgruppe Hochschullehrer» des «Nationalsozialistischen Rechtswahrerbundes» im Oktober 1936 äußerte sich jetzt der «Reichsgruppenwalter» Schmitt in einem Vortrag voller hitlerdevoten Byzantinismen über die «deutsche Rechtswissenschaft im Kampf gegen den jüdischen Geist». «Der tiefste und letzte Sinn dieses Kampfes liegt», behauptete Schmitt, «in dem Satz des Führers ausgesprochen: ‹Indem ich mich des Juden erwehre, kämpfe ich für das Werk des Herrn›». «Wir müssen den deutschen Geist von allen jüdischen Fälschungen befreien, denen zufolge auch der großartige Kampf des Gauleiters Julius Streicher als etwas ‹Ungeistiges› bezeichnet werden konnte.» «Nur wer sich der geistigen Macht des Judentums bewusst geworden ist», erklärte Schmitt, könne erfassen, «welche Befreiung der Sieg des Nationalsozialismus für den deutschen Geist, die deutsche Rechtswissenschaft bedeutet». Nur die «Anspannung aller geistigen und sittlichen Kräfte» mache auch die Juristen «zu wichtigen Mitkämpfern der großen weltanschaulichen Auseinandersetzung, in der das deutsche Volk, von Adolf Hitler geführt, seine Gesamtexistenz verteidigt».

In seinem Schlusswort forderte Schmitt ganz konkret die «Säuberung der Bibliotheken von Werken jüdischer Autoren». Sei ein Zitat dennoch unumgänglich, «dann nur mit dem Zusatz ‹Jüdisch›. Schon von der bloßen Nennung des Wortes Jüdisch wird ein heilsamer Exorzismus ausgehen.» (Als 1938 «Sarah» und «Israel» als Zwangsnamen für jeden jüdischen Deutschen dekretiert wurden, zitierten nicht wenige deutsche Wissenschaftler ihre eigenen Doktor- und Habilitationsväter mit eben jenem Zusatz, den Schmitt schon zwei Jahre zuvor gefordert hatte.)

«Wer die tiefe Wahrheit dieser Opposition begriffen» habe, resümierte Schmitt, «weiß auch, was Rasse», was «unsere unverfälschte eigene Art, die unversehrte Reinheit unseres deutschen Blutes ist». Das servile Gelöbnis der Tagungsteilnehmer drückte ihre Zustimmung aus. Schmitts Tirade und der Beifall verwiesen auf eine Mentalität, wie sie inzwischen bei vielen akademischen Helfershelfern des Regimes zutage trat. Im Lichte der folgenden acht Jahre war es die jede rechtsstaatliche Norm bereitwillig unterminierende Mentalität von Hilfstruppen des »Dritten Reiches», die sich in sauberen Amtsstuben die Hände nicht schmutzig machten, die tödliche Gewalt aber mit ihren Gedanken in Gang zu setzen halfen. Als manche Anhänger Carl Schmitts ihn nach 1945, als er zu Recht von einem Lehrstuhl ferngehalten wurde, zum unersetzlichen rechtswissenschaftlichen Ideenspender hochstilisiert haben, wurde von ihnen eine Schamschwelle überschritten, die – selbst wenn Schmitt sich nicht ohnehin vielfach anders kompromittiert hätte – schon wegen dieser antisemitischen Vulgärpolemik eines Schreibtischtäters par excellence nie hätte überquert werden dürfen.

Wie brutal der «Führer» für «das Werk des Herrn» kämpfte, erwies sich auch in der dritten Phase der antijüdischen Entfernungspolitik vom Herbst 1937 bis zum September 1939, als die Radikalisierung durch den «Anschluss» Österreichs beschleunigt wurde. Den dramatischen Höhepunkt bildete 1938 das Novemberpogrom, vulgo die «Reichskristallnacht» vom 9. auf den 10. November 1938. Die von Hitler ausdrücklich gutgeheißene Initiative zu einer spektakulären Aktion aufgrund der Ermordung eines deutschen Diplomaten durch einen jungen jüdischen Polen in Paris (wegen der Beeinträchtigung seines Images in der Öffentlichkeit bestand Hitler jedoch auf strengster Geheimhaltung seiner Beteiligung) wurde nach außen von Goebbels als seinem willfährigen Handlanger in die Tat umgesetzt. Goebbels hatte zwar auf «spontane Unterstützung» gehofft, musste dann aber, als diese wie gewöhnlich ausblieb, mit eilends instruierten Parteiformationen das Vorgehen organisieren. 200 Synagogen wurden in Brand gesetzt, tausend jüdische Geschäfte zerstört, hundert jüdische Deutsche ermordet und 25 000 von ihnen in KZ-Lager gebracht. 800 Fälle von Plünderung wurden sogar amtlich registriert. Die SA tat alles, um sich vier Jahre nach ihrer Degradierung durch Gewalt zu rehabilitieren.

Überall trafen ihre Gewaltakte auf eine «eingeschüchterte, schweigende Missbilligung», zumal wenn es um die Zerstörung wertvoller Gegenstände ging. Weder vorher noch nachher gab es eine solche vielfach registrierte regimekritische Distanz, die sich jedoch nirgendwo in eine «massive Äußerung des Protestes» umsetzte. Vielmehr trafen die antijüdischen Gesetzesmaßnahmen weiterhin auf eine «uneingeschränkte Bejahung».

Die Versicherungswirtschaft schätzte den Sachschaden auf 25 Millionen Mark, den sie an die Reichskasse statt an die Geschädigten überweisen musste. Den jüdischen Gemeinden wurde, als wären sie für das Zerstörungswerk verantwortlich gewesen, eine schamlose Kollektivstrafe in Höhe von einer Milliarde Mark auferlegt, die ebenfalls an die Staatskasse entrichtet werden musste. Die Bundesrepublik hat Jahrzehnte später eine Entschädigungszahlung von vier Milliarden DM ausgezahlt.

Totschlag, Demütigung und Sachschaden waren dem «Schwarzen Corps», dem Hausorgan der SS, noch nicht genug. Es forderte Ende November 1938 die Ausrottung «mit Feuer und Schwert», das «tatsächliche und endgültige Ende des Judentums in Deutschland, seine endgültige Vernichtung». Das Novemberpogrom wirkte wie eine unmissverständliche offene Kriegserklärung, welche die Auswanderung jüdischer Deutscher in eine neue Höhe trieb.

Die Brutalisierung der «Judenpolitik» hing auch, wie gesagt, deutlich mit dem «Anschluss Österreichs» zusammen. Dort kam es nach der Annexion zu zahlreichen Pogromen der traditionell besonders militanten österreichischen Antisemiten, ehe Adolf Eichmann mit der von der SS eingerichteten «Zentralstelle für jüdische Auswanderung» (im Juli 1939 als «Reichsstelle» in eine Gestapo-Abteilung nach Berlin übernommen) die forcierte Vertreibung in die Hand nahm, so dass 60 Prozent der österreichischen Juden emigrierten. Die extremen Zwangsmethoden wurden in das «Altreich» importiert. Dazu gehörte im Oktober 1938 die Ausweisung der 17000 Juden mit polnischer Staatsangehörigkeit, die lange im Grenzgebiet lagern mussten, weil die polnische Republik, selber ein Hort des virulenten Antisemitismus, ihre abgeschobenen Staatsangehörigen nicht aufnehmen wollte. Vor allem wurde jetzt der Boykott jüdischer Geschäfte und Unternehmen verschärft, um sie, wie Görings Losung im April 1938 lautete, «aus der Wirtschaft restlos auszuschalten».

Dabei machte er kein Hehl daraus, dass er das gesamte jüdische Vermögen requirieren und für die Zwecke des Vierjahresplans und der Aufrüstung verwenden wolle, wie überhaupt die Vertreibung stets Hand in Hand mit der wirtschaftlichen Ausplünderung einherging. 1933 gab es etwa 100000 jüdische Firmen in Deutschland, von denen bis 1938 60000 verschwunden waren. Von 50000 jüdischen Einzelhandelsgeschäften waren bis dahin nurmehr 9000 übrig geblieben. Bekanntlich waren jüdische Unternehmer nur selten in industriellen Großbetrieben, wohl aber im Bank- und Handelswesen engagiert. Dort gab es eine langjährige selbstverständliche Kooperation mit christlichen Deutschen, die sich jetzt über die Kränkung und Verletzung von jüdischen Deutschen in ihrem persönlichen Bekanntenkreis beklagten, aber nie einen hörbaren Protest gegen die ringsum sichtbare Diskriminierungspraxis äußerten. Immerhin war die Großwirtschaft bis 1937 an der «Arisierung» nur begrenzt beteiligt. Nicht einmal zehn Prozent der verkauften großen jüdischen Firmen wurden von ihr übernommen. Auch jüdische Manager, Vorstands- und Aufsichtsratsmitglieder wurden beibehalten. Aber unterhalb dieser Ebene wurde die «Arisierung» von der Bürokratie und der Raffgier der Interessenten ohne Rücksicht auf bisher für selbstverständlich gehaltene Regeln des Rechts und des Anstands vorangetrieben.

Mit dem Vierjahresplan und der Rüstungssteigerung setzte dann eine drastische Verschlechterung ein. Die verbliebenen jüdischen Deutschen wurden aus ihren Positionen verdrängt, die restlichen jüdischen Firmen bis zum Herbst 1939 «arisiert». Vor dem Novemberpogrom stieg etwa die monatliche Rate dieser Zwangsverkäufe auf rund 230 größere Firmen an. Jetzt kämpften auch die Großbanken um ihren Anteil am lukrativen Arisierungsgeschäft mit den wehrlosen Besitzern. Schon bis zum Sommer 1938 war die Deutsche Bank an 260 schäbigen Transaktionen beteiligt. Nicht minder rigoros schaltete sich auch die Dresdner Bank ein, die namentlich bei den Notverkäufen jüdischer Österreicher im Nu zur Stelle war. Gegen die frühere Besitzerfamilie, die Arnholds, zögerte sie nicht, die Gestapo einzusetzen. Dass sie zur Hausbank der SS avancierte, wurde ohne auffällige Bedenken akzeptiert. Herrschte im Bereich der Großunternehmen bis etwa 1937 eine spürbare Zurückhaltung, nicht ganz selten sogar ein Festhalten am jüdischen Spitzenpersonal, war die «Arisierung» in der erdrückenden Mehrheit dieser Zwangsverkäufe durch eine ekelerregende Mischung von Beutegier, Bereicherungseifer und skrupelloser Ausnutzung offensichtlicher Notlagen gekennzeichnet.

Drangsalierung und Diskriminierung, Enteignung und wachsende Lebensgefahr trieben bereits bis 1938 von den 550000 jüdischen Deutschen, die in der Volkszählung des Jahres 1933 erfasst worden waren, 175000 in die Emigration. Bis zum September 1939 kamen noch einmal 120000 hinzu; nach dem Schock des Novemberpogroms wurde 1938/39 der Höhepunkt der Vertreibung mit 270000 Emigranten erreicht. Etwa 60 Prozent der jüdischen Deutschen und Österreicher konnten durch die Auswanderung ihr Leben retten, im «Reichsprotektorat» dagegen nur 25 Prozent. Berücksichtigt man die durch die psychosomatischen Folgen der Misshandlung vermutlich erhöhte Alterssterblichkeit in der Zeitspanne bis 1939 (47000) und die Abschiebung von «Ostjuden», lebten noch knapp 200000 jüdische Deutsche im «Altreich», von denen bis zum Auswanderungsverbot im Oktober 1943, als die systematische Deportation ohne Überlebenschancen einsetzte, noch 163700 Menschen übrig geblieben waren. Von den Emigranten erreichten etwa 130000 die Vereinigten Staaten, 51000 Großbritannien und 47000 Palästina, 100000 aber die europäischen Nachbarländer, die seit 1939 von deutschen Truppen besetzt wurden, so dass sie den Häschern nur selten entkamen. Nur 15000 jüdischen Deutschen gelang es, in ihrer Heimat unterzutauchen, nur 13700 wurden aus den Konzentrationslagern befreit.

Als 1945 der Rückschlag gegen die barbarische deutsche Bevölkerungs-, Umsiedlungs- und Rassenpolitik im Osten die Deutschen aus Ostdeutschland und Osteuropa vertrieb, sahen sie sich als Opfer einer einzigartigen Gewaltaktion. Das waren sie auch, aber sie hatten durchweg vergessen, dass sie selber seit 1933 an der ersten Vertreibung von Deutschen: von Abertausenden von jüdischen Deutschen aktiv oder lethargisch mitgewirkt hatten. Die im «Altreich» überlebenden jüdischen Deutschen wurden im Juli 1939 in einer Zwangskorporation, der «Reichsvereinigung der Juden in Deutschland» unter der Leitung des Rabbiners Leo Baeck, zusammengefasst. Außerhalb der Sphäre der staatlichen Verwaltung erhielt allein die SS das Kontrollrecht. Die SS bediente sich seither der «Reichsvereinigung» oder der restlichen jüdischen Kultusgemeinden als «Werkzeug für die Vernichtung» der jüdischen Deutschen. Koordiniert wurde diese letzte Phase der «Judenpolitik» von Reinhard Heydrich, der in dem im September 1939 geschaffenen Reichssicherheitshauptamt die Schlüsselstellung innehatte. Am 30. Januar 1939 hatte Hitler im Reichstag prophezeit, dass im Falle eines neuen Weltkrieges sein Ergebnis «die Vernichtung der jüdischen Rasse in Europa sein werde».

Diese antijüdische Politik seit 1933 lässt sich als «Kampfmetapher» nicht angemessen verstehen. Sie lässt sich auch nicht als Ergebnis angehäufter pragmatischer Diskriminierungsmaßnahmen befriedigend begreifen, die allmählich im Selbstlaufverfahren zu einer «kumulativen Radikalisierung» tendierten. Ein solcher Prozess war unbestreitbar, insbesondere seit dem Sommer 1941, am Werk. Doch bleibt das entscheidende Moment die höchste Priorität, welche die Judenfeindschaft im nationalsozialistischen Weltbild, namentlich aber in Hitlers Ideenhaushalt genoss. Dieses Weltbild, durch den charismatischen «Führer» mit seinem Deutungsmonopol und seiner Kompetenzkompetenz stets so aggressiv wie nur möglich interpretiert, übernahm die ausschlaggebende Steuerungsfunktion für das nachfolgende Handeln. Auch wenn ein spontaner Antisemitismus «von unten» praktiziert wurde, geschah das immer in der begründeten Erwartung, dass jedes radikale Vorgehen – bei unterschiedlichen Optionen: die extremste Möglichkeit – von Hitler im Bann seines Judenhasses gebilligt werden würde. So und nicht anders ist auch die Vernichtungspolitik des Holocaust seit 1941 zustande gekommen.

b. Zwangssterilisierung und Euthanasieaktion

Diese Rassenpolitik wurde von denjenigen unter ihren Anhängern und Kollaborateuren, welche die zugrunde liegenden Leitgedanken genauer als der SA-Pöbel kannten, umfassender definiert, als es die Konzentration auf die «Judenfrage» vermuten lässt. Diese wurde fraglos als die vorrangigste, konsensfähige Aufgabe mit den schlimmsten Konsequenzen angegangen. Darüber hinaus aber ging es um die möglichst lückenlose «Reinigung» des deutschen «Volkskörpers» von all jenen Elementen, die aufgrund ihrer «anlagebedingten» und daher nicht «besserungsfähigen Minderwertigkeit» einer «rassehygienischen Sonderbehandlung» zugeführt werden sollten, da sie als «gemeinschaftsunfähige Individuen» den «Mindestanforderungen der Volksgemeinschaft» nicht genügten. Für diese unumgängliche «Ausmerze» wurde ein umfassender Katalog von «Schädlingen» aufgestellt, der Geisteskranke, Debile, Schwerbehinderte, Alkoholiker, Asoziale, Arbeitsscheue, Prostituierte, Zuhälter, Homosexuelle, Kriminelle, Zigeuner, Farbige und Systemgegner aller Art umfasste. Das Ziel dieses Eingriffs, der als eugenische «Erbgesundheitspflege» im weitesten Sinn verstanden wurde, war ein vollständig purifizierter «Volkskörper», der von allen früheren Angehörigen im Besitz unheilbarer Defekte befreit worden war. In einem eugenischen, meist auf unheilbare Kranke wie die sog. Schwachsinnigen bezogenen Sinn hatte die internationale Eugenik-Bewegung seit den 1890er Jahren das Ziel postuliert, durch die Ausschaltung dieser Kranken eine umfassende «Erbgesundheitspflege» einzuleiten.

Von den Genetikern, die sich dieser Strömung anschlossen, wurde sie schon als notwendige Verteidigung des hochwertigen Gen-Pools angesehen. Dabei kann man zunächst durchaus eine nichtrassistische, daher auch nichtantisemitische Eugenik-Richtung von einer frühzeitig rassistischen, mit der Reinheit der arischen Rasse und einem prononcierten Antisemitismus argumentierenden Schule unterscheiden, die außer den unheilbaren Kranken auch alle «Fremdvölkischen» durch Sterilisierung und Abtreibung eliminieren wollte. Mehr und mehr gewann in Deutschland diese zweite Strömung das Übergewicht, die mit ihrem eugenischen Rassismus die umfassendere Therapie und die Utopie eines gesunden «Volkskörpers» verhieß. Worauf beruhte diese Attraktivität des Denkens in den Begriffen der Eugenik, erst recht des eugenischen Rassismus, der seit seiner Anfangsphase um 1900 in andere Humanwissenschaften weit ausstrahlte?

Das Vordringen der Eugenik ist ohne den Siegeszug der Darwinschen Evolutionslehre und dann des Sozialdarwinismus seit dem letzten Drittel des 19. Jahrhunderts nicht zu verstehen. Zum einen knüpften die Pioniere der Eugenik unmittelbar an die Darwinsche Theorie an – wie das etwa in England Francis Galton mit dem Werk seines Vetters tat. Zum anderen gewann die Darwinsche Biologie mit ihrem, wie es schien, wissenschaftlich absolut zuverlässig erarbeiteten Gedankengebäude nicht nur alle Züge einer Leitwissenschaft, sondern darüber hinaus den Einfluss einer säkularen Ersatzreligion, welche die Welt umfassend zu deuten beanspruchte. Insbesondere der Sozialdarwinismus übertrug die Gesetze der Natur auf die Welt des Menschen, wie das als erster das große Vorbild, Darwin selber, getan hatte (als er die amerikanische Gesellschaft als Musterbeispiel für das menschliche «survival of the fittest» verklärte). Dort hielt er sie für ebenso endgültig wie in der Natur und sah aus dem rapiden sozialen Wandel seiner Zeit die «Anpassungsfähigsten», insofern die «Stärksten» im «Kampf um das Dasein» siegreich hervorgehen. Der natürliche Selektionsprozess wurde jedoch, wie die sozialdarwinistischen Pessimisten klagten, geschwächt oder sogar ganz außer Kraft gesetzt, als die moderne Medizin im Prinzip jedermann helfen konnte, der Sozialstaat seine Schwachenhilfe ausdehnte und weder Hungersnöte noch Epidemien weiterhin diese Schwachen eliminierten. Deshalb gefährdeten die zu Unrecht überlebenden debilen, devianten «Minderwertigen» die von der Natur vorgesehene Vorherrschaft der Starken, der, wie es zunehmend hieß, auch rassisch «Hochwertigen». Ihnen galt es durch eine zielbewusste «Erbgesundheitspflege» beizuspringen, damit sie ihre spezifische Qualität bei der Fortpflanzung weitervererben und zur «Aufartung» aktiv beitragen konnten.

Den Sozialdarwinismus, der in engster Affinität zur Eugenik stand, umgab wie seine biologische Stammtheorie die Gloriole der naturwissenschaftlichen Gesetzmäßigkeit. Sein antiegalitärer Sozialaristokratismus, sein biologistisches Ungleichheitsdogma, seine brutale Herrenmenschenmoral – sie kamen dem Überlegenheitsgefühl der etablierten Oberklassen und Funktionseliten schon deshalb weit entgegen, weil sie sich jetzt als positiv selegierte Sieger im Existenzkampf und als Spitzenfiguren auf der Höhe des wissenschaftlichen Denkens verstehen konnten. Zugleich nährten die Erfolge der Medizin den Glauben daran, dass analog zum individuellen Körper auch der «Volkskörper» therapiert, ja definitiv von allen vererbbaren Schäden geheilt werden könne. Das implizierte allerdings, wie der Forderungskatalog alsbald lautete, schmerzhafte Eingriffe: von der Zwangssterilisierung bis zur Euthanasie, um die Fortpflanzung der «Hochwertigen» durch die Aussonderung der «Minderwertigen» zu gewährleisten.

Die unbändige Fortschrittseuphorie, die in dieser Programmatik zutage trat, wurde durch zahlreiche Errungenschaften der neuesten Zeit genährt. Die naturwissenschaftliche Medizin hatte in der Tat nicht nur bei der Seuchenbekämpfung einen gewaltigen Schritt nach vorn getan, sondern dank der staatlichen Sozialpolitik auch die Armen in ihren Patientenkreis einbezogen. Die Sozialhygiene begann, die «urbane Massengesellschaft» mit sichtbarem Erfolg zu regulieren. Das Objekt der Medizin wurde dadurch insofern verdoppelt, als neben den individuellen jetzt auch der heilungsbedürftige «soziale Körper» trat. Der Heilungsoptimismus der medizinischen Experten führte, unterstützt auch vom Jugendkult der Zeit, zur Idealisierung des gesunden jungen Körpers, der auch als «Volkskörper» vor dem Altern und dem Verfall bewahrt, durch die Ausschaltung der kranken Elemente jung und gesund gehalten werden sollte.

Trotz ihres Aufschwungs handelte es sich bei der Eugenik gleich welcher Couleur nicht um ein Mehrheitsphänomen der Humanwissenschaften, sondern unzweideutig um die Lehre einer kleinen, wortreichen, siegessicheren, zukunftsgewissen, in den meisten westlichen Ländern auftretenden Minderheit. Sie empfand sich selber als Speerspitze des Fortschritts, wurde aber durch die harsche Kritik von Repräsentanten der Mehrheit in allen tangierten Wissenschaften in enge Schranken verwiesen. Man braucht nur an Max Webers gnadenlose Kritik der Rassenanthropologie von Alfred Ploetz zu denken. Wer einen Siegeszug auf breiter Front unterstellt, verzerrt daher völlig die Kräfteverhältnisse. Ein fundamentaler Veränderungsdruck ging dann jedoch ganz plötzlich von dem ungeheuren Aderlass des Ersten Weltkriegs aus, der sogleich als negative Auslese, als Kontraselektion verstanden wurde, da – wie der verletzende Kommentar zu den überlebenden Soldaten und den Angehörigen der Toten hieß – «die Besten gefallen sind». Jetzt müssten, hieß es vermehrt seit Kriegsende, die «Hochwertigen» erst recht durch eine strenge «Erbgesundheitspflege» gegen die unmittelbar drohende «Herrschaft der Minderwertigen» geschützt werden.

Die rassische Eugenik erlebte im Schatten dieser maßlos dramatisierten apokalyptischen Untergangsgefahr, die auch durch den Geburtenrückgang und die demographische Schrumpfung der Reichsbevölkerung spürbar verstärkt wurde, als Vorkämpferin gegen den «Volkstod» einen kräftigen Aufschwung. Bald erfasste sie eine wachsende Anzahl von Medizinern, Psychiatern, Kriminalbiologen, Anthropologen, Psychologen, Soziologen, Bevölkerungs- und Sozialwissenschaftlern bis hin zu einigen sozialdemokratischen Vorkämpfern einer planmäßig erzeugten Volksgesundheit wie Alfred Grotjahn. Noch immer konstituierten freilich die Eugeniker in den Humanwissenschaften und Sozialberufen eine Minorität. Doch die Zahl ihrer Protagonisten nahm zu, ihr Tun wurde schriller, und der allgemeine Pessimismus der Stimmungslage nach dem verlorenen Krieg unterstützte sie. Eugenik, Rassenhygiene, Rassenpolitik – sie flossen, oft ununterscheidbar, immer häufiger zu dem Handlungsimperativ zusammen, dass der tödlich gefährdete «Volkskörper» durch rassenbiologisch fundierte Reinigungsmethoden bis hin zur tödlichen Beseitigung gerettet werden müsse. Insofern trug auch der eugenische Rassismus nachdrücklich dazu bei, den traditionellen ethnisch-anthropologischen Rassismus zu radikalisieren.

Wer in diesem Zusammenhang noch von dem Irrglauben an eine eugenische «Endlösung der sozialen Frage» im Dienste der Kapitalinteressen spricht, verfällt einem «doppelten Etikettenschwindel». Denn unter der «sozialen Frage» verstand man seit den 1870er Jahren die Lage des klassischen Industrieproletariats, und seine Probleme konnte und wollte man nicht mit eugenischen Methoden lösen. Diese orthodoxe marxistische Kritik an der angeblichen Methodik und Apologie eines unmenschlichen Kapitalismus führt wieder einmal in die Irre.

Der «gemeinsame Nenner» der rassistischen Eugenik, wie sie in den verschiedenartigsten humanwissenschaftlichen Disziplinen und sozial-therapeutischen Berufen inzwischen propagiert wurde, bestand darin, dass die Klassifizierung und «Behandlung von Menschen nach dem Wert differenziert wurde», «dessen Kriterien aus einem normativen und affirmativen Leitbild des ‹Volkskörpers› als Kollektivsubjekt abgeleitet wurden». Aus sozialkulturellen Unterschieden zwischen den Menschen schlossen sie auf eine biologische Werthierarchie, welche die «Hochwertigen» von den «Minderwertigen» klar zu unterscheiden gestatte. Dabei folgten die selbstbewussten Experten der Volkskörperpflege der «Vision einer völkischen Erneuerung», die durch das höchste aller Güter, das «Lebensgesetz des deutschen Volkes», legitimiert wurde.

Bis 1932 trafen die Forderungen der allgemeinen wie auch der rassischen Eugenik auf hinreichende Blockaden; nicht einmal die freiwillige Sterilisierung wurde zugelassen. Doch mit der Machtübergabe an Hitler und seine Bewegung wurden auch auf diesem Feld die Schleusen weit geöffnet. Der Nationalsozialismus hat die Eugenik keineswegs erfunden, konnte aber deren rassistische Variante mit seinem ethnischen Rassismus und Antisemitismus mühelos verschmelzen. Und als er zur Aktion überging, vermochte er sich auf ziemlich breite Segmente der involvierten akademischen Berufsklassen zu stützen, denn sein rigoroses Vorgehen erwies sich als erstaunlich zustimmungsfähig.

Offenbar schlossen sich seither der ethnische und der eugenische Rassismus noch enger zusammen. Dennoch sollte man nicht aus dem Auge verlieren, dass die Wurzeln des Judenhasses und des eugenischen Rassismus historisch und analytisch getrennt zu halten sind.

Der westliche Antijudaismus hatte sich über nahezu 2000 Jahre hinweg, vom christlichen Hass auf die Christusmörder wach gehalten, entwickeln können, ehe er im rassistischen, politischen Antisemitismus des deutschen und des österreichischen Kaiserreichs eine Extremform erreichte, als deren Vollender sich Hitler und der harte Kern der NSDAP empfanden. Ihre Vorstellung vom jüdischen Rassenfeind und vom historischen Auftrag zu seiner «Entfernung» war durch diesen Antisemitismus, der seit dem Ende der 1870er Jahre vorgedrungen war, zutiefst geprägt. Sie verschmolz frühzeitig mit einem, namentlich von Hitler leidenschaftlich verfochtenen vulgären Sozialdarwinismus, der überall im gesellschaftlichen Leben und in der Staatenwelt den Kampf um den Sieg des Stärkeren, mithin auch den Abwehrkampf der überlegenen arischen Rasse gegen die latente Gefährdung durch den allgegenwärtigen jüdischen «Bazillus» mit allen Kräften zu führen forderte.

Daher hielten Hitler und die charismatische Gemeinschaft der völkischen, nationalsozialistischen Bewegung die Kampflehre der Pseudotheoretiker von Gobineau über Marr bis Chamberlain und Lanz v. Liebenfels zusammen mit der Weltdeutung des Sozialdarwinismus, der aus der Darwinschen Lehre seinen Endgültigkeitsanspruch bezog, für eine wissenschaftlich fundierte Grundlage ihrer «Weltanschauung». Von einem emotionalen Radauantisemitismus wollten sie sich durch diese vermeintlich wissenschaftliche Basis ihres Denkens und des daraus schießenden Aktivismus zutiefst unterscheiden. Diese Differenz hat namentlich Hitler immer wieder betont.

Der Judenhass ist auch durch die in der Wissenschaft anspruchsvoll auftretende Eugenik in aller Regel nicht begründet, wohl aber bestätigend beeinflusst worden, zumal der Sozialdarwinismus und die Eugenik aus ein und demselben theoretischen Nährboden stammen. Doch im Entscheidungsprozess der antijüdischen Politik bis hin zum Holocaust folgte diese den älteren Motiven des rassistischen Antisemitismus. Andererseits konnte sie die eugenische «Ausmerze» ihren Zielen mühelos amalgamieren und sich diese Fusion zu Eigen machen. Die evidente Wahlverwandtschaft dieser beiden Irrlehren lag schon damals auf der Hand, übte aber ihre eigene Anziehungskraft aus.

Die Eugenik dagegen ist im Gegensatz zum Antijudaismus erst seit den 1890er Jahren aufgekommen. Sie hatte zunächst andere Zielgruppen als Objekt im Auge als die jüdischen Einwohner jener Staaten, in denen sie um sich griff. Erst der spätere eugenische Rassismus hat sie in sein Allheilprogramm voll einbezogen. Aufgrund ihres Ziels, den «Volkskörper» durch die Eliminierung der «Minderwertigen» zu retten, war aber in der gesamten Eugenik eine innere Affinität zur Rassenprogrammatik und -politik des Nationalsozialismus entstanden.

Hitler hatte in berüchtigten Passagen von «Mein Kampf», in denen er sich eugenische Forderungen zu Eigen machte, dem künftigen «völkischen Staat» die Aufgabe der «Rassenhygiene» übertragen. Er habe in dem Sinn für «Reinhaltung» zu sorgen, dass «Kinder nur zeugt, wer gesund ist». Zu diesem Zweck müsse er die modernsten wissenschaftlichen Mittel und Methoden in seinen Dienst stellen, um effektiv zu gewährleisten, dass «wer irgendwie krank und erblich belastet» sei, als «zeugungsunfähig» erklärt werde. Anschließend sei dieses Urteil auch praktisch durchzusetzen, damit in der «humansten Tat der Menschheit» die rassisch Wertvollen von den Kranken endgültig getrennt würden.

Konsequent trat dann auch die NSDAP seit 1925 im Reichstag für die Sterilisierung von Verbrechern, der «Nationalsozialistische Ärztebund» seit 1928 für die Zwangssterilisierung aller «Minderwertigen» ein. Im selben Jahr bekräftigte Hitler auf dem Nürnberger Parteitag, man müsse endlich der Gefahr, dass der «natürliche Ausleseprozess» durch Mitleidsduselei «abgeschnitten» werde, resolut entgegentreten. Alfred Rosenberg, Walther Darré und Hans Frank befürworteten ebenfalls eugenische Eingriffe bis hin zum «Tod des lebensunwerten Lebens».

Die Affinität der grundlegenden Ideen, Handlungsabsichten und Eingriffsziele führte seit dem Ende der 1920er Jahre dazu, dass sich zahlreiche wissenschaftliche und publizistische Propagandisten und humanwissenschaftliche Anhänger der Eugenik der NSDAP anschlossen oder in ihrem Dunstkreis wirkten. 1933 traten sie unverzüglich in den Dienst des Regimes, um ihre Leitvorstellung vom gesunden «Volkskörper» endlich praktisch zu verwirklichen. Da Hitler seit zehn Jahren als Verfechter der eugenischen Rassenpolitik aufgetreten war, billigte er nachdrücklich die Volkskörpertherapie und trug, wo immer möglich, zu ihrer radikalen Realisierung während des «völkischen Krieges» im Inneren aktiv bei.

Kurzum: 1933 erhielten die rabiatesten der deutschen Eugeniker grünes Licht. Ihre Protagonisten rückten in Positionen mit Entscheidungsgewalt ein. Die Umsetzung ihrer Ideen in praktische Politik konnte beginnen. Das erwies sofort, nur ein halbes Jahr nach der Machtübergabe, das «Gesetz zur Verhütung erbkranken Nachwuchses» vom 14. Juni 1933, in dem die Sterilisierung aller «Schwachsinnigen» von Staatswegen vorgesehen war. Das Ziel des rechtlichen Imperativs sei, wie das erste Rassengesetz des «Dritten Reiches» erläuterte, «biologisch minderwertiges Erbgut auszuschalten, durch die Unfruchtbarmachung eine allmähliche Reinigung des Volkskörpers und die Ausmerzung von krankhaften Erbanlagen zu bewirken».

Seither wurde die Domäne der rassenhygienischen Reinigungspolitik immer weiter ausgedehnt. Fachleute schätzten alsbald die unumgängliche Anzahl der Ausnahmefälle auf eine Million. Es ist kein Zweifel daran erlaubt, dass im Fall eines Kriegserfolgs diese Zahl ebenso erreicht worden wäre, wie die sechs Millionen Juden liquidiert worden sind – und wie auch die gut 30 Millionen Slawen im Vollzug des «Generalsiedlungsplans» umgebracht worden wären. Perfektionistische Rechnungen gingen sogar noch weit über diese eine Million von Auszumerzenden hinaus.

Die «Ausmerze» stellte keineswegs ein abseitiges Unternehmen einiger exotischer Fanatiker dar, die vom Regime mühsam gedeckt werden mussten. Vielmehr beruhte sie auf der Zustimmung von erschreckend vielen Angehörigen der medizinischen und sozialwissenschaftlichen Funktionseliten, selbstredend auch der Reichsärzteführer Gerhard Wagner und Leonardo Conti samt ihrer Entourage. Alle setzten auf diese Karte, ungeachtet ihres Äskulap-Eids und der zivilisatorischen Ethik.

Was hat so viele Experten, insbesondere zum Dienst am Leben verpflichtete Ärzte, dazu gebracht, sich einem solchen menschenfeindlichen Rigorismus zu verschreiben? Warum entwickelten sie dabei eine Frühform jener «Genozid-Mentalität» (R. J. Lifton), die im Krankenmord der Euthanasieaktion und in der Beihilfe zum Judenmord voll zutage trat? Warum konnte so oft, wie Thomas Mann es treffend zuspitzte, der deutsche «Arzt als Henker» auftreten?

Sie standen im Bann eines Glaubens an den unaufhaltsamen Fortschritt in Wissenschaft und Technik, an dessen Spitze sie sich mit den modernsten wissenschaftlichen Einsichten und Methoden setzen wollten. Die damaligen Genetiker etwa verlangten schon eine reichsweit angelegte Erbkartei – Ausgangsbasis für eine strenge, nach ihrer Ansicht unzweifelhaft wissenschaftlich begründete Selektion. Auch das 1927 gegründete «Kaiser-Wilhelm-Institut für Anthropologie, Erblehre und Eugenik», bald in die Untaten des Regimes tief verstrickt, zehrte von diesem Fortschrittsoptimismus.

Sozialwissenschaftler fanden das eugenische Programm auch deshalb so attraktiv, weil es mit einer wahrhaft modernen Sozialpolitik für den endgültig gereinigten «Volkskörper» verbunden werden konnte. Zu ihm gehörte auch (bei den urbanisierungsfreundlichen

Köpfen) die Umleitung der «akzeptablen» Volksgenossen in neu errichtete städtische Wohnquartiere oder (bei den Agrarromantikern) zurück aufs Land oder in die östlichen Wehrbauerngebiete.

Das Hochgefühl der Wissenschaftsgläubigkeit reichte so weit, dass ohne auffälliges emotionales Engagement, allenfalls voller Verachtung für christliche Gefühlsduselei, zivilisatorische Normen und humanistische Werte, eine vermeintlich objektiv gebotene Therapie am «Volkskörper» von diesen Experten der «Generation der Sachlichkeit» ausgeführt wurde. Diese Haltung ist das eigentliche erklärungsbedürftige Moment.

Obwohl die Wissenschaftspraxis jede Emotionalität angeblich ausgeschaltet hatte, ist doch unverkennbar, dass die Theoretiker und Praktiker der Eugenik, insbesondere des eugenischen Rassismus, von tiefen irrationalen Ängsten vorangetrieben wurden. Der vermeintlich drohende «Volkstod», die heraufziehende Vorherrschaft der «Minderwertigen», die Dämonisierung der jüdischen Gefahr, die Obsession mit der finalen Krise einer «Zeitenwende», der nur mit der «völkischen Wiedergeburt» begegnet werden könne – solche emotionalen Antriebskräfte wirkten nicht minder einflussreich auf die mentale Verfassung der Eugenik-Anhänger ein. Sie bildeten die emotionalen Grundlagen ihres angeblich so objektiven wissenschaftlich-rationalen Denkens.

Jeder Gedanke an den Respekt vor den Gleichheitsrechten und der Menschenwürde der Individuen oder vor dem Schutzgebot für Schwache wurde, ein horrender Preis für die eigene Zukunftsgewissheit, bereitwillig aufgegeben. Die Fachleute der Herrenrasse glaubten, sich solche antiquierten Hemmungen, die das arische Volkstum gefährdeten, nicht mehr leisten zu können. Diese arrogante Grundauffassung wurde von außen vielfach bestätigt, denn mit «desinteressierter Sympathie» begleiteten nicht unerhebliche Teile der Bevölkerung das Vorgehen gegen Debile und Deviante. Die Gesellschaft degenerierte für die Eugeniker zu einem rein biologischen System, das endlich im Sinn der «Aufartung» zielbewusst gesteuert werden müsse. Gesellschaftliche Probleme wurden daher folgerichtig auf biologische Ursachen zurückgeführt. Es galt dann als die Aufgabe der Staatspolitik, ausgeführt von den Experten, aber auch von der SS und Polizei, das deutsche Volk mit allen notwendigen Mitteln bis hin zur «Ausmerze» vor der Unterminierung durch seine «minderwertigen» Feinde im Innern zu schützen.

Die Verstaatlichung, Bürokratisierung und Radikalisierung der rassistischen «Erbpflege» begann mit dem vorn erwähnten Erbgesundheitsgesetz vom Frühsommer 1933. Auf seiner Basis wurden von Ärzten im Auftrag der Sterilisierungs- oder Erbgesundheitsgerichte insgesamt 360000 Menschen, ganz überwiegend Frauen, aber auch Männer, zwangssterilisiert. Denn sie galten der nationalsozialistischen Rassenpolitik als jene «Minderwertigen», die von der «Fortpflanzung», angeblich meist mit ebensolchen «Schädlingen», ausgeschlossen werden sollten. Dabei gingen moralische Korrumpierbarkeit und wissenschaftliche Siegesgewissheit der involvierten Ärzte jene Verbindung ein, die für den eugenischen Rassismus als typisch gelten kann.

Insgesamt wurde ein Prozent aller gebärfähigen deutschen Frauen von dieser Zwangssterilisierung erfasst. Darüber hinaus hielten die Eugenikexperten in ihren Maximalberechnungen bis zu 30 Prozent aller gebärfähigen Frauen für «unerwünscht»; im Falle eines anderen Kriegsausgangs hätten sie ihre unterschiedlichen Arten der «Sonderbehandlung» bis hin zu einem Mammutprogramm weiterer Sterilisierung und «Ausmerze» in Angriff nehmen können. Unter solchen strengen rasseeugenischen Gesichtspunkten galt nur höchstens ein Drittel der gebärfähigen Frauen als zweifelsfrei «erwünscht». Man erkennt, bis in welche aberwitzigen Größendimensionen hinein das eugenische Purifizierungskalkül führen konnte. Unstreitig wollte die nationalsozialistische Rassenpolitik die Geschichte der deutschen Gesellschaft neu schreiben.

Der auch ohne diese «Optimierung» sich rasch ausdehnende Prozess der Zwangssterilisierung mit seiner Beraubung vitaler Lebenschancen kann als eine Art von Probelauf zur Euthanasieaktion verstanden werden, die mit ihrer tödlichen «Ausmerze» die extremste Konsequenz aus der «Volkskörper»-Therapie zog.

Schon 1935 hatte der Reichsärzteführer Wagner auf der «Vernichtung lebensunwerten Lebens» nachdrücklich insistiert. Doch Hitler war mit dem taktischen Hinweis noch ausgewichen, dass sich im Fall eines Krieges die Euthanasie «glatter und leichter durchführen» lasse. Im Herbst 1939 liefen daher zwei Mordaktionen parallel an: In Polen begannen noch im September Himmlers Einsatzgruppen hinter der

Front ihr mörderisches Werk, dem sofort 90000 Polen, begleitet von ersten Judenmassakern, zum Opfer fielen. Und im Oktober, trügerisch vordatiert auf den Tag der Kriegsentfesselung, ergriff Hitler in einer streng geheimen mündlichen Ermächtigung für den Chef der Führerkanzlei Bouhler und in einem geheimen Schriftstück mit dem Briefkopf dieser Kanzlei für seinen Leibarzt Karl Brandt die Initiative, indem er sie anwies, den Krankenmord an den geistig Behinderten ohne Vollzug zu planen und auszuführen; die Justizbehörden wurden weder informiert noch befragt.

Ein neuer, typisch polykratischer Sonderstab des «Führers» nahm sogleich seine Arbeit auf. Die Kranken wurden zunächst durch Meldebogen und von Ärztekommissionen erfasst, ehe sie seit dem April 1940 von mehreren hundert Angehörigen dieser «Aktion T4» (die Zentrale befand sich in Berlin Tiergartenstraße Nr. 4) in besondere Anstalten (vor allem Berneburg, Brandenburg, Grafeneck, Hadamar, Hartenheim, Sonnenstein/Pirna) verbracht und dort durch Giftspritze oder schon mit Hilfe von Kohlenmonoxyd unverzüglich ermordet wurden (auf den Erfolg dieser Tötungspraxis griff dann die SS 1941/42 beim Bau der Gaskammern in den sechs Vernichtungslagern zurück). Es spricht manches dafür, den beteiligten Ärzten eine früh vorhandene «Genozid-Mentalität» zuzusprechen, die dann während des Judenmords, auch in den medizinischen Menschenexperimenten, ganz unverhüllt zutage trat.

Zunächst wurden 5000 Kinder erfasst, doch dehnte sich die Aktion auch auf kranke Erwachsene aus; jüdische Insassen der Krankenanstalten wurden ohne weitere Umstände einbezogen. In der ersten Phase bis Ende August 1941 wurde etwa 70300 Kranken das Leben genommen. Die Leichen wurden sofort eingeäschert, die Angehörigen über den Tod informiert, so dass sich wegen der Häufung von Todesfällen bald Misstrauen regte und in die Öffentlichkeit drang. Erst im Frühjahr 1941 will auch das Reichsjustizministerium von der Aktion aus dem Kreis der betroffenen Familien erfahren haben, und Justizminister Gürtner drängte schwächlich auf die Einstellung des ungesetzlichen Verfahrens. Als er im Januar 1941 starb, warb sein Nachfolger Franz Schlegelberger, ein weiteres Beispiel für das Eindringen der Führergewalt in die Staatsbehörden, um Unterstützung der Euthanasiemaßnahmen.

Zum Wortführer der Kritik, die bisher nur von Familien mit ermordeten Angehörigen geäußert worden war, machte sich der Münsteraner Erzbischof Clemens August Graf v. Galen, bis dahin ein stramm deutschnational gesinnter Geistlicher und alles andere als ein erkennbarer Feind des Regimes, vielmehr ein Befürworter von dessen Kampf gegen den Bolschewismus. In mehreren Predigten im Sommer 1941, die Kirche voller Gestapo-Spitzel, prangerte er jetzt jedoch den kaltblütigen Mord an den geistig Behinderten unverblümt an. Trotz der Aufregung im Herrschaftsapparat geschah ihm nichts. Hitler ließ, da er im Krieg schon wegen der Millionen katholischer Soldaten keinen offenen Konflikt mit der Kirche riskieren wollte, die «Aktion T4» am 24. August 1941 abbrechen.

Die quälende Frage bleibt offen, was ein früher geäußerter öffentlicher Protest eines Kirchenmannes – oder gar von mehreren – hätte verhindern können. Vor allem bleibt aber offen, was aus dem Judenmord geworden wäre, wenn alle katholischen und protestantischen Bischöfe, die zur Euthanasie fast alle eisern schwiegen, mit derselben Zivilcourage, Leidenschaft und moralischen Empörung, wie v. Galen sie demonstrierte, die Berliner Machthaber öffentlich angeklagt hätten. Wären diese in einen die innere Konsensbasis und die Kampfmoral der Truppe gefährdenden Kirchenkampf eingetreten, um ungeachtet aller Einwände das Herzstück ihrer Rassenpolitik zu verwirklichen? Eine befriedigende Antwort lässt sich nicht geben, doch ist der Vorwurf, dass nicht einmal der Anlauf zu einem gemeinsamen Protest unternommen wurde, nicht zu entkräften.

Insgeheim wurde die Euthanasie nach einiger Zeit unter dem Deckmantel strenger Geheimhaltung fortgesetzt. Rund 150 000 Kranke und «Fremdvölkische», die kurzerhand mit einbezogen wurden, gehörten zu den neuen Opfern des «therapeutischen Tötens». Die ursprüngliche Euthanasieaktion bildete den «Auftakt zu einem sozialbiologischen Reinigungsprozess», der seit 1941 mit der Vernichtung der europäischen Judenheit radikalisiert wurde. Die barbarische «Ausmerze» im Verlauf des Krankenmords beruhte auf der Verschränkung von vermeintlich «wissenschaftlicher Modernität» und «sozialtechnologischer Rationalität» mit utopischen Zielvorstellungen von «artgemäßer Menschenzucht», um die Vision der «völkischen Erneuerung» in die Realität zu überführen.

Im Reichsjustizministerium gab es seit dem Frühjahr 1940 weit gediehene Überlegungen zu einem Gesetz zur «Behandlung Gemeinschaftsfremder», das an die Stelle des geheimen Führererlasses zur Euthanasie treten sollte. Dabei ging es um die Optimierung des Zugriffs auf jedes abweichende Verhalten, um die Regulierung bereits im Vorfeld des Euthanasiemordes zu ermöglichen. Auf Überwachung, Sterilisierung und Lagerhaft sollte im Zweifelsfall der Tod folgen. Auch die Justizbürokratie hatte sich damit die Leitidee von dem gesunden, rassisch hochwertigen «Volkskörper» ohne jedes «minderwertige», deviante Element zu Eigen gemacht. Nur weil die Führerherrschaft für das Wüten ihrer Sondergewalten keines Reichsgesetzes bedurfte, kam es nicht zustande.

Die Rassenpolitik des Nationalsozialismus, die sich von der Zwangssterilisierung über die Euthanasie bis zum Holocaust und zum Zukunftsziel des Ethnozids an den Slawen ständig gesteigert hat, ist in letzter Zeit als pervertierte Form einer höchst modernen «Biopolitik» und insofern als «eine der pathologischen Entwicklungsformen der Moderne» interpretiert worden. Gegen eine naive (längst von keinem ernstzunehmenden Sozialwissenschaftler mehr vertretene) Modernisierungstheorie, die den Siegeszug auf ein höheres Entwicklungsniveau fest im Auge hatte, sollte man in der Tat betonen, dass die intellektuellen Verfechter und akademischen Exekutoren der Rassenpolitik häufig davon überzeugt waren, eine auf wissenschaftlicher Grundlage beruhende, schwierige, gleichwohl notwendige Reinigung des «Volkskörpers» vornehmen zu müssen. Kollaborateure fanden sie offenbar mühelos überall. Dennoch muss man dieser fundamentalistischen, offenbar von Michel Foucault inspirierten Kritik an der Korruption der Humanwissenschaften und allgemeiner noch an der Pathologie der Moderne entgegentreten.

1. Durchweg handelte es sich um aktivistische Minderheiten, die allein aufgrund der Unterstützung durch das NS-Regime zum Zuge kamen. Die neuen Chancen dank der Führerherrschaft waren die entscheidenden Bedingungen der Ermöglichung der Untat. Die Mehrheit der Ärzte oder anderer Humanwissenschaftler schloss sich dem Kreuzzug für eine tödliche «Erbgesundheitspflege» keineswegs an. Dass sie nicht vehement gegen ihn protestierten, steht auf einem anderen Blatt und verweist auf die Defizite der deutschen politischen Kul-

tur. Extreme Minderheiten, die sich für die Vollender des Fortschritts hielten, gab es in allen totalitären Bewegungen und Systemen, wie schon ein Blick auf die Sowjetunion und China lehrt. Ihr Selbstbild als Modernisierungselite darf aber nicht über die archaischen Züge ihres Mordhandwerks hinweg täuschen.

2. Im Hinblick auf die Entscheidungsprozesse, die den folgenschwersten Aktionen der Rassenpolitik vorausgingen, trifft die Kennzeichnung der Zwangssterilisierung und Euthanasie als Ausfluss einer wissenschaftlich begründeten «Erbgesundheitspflege» und «Rassenhygiene» noch am ehesten zu. Der Judenhass, der in den Holocaust mündete, und die Verachtung der Slawen als Menschen zweiter Klasse ging jedoch aus weitaus älteren Traditionen des Antijudaismus und der Slawenfeindschaft hervor. Deshalb führt die steile These in die Irre, dass «die spezifische Modernität der ‹Endlösung› ... der rassehygienischen Evolution der Humanwissenschaften geschuldet» gewesen sei. Diese älteren Motive der Rassenpolitik wurden manchmal notdürftig mit pseudowissenschaftlichen Argumenten drapiert, stammten aber aus tieferen Schichten der Vorurteile, der emotional-irrationalen Ängste, der jahrhundertealten Vorbilder der Verfolgung und Jagd auf Sündenböcke, denen die Schuld an allen Belastungen, jetzt auch denen der Moderne, zugeschrieben werden konnte. Man muss dieser tiefen Ambivalenz der Praxis nationalsozialistischer Rassenpolitik gerecht werden, anstatt sie stromlinienförmig auf eine pervertierte Wissenschaft und Totalkritik an der Moderne zu stilisieren.

3. Der verallgemeinerte Vorwurf modernster, mörderischer «Biopolitik» in Gestalt der deutschen Rassenpolitik findet sich am ausgeprägtesten unter Intellektuellen der ehemaligen «Neuen Linken», die nach der Deflation des Marxismus mit der direkt oder zeitgeistgemäß vermittelten Foucaultschen Modernitätskritik eine neue Variante des vertrauten Totalverdachts gegen die Moderne übernommen haben. Bei Foucault läuft bekanntlich der übermächtige Großtrend der neuen Zeit auf die Etablierung eines «Kerkerstaates» mit seiner Maximierung aller Disziplinierungsmaßnahmen hinaus, insbesondere der biopolitischen Steuerung des Körpers und der Bevölkerung überhaupt. Die nationalsozialistische Rassenpolitik lässt sich in seinen Kategorien als gewalttätiger Anlauf zu einer bedingungslos ernst genommenen Biopolitik im Dienste des «Volkskörpers» unter Steuerung der Herren-

rasse der Machthaber des nationalsozialistischen «Kerkerstaats» deuten. So anregend sich das Konzept der Biopolitik, sofern es kritisch historisiert wird, für empirische Studien, etwa über die Biologisierung des Nationsbegriffs unter dem Einfluss der Darwinschen Lehre, erweisen mag, lenken doch seine geradezu theologische, unheilsgeschichtliche Teleologie, seine altertümliche Totalitätsidee, seine pauschale Modernitätsdiskriminierung und sein unmäßiger Anspruch, endlich einen Passepartout zur neueren Geschichte zu besitzen, in die Irre. Das beweist auch die einseitige Deutung der nationalsozialistischen Rassenpolitik als Pathologie der Moderne. Die Fusion von wissenschaftsgläubigen und archaischen Elementen wird dadurch von Grund auf verfehlt.

III. Das «Dritte Reich» im Vernichtungskrieg

Der zweite totale Krieg, den das Deutsche Reich in der Schlussphase des neuen Dreißigjährigen Krieges geführt hat, markiert eine welthistorische Zäsur, deren Bedeutung über die deutsche Geschichte weit hinausreicht. Blickt man auf den Initiator dieser Katastrophe, enthüllt dieser Krieg die wahre Natur des Nationalsozialismus und der Ziele seines charismatischen «Führers». Im Grunde war die Hitler-Bewegung seit jeher auf Krieg ausgerichtet gewesen. Manches Mitglied hatte offenherzig bekundet, dass der Große Krieg in anderen Formen im Inneren fortgesetzt werden solle. Zuerst in den 1920er Jahren kämpfte ihn der neue Rechtsradikalismus mit seiner Privatarmee als Bürgerkrieg gegen die Linke weiter, erst recht dann seit der Machtübergabe mit Hilfe der Staatsgewalt. Die nur notdürftig verschleierte Kriegsfront gegen die jüdischen Deutschen trat seither hinzu. Mit diesem gewalttätigen Antisemitismus, der erstmals als Staatspolitik exekutiert wurde, dehnte das NS-Regime bis 1939 seine Kriegsideologie und Verfolgungspraxis weiter aus, stets in der Erwartung des kommenden Revisionskrieges, mit dem die verhassten Ergebnisse des verlorenen Ersten Weltkrieges endlich korrigiert werden sollten.

Hitlers Vision von einem grandiosen Hegemonial- und Lebensraumkrieg, der das Fundament für den Kampf um die künftige Weltherrschaft schaffen sollte, reichte über diese revisionistischen Absichten weit hinaus. Seine programmatischen Zielvorstellungen enthielten von Anfang an eine Kriegserklärung an die bestehende Weltordnung. Der erfolgreiche große neue Krieg, der alle Verhältnisse von Grund auf zugunsten des deutschen Arierstaates umgestalten werde – das war «Hitlers Evangelium».

Als er dann 1939 den neuen Krieg tatsächlich begann, den sonst kein anderer Politiker, gleich welcher Nationalität, zu dieser Zeit wollte, sah der «Polenfeldzug» zunächst wie ein «europäischer Normalkrieg» aus, der die Resultate des letzten Konflikts revidieren sollte. Tatsächlich verschlang sich aber bereits nach drei Tagen der vermeintlich klassische Revisionskrieg mit einem neuartigen Vernichtungs- und Versklavungskrieg gegen Polen und Juden, der bereits die Zukunft des bald einsetzenden Weltkrieges enthüllte.

Im «Westfeldzug» des Frühjahrs 1940 kehrte der Krieg noch einmal zur Natur des herkömmlichen Staatenkrieges zurück; Exzesse gegen die französische, belgische, holländische Zivilbevölkerung, wie etwa die Bombardierung von Rotterdam, kamen im Grunde nur selten vor. Doch seit Juni 1941 trat mit dem Überfall auf die Sowjetunion der Charakter des offenen Ausbeutungs- und Vernichtungskriegs, der monatelang vorher von deutscher Seite ganz unverhüllt als solcher angekündigt worden war, vor aller Augen hervor. Erst in diesem Jahr, als die Vereinigten Staaten im Dezember 1941 zur antideutschen Allianz formell hinzustießen und durch ihren Krieg mit Japan das seit 1931 bestehende asiatische Kriegstheater mit dem europäischen verbanden, erweiterte sich der europäische Hegemonialkrieg zum Zweiten Weltkrieg.

Nach der Niederlage im Ersten Weltkrieg wurde jetzt der aberwitzige Kampf um die Weltherrschaft von Deutschland noch einmal gewagt. Nach der Eroberung eines Kontinentalimperiums mit einem riesigen östlichen «Lebensraum» sollte von dieser Basis eines «blockadefesten Großraums» aus und mit der Kraft der innergesellschaftlichen rassepolitischen Erneuerung, zu der auch als Vorbedingung die Vernichtung der europäischen Judenheit gehörte, der ultimative Vorstoß auf die globale Spitzenposition in Angriff genommen werden. Nahezu sechs Jahre lang erwies sich Hitlers Deutschland imstande, die Furien des Krieges zu entfesseln, mobilisierte es ungeahnte Energien im eigenen Land und verband den Staatenkrieg mit dem historisch beispiellosen Judengenozid, ehe es 1945 im selbstgeschaffenen Chaos unterging.

Mit dem triumphalen «Anschluss Österreichs» hatte Hitler sein «Großdeutsches Reich» geschaffen. Doch schon im November 1938 erklärte Himmler den höheren SS-Führern, dass Hitler, noch weiter ausgreifend, ein «Großgermanisches Reich» aufbauen wolle, «das größte Reich, das von dieser Menschenhand errichtet wurde». Mit der Annexion des Sudetengebiets im Oktober 1938 und der Zerschlagung der Tschechoslowakei im März 1939 wurde, ungeachtet aller völkerrechtlichen Abmachungen auf der Münchner Konferenz, die deutsche

Expansion fortgesetzt. Zugleich wurde damit aber auch insofern ein Wendepunkt erreicht, als jetzt erstmals über die «Wiedergewinnung deutschen Volkstums» hinaus ein fremdes Volk einem deutschen Kolonialprotektorat unterworfen wurde.

Weiterhin bewegte sich Hitler in Deutschland auf dem Gipfel seines Ansehens. Als er am 20. April 1939 seinen 50. Geburtstag, vom Jubel der Reichshauptstadt getragen, bombastisch feierte, bildete eine waffenstrotzende Parade riesiger Wehrmachtseinheiten den Höhepunkt – eine wahre Unterwerfungs- und Huldigungsparade, mit der das Militär, stellvertretend für die enthusiasmierte, aber auch für den Frieden dankbare Bevölkerung, seinem Kriegsherrn zujubelte.

10. Vom europäischen Revisionskrieg zum nationalsozialistischen Vernichtungskrieg

Das noch im selben Monat initiierte neue Vabanquespiel, die angeblich allerletzte Korrektur von Versailles, richtete sich gegen Polen, den größten der osteuropäischen Nachfolgestaaten, der eine breite Landbrücke zwischen dem Reich und Ostpreußen, letztlich aber die gesamten 1919 gewonnenen deutschen Ostgebiete abtreten sollte. Als das Warschauer Obristenregime, schließlich der Garantieerklärung Englands und Frankreichs gewiss, seine Hand zur territorialen Selbstverstümmelung nicht reichen wollte, mithin jedwede Konzession ablehnte, sah Hitler die Chance zu einem schnellen Schlag gekommen, der ihn – wie bereits dreimal hintereinander in den letzten dreieinhalb Jahren – erneut ans Ziel führen sollte, ohne das europäische Staatensystem in einen Krieg zu stürzen. Nach seinem erstaunlichen Erfolg auf der Münchner Konferenz, seinen Erfahrungen mit der nachgiebigen englischen Appeasement-Politik und der französischen Zaudertaktik unterschätzte er die Bereitschaft der Westmächte, ihre Soldaten für Danzig sterben zu lassen, und damit die politische Widerstandskraft und Entschlossenheit seiner Kontrahenten.

Deshalb gab es seit dem ersten September 1939 nicht den mühelos ausgeführten Alleingang einer chirurgischen Militäraktion gegen einen unterlegenen Gegner, sondern nach der englischen und der französischen Kriegserklärung am 3. September einen europäischen Staatenkrieg, der – das Trauma der vergangenen Jahrzehnte – auch sogleich als Zweifrontenkrieg begann.

Warum kam es aber überhaupt zu diesem Zeitpunkt, im September 1939, nach der atemberaubenden außenpolitischen Erfolgsserie Hitlers, die zur Begeisterung seiner Deutschen stets den Frieden erhalten hatte, zu einem Krieg, der sich nach zwei Jahren erneut zu einem totalen zweiten Weltkrieg ausweitete?

Man hat als angeblich entscheidende Ursachenkonstellation ein inneres Krisenszenario verantwortlich gemacht, das sich seit 1938 wegen der drastischen Kumulierung von Störfaktoren so massiv ausgewirkt habe, dass nur noch die Flucht nach vorn: der Krieg als Ultima Ratio zur Überwindung der inneren Systemkrise übriggeblieben sei. Zu diesem Krisensyndrom gehörten dieser Interpretation zufolge:

1. die allgemeine Überanstrengung der deutschen Wirtschaft wegen des hektischen Aufrüstungstempos;

2. der trotz der Dienstverpflichtungen unleugbar schmerzhafte Mangel an Arbeitskräften im Zeichen der Vollbeschäftigung;

3. die Abhängigkeit vom Rohstoff- und Nahrungsmittelimport, der wegen des eklatanten Devisenmangels auf immer höhere Barrieren stieß; bis zum Sommer 1939, prognostizierten damals Kritiker, seien die Devisen- und Goldvorräte völlig erschöpft. Währenddessen verfiel die Handelsbilanz, zumal der Außenhandel wegen der globalen Rezession unter hartem Druck stand;

4. Lohnstreiks und Spannungen in den Betriebsbelegschaften kündigten angeblich einen klassenbewussten proletarischen Massenprotest an. Hohe Industriereallöhne beschleunigten zugleich die missbilligte Landflucht;

5. das Verkehrssystem wirkte heillos überlastet, Entspannung war nicht in Sicht. Weder das Schienennetz noch die zögerliche Motorisierung war den neuen Aufgaben gewachsen.

6. Die Probleme im «Altreich» wurden verschärft durch die Annexion Österreichs und des Sudetengebiets, von Böhmen und Mähren. Zwar konnte dort die hochentwickelte Industrie sofort in den Dienst der deutschen Aufrüstung gestellt, das Arbeitskräftepotential ebenfalls generell genutzt, doch die Exportquote nicht gesteigert werden. Vielmehr waren größere Importmengen nötig, um 18 Millionen Menschen zusätzlich zu versorgen.

7. Die militärische Führung war trotz allen sichtbaren Fortschritts mit dem Stand der Aufrüstung unzufrieden, da sie in steter Sorge vor dem Wiederaufleben der alliierten Koalition gegen Deutschland lebte, falls das Tempo seiner offensichtlich revisionistischen Politik weiter zu sehr forciert würde.

8. Daher zog, summa summarum, Ende 1938 eine Legitimationskrise herauf, angeblich die «tiefste Krise zwischen dem Juli 1934 und dem Juli 1944». Im Streit über die Alternative, entweder die Rüstung zu verlangsamen oder aber den Sprung nach vorn zur Eroberung neuer Ressourcen zu wagen, entschied sich Hitler für die Aggression.

Die Antwort auf die Herausforderung der Krise bestand mithin aus dem Eroberungsfeldzug anstelle unpopulärer restriktiver Maßnahmen, aus dem gewaltsamen Gewinn neuer Machtquellen in einem deutsch-dominierten Europa anstelle der Rüstungsbremsung. Soweit die These mit ihrem Anspruch auf Erklärung des Entschlusses zum Krieg aus einem Bündel innerer Ursachen. Überprüft man aber diese seit jeher kräftig umstrittene Deutung, trifft man auf eine übertriebene, ja unglaubwürdige Dramatisierung der Lage.

1. Die deutsche Wirtschaft erlebte 1938/39 weiterhin hohe Wachstumsraten. Die Investitionen stiegen. Die Vollbeschäftigung war erreicht worden und hatte die Popularität des Regimes noch einmal nachhaltig gestärkt. Die Reallöhne kletterten nicht selten auf eine ungeahnte Höhe. Die Zinsen blieben kalkulierbar. Es herrschte keine Inflation. Die Anzahl der Bankrotte blieb gering.

2. Der NS-Staat hatte eine effektive Kontrolle über die Kapital- und Arbeitsmärkte gewonnen. Spannungen in den Unternehmen entsprangen dem Kampf um höhere Löhne und günstigere Arbeitszeiten, keineswegs aber einem klassenkämpferischen proletarischen Aufbegehren gegen autoritäre Gängelung.

3. Der Außenhandel mit Ost- und Südosteuropa wirkte noch immer ausbaufähig, da er auf Wachstumsmärkte traf. Das System der improvisierten Aushilfen hatte sich keineswegs erschöpft, sondern versprach weiterhin einen erfolgreichen Umgang mit den Devisen- und Importproblemen. Kurzum: Es herrschte keine objektivierbare ökonomische Krise, und auch die sozialen Friktionen stellten noch längst keine Systembedrohung dar.

4. Die Militärspitze war mit der Aufrüstung nicht unzufrieden, au-

ßerdem alles andere als ein aufsässiges, regimebedrohendes Gremium. In der Blomberg/Fritsch-Krise hatte sich Hitler die Wehrmacht endgültig unterworfen, was aber durch ihren Anteil an den außenpolitischen Erfolgen wettgemacht worden war. Auch von den Streitkräften, seit 1938 Hitlers direkter Leitung unterstellt, ging daher keine Krisendrohung aus.

5. Hitler selber genoss seit dem «Anschluss Österreichs» einen unerhörten Nimbus. Eine regimegefährdende Legitimationskrise ist daher in jener Zeit nicht erkennbar. Tatsächlich griffen aber einige krisenhaft beschleunigte Entwicklungen derart ineinander, dass ihre Verschränkung den Krieg auslöste.

1. Hitler wollte von der rapiden Steigerung des Tempos seiner Risikopolitik offenbar nicht ablassen. Ohne seine drängende Initiative wären der «Anschluss» Österreichs, die Sudetenkrise, die Zertrümmerung der Tschechoslowakei überhaupt nicht als internationale Krisen, sozusagen als Selbstläufer, entstanden. Allein Hitler war es, der den dramatischen Druck aufbaute und aufrechterhielt. Zum einen war der Charismatiker wegen der Abwesenheit autonomer Krisen darauf angewiesen, artifizielle Krisen herbeizuführen, damit er sein Talent an ihrer Bewältigung erneut bewähren, sein Herrschaftssystem noch überzeugender legitimieren konnte. Die Erfolge lösten bei Hitler eine evidente Selbstfaszination aus und führten zu einer realitätsfernen Überschätzung seiner Leistung, deren er in einem zunehmend beunruhigten internationalen Umfeld fähig war. Überdies war Hitler der mehrfach bekundeten Überzeugung, dass nur er innerhalb seiner Lebensspanne die dringendsten Aufgaben der Weltmachtbildung und Rassenpolitik lösen könne. Die eigene Lebenszeit, die für eine derartig gewaltige Aktivität zur Verfügung stand, hielt er für durchaus begrenzt, so dass auch diese Erwartung den Handlungsdruck subjektiv erhöhte.

2. Seit jeher hatte Hitler das programmatische Ziel verfolgt, die Versailler Nachkriegsordnung zu zerschlagen, um auf ihren Trümmern die Expansion zur europäischen Hegemonialmacht voranzutreiben. Für den dogmatischen Fanatismus, mit dem er seine radikale Revisionspolitik betrieb, stellte Polen in der Tat das nächste Angriffsobjekt dar. Außerdem musste die polnische Frage gelöst werden, ehe die Eroberung des östlichen «Lebensraums» in Russland greifbar nahe

rückte – unstreitig eine gewaltige Aufgabe, die Hitler wiederum nur sich selber zutraute.

3. Während der Aktionsdrang im Zentrum der Diktatur anwuchs, hielt Hitler nach seinem Triumph über die Westmächte die internationale Konstellation für günstig, da ihn kein überlegener Akteur in die Schranken verweisen könne. Das war eine fatale Fehlperzeption der Lage, da er den Entscheidungsprozess, der inzwischen in London und Paris abgelaufen war, völlig verkannte, sich mithin noch immer als Dompteur schwacher Konkurrenten vorkam. Da ihm jede Auslandserfahrung in Westeuropa fehlte, besaß er kein auf eigene Erfahrung gegründetes intuitives oder pragmatisches Verständnis der dort praktizierten Politik.

Für die Initialzündung des zweiten großen Krieges, so dass aus dem antipolnischen Militärschlag mit einem vermutlich isolierbaren Gefahrenrisiko innerhalb von drei Tagen ein europäischer Krieg erwuchs, ist daher die Interdependenz von charismatischer Aktionshektik, programmatischer Zielfixierung und internationaler Konstellation ausschlaggebend gewesen. Es war diese Interdependenz, nicht aber ein «Primat der Außenpolitik» oder ein «Primat der Innenpolitik», die dazu führte, dass sich der Knoten so verhängnisvoll schürzte.

Niemand kann ernsthaft bestreiten, dass auch die Kriegskrise vor dem 1. September 1939, wie alle Krisen seit dem Entscheidungsjahr 1933, allein durch Hitlers Aktionismus ausgelöst wurde. Längst hatte sich der Charismatiker imstande erwiesen, alle Energien zu bündeln, die Wahrnehmung aller Leitfunktionen des «Dritten Reiches» unmittelbar auf sich zuzuschneiden. Der Krieg sollte erst recht eine Grundtatsache des Regimes beweisen: «Im Schnittpunkt aller Triebkräfte stand Hitler allein.»

Dieses factum brutum zeigt, welche Entscheidungsautonomie Hitler nach nur sechs Jahren gewonnen hatte – eine Machtkonzentration, die allein in seinem charismatischen Herrschaftssystem derart unangefochten möglich war. Zur Kontrolle dieser Deutung braucht man nur die kontrafaktische Frage aufzuwerfen, ob es ohne Hitlers Kriegsbereitschaft zu einem deutschen Angriffskrieg gekommen wäre. Wahrscheinlich wäre die Militärführung zusammen mit dem größten Teil des Establishments und fast der gesamten Öffentlichkeit für einen Revisionskrieg gegen Polen zu haben gewesen, um Teile von Oberschlesien, dazu das frühere Westpreußen und Posen zurückzugewinnen. Zu ihm wäre es aber vermutlich nur dann gekommen, wenn er nicht zwangsläufig zu einem Zweifrontenkrieg geführt hätte. Vor allem aber hätte er nach menschlichem Ermessen nicht die Gestalt eines antipolnischen Versklavungskrieges im Verein mit einem mörderischen Antisemitismus angenommen.

Unstreitig hätte sich dieselbe informelle Koalition auch nur zu bereitwillig für die Niederlage an Frankreich gerächt, vielleicht sogar den Grenzverlauf im Südwesten des Reiches erneut auf Kosten Frankreichs korrigiert. Aber nach dem Debakel des vierjährigen Stellungskriegs und der Erfahrung mit der englischen Interventionsbereitschaft dominierte die Sorge vor dem ungewissen Ausgang einer neuen Kraftprobe. Andere mächtige Interessenaggregate, die Großwirtschaft etwa, die Bürokratie, die öffentliche Meinung, drängten keineswegs machtvoll auf einen Staatenkrieg gegen Polen, geschweige denn gegen Frankreich, da die Gefahr, dass sich ein europäischer Konflikt wiederholen werde, allzeit präsent war. Nicht zufällig wurde von ihnen an Hitlers Außenpolitik bis zum August 1939 sein «Friedenswille» bewundert.

Nein, die Übernahme des Kriegsrisikos entsprang allein Hitlers Entscheidung. Er setzte sich über alle Bedenken hinweg, so wie er vor dem Einmarsch in das entmilitarisierte Rheinland, vor dem «Anschluss» Österreichs, vor der Sudetenkrise, vor der Zertrümmerung der Tschechoslowakei alle skeptischen Einwände, zumal des Militärs, beiseite geschoben hatte – und immer hatte er, auf kurze Sicht jedenfalls, Recht behalten. Deshalb traf er nach dieser Erfolgsserie auf keinen massiven Einspruch mehr, als er im April 1939 die «Führerweisung» zur Vorbereitung einer Offensive gegen Polen erließ. Sollte aber seine Drohpolitik bereits im Vorfeld zu dem Ergebnis polnischer Nachgiebigkeit führen, stand ein neuer außenpolitischer Triumph in Aussicht.

Dass er selber durch die brutale Missachtung der Münchner Vereinbarungen eine handlungswillige Allianz gegen sich heraufbeschworen hatte, nahm er genauso wenig ernst wie die englisch-französische Garantie der territorialen Integrität Polens. Im Grenzfall der Entscheidung für den Krieg sollte die Warschauer Unnachgiebigkeit mit einem kurzen, isolierten Revisionskrieg beantwortet werden. An die «Entfesselung» eines neuen Weltkriegs hat zu diesem Zeitpunkt im Berliner

Aktionszentrum keiner gedacht, geschweige denn, dass ihn jemand gewollt hätte. Der ostasiatische Krieg, den Japan 1931/32 angezettelt hatte, galt als Kampf auf einem völlig getrennten Konfliktfeld.

Nach Osten hin hatte sich Hitler durch den alle Welt verblüffenden, macchiavellistischen Nichtangriffspakt mit seinem bolschewistischen Erzfeind abgesichert. Die Annexionsklauseln, welche die vierte Teilung Polens zwischen den beiden Diktaturen vorsahen, blieben vorerst geheim. Sonst gab es nur vage, wenn auch hochbrisante Zielvorstellungen, wie es nach der Lösung des polnischen Problems weitergehen sollte, bis 1944/45 die volle Kriegsfähigkeit des «Dritten Reiches» erreicht war.

Den lockeren Entwurf wünschenswerter Aktionen und Ereignisse zur Realisierung dieser Ziele sollte man nicht mit einem exakten «Stufenplan» verwechseln, den Hitler angeblich Schritt für Schritt verwirklichen wollte. Als Fixpunkt stand damals noch fest, dass Frankreich um die Mitte der 40er Jahre aus dem europäischen Mächtekonzert möglichst ausgeschaltet werden sollte, sobald jener Ausgleich mit England erreicht war, auf dem Hitler seit den frühen 20er Jahren in illusionärer Unkenntnis britischer Interessenpolitik insistiert hatte. England blieb lange Zeit, auch noch nach Kriegsbeginn, sein Wunschpartner. Von der Basis der europäischen Hegemonie aus sollte dann Russland geschlagen werden, um – wie Hitler bereits am 3. Februar 1939 der Militärspitze freimütig eröffnet hatte – die Ressourcen eines Kontinentalimperiums und eines «Lebensraums» zu gewinnen, der einer rücksichtslosen Germanisierung unterworfen werden sollte.

Erst auf längere Sicht stand das Duell mit den USA an, um durch den finalen Sieg die Weltherrschaft zu erringen. Vor dem Wahlerfolg von 1930 hatte Hitler vor Erlanger Studenten in öffentlicher Rede erklärt: «Jedes Wesen strebt nach Expansion, und jedes Volk strebt nach der Weltherrschaft. Nur wer dieses letzte Ziel vor Augen behält, gerät auf den richtigen Weg.» Hitler hielt nicht nur an seiner sozialdarwinistischen Vorstellung fest, die Erde «als einen Wanderpokal im Besitz der stärksten Macht» zu betrachten, sondern verlor auch nie das utopische Ziel aus den Augen, dass «diesem großen Rassekern» der 110 Millionen Deutschen «einmal die Welt gehören» müsse.

Bis es zu diesem Endkampf kam, galt es als vordringliche Aufgabe, auch die «Judenfrage» zu lösen, da der «Weltvergifter der Völker», die

Inkarnation aller Übel der Moderne, irgendwie «entfernt» werden musste. So sah es das aberwitzige Weltbild Hitlers vor, und mit der Entscheidungskompetenz des charismatischen «Führers» konnte er letztlich das Verhalten seiner zahlreichen Mordgesellen samt den Organen des Staatsapparates in diese Richtung steuern. Als Fernziel zeichnete sich ein rassenbiologisch fundierter Umbau der deutschen Gesellschaft zu einem arischen Herrenvolk mit einem «Großgermanischen Reich» bis zum Ural ab.

Anstatt zu einer Wiederholung der Staatszertrümmerung à la Tschechoslowakei zu führen, schlug die deutsche Offensive, die ohne jede völkerrechtlich gebotene Kriegserklärung am 1. September 1939 gegen Polen eröffnet wurde, nach der englisch-französischen Kriegserklärung sofort in einen europäischen Staatenkrieg an zwei Fronten um. Alle Bedenken gegen die forcierte Risikopolitik wurden im Grunde genommen sofort bestätigt, und sie begann auch deshalb mit einem Desaster, weil England, noch immer der erhoffte Kooperationspartner, mit dem gesamten Commonwealth auf der Gegenseite stand. In diametralem Gegensatz zu 1914 war die Reaktion der deutschen Bevölkerung, die auf diesen Ernstfall überhaupt nicht vorbereitet war, vielmehr Hitler in den letzten Jahren auch wegen seines Friedenswillens zugejubelt hatte, durch eine auffällige «Kriegsunwilligkeit» gekennzeichnet.

Polen wurde innerhalb von drei Wochen von der weit überlegenen Wehrmacht geschlagen. Trotz der fehlenden Rüstungsressourcen hatte Hitler erneut Vabanque gespielt, als er die gesamten motorisierten Verbände, die noch immer nicht mehr als ein Zehntel der Streitkräfte ausmachten, einsetzte. Wieder hatte er, wie 1935, Glück, dass die beiden westlichen Alliierten Polens nicht eingriffen. Wehrmacht und Westwall hätten sie kaum aufhalten können. Jetzt aber sprach man von einem neuartigen «Blitzkrieg». Der verblüffend schnell errungene Erfolg wurde in einem Meisterstück Goebbelsscher Propaganda im Nu zu einem Mythos deutscher militärischer Effizienz und Durchsetzungsfähigkeit stilisiert. Doch als mindestens ebenso wichtig erwies sich, dass in der Wahrnehmung aller, auch der ausländischen Zeitgenossen, deren Kriegsbild durch die Erinnerung an den zählebigen Stellungskrieg von 1914 bis 1918 geprägt war, der «Polenfeldzug» in der Tat als wahrer Blitzkrieg erschien. Im Vergleich zu ihm verriet der

«Sitzkrieg» gegen Frankreich und England im Winter 1939/40 nichts als lähmende Stagnation. Wie euphorisch aber Hitler auf den Erfolg im Blitzkrieg reagierte, enthüllte seine spontane Äußerung im November 1939, dass er nicht nur Versailles revidieren, sondern die «restlose Liquidierung des Westfälischen Friedens von 1648», mithin die gewaltsame Korrektur von fast 300 Jahren europäischer Geschichte anstrebte.

Der Polenkrieg sah anfangs durchaus nach einem klassischen Revisionskrieg aus, über den das Militär ganz so vorbehaltlos wie die deutsche Öffentlichkeit triumphierte. Er verlor aber sofort den Charakter eines europäischen «Normalkriegs», da er bereits seit dem 3. September mit einem rassenpolitischen Versklavungs- und Dezimierungskrieg verbunden wurde. Hitler hatte schon am 21. August vor der Militärführung die «Vernichtung Polens» als Staat, den überlebenden Polen eine Sklaven- und Helotenexistenz angekündigt. Auf seiner Ermächtigung beruhten Himmlers Befehle, aufgrund derer bereits am dritten Tag nach Kriegsbeginn die ersten Mordaktionen begannen, als sich die «Polizeiwalze» der ersten «Einsatzgruppen», unterstützt vom «Volksdeutschen Selbstschutz», gegen die polnische Intelligenz und zugleich gegen Juden in Bewegung setzte.

Noch im September wurden 16000 Polen liquidiert. Zehntausende folgten, denn, wie Heydrich am 7. September bekräftigte, die gesamten «führenden Bevölkerungsschichten Polens sollen unschädlich gemacht werden». Danach bleibe «der Pole ... der ewige Saison- und Landarbeiter». Generalstabschef Franz Halder hielt es für angebracht, die SS-Formel von der «ethnischen Flurbereinigung» zu übernehmen. Sie erfasse, wie er erfuhr, offenbar hinter der Front «Judentum, Geistliche, Intelligenz». Gleichzeitig lief die Deportation der jüdischen Polen in die Ghettos der Städte an. Seit dem Dezember 1939 wurde sie ganz systematisch durchgeführt. Bis zum März 1941 erfasste sie ca. 120000 jüdische und 365000 slawische Polen (bis 1944: 750000), die in das «Generalgouvernement» transportiert wurden. Bis Anfang 1942 sind auch bereits 400000 Polen als Zwangsarbeiter nach Deutschland verschleppt worden; bis 1944 stieg ihre Zahl auf 1.3 Millionen.

Am 7. Oktober übernahm Himmler als neu ernannter «Reichskommissar für die Festigung Deutschen Volkstums» (RKFDV) mit einem eigens gebildeten SS-Sonderstab die dreifache Aufgabe der Entpolonisierung, der «Entjudung» und der radikalen Germanisierungspolitik; alle drei Aufgaben waren mit umfassenden Umsiedlungsaktionen verbunden. Das war der Auftakt zur regierungsoffiziellen «ethnischen Flurbereinigung», die den eroberten Osten unverzüglich in ein «rassenbiologisches und bevölkerungspolitisches Experimentierfeld» der nationalsozialistischen Gesellschaftspolitik verwandelte. Himmler, der die NS-Rassenlehre durchaus wörtlich nahm, wurde mit Hilfe des «Blutadelordens» der SS zu ihrem allein durch die Führergewalt legitimierten «Hauptexekutor».

Denn in das Vakuum, das zwischen den Kompetenzbereichen der Militär- und der Zivilverwaltung entstand, schob sich in der ersten und schlimmsten Phase der deutschen Bevölkerungspolitik (vom September 1939 bis zum Frühjahr 1940) folgerichtig die außernormative SS-Herrschaft hinein, da die Höheren SS- und Polizeiführer jeweils ihre «eigene Territorialherrschaft» etablieren konnten, in der sie mit ihren SS- und Polizeischergen der militärischen und ordentlichen Gerichtsbarkeit völlig entzogen blieben. Die barbarischen Aktionen hinter der Front lösten keinen nennenswerten Protest der Wehrmachtskommandeure aus. Allein General Blaskowitz klagte über das «unritterliche Verhalten» im Hinterland. Das trug ihm, nachdem Hitler die weichen «Heilsarmeemethoden» verspottet und abgelehnt hatte, als Strafe die Versetzung an die begehrte Westfront ein.

Weiträumig wurden die polnischen Westgebiete sofort zum Reich geschlagen, während der Sowjetunion nach dem im Hitler-Stalin-Pakt vereinbarten Bereich in Ostpolen griff. Hitler befahl die Angliederung von rund 90 000 km² mit zehn Millionen Einwohnern, darunter acht Millionen Polen. Die neue Reichsgrenze verlief seither fünf Jahre lang unmittelbar neben Warschau und ging durchweg weit über die Grenzen von 1914 hinaus. Das südpolnische Restgebiet wurde als «Generalgouvernement» deutscher Verwaltung unterstellt. Dort residierte der Präsident der «Akademie für Deutsches Recht» und Reichsminister ohne Geschäftsbereich Hans Frank im Stil eines schrankenlos waltenden Despoten über 12.5 Millionen Polen auf einem Gebiet von 96 500 km². Es war Hitlers Wille, wusste Frank, dass das «Generalgouvernement» das «erste Kolonialgebiet des Deutschen Reiches» werden sollte. In der zweiten Besatzungsphase (vom Frühjahr 1940 bis Anfang 1943) koppelte sich Frank mit seiner Reichskolonie von den anderen Ostgebieten ab, deportierte mehr als eine Million Zwangsarbeiter ins «Altreich» und unterstützte energisch die «Endlösung». Im Januar 1944 gestand Frank als sein eigentliches Ziel ein: «Wenn wir den Krieg erst einmal gewonnen haben, dann kann meinetwegen aus den Polen Hackfleisch gemacht werden.» Das «Generalgouvernement» zählte damals noch zehn Millionen Polen.

Auf dem annektierten Territorium entstanden die neuen Gaue Danzig-Westpreußen unter Gauleiter Forster und Wartheland unter Gauleiter Greiser. Beide repräsentierten den Typus des dogmatischen nationalsozialistischen Überzeugungstäters, der sich in Kooperation oder im Widerstreit mit den höheren SS- und Polizeiführern, den Militärbefehlshabern und Chefs der Zivilverwaltung durchzusetzen wusste. Das führte zu einer extrem harten Gangart, weil die ohne Verzug anlaufende Germanisierungspolitik in den annektierten Gebieten auf acht Millionen Polen traf. Sie wurden einer strengen Hierarchisierung ihres «völkischen Wertes» durch die «deutsche Volksliste» unterworfen, welche die Menschen in Verbänden mit unterschiedlich zugeschriebenem Rechtsstatus und folglich einem denkbar unterschiedlichen Lebensniveau zusammenfasste.

1. 1.24 Millionen «Volksdeutsche» und «eindeutschungsfähige Polen» wurden zu «Reichsbürgern» mit allen Rechten und Pflichten des Vollbürgers im «Altreich» erhoben.

2. 1.7 Millionen «Deutschtumsanwärter auf Probe» wurden als «Staatsangehörige» eingestuft. Diese Bürger zweiter Klasse besaßen eingeschränkte Rechte, sollten aber innerhalb von zehn Jahren zu Deutschen erzogen werden. Wurde ihnen als Soldat eine Auszeichnung zuerkannt, folgte die Erhebung zum «Reichsbürger».

3. 82 000 Einwohner wurden «Staatsangehörige auf Probe» mit minderen Rechten. Bis zum Januar 1944 kam man daher auf die Zahl von 3.485 Millionen neuer «Staatsangehörigen» mit vollem oder eingeschränktem Rechtsstatus.

4. Doch 6.015 Millionen polnische «Schutzangehörige» wurden als Einwohner dritter Klasse zahlreichen Schikanen und ständiger Diskriminierung ausgesetzt.

5. Alle jüdischen Deutschen und jüdischen Polen wurden lückenlos von der Deportationswelle erfasst, starben in den Ghettos oder den großen Vernichtungslagern. Längst, ehe der Russlandkrieg begann,

zeigte daher die deutsche Polenpolitik mit aller Deutlichkeit die Fratze des neuen Dezimierungs- und Vernichtungskrieges. Die Behandlung der Polen diente, so gesehen, als eine Art von Generalprobe für die antislawische Politik seit dem Sommer 1941.

Es ist nicht zu übersehen, dass der Übergang zum Krieg eine tiefe Zäsur in Hitlers Politik markiert. In Polen wurde sofort die «ethnische Flurbereinigung» in Gestalt der «Umsiedlung» von Polen und der Deportation von Juden in die Tat umgesetzt. Der Reichsführer SS führte die Exekution der Germanisierungspolitik aus. Vor den Oberbefehlshabern des Heeres hatte Hitler am 23. August außer der Staatsvernichtung auch die Politik der physischen Liquidierung angekündigt. Dabei machte er selbst aus der Absicht des Völkermordes keinen Hehl, vertraute aber auf die Vergesslichkeit oder Verdrängungsbereitschaft der Menschen. «Wer redet heute noch von der Vernichtung der Armenier?» fragte er höhnisch und spielte damit unmittelbar auf jenen staatlich initiierten Massenmord an, den die Türkei mitten im Ersten Weltkrieg an diesem christlichen Minderheitsvolk verübt hatte, um dem Ziel des ethnisch-homogenen Nationalstaates anstelle des multinationalen Osmanenreiches auch durch Genozid näherzukommen.

Im «Altreich» löste Hitler sogleich den bisher nur aufgeschobenen Mord an den Geisteskranken, Schwerbehinderten und sog. Asozialen aus. Die «Vernichtung der jüdischen Rasse in Europa» hatte er schon am 30. Januar 1939 für den Fall eines neuen Krieges im Reichstag angedroht; später datierte er die Prophezeiung auf den 1. September, den Tag des Kriegsbeginns, nach vorn. Mit solchen Drohungen und konkreten Maßnahmen wurde der «völkische Krieg» nach innen und nach außen als zweite Etappe der NS-Revolution eröffnet. Denn in Hitlers Kopf dominierte der totale Krieg an beiden Fronten. Er entsprach dem Willen des Regimes zur Schöpfung des «neuen Adams», des reinrassigen arischen Herrenmenschen.

Dieses Ziel setzte eine schrankenlose Radikalisierung der Politik frei, die insbesondere durch die Sonderkommissariate und Exekutivgewalten mit ihrer führerimmediaten Stellung und Bindung allein an den Willen des Diktators ausgeführt wurden. Radikalisierung und Vermehrung der polykratischen Stäbe verstärkten sich wechselseitig. Und die Führergewalt selber gewann mit dem Krieg eine erweiterte Dimension, die Hitler seit langem als Ziel vorgeschwebt hatte: «Über den deutschen Menschen im Diesseits verfügt die deutsche Nation allein durch ihren Führer.» Auf der berüchtigten Sitzung mit der Generalität vom 22. August 1939 konnte daher Hitler voller Überzeugung sagen: «In der Zukunft wird es wohl niemals wieder einen Mann geben, der mehr Autorität hat als ich.» Wie sehr er der eigenen Selbststilisierung erlag, enthüllte sein Urteil im November 1941: «Ich habe überhaupt keine Experten. Bei mir genügt immer mein Kopf ganz allein.»

Im Westen kam erstmals Bewegung in die erstarrte Front, als Hitler seit dem 9. April 1940 Dänemark und Norwegen besetzen ließ, um der absehbaren Ausweitung der englischen Einflusszone zuvorzukommen und den für die deutsche Rüstungswirtschaft unverzichtbaren schwedischen Eisenerzexport über den nordnorwegischen Hafen Narvik kontrollieren zu können. Der Angriff auf Frankreich dagegen, der schon im November 1939 beginnen sollte, wurde sage und schreibe 30mal verschoben, da die Militärs immer wieder neue gravierende Einwände vorbrachten. Einmal reichte der Munitionsvorrat nur für ein Drittel des Heeres aus, dann fehlte es an Treibstoff, an Rohstoffen, an Autos. Auch deshalb erwiesen sich die pünktlich eintreffenden sowjetischen Lieferungen als wichtig. Außerdem hielt der interne Streit um die optimale Strategie an. Der Generalstab, mit lauter Staatsoffizieren aus dem Ersten Weltkrieg besetzt, hatte eine Reprise des Schlieffen-Plans entworfen. Erneut sollte der rechte deutsche Flügel, etwa sieben Mal so stark wie der gegenüber der schwer befestigten Maginot-Linie in Ostfrankreich aufmarschierende linke Flügel, durch Holland und Belgien nach Frankreich durchbrechen, den Kern der französischen Streitkräfte einkesseln und Paris erobern.

Jedermann wusste, dass dieser Plan 1914 in der Schlacht an der Marne bereits einmal völlig gescheitert war. Dennoch hielt der Generalstab, noch immer fasziniert von dem vermeintlichen Wunderrezept, an diesem Plan in wesentlichen Grundzügen fest. Doch Hitler entschied sich für den Planungsentwurf eines Außenseiters, des Generals Erich v. Lewinski gen. v. Manstein, der mit seinem «Sichelschnitt» einen Durchbruch durch die engen, schwer befestigten südbelgischen Bergtäler vorsah. Unterstützt von Hitler wurde die Innovation, dass erstmals Fallschirmjägereinheiten abspringen sollten, um die Forts durch ihren Überraschungsangriff von oben auszuschalten. Im Frühjahr 1940 standen 141 deutsche Divisionen 144 französischen, englischen, belgischen und holländischen Divisionen mit ihrer deutlichen Überlegenheit an Panzern und Geschützen gegenüber.

Als der deutsche Vormarsch am 10. Mai 1940 begann, gelang der Coup gegen die belgischen Festungsanlagen, die deutschen Kolonnen strömten nach Nordfrankreich, wider Erwarten wurde auch sofort die Luftherrschaft errungen, nach knapp sechs Wochen musste Frankreich kapitulieren. Am 22. Juni 1940 wurde der Waffenstillstand aus symbolpolitischen Gründen in Compiègne – am 11. November 1918 der Ort des deutsch-französischen Waffenstillstands – auf Wunsch Hitlers in jenem Eisenbahnwagen geschlossen, den Marschall Foch 1918 für diese Zeremonie benutzt hatte. Anfang Juli besiegelte die deutsche Siegesparade in Paris die Niederlage jenes Staates, der bis dahin als unangefochten größte kontinentaleuropäische Militärmacht gegolten hatte.

Elsass und Lothringen wurden zum zweiten Mal annektiert und einer harten Eindeutschungspolitik unterworfen. Die von Deutschland beanspruchte Besatzungszone im Norden und Westen wurde einer Militärverwaltung unterstellt, während dem nicht okkupierten französischen, bald nach seiner Hauptstadt Vichy genannten Reststaat unter der Leitung des Verdun-Verteidigers Marschall Pétain eine prekäre Satellitenexistenz zugestanden wurde. Die Kollaboration spielte sich in den wirtschaftlichen Beziehungen so reibungslos ein, dass sie für die deutsche Kriegswirtschaft eine immense Entlastung darstellte. Seit dem März 1942 unterstützte Vichy auch aus eigenen antisemitischen Motiven bereitwillig die nationalsozialistische Judenpolitik, indem es ein Viertel aller französischen Juden deportieren half.

Der völlig unerwartete schnelle Sieg im Westen, Wiederholung des ominösen Blitzkriegs in Polen, löschte für zahlreiche Deutsche die Schmach von Versailles endlich aus. Nur zehn Monate nach Kriegsbeginn hatte Hitler die Traumata des verlorenen Ersten Weltkriegs geheilt. Was im Kaiserreich in einem vier Jahre währenden Krieg nicht gelungen war, hatte der «Führer», hieß es landauf, landab, mit seiner Wehrmacht in anderthalb Monaten geschafft. Der Führermythos, durch den «Anschluss» Österreichs und den Polenkrieg bereits enorm gesteigert, gewann, als er «auf den äußersten Höhepunkt gehoben wurde», noch einmal eine neue Dimension hinzu. «Die Worte des

Führers», erfuhr die Exil-SPD, «sind beim Volk Evangelium». Im Jubel über seinen Sieg schien die «Volksgemeinschaft» verwirklicht zu sein. Hätte Hitler jetzt – ein Gedankenspiel – freie Wahlen unter Aufsicht des Völkerbundes zugelassen, hätte er vermutlich in Deutschland 95 Prozent, wenn nicht gar die Gesamtheit aller Stimmen für sich gewonnen. «Jedermann glaubt», hieß es in einem sozialdemokratischen Geheimbericht, «der Führer kann alles».

Als besonders folgenreich erwies sich der Eindruck auf die Streitkräfte. Denn nicht allein in der Propaganda, sondern auch in der Wehrmacht galt Hitler nunmehr als genialer Feldherr, der außer seinen politischen Fähigkeiten als «Führer» der Nation in den Blitzkriegen gegen Polen und Frankreich ungeahntes militärisches Talent bewiesen habe. In der Wehrmacht genoss Hitler seither ein ungeheures Ansehen, hatte er doch ihre kühnsten Wunschträume verwirklicht. Das Militär besetzte nach minimalen Verlusten fast ganz Europa vom Bug bis zur Atlantikküste, von Narvik bis zum Brenner. Der Endsieg schien nur eine Frage von kurzer Zeit zu sein.

Doch dann ging die Luftschlacht um England, Vorbereitung der deutschen Invasion, überraschend eindeutig verloren. Zwar büßte England im August und September 1940 185 seiner 700 Jagdmaschinen und mit ihnen zehn Prozent seiner Piloten ein, aber monatlich wurden 470 Jäger fertig gestellt und unverzüglich eingesetzt. Die fatale taktische Umstellung der deutschen Luftwaffe von der Zerstörung der englischen Luftstreitkräfte und ihrer Flughäfen auf die Terrorangriffe gegen ungeschützte Städte zahlte sich nicht aus. Als die «Spitfires» die Luftherrschaft über die nahezu 900 Jahre invasionsfreie Insel behauptet hatten, wurde das deutsche Landungsunternehmen am 17. September formell verschoben. Die Niederlage von Görings Luftwaffe war nicht zu leugnen, ohne die deutsche Herrschaft im Luftraum das riesige Invasionsprojekt aber undenkbar.

Hitler fehlte allerdings auch die Entschlossenheit, den Widerstand Englands, seines langjährigen Wunschpartners, um jeden Preis zu brechen. Für 215 000 Soldaten des englischen Expeditionscorps ließ er bei Dünkirchen, wo sie aus der Zangenbewegung deutscher Panzerverbände nicht mehr hätten entkommen können, die Evakuierung nach England zu. Auch im Luftkrieg und bei der Invasionsplanung schwankte er immer wieder, vermutlich wegen seiner wirklichkeitsfernen Hoffnung, England doch noch auf seine Seite ziehen zu können. Jedenfalls blieb im Augenblick der tiefsten Krise Winston Churchills Großbritannien unbesiegt, so dass es mit den Kondominien und den USA, schließlich auch mit Russland die überlegene Gegenallianz organisieren konnte. Im Rückblick drängt sich das Urteil auf, dass die Niederlage in der Luftschlacht um England in ihrer historischen Bedeutung am ehesten mit der verlorenen Marneschlacht zu Beginn des Ersten Weltkriegs verglichen werden kann. Noch unsichtbar wurden seit dem September 1940 die Weichen gegen einen Erfolg des «Dritten Reiches» gestellt.

Seit dem Rückschlag im Herbst 1940 gab es im Prinzip drei Wege, den Krieg zugunsten Deutschlands zu beenden.

1. Die erste Möglichkeit, ein schneller Friede mit England, bestand nur als Wunschbild, da sich die Regierung Churchill in Übereinstimmung mit der Bevölkerung unbeugsam widersetzte.

2. Die Wirtschaftsbeziehungen zur Sowjetunion konnten intensiviert werden, um die Ressourcenknappheit zu überwinden und die Produktionskapazität in Deutschland und im besetzten Europa optimal auszunutzen, bis Hitlers Reich ein erdrückendes Übergewicht für die entscheidende Kraftprobe gewonnen hatte. Freilich hielt nicht nur Halder die wachsende ökonomische Abhängigkeit von der Sowjetunion für außerordentlich riskant.

3. Ein schneller Eroberungsfeldzug sollte die Sowjetunion als «letzten Festlanddegen» Englands ausschalten, das Ostimperium mit seinem «Lebensraum» einbringen und damit die Basis für die europäische wie die globale Hegemonie schaffen.

Hitler optierte frühzeitig für den dritten Weg, da er schon am 18. Dezember 1940 die «Weisung 21» erteilte, den Überfall auf die Sowjetunion generalstabsmäßig zu planen. Seit Juli 1940 hatte das OKH bereits mit der Beflissenheit des vorauseilenden Gehorsams, eigene siegessichere Zukunftspläne konkretisierend, einen solchen Offensiventwurf erarbeitet. Mit hundert Divisionen sollte im Herbst 1940 die Abtretung der baltischen Staaten, Weißrusslands und der Ukraine erzwungen werden – ein Konzept, das Hitler schroff als dilettantisch verwarf, ging es ihm doch um die «Vernichtung der Lebenskraft Russlands». Hitler wollte nicht nur die Wende im Krieg herbeiführen, sondern auch seine lange gehegten Wunschträume verwirklichen. Schon

1922 hatte er die «Zertrümmerung Russlands» anvisiert; darin schlug sich die Erfahrung seiner Generation nach dem Frieden von Brest-Litowsk und Ludendorffs Eroberungsfeldzug bis zum Kaukasus nieder. Das «russische Riesenreich im Osten» sei reif zum Zusammenbruch, prognostizierte er, sein Zerfall werde durch die jüdische Dominanz seit der bolschewistischen Revolution beschleunigt. Damit tue sich das Tor für eine deutsche «Bodenpolitik» auf, denn der «Zug nach Osten», wiederholte er in «Mein Kampf», werde zu jenem Riesengewinn führen, der Deutschland «zum Herren der Erde» mache. Und Deutschland werde «Weltmacht oder gar nichts sein».

Früher als ursprünglich vorgesehen schien die Kriegslage im Winter 1940/41 den ohnehin unvermeidbaren «Ostfeldzug» zu gebieten, zumal er sich mit den fixen Ideen des Lebensraumimperialismus und Autarkiegewinns verband. Doch noch während die neue Planungsarbeit an dem «Unternehmen Barbarossa» weiterlief, erzwang die militärische Schwäche des italienischen Verbündeten gleich zweifach eine folgenschwere Verletzung des Gebots, fortab alle Kräfte nur auf den russischen Osten zu konzentrieren. Die Niederlage in Nordafrika, wo der Duce sein neues Imperium Romanum aufbauen wollte, bewog Hitler am 12. Februar 1941 dazu, mit einem «Afrikakorps» unter seinem Lieblingsgeneral Erwin Rommel direkt einzugreifen. Unversehens waren dadurch mehrere Divisionen und moderne Panzerverbände auf einem Nebenkriegsschauplatz gebunden.

Ein zweites italienisches Debakel auf dem Balkan löste am 6. April 1941 als Rettungsaktion Hitlers dritten Blitzkrieg, den Überfall auf Jugoslawien und Griechenland, aus. Zwar kapitulierte Jugoslawien nach 11, Griechenland nach 17 Tagen, doch wichtige hochmotorisierte Divisionen, die für den Aufmarsch gegen die Sowjetunion fest vorgesehen waren, wurden durch den unerwarteten Balkanfeldzug und die Besatzungsherrschaft dem Ostheer entzogen. Nicht zuletzt verzögerte sich wegen des Krieges in Südosteuropa der Beginn der Russlandkampagne, die möglichst frühzeitig, um eine Ausdehnung des Krieges in den Winter möglichst zu vermeiden, die Gunst des Sommerwetters hatte ausnutzen wollen.

Dass dieser Krieg im Osten eine von Grund auf andere Natur besitzen werde als der Krieg im Westen, daran ließ Hitler von Anfang an keinen Zweifel aufkommen. Sein neuartiger Charakter folgte aus Hitlers dominanten Motiven für den Ostkrieg: Lebensraumgewinnung für Deutschland, Autarkie in einem blockadefesten Großraum, Dezimierung der Slawen und ihre Degradierung zu Sklaven, Ausrottung der «jüdisch-bolschewistischen» Oberschicht, der jüdischen Russen überhaupt. Daher prägte Hitler der Wehrmacht Grundlinien des künftigen Rassen- und Vernichtungskrieges längst vor dem Einmarsch mit brutaler Offenherzigkeit ein. Das Ziel der Kriegsführung im Osten sei es in nuce, eine «Volkskatastrophe» herbeizuführen, die den «Lebensraum» für Deutschland frei machen werde.

Nachdem Himmler bereits am 13. März 1941 seine «Sonderaufgaben» als Vernichtungsbefehle für die «Einsatzgruppen» präzisiert hatte, so dass Heydrich schon im Mai 1941 von der Erschießung aller Juden, Funktionäre und «asiatischen Minderwertigen» reden konnte, erläuterte Hitler am 30. März 1941 den höchsten Militärs, dass es demnächst um die «Auseinandersetzung zweier Weltanschauungen» gehe. Daher genüge der militärische Sieg keineswegs, vielmehr müsse die Sowjetunion zerschlagen, die «jüdisch-bolschewistische Intelligenz», überhaupt insgesamt das «asoziale Verbrechertum» der Bolschewiki «beseitigt werden». «Es handelt sich um einen Vernichtungskrieg», präzisierte er ungeschminkt, «wir führen keinen Krieg, um den Feind zu konservieren». Daher müsse die Wehrmacht, forderte Hitler vor der Generalität, «vom Standpunkt des soldatischen Kameradentums abrücken. Der Kommunist ist vorher kein Kamerad und nachher kein Kamerad.»

Am 14. Mai 1941 folgte ein Führerbefehl über die Aufhebung der regulären Kriegsgerichtsbarkeit, der – eklatant rechtswidrig – freie Bahn für den Massenmord ohne justizielle Ahndung schuf. Am 19. Mai forderte eine Anlage zum «Barbarossa»-Plan, das «rücksichtslose Durchgreifen» gegen «bolschewistische Hetzer» und «Juden». Am 6. Juni folgte Hitlers berüchtigter Kommissarbefehl, der von der Truppe verlangte, «auf der Stelle jüdisch-bolschewistische Funktionäre mit der Waffe zu erledigen». In den von der Wehrmacht herausgegebenen offiziellen «Mitteilungen für die Truppe» wurde die neue Maxime bereits im selben Monat unmissverständlich erläutert: «Es hieße Tiere beleidigen, wollte man die Züge der jüdischen Menschenschinder tierisch nennen. Sie sind die Verkörperung des Infernalischen und verkörpern den Aufstand des Untermenschen gegen edles Blut.»

An der neuartigen Natur des geplanten Vernichtungskrieges konnte daher schon vier, fünf Monate vor dem Beginn des Überfalls kein Zweifel aufkommen. «Terror, Ausrottung, Vernichtung», das war die Signatur des künftigen Weltanschauungskrieges. Das höhere Offizierkorps teilte offenbar weithin dieses Urteil, denn vernehmbarer Widerspruch gegen die Intention Hitlers, gegen die eklatante Missachtung auch des deutschen Militärstrafgesetzbuches wurde nicht laut. Damit verharrte diese Mehrheit in ihrer Abhängigkeit von der Terrorpraxis der politischen Führung. Sie akzeptierte ebenfalls die Sonderstellung der SS im Hinterland, wenn die «Einsatzgruppen» die sowjetrussische Intelligenz und die Juden ermorden sollten. Eine Absprache zwischen dem Generalquartiermeister Wagener und Heydrich wurde vom OKH bereits am 28. April formell bestätigt.

Wie konnte es zu diesem verhängnisvollen Konsens kommen? Auf der Suche nach einer Antwort erweist sich wiederum, wie unumgänglich der Rückgriff auf die Erfahrungen und Überlegungen seit dem Ersten Weltkrieg ist.

1. In einem Prozess pathologischen Lernens hatten einflussreiche Militärs aus dem Ersten Weltkrieg die Konsequenz gezogen, dass der von ihnen als Selbstverständlichkeit anvisierte Revisionskrieg die Natur eines «totalen Krieges», dem sich schon der Kriegsverlauf seit 1916 immer dichter angenähert hatte, annehmen müsse. Ludendorffs erfolgreiches Buch über den totalen Krieg hatte den künftigen Krieg genauer charakterisiert. Total sollte der Einsatz sowohl aller militärischen Mittel als auch aller ökonomischen, gesellschaftlichen, psychischen und mentalen Ressourcen der «Heimatfront» ausfallen, um bei dem zweiten großen Kräftemessen den Sieg zu gewährleisten. Im letzten Krieg hatte das Kaiserreich diese Mobilisierung aller Kräfte noch nicht erreicht, obwohl sie angeblich möglich gewesen wäre. Doch das Zaudern der Politiker, die Opposition der Linken und schließlich der Zerfall der «Heimatfront» hätten, hieß es, den Endsieg über die Alliierten verhindert.

Auf dieses Ziel auf lange Sicht konnten sich die strategisch denkenden Stabsoffiziere der Reichswehr einigen. Zwar stand vorerst eine langwierige Aufrüstungsjagd bevor, doch die Konzeption des totalen Krieges erschien ihnen als das konsequent zu Ende gedachte, folgerichtige Ergebnis ihres Lernens aus den bitteren Erfahrungen des Ersten Weltkriegs. Selbstbewusst, mit dem Hochgefühl des überlegenen Fachmanns wähnten sie sich an der Spitze des internationalen militärstrategischen Denkens.

Es war diese Affinität zum Denken Hitlers, welche nach 1933 zahlreiche Offiziere an die Seite des Diktators führte. Denn der «Führer» schien mit der inneren Einheit seiner nationalsozialistischen Volksgemeinschaft zugleich die totale Mobilmachung der «Heimatfront», die Indienstnahme schlechthin aller gesellschaftlichen Ressourcen zu gewährleisten. Der neue Messias übernahm auch die mentale Aufrüstung, die zu dem unerschütterlichen Glauben an den gerechten Endsieg führen sollte. Erstmals hatte die Militärführung den Eindruck, dass die «Heimat» vorbehaltlos hinter den Streitkräften stehe, ein zweiter Dolchstoß undenkbar sei.

Das rasante Aufrüstungstempo übertraf selbst die hochfliegenden Wünsche der Wehrmacht. Die Befriedigung über das anwachsende Kriegspotential schloss aber nicht aus, dass die professionellen Militärexperten ihre begründeten Einwände gegen Hitlers Risikopolitik erhoben; sie sind keineswegs ohne Einwände von einer Krise zur anderen mitmarschiert. Aber die Erfolgsbilanz Hitlers bis 1939 blendete auch und gerade sie. Erst recht tat das der Triumph der beiden Blitzkriege gegen Polen und Frankreich. Dass die Bezwingung des sowjetischen Großreichs, auch nach ihrer Auffassung eines menschenfeindlichen Ideologiestaats, neuartige Methoden des Weltanschauungskriegs erforderte, leuchtete ihnen entweder unmittelbar ein, oder sie vermochten keine Opposition dagegen aufzubauen. Nachdem die anfängliche Euphorie einer Blitzkriegwiederholung verflogen war, konnten sie mühelos auf ihr Konzept des totalen Krieges, mit dem sie sich schon zwanzig Jahre lang beschäftigt hatten, zurückgreifen.

2. Die meisten höheren Offiziere hatten 1918 die Eroberung von Ludendorffs Ostimperium miterlebt. Die Wahnidee eines östlichen «Lebensraums» für ein blockadefestes, autarkes Kontinentalreich hatte seither auch für sie ihre Anziehungskraft behalten. War man nicht 1918 bereits einmal mühelos bis zum Kaukasus, bis zur Krim vorgestoßen? In hybrider Überlegenheit hielten 1941 ausnahmslos alle deutschen Planer, wie übrigens auch nahezu alle ausländischen Militärexperten, die Rote Armee für einen minderwertigen Gegner, der

zumal nach Stalins jüngster Säuberung des Offizierkorps – die Hälfte war umgebracht oder in den Gulag verschleppt worden – leicht zu schlagen sei. Hatte man im August 1940 noch neun bis siebzehn Wochen für den Ostfeldzug veranschlagt, glaubte man im April 1941 in leichtfertigem Optimismus, dass vier Wochen bis zum Sieg genügten. Im Grunde war Hitler skeptischer als seine Militärs. Er stehe «vor einer geschlossenen Tür», äußerte er kurz vor dem Angriff, was ihn, wenn er sie aufstoße, dahinter erwarte, wisse er nicht. «Wenn es schief geht, ist sowieso alles verloren.»

3. Tief verankert in der Mentalität des Offizierkorps war nicht nur die Verachtung der Slawen, wie das dem verbreiteten Klischee vom west-östlichen Kulturgefälle entsprach, sondern gleichzeitig auch die Bereitschaft, die gefürchtete «russische Dampfwalze», die «In-Bewegung-Setzung des russischen Kolosses», wie sie der ehemalige Generalstabschef Beck im November 1939 beschworen hatte, durch die Zerstörung des Sowjetsystems endgültig auszuschalten. Traditionelle antislawische Vorurteile gingen eine fatale Fusion mit dem Bolschewistenhass ein. Als General Georg Thomas, der kühle technokratische Chef des Wehrwirtschaftsamtes, im Mai 1941 den Krieg nur dann für weiterführbar erklärte, wenn das gesamte Heer aus Russland ernährt werde, akzeptierte er auch als Folge dieser Kampfstrategie, dass dort «jedenfalls zig Millionen Menschen verhungern werden».

4. Wie man die Slawen für ein minderwertiges Volk hielt, grassierte auch der Antisemitismus im Offizierkorps, erst recht die Verachtung der fremdartig wirkenden «Ostjuden». Bereits 1933 war die Wehrmachtführung auf den aktionswütigen antijüdischen Kurs des neuen Regimes, ohne je dazu gedrängt zu werden, von sich aus eingeschwenkt. Im Schulungsheft des OKH für 1939 wurde dann die Wehrmacht direkt angehalten, das «Weltjudentum» zu bekämpfen, «wie man einen giftigen Parasiten bekämpfen muss». Mit dieser Einstellung vertrat sie weder eine feste Grundsatzopposition gegen die rassistische Judenpolitik des NS-Regimes noch konnte sie im besetzten Europa Widerstand aufbauen.

Es ist dieser zwischen dem Offizierkorps und der NS-Führung bestehende manifeste oder doch latente Konsens über die Notwendigkeit eines antibolschewistisch-antijüdischen Vernichtungskriegs gewesen, der die Basis für den Russlandfeldzug, insbesondere aber für die enge Kooperation von Wehrmacht, SS und «Einsatzgruppen» bei den Mordaktionen bildete.

Als die deutsche Angriffswalze am 22. Juni 1941 ohne Kriegserklärung in die Sowjetunion einbrach, gehörten diesem größten Offensivheer der Weltgeschichte – Napoleons Grande Armée umfasste gerade einmal ein Fünftel davon – drei Millionen deutsche Soldaten in 153 Divisionen an, darunter 19 Panzer- und 15 motorisierte Divisionen. Außerdem kamen die 600 000 Mann starken verbündeten Truppen aus Finnland, Ungarn, Rumänien und der Slowakei hinzu, später auch noch italienische und spanische Verbünde. Die Invasoren verfügten über 3648 Panzer, 2515 Flugzeuge und 7146 Geschütze. Dieser gewaltigen Streitmacht standen im Westen Russlands zunächst nur 2.9 Millionen Soldaten, allerdings mit einer stattlichen Ausrüstung: 15 000 Panzern, 9000 Flugzeugen, 35 000 Geschützen gegenüber. Aber der Angreifer nutzte den Überraschungseffekt, setzte mehr kampferfahrene Soldaten ein, besaß modernere Flugzeuge und Panzer, die in hochmobilen, selbständigen Verbänden operierten, und entfaltete beim Vordringen eine ungeahnte Schnelligkeit. Dagegen steckte die Rote Armee nach Stalins mörderischem Eingriff mitten im Umbau. Auch ihre Panzerwaffe befand sich in einem Zustand des Übergangs. Vor allem aber wurde sie trotz aller Stalin zugeleiteten Spionagewarnungen bis hin zum genauen Angriffstermin völlig überrascht, so dass die Reserveeinheiten zu spät herangeführt wurden und Angriffskeile der drei deutschen Heeresgruppen in umfassenden Zangenbewegungen nicht nur einen riesigen Bodengewinn erzielten, sondern in beispiellosen Kesselschlachten drei Millionen russische Gefangene machten.

Generalstabschef Halder überbot die allgemeine Euphorie an der Front, wo die Chefs der Heeresgruppen mit ihren Stäben von einer achtwöchigen Kampfdauer ausgingen, als er am 3. Juli 1941 konstatierte: «Es ist wohl nicht zuviel gesagt ..., dass der Krieg bereits innerhalb von 14 Tagen gewonnen werden» könne. Der vierte Blitzkrieg schien noch schneller als geplant zum Ziel zu führen. Spätestens innerhalb von drei Monaten sollte der allerletzte Widerstand gebrochen, die Linie Archangelsk-Astrachan erreicht, die Sowjetunion ihrer wichtigsten Industriegebiete und agrarischen Ressourcen beraubt sein. Siegestrunken erläuterte Hitler schon am 24. Juni sein Ostprogramm:

Beherrschen, Zerschlagen, Ausbeuten. Das OKW bildete daher keine Reserven, gab nicht einmal Winterkleidung aus. Fünf Millionen Männer wurden vom Wehrdienst freigestellt, die Rüstungsanstrengungen zugunsten der Luftwaffe und Marine auf die abschließenden Operationen gegen Großbritannien und die USA umgestellt.

Doch unerwartet schnell versteifte sich der russische Widerstand, wie überhaupt die legendäre Behauptungskraft des einfachen russischen Soldaten «zu den größten Überraschungen des Zweiten Weltkriegs» gehörte. Dabei konnte die Rote Armee drei Vorteile nutzen: Sie besaß ein weitaus größeres Potential an Menschen und Material als ihr Gegner, z.B. weitere 14 Millionen Soldaten als Reserve, 24000 Panzer (darunter das soeben entwickelte berühmte Modell T34), 148000 Geschütze und Granatwerfer. Sie konnte wie ihre Vorgängerin 1812 die unermessliche Weite des russischen Raumes für eine Strategie der elastischen Verteidigung nutzen. Und schließlich arbeiteten ihr die Leichtsinnigkeit und der Hochmut der Invasoren in die Hände. Als dann auch noch die Schlammperiode sowie der Einbruch des Winters den deutschen Vormarsch unterbrachen, bahnte sich ein Vierteljahr nach dem Kriegsbeginn eine Wende an, zumal für die hohen deutschen Verluste – bis Ende August 1941 wurden bereits 410000 tote und verletzte Soldaten gezählt – nur 232000 Mann als Ersatz an die Ostfront herangeführt werden konnten.

Zunächst nahm die Heeresgruppe Mitte mit 1.9 Millionen Soldaten in 78 Großverbänden, aber mit bereits halbierter Panzerzahl Anfang Oktober den Vormarsch nach Moskau wieder auf, versank zeitweilig auf unbefestigten Wegen abseits der Rollbahn im Schlamm, setzte danach seit dem 15. November ihren Vorstoß fort, blieb aber knapp 30 km vor Moskau – Stoßtrupps kamen bis in die Vororte – im Abwehrfeuer stecken, zumal, wie der Chef der Heeresgruppe gestand, die «Kraft der Truppe völlig erschöpft» sei. Als am 5. Dezember der russische Gegenangriff einsetzte und auf die von ihrem Gegner, aber auch von der Eiseskälte mit 40 Grad unter Null zermürbten deutschen Truppen prallte, setzte ein überstürzter Rückzug ein. Hitler, der am 19. Dezember von Brauchitsch auch noch das OKH übernahm, verlangte die Stabilisierung der Front durch «fanatischen Widerstand». Vermutlich deshalb hielten die deutschen Linien während des Rückmarsches überhaupt noch Stand.

Dennoch war die Katastrophe des Winterkriegs nicht mehr zu leugnen. In fünf Monaten zwischen dem 1. November 1941 und dem 1. April 1942 verlor das deutsche Ostheer die horrende Zahl von 900 000 Toten oder Verwundeten. Abertausende erfroren in ihrer Sommeruniform; den Überlebenden wurde eine eigene Auszeichnung, höhnisch «Gefrierfleischmedaille» genannt, zuerkannt. Ihre Kampfkraft betrug allenfalls noch 60 Prozent des Ausgangswertes 1941. Der Begriff der «Ostfront» gewann seither seinen düsteren Klang. Nur 450 000 Mann konnten als Ersatz aufgeboten werden. Die Masse des Rüstungsmaterials ging verloren: 2340 Panzer, 14 200 Lastwagen und Autos, mehr als 8000 Flugzeuge. Ende November 1941 forderten daher Rüstungsminister Todt und der Chef des Ersatzheeres, General Friedrich Fromm, Hitler nachdrücklich auf, den Friedensschluss mit Russland zu suchen.

Erstmals verlor Hitler die «Aura der Unberührbarkeit», erste Risse tauchten in der Ikone des «Größten Feldherrn aller Zeiten» auf. Hitler mischte sich als OKH-Chef bis in taktische Einzelheiten kleiner Verbände ein, verschliss vier Generalstabschefs; die Hälfte aller Generäle wurde gemaßregelt und verabschiedet. Am asymmetrischen Kräfteverhältnis im Osten änderte das aber gar nichts. Hitler selber äußerte in diesen Tagen: «Wenn das deutsche Volk einmal nicht mehr stark und opferbereit sei, sein eigenes Blut für seine Existenz einzusetzen, so sollte es vergehen und von einer anderen, stärkeren Macht vernichtet werden.»

Auch die geplante ökonomische Ausbeutung in großem Stil mündete in ein Fiasko. Im Vergleich mit den korrekten sowjetischen Lieferungen bis zum Überfallstag erreichte die deutsche Beute allein bei Mineralöl, Fett und Fleisch den Stand des Frühjahrs 1941, kam aber ein Jahr später nicht über 52 Prozent des Getreides, 43 Prozent des Mangans und sechs Prozent des Chromerzes hinaus. Die Besatzungsherrschaft des Beutemachens und der Brandschatzung erwies sich für die deutschen wirtschaftlichen Interessen als extrem kontraproduktiv. Gleichzeitig wurde trotz des Verlustes großer Industriezentren und der Verlagerung von 15 000 Rüstungsbetrieben in den Osten jenseits des Urals der russische Waffenausstoß um 86 Prozent gesteigert. Selbst 1941 kletterte er auf 11 950 Flugzeuge und 6540 Panzer, 1942 und 1943 sogar auf 24 446 bzw. 25 436 Flugzeuge, 9200 bzw. 12 950

Panzer. Dem hatte die deutsche Industrie nichts Vergleichbares entgegenzusetzen.

Wie lange würde die schwer angeschlagene Wehrmacht widerstehen können, wenn es, in Becks Worten, zur «Inbewegungsetzung» des «russischen Kolosses» kam. Das Erstaunliche am Russlandfeldzug seit dem Frühjahr 1942 ist nicht nur die Tatsache, dass der Krieg nach dem Debakel vor Moskau noch drei Jahre lang weiter anhielt, sondern dass die größte territoriale Ausdehnung von Hitlers Imperium erst bevorstand.

Während die deutsche Winteroffensive vor der russischen Hauptstadt stecken blieb, machte die am 11. Dezember 1941 ausgesprochene Kriegserklärung an die Vereinigten Staaten, die nach dem japanischen Angriff auf Pearl Harbor am 9. Dezember in den längst erwarteten Kriegszustand mit Japan eingetreten waren, den europäischen Hegemonialkrieg vollends zum Weltkrieg. Hitlers einsamer Entschluss in der Nacht vom 10. auf den 11. Dezember, einer der zahllosen Beweise, dass er kein «schwacher Diktator» war, gilt manchen als rätselhafte Entscheidung, da nicht leicht einzusehen ist, warum er nach England und Russland auch noch einer dritten Weltmacht den Krieg erklärte. Der Erklärungsversuch, darin eine «stolze Geste» zu sehen oder gar im Stil einer vulgären psychoanalytischen Deutung die Todessehnsucht des Diktators zu entdecken, überzeugt genauso wenig wie die vermeintliche Loyalität gegenüber Japan, das seiner Beistandsverpflichtung gegenüber Berlin ja keineswegs durch die Eröffnung einer antirussischen Front nachgekommen war. Vielmehr griffen mehrere andere Motive ineinander.

Erneut trat Hitler, einem tief verinnerlichten Handlungsmuster folgend, «aus einem Engpass die Flucht nach vorn» an, auch wenn das die Fortsetzung des vertrauten Vabanquespiels unter enorm erschwerten Bedingungen bedeutete. Amerika stand ohnehin an erster Stelle der Gegner beim Kampf um die globale Suprematie, wie das auch die darauf eingestellte deutsche Luft- und Seerüstung seit dem Sommer 1941 zeigte. Der Krieg mit Amerika wirkte aber auch deshalb seit geraumer Zeit unvermeidbar, weil die USA ziemlich unverhüllt auf der Seite Englands schon mitkämpften, jedenfalls bewegten sich die Hilfsgüter- und Kriegsschifflieferungen längst in einer schmalen Grauzone dicht vor dem völkerrechtlich formalisierten Konflikt. Die Neigung, Amerika den Krieg zu erklären, war daher längst vor Pearl Harbor vorhanden, um endlich Handlungsfreiheit gegenüber dieser Macht zu gewinnen, die England so kraftvoll beisprang.

Hitler setzte offenbar auch auf eine Aufteilung der amerikanischen und englischen Kräfte auf den ostasiatischen und den europäischen Kriegsschauplatz, wodurch ihr gegen Deutschland mobilisierbares Kriegspotential halbiert würde. Jetzt endlich konnte die U-Boot-Waffe uneingeschränkt zum Einsatz kommen. Siegesgewiss wurde sie auf ihre Jagd nach amerikanischen Transportschiffen im Atlantik geschickt, die mit Kurs nach England liefen. Die euphorischen Hoffnungen von 1917 wiederholten sich in einem noch verblüffenderen Ausmaß. Überhaupt zeigt die Parallele zum Ersten Weltkrieg, wie realitätsfern auch diesmal die Entscheidung ausfiel, sich mit der wichtigsten Weltmacht des 20. Jahrhunderts und ihrem unermesslichen Potential an Ressourcen noch einmal anzulegen.

Die deutsche Strategie in dem seit Ende 1941 endgültig globalisierten Krieg muss auf vier Schauplätzen verfolgt werden.

1. Im Osten kam es mit unerwarteter Wucht zu einem Feldzug nach Südrussland, wo die riesigen Erdölfelder, die Industriereviere vor allem im Donez-Becken und die Kontrolle der Wolga, die Kaukasusregion und damit der Weg nach Persien und Indien für einen neuen Alexanderzug gewonnen werden sollten.

2. In Nordafrika sollte Rommel mit seinem höchst erfolgreichen Afrikakorps bis zum Suezkanal vorstoßen und danach, abgesehen von der hohen symbolischen Wirkung dieses Abschneidens einer langjährigen Lebensader des Britischen Empire, den Weg in die englandfeindliche arabische Welt des Nahen Ostens öffnen.

3. Der U-Boot-Krieg sollte die amerikanisch-englische Nabelschnur möglichst schnell und effektiv durchschneiden, um England endlich mürbe zu machen.

4. Ein letzter, unheimlicher Kriegsschauplatz tat sich mit dem Massenmord an den Juden auf, der mit dem Russlandkrieg in engstem Zusammenhang stand. Seither galt: Nur so lange die Wehrmacht erfolgreich war oder zumindest die Front hielt, konnten die «Einsatzgruppen» und die großen Vernichtungslager ihre Henkerarbeit tun.

Die unentbehrliche Voraussetzung für diese neue Kriegsphase war die spätestens seit Dezember 1941 gebotene Umstellung auf die Tiefenrüstung für einen langlebigen Materialkrieg. Die Kompetenzen von Rüstungsminister Todt wurden deshalb durch einen Führererlass vom 3. Dezember 1941 aufgewertet, doch gelang es diesem trotz seines Organisationstalents in der kurzen, ihm noch verbleibenden Lebenszeit nicht mehr, eine Art von Gesamtkontrolle über die deutsche Rüstungswirtschaft zu gewinnen. Hinter seinem mysteriösen Tod aufgrund eines Flugzeugabsturzes am 8. Februar 1942, unmittelbar nach einem Besuch im ostpreußischen Führerhauptquartier, wird wahrscheinlich zu Recht ein SS-Attentat wegen seiner offenherzigen Kritik an Hitlers Weigerung, den Krieg zu beenden, vermutet. Seinem Nachfolger Albert Speer gelang es dann, eine fatale Kriegsverlängerung durch den erhöhten Ausstoß von Rüstungsgütern zu bewerkstelligen.

Als sich die deutsche Kriegsmaschine 1942 wieder in Bewegung setzte, fielen die Erfolge zunächst bestechend aus. Um die Jahreswende 1942/43 stellte sich jedoch ein allgemeines Fiasko ein. Seither ging die strategische Offensive überall an die Alliierten über.

In Russland trafen drei Millionen deutsche Soldaten auf fünf Millionen Russen im Besitz hoher Materialüberlegenheit. Dennoch verlief die Südoffensive für die deutschen Verbände außerordentlich erfolgversprechend. Die Krim wurde erobert, das Asowsche Meer, dann der Kaukasus erreicht, wo die deutsche Flagge auf seinem höchsten Berg, dem Elbrus, aufgepflanzt wurde. Ältere Offiziere versicherten freudestrahlend ihrer Einheit, dass sie bereits 1918 mit Ludendorffs Angriffsspitzen hier gewesen seien, ein zweites Mal wolle man nicht zurückweichen. Die 6. Armee eroberte bis Mitte November 1942 Stalingrad, ein Wahrzeichen der Stalinschen Industrialisierungspolitik. Doch sie wurde eingekesselt, durch Hitlers Verbot am Ausbruch gehindert und musste nach ungeheuren sowjetischen Verlusten (eine Million Tote) am 2. Februar 1943 kapitulieren. Von 250000 deutschen Soldaten kamen nurmehr 90000 in russische Gefangenschaft, die nicht mehr als 5000 überlebten. Stalingrad wurde zum symbolischen Wendepunkt im Zweiten Weltkrieg.

Erstmals breitete sich tiefer Pessimismus in der deutschen Bevölkerung aus. Allzu nachhaltig dementierte der bewusst in Kauf genommene Verlust einer ganzen Armee die triumphierenden Siegesmeldungen der vergangenen Monate. Doch Hitlers Regime mit seiner Maxime des «Alles oder Nichts» bewies eine erstaunliche Stabilität im Chaos. Und wegen der alliierten Forderung nach «bedingungsloser Kapitulation», wegen der Angst vor der Roten Armee und anhaltenden Führerloyalität wuchs ihm sogar eine neue Solidarität zu.

Währenddessen mussten die deutschen Truppen vor der Gewalt der russischen Gegenangriffe zurückweichen. Der letzte Anlauf, mit einer eigenen Großoffensive im Kursker Bogen, der Anfang Juli 1943 eingeleiteten Operation «Zitadelle», das Blatt doch noch einmal zu wenden, scheiterte daran, dass die Rote Armee in der bisher größten Panzerschlacht der Weltgeschichte (4000 sowjetische Panzer standen 2000 deutschen gegenüber) den Sieg gewann. Seither blieb dem deutschen Ostheer nur noch übrig, eine verzweifelte Abwehrschlacht nach der anderen gegen eine wachsende Übermacht zu schlagen. Auch dazu war es weiterhin fast zwei Jahre lang imstande – eine noch immer erklärungsbedürftige militärische Leistung.

Der U-Boot-Krieg hatte anfangs selbst die hochgespannten Erwartungen noch übertroffen, da 1942 riesige Verluste der Alliierten – monatlich wurden 750000 Bruttoregistertonnen versenkt – gemeldet werden konnten. Der amerikanische Generalstabschef George C. Marshall äußerte ungeschminkt die pessimistische Befürchtung, dass bei einer Fortdauer der deutschen U-Boot-Erfolge Amerika mit fatalen Folgen für England von Europa völlig abgeschnitten werde und sich auf den ostasiatischen Kriegsschauplatz konzentrieren müsse. Noch im selben Jahr bahnte sich jedoch die dramatische Wende an, welche diese Gefahr bannte. Die amerikanischen Werften produzierten, wie sich herausstellte, weit mehr Neubauten, als die Anzahl der versenkten Schiffe betrug. Dagegen blieb wegen der versäumten Vorausplanung die Anzahl der U-Boot-Neubauten viel zu gering. Schwer bewaffnete, durch U-Boot-Jäger und Zerstörer im Besitz neuartiger Wasserbomben geschützte Riesenkonvois erschwerten immer mehr die Jagd der «Grauen Wölfe». Die Luftüberwachung des Meeres durch Fernaufklärer wurde verfeinert. Dem englischen Nachrichtendienst gelang es, den deutschen Marinecode zu entschlüsseln. Vor allem aber ermöglichte die neue Wundermaschine des Radargerätes die unfehlbare Ortung der Tauchboote. Nach aberwitzigen Verlusten mussten bereits im März 1943 die Angriffe auf die Geleitzüge abgebrochen werden. Ein ununterbrochener Strom von Rüstungslieferungen und amerikanischen Soldaten erreichte seither England. Die Invasion Europas konnte konkret vorbereitet werden.

In Nordafrika sah sich das Afrikakorps nach einer langen Erfolgsserie nach der amerikanisch-britischen Landung in Marokko und Algerien seit dem November 1942 plötzlich einem Zweifrontenkrieg ausgesetzt. Rommels letzter Vorstoß blieb nur 100 km westlich von Alexandria bei El Alamein stecken, wo ihm englische Verbände unter General Montgomery am 3. November die entscheidende Niederlage beibrachten. Als der Kapitulation im Mai 1943 nicht mehr ausgewichen werden konnte, gingen 250000 deutsche und italienische Soldaten in Gefangenschaft. Das Mittelmeer wurde zum alliierten Kriegstheater. Hitlers «Festung Europa» konnte jetzt auch von Süden her aufgebrochen werden.

Nur zwei Monate später landeten alliierte Truppen auf Sizilien. Die herannahende Niederlage vor Augen wurde Mussolini durch aufbegehrende Militärs unter Mitwirkung des Königs gestürzt. Italien schied aus dem Kriegsgeschehen aus und geriet seit September 1943 unter deutsche Besatzungsherrschaft. Die Zivilbevölkerung erlitt immer wieder extreme Terrormaßnahmen als Vergeltung für den Partisanenkrieg der Resistenza. Der Duce wurde durch den Handstreich einer deutschen Sondereinheit aus der Gefangenschaft befreit und zog sich in die Kümmerexistenz der radikalfaschistischen Zwergrepublik Salò im Norden zurück, während Italien gegen die nur langsam vordringenden Alliierten von deutschen Truppen zäh verteidigt wurde.

Im November 1942 wurde auch Vichy-Frankreich von deutschen Verbänden besetzt. Mit der seit langem befürchteten alliierten Landung in der Normandie am 6. Juni 1944, der nach der Überwindung des erbitterten fünfwöchigen deutschen Widerstands am Atlantik-Wall der Vormarsch durch Frankreich folgte, wurde die letzte Phase des Krieges im Westen eingeleitet, die sich wegen des anhaltenden deutschen Abwehrkampfes doch noch ein Jahr lang hinzog. Ebenso lange dauerte der russische Sturmlauf, bis er im April 1945 Berlin erreichte. In diesen furchtbaren letzten zehn Monaten des europäischen Krieges kam die Hälfte aller deutschen Opfer ums Leben.

11. Charismatische Herrschaft, Führerglaube, Kampfmoral

Der Mythos um Hitlers charismatische Herrschaft ist durch die Kriegserfolge in Polen und Frankreich, in Skandinavien und auf dem Balkan enorm ausgeweitet und noch fester als zuvor untermauert worden. Die ausschlaggebende Erklärung für diesen machtvollen Legitimationsschub liegt in der Befriedigung des tief verletzten deutschen Nationalismus, der unter dem Eindruck der Niederlage im Ersten Weltkrieg und des Krisensyndroms der Folgezeit, insbesondere der Konsequenzen des Versailler Vertrags, ein unstillbares Ressentiment aufgebaut hatte. Seit jeher hatte die Zuschreibung von Hitlers Charisma auf der Bereitschaft großer, seit 1933 rapide wachsender Segmente der deutschen Bevölkerung beruht, in ihm den Erlöser aus der nationalen Misere zu erblicken, den Messias künftiger Herrlichkeit, den «zweiten Bismarck», der die demütigenden Wirkungen von Kriegsverlust, Entmilitarisierung, Hyperinflation, Weltwirtschaftskrise und Staatszerfall in einem neuen glanzvollen «Dritten Reich» überwinden werde.

Der grenzenlose Jubel über den «Anschluss», der den großdeutschen Wunschtraum realisierte, wurde durch die Akklamation des Triumphs in den ersten beiden Blitzkriegen noch übertroffen. Sie löste eine sozialpsychische Kettenreaktion mit dem Effekt einer «rasanten Steigerung des Führernimbus» aus. Vereint wie nie zuvor stand die «Nation in Waffen» hinter ihrem «Führer». Der Glaube, dass seinem politischen Genie schlechterdings alles gelinge, drang weit über die längst gewonnene Anhängerschaft hinaus auch in Sozialmilieus ein, die sich bisher gegenüber den Verlockungen der NS-Politik noch als ziemlich resistent erwiesen hatten.

Diese leidenschaftliche Zustimmung wurde maßgeblich dadurch vertieft, dass Hitlers Aura durch die Verklärung als genialer Feldherr noch verdichtet wurde. Die Goebbels-Propaganda arbeitete pausenlos daran, den Blitzkrieg in Polen allein als Hitlers Werk erscheinen zu lassen. Erst recht aber galt der entgegen allen Erwartungen verblüffend schnell errungene Sieg über Frankreich als Ergebnis von Hitlers genialer Vorausplanung und strategischer Ausführung.

Im Sommer 1940 tauchte daher der Begriff des «Größten Feldherrn aller Zeiten» in der politischen Semantik des «Dritten Reiches» auf.

Als «Gröfaz» abgekürzt, drang diese Schmeichelei selbst in die hohen Offiziersränge des OKW vor, wo Keitel, genannt «Lakeitel», das Sykophantentum anführte. Währendessen wurde Hitler nicht müde, sich selber weiter als Prototyp des deutschen Frontsoldaten im Ersten Weltkrieg zu präsentieren: mit allen Abgründen des modernen Krieges vertraut, dennoch voll ungebrochener aktivistischer Militanz. Kontinuierlich versicherte er, dass er den einfachen Landser aus eigener Erfahrung verstehe, aber deshalb auch genau wisse, was man ihm alles zutrauen könne. Sein Appell an den «fanatischen Willen» des Einzelnen, zusehends auch an die «Kampfkraft der Rasse» löste erstaunliche Wirkungen aus.

Für seinen sprunghaft anwachsenden Einfluss auf die Wehrmachtspitze erwies sich als noch wichtiger, dass Hitler – wie alle historischen Kenner glauben – die «einzigartige Begabung» besaß, Personen, die sich zunächst seinen Entscheidungen widersetzen wollten, «umzustimmen und mit Siegeszuversicht zu erfüllen». Das führte dazu, dass selbst Persönlichkeiten mit einem sonst unabhängigen Urteil der «Faszination», die von ihm ausging, «widerstandslos erlagen». Außer seiner sozialkommunikativen Kompetenz und seinem «überragenden taktischen Geschick» kam Hitler daher «sein hervorragendes demagogisches Vermögen», gepaart mit «missionarischer Passion und politischer Zielstrebigkeit» zustatten. Seine Fähigkeit, gerade auch «selbstsichere Militärs» immer wieder zu überreden, ist vielfach bezeugt. Ihnen imponierte nicht zuletzt seine «rasche Auffassungsgabe» angesichts neuer Probleme und sein «stupendes Gedächtnis für Details», ob es sich um exakte Zahlen aus der Rüstungsproduktion oder um passende Clausewitz-Zitate handelte. Allerdings gilt auch und gerade in diesem militärischen Milieu, dass Hitlers «Ausstrahlungskraft» ganz so wie seine charismatische Wirkung in der Gesellschaft von der «Anpassungsbereitschaft» seiner Adressaten abhing.

Die unmittelbare Folge dieser Stilisierung Hitlers zum einzigartigen deutschen Übermenschen und begnadeten Kriegsherren war die Vertiefung der Führergläubigkeit. Man braucht nur die in Filmaufnahmen festgehaltenen leuchtenden Gesichter von Wehrmachtseinheiten, die Hitler anfangs noch mehrfach an der Front besuchte, auf sich wirken zu lassen, um der Ähnlichkeit gewahr zu werden, die sie mit den hingabebereiten, verzückten Gesichtern in Riefenstahls Film vom

Reichsparteitag 1934 verbindet. Der visuelle Eindruck wird durch zahlreiche Feldpostbriefe bestätigt, in denen der halbgottähnliche Nimbus Hitlers, in wie simpler Sprache auch immer, unablässig beschrieben wurde.

Die Staats-, aber auch die Wehrmachtspropaganda taten das ihre dazu, diese gläubige Verehrungsbereitschaft zu unterstützen. Man würde ihren Einfluss aber völlig überschätzen oder ihrer eigenen Effizienzlegende erliegen, wenn man an erster Stelle in ihr die Ursache des neuen Aberglaubens sehen wollte. Die Neigung war schon längst vorhanden, im beispiellos erfolgreichen «Führer» der Friedensjahre bereitwillig auch das überragende militärische Talent zu feiern.

Es ist eine hervorstechende Tatsache der Kriegsgeschichte, dass außergewöhnliche Feldherren – von Alexander über Cäsar bis zu Napoleon – die enthusiastische Folgebereitschaft ihrer Soldaten genießen und eine Staunen erregende Kampfmoral zu inspirieren vermögen. Man kann sich dem Eindruck kaum entziehen, dass die Wirkung des charismatischen «Führers» in Friedenszeiten während der erfolgreichen Anfangsphase des Krieges noch jene extreme Führergläubigkeit hinzugewonnen hat, die nunmehr von der Leistung des vermeintlich genialen strategischen Kopfes genährt wurde. Unter der Anleitung des «Führers» schien, wie er selber immer wieder proklamierte, «für den deutschen Soldaten nichts unmöglich» zu sein. Im Zweifelsfall könne daher fanatischer Wille und unbeugsame Siegeszuversicht alle Hemmnisse überwinden. Je jünger die Offiziere und Mannschaften waren, je länger sie der Indoktrination seit 1933 ausgesetzt gewesen waren und Hitlers Erfolgsserie in einem plastischen, aufnahmefähigen Alter erlebt hatten, desto mehr erwies sich das absolute Vertrauen auf den Kriegscharismatiker als Fundament einer jahrelang unerschütterlichen Kampfmoral.

Ihre allgemeine Basis bildete die hochgeschätzte, idealisierte Tradition des preußisch-deutschen Militärwesens, die geradezu zu einer Vergötterung soldatischer Heroen, Leistungen und Tugenden geführt hatte. Am Anfang stehen die Schlachten Friedrichs des Großen, gefolgt von den Siegen über Napoleon, ehe in den Einigungskriegen ein neuer Höhepunkt erreicht wurde. Und war der Erste Weltkrieg auch in letzter Stunde nur durch den Dolchstoß in den Rücken der unbesiegten Front, wie man allzu bereitwillig glaubte, verloren worden, gaben die vorausgegangenen Erfolge an der Ostfront und der stoische Behauptungswille in den Materialschlachten des Westens doch allen Grund, am Bild der einzigartigen soldatischen Leistungsfähigkeit festzuhalten. Die Reichswehrjahre waren dann freilich nicht ganz dazu angetan, das Selbstbewusstsein der Militärs anzuheben. Doch die alten Machteliten taten im Verein mit der Weltkriegsliteratur und einer breiten Öffentlichkeit alles, um einen heroischen Kriegsgeist, einen hartnäckigen «Trotz-Nationalismus», auch eine elitäre Herrenmoral wach zu halten.

Die forcierte Aufrüstung des NS-Regimes verlief allerdings, so sehr sie auch intern bejubelt wurde, in einem so überstürzten Tempo, dass im Offizierkorps eine nagende Unsicherheit vordrang, wie sich die Truppe im Ernstfall des Einsatzes bewähren würde. Andererseits hatte Hitler viel Mühe darauf verwandt, die Wehrmacht nicht nur mit Vertrauen auf die uneingeschränkte Unterstützung durch die Staatsleitung zu erfüllen, sondern auch ihr Selbstbewusstsein zu stärken.

Nichts beflügelt eine Truppe so sehr wie der durchschlagende Erfolg, und nichts stärkt ihre dauerhafte Leistungsfähigkeit mehr als die Kontinuität des Erfolgs. Von September 1939 bis zum Dezember 1941 ist daher die Wucht und Kampfbereitschaft der deutschen Verbände zum guten Teil aus jenem euphorischen Hochgefühl zu erklären, das sich mit jedem Erfolg steigerte. Ihr Überlegenheitsgefühl und ihr Leistungsstolz auf die eigenen militärischen Taten trugen sie voran.

Unstreitig schlossen sich, über diese siegessichere Mentalität hinaus, noch viele Faktoren zusammen. Da war das Bewusstsein, die glorreiche Tradition «deutschen Soldatentums» endlich wieder fortzusetzen; der unbändige Wille, die Scharte von 1918 auszuwetzen; da waren die kompetente Stabsplanung und Truppenführung mit ihrer Delegation von Leitungsaufgaben, die vorzügliche Ausbildung mit modernen Waffen; die selbständig operierenden Panzerverbände; die Panik erzeugenden neuartigen Sturzkampfbomber, überhaupt die enge Kooperation der Landstreitkräfte mit der Luftwaffe und deren Kontrolle des Luftraums – all das schuf eine außerordentlich effiziente, furchterregende Kriegsmaschine.

Dass die Wehrmacht das kleine polnische Heer über kurz oder lang schlagen würde, galt als Gewissheit. Dass aber dazu eine ungebremste Offensive von zwei, drei Wochen ausreichte, verblüffte selbst die Optimisten. Mit diesem Erfolgserlebnis des ersten gewonnenen Blitzkriegs trat die Wehrmacht in den Krieg gegen Frankreich, Belgien, Holland und das englische Expeditionskorps an. Während des «Westfeldzugs» spielte die Überzeugung, als «Truppe des Führers» jeder schwierigen Aufgabe gewachsen zu sein, eine erhebliche Rolle. Dass die Wehrmacht aber eine triumphierende Siegesparade bereits nach nur anderthalb Monaten im Herzen von Paris abhalten konnte, hob ihr Selbstbewusstsein auf einen neuen Höhepunkt.

Der dritte Blitzkrieg auf dem Balkan bestätigte erneut die deutsche Überlegenheit. Und dass die Wehrmacht vom Juni bis Oktober 1941 mit Riesenschritten in Russland vordrang, beruhte nicht nur auf der militärischen Schlagkraft des größten Angriffsheers der Weltgeschichte, sondern auch auf dem Siegeswillen einer erfolgsverwöhnten Truppe.

Daraus ergibt sich, dass die Kampfmoral der Wehrmacht nicht primär ein Resultat der nationalsozialistischen Indoktrination war, so unleugbar sich diese auch auswirkte. Vielmehr entsprang sie in weit höherem Maße jener Führergläubigkeit, welche durch die Erfolge Hitlers bis 1939 und anschließend durch sein Wirken als Kriegsherr erzeugt worden war. Auf jeden Fall wurde der Kampfgeist dadurch eminent unterstützt.

Beweisen lässt sich diese Deutung mit der bedingungslosen Loyalität, der tiefen Verehrung, ja nahezu Vergottung Hitlers, die in zahllosen Feldpostbriefen zutage tritt. Diese Briefe kann man wie spontane Äußerungen einer unorganisierten Meinungsumfrage evaluieren. Auf derselben Linie bewegen sich zahlreiche Erinnerungen von Kriegsteilnehmern. Und trotz aller quellenkritischen Bedenken steckt in den entsprechenden Äußerungen von Offizieren und Mannschaften, die von den Berichterstattern der Propagandakompanien an der Front oder in der Etappe befragt wurden, ein gutes Stück ungefilterte Überzeugung.

Es gehört zu den durchgängig feststellbaren Erfahrungen der Kriegsgeschichte, dass Soldaten weit weniger durch abstrakte oder ideologische Kriegsziele als vielmehr durch eine personalisierte Loyalitätsbindung, vom Offizier vor Ort bis hinauf zum Feldherrn, am nachhaltigsten motiviert werden. Ob Blücher oder Rommel, Patton oder Montgomery, stets hat sich die persönliche Ausstrahlung dieser Troupiers ausgewirkt. In noch gesteigertem Maße ging von der Person des deutschen Charismaträgers zeitweilig eine Faszination aus, die ihn als Quelle des Kampfwillens, als Vertrauensspender, als Energiezentrum erscheinen ließ. Dieser eigentümlichen Sonderstellung Hitlers in den ersten Kriegsjahren kann man nicht gerecht werden, indem man sie als Blendwerk der Propaganda abtut. Wohl aber ist sie besser zu verstehen, wenn man Hitler als die Schlüsselfigur eines charismatischen Herrschaftssystems begreift, dessen «Gesinnungsrevolution» auch die Kampfmoral des Militärs tiefgreifend beeinflusst hat.

Im internationalen Vergleich erwies sich der deutsche Soldat des Zweiten Weltkriegs als vorzüglicher Kämpfer, der mit erstaunlicher Leistungsfähigkeit, mit Risikobereitschaft und Siegesgewissheit, zunehmend auch mit Erfahrung und Überlebenswillen seinen Mann stand. Das muss man unabhängig vom kriminellen Kontext des Hitlerkriegs, auch von den Verbrechen, an denen die Wehrmacht selber beteiligt war, konstatieren. Dass die Erfolgsphase des Angriffskrieges bis Ende 1942 auch auf solchen Eigenschaften beruhte, liegt auf der Hand.

Das eigentlich erklärungsbedürftige Problem stellt aber die militärische Leistung der Wehrmacht in der zweiten Kriegshälfte seit Anfang 1943 dar, als sich diese Streitmacht eines letztlich mittelgroßen Staates trotz ihres ganz unzureichenden Nachschubs an Menschen und Rüstungsmaterial gegen die erdrückende Übermacht der Alliierten Jahr für Jahr noch weiter behauptete. Ohne diese auffällige militärische Leistung hätte das «Dritte Reich» niemals so lange bestehen können. Ohne die anhaltende Motivationskraft des Führermythos ist, noch einmal, dieses militärische Durchhaltevermögen nicht hinreichend erklärbar. Erst die Anerkennung der charismatischen Herrschaft Hitlers und die dadurch ermöglichte unglaubliche Kräftemobilisierung gestattet es, diese Grundtatsache des Zweiten Weltkriegs, dass das Deutsche Reich seit 1941 noch dreieinhalb Jahre lang einer weit überlegenen Gegenkoalition standhielt, genauer zu verstehen. Selbstverständlich spielen auch andere Faktoren eine Rolle, so die Angst vor einer Niederlage, die kategorische Ablehnung von Friedensverhandlungen durch Hitler, die Furcht vor den «Bolschewisten» und ihrer Rache. Doch Hitlers Mobilisierungsfähigkeit bleibt zentral.

Dieses Durchhaltevermögen wird durch die Steigerung des Krieges zum totalen Krieg bestätigt. Im Prinzip verlangte der totale Krieg eine absolute Durchsetzungsgewalt, die restlos alle Ressourcen in den

Dienst der Kriegsführung zu stellen imstande war. Auch die reichsdeutsche Gesellschaft konnte jedoch nicht wie eine Maschine auf diesen einzigen Zweck hingelenkt werden. Sie bedurfte vielmehr der ständigen Selbstmobilisierung und der lebendigen Eigeninitiative. Es ist die fatale Leistung von Hitlers «Gesinnungsrevolution» zusammen mit ihrer Entfesselung eines sozialdarwinistischen Konkurrenzkampfes, in dem die jüngeren Generationen ihre willkommene Bewährungsprobe und ihre jede Kraftanstrengung rechtfertigende Aufstiegschance erblickten, dass diese Energieexplosion auch ohne unablässige Gängelung von oben Tag für Tag die deutsche Kriegsanstrengung getragen hat. Dadurch wurde der totale Krieg überhaupt erst ermöglicht. Hitlers idiosynkratisch wirkender Fanatismus erwies sich, wenn man das so sieht, doch als generalisierbar, als die Nation über alle Klassen-, Konfessions-, Alters- und Geschlechtergrenzen hinweg für das tödliche Projekt ihres «Führers» mobilisiert wurde.

Auch die alten Eliten konnten sich diesem Sog nicht entziehen, zumal bei ihnen zwei Argumente: die Gefährdung des Vaterlandes, aber auch die Verteidigung einer Großmachtstellung, wie sie das Reich seit 1871 noch nie besessen hatte, bis zuletzt verfingen. An den Rändern bröckelte freilich der Hitler-Mythos seit dem Debakel von Stalingrad allmählich ab. Doch intern blieb er noch zweieinhalb Jahre lang bestehen, da Hitler jetzt als einziger Retter vor der Roten Armee oder als der einzigartige Politiker galt, der den Krieg doch noch zum Vorteil Deutschlands beenden könne.

Wie wach der Führerglaube geblieben war, trat nach dem erfolglosen Attentat am 20. Juli 1944 noch einmal zutage. Wütende Empörung über die Verschwörer verband sich mit der tiefen Erleichterung über die dank Gottes Fügung gelungene «Errettung» Hitlers. In Dreiviertel aller Briefe von der Front dominierte diese Reaktion, die nicht nur eine wider alle Vernunft ungebrochene Führergläubigkeit verriet, sondern auch darauf hinweist, auf welche neue Dolchstoßlegende und auf welche Opposition im Frontheer und in der Heimat die Widerstandsbewegung im Falle ihres Erfolges gestoßen wäre.

Bis zuletzt gehorchten die Wehrmacht und der Herrschaftsapparat im Reich und im besetzten Europa den Befehlen, die Hitler aus dem Führerbunker gab. «Alte Kämpfer» wie Göring und selbst Himmler setzten sich ab, aber nirgendwo kam es zu einer einzigen Meuterei deutscher Truppen oder einem einzigen massenhaften Aufbegehren im Inneren. Selbst in der gespenstischen Isolierung des Berliner Betonkellers konnte Hitler noch seine Befehle durchsetzen, Truppen marschieren lassen, Generäle zum Weitermachen bewegen. Ein frappierendes Beispiel stammt aus den allerletzten Apriltagen. Görings Nachfolger als Oberkommandierender der Luftwaffe, der Generalfeldmarschall Ritter v. Greim, wollte Hitler wegen der Aussichtslosigkeit der Lage zum Aufgeben bewegen, fand aber für den Flug in die bereits umkämpfte Reichshauptstadt keinen Piloten mehr. Schließlich erklärte sich die Kunstfliegerin Hanna Reitsch dazu bereit, die ihn, wenige Meter über dem Boden unter feindlichem Beschuss fliegend, zum Bunker brachte. Nach zwei Tagen flog sie Greim zurück, der sich, wie verwandelt, davon überzeugt zeigte, dass es dem «Führer» mit seinen «Wunderwaffen» doch noch gelingen werde, das Mirakel einer Kriegswende in letzter Stunde zustande zu bringen.

Natürlich war es eine Beschwörung vergangener Herrlichkeit, wenn Goebbels noch Anfang 1945 in sein Tagebuch eintrug: «Wenn der Führer spricht, ist es wie ein Gottesdienst.» Tatsächlich aber hatte Hitler zum Mittel faszinierender Reden, obwohl er das Kapital seiner rhetorischen Begabung nur zu genau kannte und ausgenutzt hatte, seit 1942 kaum mehr gegriffen; seine letzte öffentliche Rede ließ er von einem seiner «alten Kämpfer» vorlesen. Folgerichtig hat sich die Wirkung seines Charismas auch deshalb abgeschwächt. Doch reichte die Erinnerung daran, reichte sein allerletzter Bestand noch aus, um Militärs im Augenblick der Niederlage noch umzustimmen und Hunderttausende, die dem Befehl ihres «Führers» bis zuletzt gehorsam folgten, weiter in den Tod zu schicken.

12. Fronterfahrung und Brutalisierung des Krieges

Der Krieg im Westen wurde, aufs Ganze gesehen, von den deutschen Truppen nach den herkömmlichen Regeln des Kriegsrechts geführt; der Terrorangriff der Luftwaffe auf Rotterdam bildete eine Ausnahme. Französische und englische, belgische und holländische, norwegische und dänische Kriegsgefangene wurden korrekt behandelt, Übergriffe gegen Zivilisten nach den Vorschriften des Militärstrafgesetzbuchs geahndet. Derselbe Charakter der Kriegsführung wiederholte sich in Nordafrika, wo sich das Afrikakorps und die englischen Einheiten einen, wie beide Kontrahenten geradezu schwärmerisch feststellten, fairen Kampf lieferten. Die Besatzungspolitik in West- und Nordeuropa sah dann später freilich anders aus, da auf die Aktionen der einheimischen Widerstandsgruppen mit grausamer Vergeltung reagiert und die Judendeportation mit kompromissloser Unnachgiebigkeit durchgeführt wurde.

Auf dem Kriegsschauplatz im Osten dagegen wurden die Vorschriften des Kriegsrechts von Anfang an außer Kraft gesetzt, wie das seit dem September 1939 die Massaker von Himmlers «Einsatzgruppen» im polnischen Hinterland beweisen. Aber auch die regulären Frontverbände überschritten erst im Russlandkrieg immer häufiger die Regeln des Kriegsrechts. Bereits beim Vorstoß im Sommer 1941 überrollten deutsche Panzer die fliehenden russischen Einheiten. Dem Kommissarbefehl gemäß wurden Politoffiziere reihenweise erschossen. Auf der anderen Seite: Gelang kasakischen und usbekischen Infanterieeinheiten, in denen die Traditionen einer archaischen Kampfweise noch lebendig waren, ein Gegenstoß, dann wurden verwundete deutsche Soldaten erschossen, Gefangene mit grausamen Methoden massakriert. An solchen Frontabschnitten machten die deutschen Truppen tage-, ja monatelang keine Gefangenen mehr. Die panische Angst, in die Hand «des Russen» zu fallen, führte vielmehr dazu, dass Gefangene, die durch noch nicht «ausgekämmtes» gefährliches Gelände zum Gefechtsstand zurückgebracht werden sollten, kurzerhand «auf der Flucht erschossen» wurden. Auf diese Weise steigerte sich der Ostkrieg zu einem Abschlachten und einer Menschenquälerei, für die es im neuzeitlichen Europa kein Beispiel gab. Sie wurden im Partisanenkrieg, der zur massenhaften Erschießung unschuldiger Geiseln und zum Niederbrennen ganzer Ortschaften führte, zu einem mörderischen Alltagsverhalten.

Von Anfang an hat die Kriegsführung im Osten eine Spirale der Gewalt und Gegengewalt ausgelöst, aus der keine Seite mehr herausfand – keiner konnte und wollte es. Ganz auf der Linie von Hitlers Maximen für den Weltanschauungskrieg radikalisierte sich vielmehr das deutsche Verhalten, und im Zeichen wachsender Schwierigkeiten nahm die menschenfeindliche Brutalität noch einmal zu.

Auch ohne die SS machte die Wehrmacht die Liquidierung «slawischer Untermenschen» und «mongolischer Horden» zu ihrer eigenen Aufgabe. In den Kesselschlachten des Sommers und Herbstes 1941 wurden drei Millionen Kriegsgefangene gemacht, die in riesigen improvisierten Lagern auf freiem Feld untergebracht wurden. Bis zum Februar 1942 war die monströse Zahl von zwei Millionen Gefangenen umgekommen: verhungert, entkräftet bis zum Koma, an Seuchen gestorben, wegen Fluchtverdachts erschossen. Bis zum Kriegsende stieg diese Zahl auf 3.3 Millionen Tote von insgesamt 5.7 Millionen Gefangenen. Fraglos gab es das gewaltige logistische Problem, gleichzeitig mit der stürmisch vorrückenden eigenen Truppe auch noch Millionen von Gefangenen zu versorgen. Diese kriegsrechtlich gebotene Versorgungspflicht wurde an keinem Frontabschnitt ernst genommen.

Vergleichbare Extreme wies der sofort einsetzende Partisanenkrieg auf. Das Militär aller Staaten tendiert bei der Bekämpfung der Guerilla zur Missachtung des Kriegsrechts, wie diese auch durch ihre Zivilkleidung die Uniformierungspflicht für Kombattanten missachtet. Stalin ließ frühzeitig größere Truppenverbände als Freischärler hinter der Front operieren; bald kontrollierten sie etwa zwanzig Prozent des Besatzungsgebiets. Sie sprengten Brücken, überfielen Meldegänger und Autokolonnen, Urlauberzüge und besetzte Ortschaften. Die Vergeltung fiel gnadenlos aus: hundert erschossene Geiseln für einen toten deutschen Soldaten, fünfzig für einen Verletzten; hinzu kam die Auslöschung ganzer Dörfer als Abschreckungssignal. Im Hinterland gab es schließlich Hunderttausende von Opfern des Partisanenkriegs.

Die Truppe folgte dem Befehl ihrer Oberbefehlshaber, die den Imperativ des erbarmungslosen Vernichtungskrieges einschärften. General Walter v. Reichenau, Chef der 6. Armee und gläubiger Nationalsozialist, verlangte am 10. Oktober 1941: «Der deutsche Soldat im Ostraum» habe sich als «Träger einer unerbittlichen völkischen Idee» zu verhalten. Verfechter einer «gerechten Sühne am jüdischen Menschentum», müsse er als «Rächer» zur «erbarmungslosen Ausrottung artfremder Heimtücke beitragen». Hitlers Kommentar: «Ausgezeichnet.» Generaloberst Hoepner, Chef der 4. Panzergruppe, hielt die Verteidigung der europäischen Kultur gegen «asiatische Barbaren» und die Abwehr des «jüdischen Bolschewismus» mit allen Mitteln für geboten. General v. Manstein, nach dessen Befehl vom 20. Oktober 1941 das Judentum nur noch die Liquidierung verdiene, schloss sich mit zahlreichen nachahmenden Kommandeuren diesem Stil an. Immer wieder wurde von ihnen die Anweisung wiederholt, mit den «Einsatzgruppen» zusammenzuarbeiten. Das war der «Kooperationsbefehl für den Holocaust».

An den Judenmassakern war daher die Wehrmacht folgerichtig ebenfalls beteiligt, auch wenn der eine oder andere Offizier oder Soldat erschrocken war, sich ekelte, oder in kleinem Kreis empörte. Den Hauptteil des Mordgeschäfts übernahmen die «Einsatzgruppen», die Polizeibataillone und SS-Verbände zusammen mit ihren einheimischen Kollaborateuren – und mit diesen «Kameraden in schwarzer Uniform» musste man, hieß es, auftragsgemäß zusammenarbeiten. Innerhalb kürzester Zeit kam es zur Massenerschießung von mindestens einer halben Million Juden, wobei Wehrmachtseinheiten den Mordverbänden nicht nur zuarbeiteten oder zuschauten, sondern die Liquidierung auch immer wieder selber übernahmen. Auch als bei dem besonders berüchtigten Massaker bei Babi Jar unweit von Kiew mehr als 30000 Juden erschossen wurden, teilten sich Wehrmacht und SS einmütig die Ausführung ihrer Aufgabe. Bis 1944 wurde die eine Hälfte aller Juden von Erschießungskommandos ermordet, die andere in den Vernichtungslagern umgebracht.

Warum führten die Offiziere und Soldaten der Wehrmacht solche Befehle genau so wie die «Weltanschauungstruppe» der SS nahezu ausnahmslos gehorsam aus?

1. Der Ostkrieg hatte zu einer beispiellosen Brutalisierung der Kriegsführung geführt. Ein gnadenloser Kampf auf beiden Seiten mündete in die Verachtung des Wertes menschlichen Lebens, umschloss Mordaktionen in großem Stil und die Missachtung aller Regeln des Kriegsrechts.

2. Die Vorstellung vom «slawischen Untermenschen» wurde von zahllosen Soldaten geteilt. Ihre Feldpostbriefe spiegeln ganz ungeschminkt diese Verachtung der «asiatischen Horden» wider. Von dieser Einstellung war es nur ein kurzer Schritt zur tödlichen Behandlung von Gefangenen, Partisanen und Zivilpersonen.

3. «Für das Judentum gibt's nur eins: Vernichtung». Diesem Satz aus dem Brief eines einfachen Soldaten an seine Familie stimmten ebenfalls zahllose Kriegsteilnehmer zu. Ihr Antisemitismus ebnete den

Weg von der bereitwilligen Kooperation mit den «Einsatzgruppen» bis hin zur selbst durchgeführten Massenerschießung. Wie etwa der Befehlshaber Weisruthenien am 20. November 1941 berichtete, wurde, da Juden mit den Partisanen bekanntlich gemeinsame Sache machten, «die restlose Ausmerzung dieser volksfremden Elemente durchgeführt».

Auch wenn man die Mentalität der Mordbereitschaft wenigstens etwas genauer zu verstehen sucht, bleibt die Frage offen, warum sich nicht mehr Offiziere und Soldaten, unlängst noch friedliche Zivilisten in ihren Städten und Dörfern, dem widersetzt haben. In der Ausbildungszeit wurde jedem Rekruten der § 47 des Militärstrafgesetzbuches, das bis zum Mai 1945 unverändert in Kraft blieb, wiederholt eingeschärft. «Wird durch die Ausführung des Befehls», hieß es dort, «ein Strafgesetz verletzt, so ist ... für den Befehl der Vorgesetzte allein verantwortlich.» Den Untergebenen könne aber eine Bestrafung wegen «Teilnahme» treffen, falls ein Befehl überschritten wurde oder ihnen bekannt gewesen sei, dass der Befehl auch Handlungen betraf, die ein «allgemeines oder militärisches Verbrechen bezweckten». Wäre dieser § 47 konsequent, wie das Gesetz es gebot, angewandt worden, hätte ein großer Teil der deutschen Generalität, des Offizierkorps und der Mannschaften bestraft werden müssen. «Warum beriefen sie sich so außerordentlich selten auf das für sie geltende Recht?»

1. Dem Befehl eignet eine eigene Durchsetzungsgewalt. Weder Offiziere noch Mannschaften denken unter Kriegsbedingungen in der Regel an eine Befehlsverweigerung mit ihren möglicherweise tödlichen Folgen.

2. Auch bei ungesetzlichen Handlungen gibt es einen hohen Gruppendruck. Man scheut den Vorwurf, als Feigling der Situation nicht gewachsen zu sein, zumal wenn dieser Vorwurf von Kameraden kommt, auf die man beim nächsten Nahkampf oder einer Verwundung angewiesen ist.

3. Der Hass auf einen meist unsichtbaren Gegner im Guerillakrieg und auf einen Feind, der als Reaktion auf den deutschen Überfall vor eigenen Kriegsverbrechen keineswegs zurückscheute, stieg mit der Höhe der eigenen Verluste. Dieser Hass tobte sich aus in den sogenannten Befriedungsaktionen, bei denen ganze Dörfer dem Erdboden gleich gemacht und ihre Bewohner erschossen wurden. Zwar gibt es in

jedem Massenheer auch Sadisten, die im Krieg freie Bahn gewinnen. Aber der allgemeine Hass verbunden mit Angst als Grundstimmung ist im Ostkrieg offensichtlich von ungleich größerer Bedeutung gewesen.

4. Diese Gründe spielen in zahlreichen Kriegen des 20. Jahrhunderts eine wichtige Rolle – ob in Algerien oder Vietnam, auf dem Balkan oder im Kaukasus. Bei der Wehrmacht kamen jedoch mächtige Motive noch hinzu: die Stigmatisierung der slawischen und jüdischen «Untermenschen», dazu die ausgeprägte Führergläubigkeit und die Arroganz, mit der eine vermeintlich historische Aufgabe ausgeführt wurde – all das senkte die Hemmschwelle.

5. Nicht zuletzt aber bedurfte es einer ungewöhnlichen Zivilcourage, um die Teilnahme an Mordaktionen zu verweigern. Es gab dieses Protestverhalten, aber denkbar selten. Einige ältere Polizisten in den Liquidierungseinheiten im Hinterland wollten das blindwütige Töten nicht mitmachen. Die Folge: Sie wurden versetzt. Einige jüngere SS-Offiziere, die von der Front zum KZ oder Vernichtungslager transferiert wurden, widersetzten sich dem Vorgang, den sie nicht als Erholungsurlaub, sondern als Degradierung empfanden. Die Folge: Sie wurden an die Front zurückversetzt. Das war gefährlich genug, aber gravierendere Kriegsgerichtsurteile sind bisher nicht bekannt. Es war also durchaus möglich sich zu verweigern. Dennoch: Es bedurfte einer gewaltigen moralisch-charakterlichen Anstrengung, um in einer solchen Grenzsituation der Befehlsverweigerung seinen Mann auf ganz andere Weise als im Grabenkampf zu stehen. Die erdrückende Mehrheit vermochte das nicht, die genannten Motive waren stärker.

Die Exzesse des Ostkrieges sind kein isoliertes Phänomen gewesen. Dieselbe mörderische Praxis griff in Jugoslawien und Griechenland, später auch in Italien und Frankreich um sich. Bereits am 26. März 1941, vor Hitlers Rede am 30. März zum kommenden Ostkrieg, hatte der Generalstab als besonderen Gegner beim Balkanfeldzug «Juden und Kommissare» hervorgehoben. Halder drängte auf enge Zusammenarbeit mit dem Reichsführer SS. Innerhalb weniger Wochen nach dem Einmarsch in Jugoslawien wurden mehr als 31 000 Geiseln erschossen. Bald traf auch die Meldung in Berlin ein: «Serbien ist judenfrei», ein Werk der Wehrmacht, das nur gelegentlich in Kooperation mit der SS ausgeführt wurde.

Die Ustascha-Verbände des faschistischen Kroatien ermordeten binnen kurzem mehr als 200000 Serben. Daraufhin bat der deutsche kommandierende General in Belgrad mit der ingeniösen Begründung in Berlin um politische Intervention, dass er es seinen Männern nicht länger zumuten könne, allmorgendlich Tausende von verstümmelten Leichen an den Stauwehren der Donau herauszuziehen. Der Hass der serbischen Partisanen unter Josip Broz Tito richtete sich vor allem gegen die deutsche Besatzungsmacht, welche dieses Morden erst ermöglicht hatte. Ein gnadenloser Guerillakrieg begann, in dem die Freischärler zur Tradition des Hajduken- und Komitadschi-Kampfes gegen die Türken zurückkehrten. Deutsche Wachposten wurden mit Beilen zerhackt, Gefangene erst verstümmelt, dann exekutiert. Die Wehrmachtbefehlshaber führten unverzüglich unter Berufung auf Hitlers Befehl vom 16. September 1941 zur Bekämpfung «kommunistischer Aufstandsbewegungen in den besetzten Gebieten» feste Quoten für Vergeltungsmaßnahmen wie in Russland ein. Hundert Geiseln wurden für einen getöteten, fünfzig für einen verwundeten deutschen Soldaten erschossen. An einer Stelle waren es 11164, andernorts 20149 Geiseln; ihre Dörfer wurden verwüstet. In den Bergen Griechenlands wiederholte sich derselbe brutale Partisanenkrieg. Noch kurz vor Kriegsende mündete er in Vergeltungsorgien, bei denen die Einwohnerschaft ganzer Dörfer massakriert wurde.

Der tiefe Hass, mit dem das «Dritte Reich» auf Italiens Ausscheiden aus dem Krieg reagierte, tobte sich aus in der Misshandlung italienischer Kriegsgefangener, im rücksichtslosen Vorgehen gegen die Resistenza, in der Ermordung Aberhunderter von Zivilisten in verdächtigen Dörfern. Je länger der Rückzug nach Norden dauerte, desto brutaler fielen die deutschen Vergeltungsmaßnahmen gegen Zivilisten in Ortschaften aus, denen die Unterstützung der Partisanen zugeschrieben wurde. Dabei neigten Eliteeinheiten wie etwa die Division «Hermann Göring», welche die amerikanischen Invasoren in ihrem Brückenkopf bei Nettuno und Anzio lange eingekesselt hatte, offenbar aus Enttäuschung über den demütigenden Rückmarsch zu besonders exzessiven Racheaktionen.

Ähnlich verhielt es sich in Frankreich, wo die Wehrmacht den Aktionen der Résistance mit derselben Härte begegnete. Jetzt aber statuierte eine Einheit der SS-Division «Das Reich» nach einem unerwarteten Beschuss in der Nähe des Dorfes Oradour-sur-Glane, dem Vorbild der Mordaktion im mittelböhmischen Lidice im Juni 1942 folgend, ein grausames Exempel, als sie 180 Männer erschoss und 400 Frauen und Kinder in der angezündeten Kirche verbrannten.

Gewöhnung an Mord und Terror in bisher ungekanntem Ausmaß gab es fast an jeder Front, in jedem Besatzungsgebiet. Jeder Krieg hebt zivilisatorische Normen auf. Während die wölfische Natur des Menschen in Friedenszeiten zu zähmen versucht wird, gelten Mord und Todschlag im Krieg auf einmal als Dienst für das Vaterland. Wer möglichst viele Feinde tötet, wird befördert, erhält Auszeichnungen, steigt zum Kriegshelden auf. Alle Hemmschwellen werden abgesenkt, die Werte der Zivilgesellschaft auf den Kopf gestellt. Mit Mühe versuchen das Militärstrafrecht und das internationale Kriegsrecht, etwa der Genfer Konventionen, das Wüten der Furien einzudämmen und nach Kräften zu regulieren.

So sehen charakteristische Züge der großen Kriege seit der Mitte des 19. Jahrhunderts aus: im Zeitalter mithin der Massenheere, der Wehrpflicht für den Nationalkrieg, der modernen Kriegstechnologie, des totalen Krieges. Aber die Barbarei des Zweiten Weltkriegs ergab sich keineswegs zwangsläufig aus der Härte der militärischen Auseinandersetzungen. Vielmehr wurde sie in entscheidendem Maße durch jene Befehle und Liquidierungsaufträge initiiert und dann gesteigert, die von der politischen Führung des «Dritten Reiches» ausgingen. Sie traf dabei auf keinen ernsthaften Widerstand, und deshalb bleibt die vorn erörterte große Frage bestehen, warum sich Millionen fanden, die auch ihre Vernichtungspolitik ausführten. Seit dem Winter 1941/42 konnten sich die Deutschen ahnungsvoll fragen – und je länger der Krieg andauerte, desto mehr mussten sie das tun –, welche furchtbare Gegengewalt ihr eigenes Verhalten künftig auslösen werde.

a. Ein Beispiel für Hitlers Personalpolitik: der Umbau des Offizierkorps

Ob es um die Barbarisierung der deutschen Kriegsführung bis hin zum äußersten Extrem des Judenmordes geht, ob um die Antriebskraft der Führergläubigkeit und die Interpretation der Kampfmoral bis zum bitteren Ende – immer wieder wird man auf Hitlers Sonderstellung und Weltbild, auf seine Befehls- und Durchsetzungsgewalt, immer auch auf die Folgebereitschaft seiner Deutschen zurückgelenkt. Genauso ist auch der politische und sozialstrukturelle Umbau des Offizierkorps der Wehrmacht – für die Luftwaffe, die SS und Waffen-SS galten seit jeher unkonventionelle Kriterien – ein Ergebnis von Hitlers direkter Intervention und seiner Personalpolitik. Entgegen allen anders lautenden Erklärungen ist dieser Umbau ein «Werk des Führerwillens». Hitler und kein anderer, auch nicht für sich genommen die anonyme Drucksituation nach den hohen Verlusten, hat das Rekrutierungs- und Beförderungssystem, überhaupt den überkommenen berufsständischen Charakter der Militärelite von Grund auf verändert.

Worum ging es bei dieser «Reform» als Musterbeispiel für Hitlers Einfluss selbst auf eine kastenförmige Elite? Von 1807 bis 1918 hatte das Königliche Militärkabinett, danach das Heerespersonalamt die Auswahl aller Offizierskandidaten, ihre Ernennung und – innerstes Arkanum der Militärpolitik – ihre Beförderung kontrolliert. Die erstrebte Homogenität des Offizierkorps wurde durch das Kooptationsrecht des Regiments, die strenge Verhaltensregulierung, die Ehrengerichtsbarkeit, die Abhängigkeit vom Ehekonsens des Vorgesetzten und das sakrosankte Senioritätsprinzip nachhaltig verstärkt. Spät, aber dann zunehmend strikter wurde auch auf das Abitur als Eintrittsbedingung gepocht, in Bayern und Sachsen viel früher als in Preußen, obwohl dort die Kadettenanstalten weiterhin diese Leistungskontrolle umgingen.

Das Heerespersonalamt bemühte sich trotz des überstürzten Rüstungstempos seit 1933 darum, seine Auswahlkriterien und Kontrollmechanismen weiter zu verteidigen. Das fiel ihm nicht leicht, da das Offizierkorps von 1932 bis 1939 eine Vermehrung um das 28fache auf 89078 Stellen erlebte. Am Ende des Ersten Weltkriegs hatte es, dies zum Vergleich, nur 50603 Offiziere gegeben. Von September 1939 bis zum Juni 1941 kletterte ihre Zahl auf 145609, von 1939 bis zum Oktober 1943 verdoppelte sie sich sogar auf 180000. Zugleich wuchs das Heer von 1939 = 3.7 auf 1941 = 5.2 Millionen Männer an, von 110 auf 207 Divisionen. Diese sprungartige Expansion stellte die herkömmliche Homogenität des Offizierkorps in Frage, doch das Heerespersonalamt beharrte auf einem Nachwuchs mit Abitur und konzedierte vorerst nur verkürzte Beförderungszeiten.

Die Verlustziffer umfasste bis zum Russlandkrieg 4565 Berufsoffiziere, stieg dann aber im russischen Winterfeldzug 1941/42 und während der verlustreichen Sommeroffensive 1942 so steil an, dass wegen der hohen Gefallenenzahl im August 1942 14219 Berufsoffiziersstellen offen standen. Trotz des dramatischen Aderlasses blieb dem Heerespersonalamt die Verteidigung der Homogenität wichtiger als die Anerkennung der Dringlichkeit einer Neuregelung. In dem Augenblick aber, als Hitler während des Scheiterns vor Moskau auch noch das OKH selber übernahm, drängte er sofort darauf, statt des Abiturs und der Seniorität nurmehr die Frontbewährung und ideologische Zuverlässigkeit als die allein ausschlaggebenden Kriterien nationalsozialistischer «Führerauslese» gelten zu lassen. Was waren seine Motive?

Hitler hatte bis dahin immer wieder seine Prägung als «Frontkämpfer» des Ersten Weltkriegs betont. Aus seiner Verachtung von Stabsoffizieren und «Etappenhengsten» machte er kein Hehl. Sie galten ihm fast so als Verbrecher wie Linke und Juden. Ihnen gegenüber sah er sich geradezu als Rächer des gemeinen Frontsoldaten. Es entsprach seinem charismatischen Führungsstil und seiner Leitvorstellung vom leistungsfördernden sozialdarwinistischen Konkurrenzkampf, dass er auch den Aufstieg des militärischen Talents an die Bewährung im Fronteinsatz binden wollte.

Eine kurze Zeitlang war das Heerespersonalamt als Gralshüter der Tradition imstande, einen solchen grundsätzlichen Kurswechsel in der Personalpolitik zu blockieren. Hitler war nicht sogleich stark genug, seine Vorstellungen umstandslos gegen das Gewicht des gesamten militärbürokratischen Apparats durchzusetzen. Aber es wurde bald deutlich, dass er inzwischen einen weiten Weg von der anfänglichen Abhängigkeit von der Reichswehr und Wehrmacht bis hin zur Verachtung der traditionalistischen Militärführung zurückgelegt hatte. Die Friktionen mit dem Heerespersonalamt hielten daher seit dem Winter 1941/42 an, während die Offiziersverluste weiter steil in die Höhe kletterten.

Erst als Hitler im September 1942 den Generalstabschef Halder unter demütigenden Umständen entlassen hatte – Halder habe, soll er ihm zugerufen haben, bis 1918 in der Etappe nicht einmal das Verwundetenabzeichen 2. Klasse erworben –, setzte er am 1. Oktober

1942 seinen bedingungslos ergebenen Adjutanten Rudolf Schmundt als neuen Chef des Heerespersonalamts durch, dem auch die Ernennung der Generalstabsoffiziere fortab zustand. Schmundt ließ unverzüglich erkennen, dass nunmehr allein der «Wille des Führers» das oberste Gesetz der Personalpolitik sei; er allein entscheide, wenn jetzt das Offizierkorps umgestaltet werde.

Hitler setzte in der Tat seither seine Leitideen als neue Maximen durch. Frontbewährung und ideologische Verlässlichkeit sollten anstelle des Abiturs und der Seniorität den Ausschlag geben. Die sofort einsetzende Umstellung der Personalpolitik machte sich unverzüglich bemerkbar. Waren 1941 noch 90 Prozent der Offiziersanwärter Abiturienten gewesen, fiel dieser Anteil jetzt sofort auf 50 Prozent, und 1942 hatten bereits 12 Prozent der jungen Offiziere nur die Volksschule besucht. Der Anteil der Unterschichtenangehörigen stieg währenddessen, auch wegen der Beförderung zahlreicher Unteroffiziere und Feldwebel, von fünf auf zwanzig Prozent. Durch die Veränderung wurde die Adelsquote abgesenkt: statt der 14 Prozent adliger Leutnants von 1937 waren es im Mai 1943 nurmehr 3.9 Prozent. Zuvor gehörten die Hälfte der Generalfeldmarschälle noch immer dem Adel an, aber nurmehr 16.6 Prozent der Generalität, und ehemalige Unteroffiziere konnten – im Denkhorizont älterer Offiziere ein unerhörter Vorgang – als laufend beförderte «Tapferkeitsoffiziere» bis in den Generalsrang aufsteigen.

Die soziale Öffnung des Offizierkorps trug wesentlich dazu bei, selbst unter den Bedingungen des totalen Krieges den Zustrom in diesen Beruf zu steigern. Bis Anfang 1945 drängte sich förmlich der Nachwuchs zur Offizierskarriere. Und diese jungen Offiziere, stolz auf ihre Fronterfahrung, führergläubig und fanatisiert, erwiesen sich bis zum Mai 1945 als völlig immun gegen jede Aufweichung der Kampfmoral. Im Gegenteil, sie stellten sich sogar seit dem Dezember 1943 für die Imitation des sowjetischen Politkommissars, den «Nationalsozialistischen Führungsoffizier», bereitwillig zur Verfügung, der bis zum Frühjahr 1945 aus fanatischer Überzeugung eine rigorose Gesinnungskontrolle ausübte.

Hochgradig sensibilisiert gegen eine Wiederholung der Revolution von 1918 führten sie bis zuletzt Hitlers Befehle aus, auch wenn sie während der letzten Kriegsmonate bei erkennbar sinnlosen Durchhalteaktionen zu Aberhunderten starben. Das erstaunliche Durchhaltevermögen der Wehrmacht hing daher auch mit diesem neuen Offizierstypus zusammen, der als Weltanschauungskrieger Hitlers Ideal von einer neuen Militärelite verkörperte. Dass er dank Hitlers Personalpolitik in der Hierarchie schneller als je zuvor aufsteigen konnte, dankte er seinem «Führer» mit unverbrüchlicher Loyalität.

Von der Riesenzahl der rund 250000 Offiziere bei Kriegsende – immerhin erfasste die Wehrmacht damals 15.6 Millionen Männer, 56 Prozent aller 16- bis 50jährigen – sind wohl mindestens 100000 nach Hitlers Kriterien ernannt, befördert und großzügig ausgezeichnet worden. Deshalb sah das deutsche Offizierkorps im Mai 1945 völlig anders aus als die anachronistische Berufskaste der frühen 30er Jahre: eine sozial heterogene und politisch indoktrinierte, mit Führerloyalität und Leistungsstolz erfüllte professionelle Kriegerklasse. Ihre Mitglieder suchten sich auch nach der deutschen Niederlage mit dem unter extremen Kriegsbedingungen erworbenen Habitus der Leistungsbewährung und «Menschenführung» auf anderen Berufsfeldern erneut durchzusetzen.

13. Die wahre Natur des Nationalsozialismus: Vernichtungskrieg – Lebensraumimperialismus – Genozid

Nachdem Polen als erstes Experimentierfeld für den Massenmord an Zivilisten, den «Bevölkerungstransfer» und die Judenpolitik gedient hatte, enthüllte der Russlandkrieg vollends die wahre Natur des Nationalsozialismus und seiner Führerdiktatur. Die Expansion im Osten verkörperte keineswegs eine bürgerliche Abwehrkampagne gegen den angriffslustigen Bolschewismus, wobei Hitler als quasi-bürgerlicher «Anti-Lenin», durch das böse Vorbild des sowjetischen Tyrannen provoziert, bedauerlicherweise über die herkömmlichen Stränge schlug – so in nuce Ernst Noltes Konstrukt. Vielmehr stellte der nach Osten gerichtete Lebensraumimperialismus von Anfang an ein verbindliches Ziel Hitlers und seiner Bewegung dar, das in ihren Augen durch den Rückblick auf das Dilemma der im Ersten Weltkrieg fehlenden Ressourcen immer wieder als unaufschiebbare Notwendigkeit bestätigt wurde. Das sowjetische System galt ihnen sogar als eine Erleichterung des künftigen «Ostlandritts», da es wegen der jüdischen Dominanz im Funktionärsapparat zum inneren Verfall Russlands führen müsse.

Das Ergebnis dieser gewaltigen Expansionsbewegung sollte in die konkrete Fundamentierung eines deutschen Kontinentalimperiums münden. Rohstoffe und Agrarprodukte, Absatzmärkte und Siedlungsgebiete sollten dem «Großgermanischen Reich» mit seinem gigantischen Vorfeld bis zum Ural eine unbesiegbare Überlegenheit verschaffen. Über dieses durchaus realhistorisch angelegte Mammutprojekt hinaus besaß aber der nationalsozialistische Lebensraumimperialismus einschließlich seiner antisemitischen und antibolschewistischen Dimensionen auch noch die Funktion, dass er als «Ablenkung von konkreten Neuordnungsfragen diente». Je mehr die Aussicht auf eine realisierbare und stabile Neuordnung illusorisch wurde, desto machtvoller wirkte sich der Zugzwang aus, solche utopischen Ziele zu beschwören. Dabei kam es zu einer immer rigoroseren «Selektion der negativen Weltanschauungselemente» (M. Broszat), bis der Ostraum planungsgemäß mit Hilfe aller denkbaren Vernichtungspraktiken «judenfrei» gemacht worden war. Darüber hinaus sollten, das bildete das zweite Fernziel, von der slawischen Bevölkerung westlich des Urals 45 Millionen nach Osten deportiert werden, wobei eine Verlustquote von mehr als dreißig Millionen Menschen von vornherein kaltschnäuzig einkalkuliert wurde. Erst dann konnte die Germanisierung völlig ungehemmt, gewissermaßen auf freier Flur, wo nur überschaubare Helotenscharen ihrer Sklavenarbeit für deutsche Herrenmenschen nachgingen, vorangetrieben werden.

Dem Lebensraumimperialismus lag mithin nicht nur ein – wenn auch aus pathologischem Lernen hervorgegangener – rational wirkender Handlungsplan zugrunde, der auf den blockadefesten, autarken NS-Großraum zielte. Vielmehr ermöglichte er auch das «fanatische Festhalten» an einer «dynamischen Bewegung», welcher die uneingeschränkte Ostherrschaft als leitende «Metapher und utopische Umschreibung» diente, um den «Endzustand perfekter nationaler Freiheit zu erreichen». So gesehen symbolisierte der Lebensraum im Osten die «Endvorstellung» von einer auf unablässige Machtakkumulation und grenzenlose Verfügungsgewalt gerichteten Bewegung.

Bei der Verfolgung von zwei dominierenden Zielen – zum einen den Ostraum «judenfrei» zu machen und zum anderen sogar möglichst alle europäischen Juden als Verkörperung sämtlicher tödlicher Gefahren der Moderne und als existentiellen Hauptgegner arischer Weltherrschaft auszuschalten – kulminierte die NS-Rassenpolitik im Massenmord an den europäischen Juden. Wo immer die Häscher ihrer habhaft werden konnten, griffen sie erbarmungslos zu. Seit 1941 steigerte sich die Ermordung durch Erschießen zum geradezu fabrikmäßig betriebenen Genozid, der ohne Ansehen von Alter und Geschlecht in den sechs großen Vernichtungslagern kulminierte. Gleichzeitig verhinderte aber nur die Rote Armee, dass der «Generalplan Ost» und sein noch monströserer Nachfolger, der «Generalsiedlungsplan», die beide einen weiteren Massenmord an mehr als 30 Millionen Russen anvisierten, zügig realisiert wurde.

Um den zuerst einmal unfassbar wirkenden, dem herkömmlichen Verstehen sich entziehenden Mord an sechs Millionen Juden dennoch einer möglichst weit vorangetriebenen rationalen Analyse seiner Antriebskräfte und Verlaufsetappen zu unterwerfen, ist inzwischen eine Vielzahl von Ansätzen entwickelt worden.

War der Antisemitismus der Entscheidungsträger an der NS-Führungsspitze ausschlaggebend? Und reicht er als Erklärung aus? Oder trifft die abstruse Idee von Daniel Goldhagen zu, dass sich unter den Deutschen seit Jahrhunderten ein «eliminatorischer Antisemitismus» ausgebreitet habe, der sich unter Hitler, als die Schleusentore endlich hochgezogen wurden, mit tödlicher Gewalt entladen konnte? Eine verfehlte Variante der Modernisierungstheorie behauptet, dass regimetreue Intellektuelle, die sich vermeintlich auf der Höhe der zeitgenössischen Wissenschaft wähnten, Mediziner und Eugeniker, Biologen und Genetiker, Raumplaner und Juristen, sowohl den gesunden «Volkskörper» durch die lückenlose «Ausmerze» aller Juden hervorbringen als auch mit Hilfe gewaltiger Bevölkerungsverschiebungen das Ziel der kompletten Germanisierung des Ostraums erreichen wollten. Beide Absichten konvergierten im Ziel der vollständigen «Entjudung» des nationalsozialistischen Einflussbereichs bis hin zur letzten Konsequenz des Massenmords. Daher hätten die keineswegs immer als zentrale Planungsvorhaben initiierten riesigen Umsiedlungsaktionen der nationalsozialistischen Bevölkerungspolitik im Osten derart chaotische Zustände herbeigeführt, dass sich zu ihrer Überwindung die «Endlösung» allmählich aufdrängte? Auch sie angeblich noch immer nicht von einer Zentrale gesteuert, vielmehr als radikale Problemlösungsstrategie Schritt für Schritt eher pragmatisch von vielen Akteuren vor Ort verwirklicht?

Manche «Intentionalisten» haben den Judenmord auf die seit langem bekundeten und schließlich, sobald sich Realisierungschancen eröffneten, zielstrebig verwirklichten Absichten Hitlers zurückgeführt. In einer langwierigen Kontroverse, in der diese Positionen bestritten wurden, haben dagegen bekannte Zeithistoriker eine diametral entgegengesetzte Deutung ins Feld geführt. Ihr zufolge sei durch einen Prozess «kumulativer Radikalisierung» (H. Mommsen) eine Konstellation heraufgeführt worden, unter der eine Vielzahl von Bedingungen und strukturellen Zwängen, Initiativen und Einzelmaßnahmen – die Bevölkerungsverschiebung etwa, die Ghettoüberfüllung, die Handlungsbereitschaft örtlicher SS-Führer und Dienststellenleiter, die Beflissenheit, dem «Führer entgegenzuarbeiten», die Siege und Rückschläge im Russlandkrieg usw. – in wechselseitiger Verschränkung zusammengewirkt hätten, welche die exzessive Steigerung der Judenpolitik bis hin zur «Endlösung» herbeigeführt habe, ohne dass es dazu der expliziten Planung eines Entscheidungszentrums bedurft hätte – eine Auffassung, welche die Vehemenz des Antisemitismus als dominierende Antriebskraft nationalsozialistischer Politik in erstaunlichem Maße relativiert.

Weitere konkurrierende Deutungen ließen sich mühelos hinzufügen, da der Massenmord so viele Probleme aufwirft, dass sich inzwischen eine eigene Holocaustforschung unablässig mit ihm beschäftigt. Neuerdings hat die steile These vom Holocaust als Raubmord eine Debatte ausgelöst. Doch zeugt sie von bestürzender Unkenntnis, was die Priorität des Antisemitismus in der nationalsozialistischen Judenpolitik betrifft, und ignoriert völlig, dass die erdrückende Mehrheit der ermordeten Juden, die in Polen und Russland lebten, schlechterdings nichts zu rauben besaß. Auf diese Weise wird die Forschung durch pseudowissenschaftliche Eintagsfliegen für kurze Zeit abgelenkt.

Weil ein von Hitlers Deutschen verübtes beispielloses Menschheitsverbrechen mit dem Holocaust zur Debatte steht, muss klargestellt werden, welche Interpretation hier zugrunde liegt.

1. Handlungstheorerisch verdient zunächst einmal eine berühmte methodische Maxime Max Webers erneut ernst genommen zu werden.

«Die Weltbilder, welche durch Ideen geschaffen werden, haben sehr oft», argumentierte er 1920 in seiner «Religionssoziologie», «als Weichensteller die Bahn bestimmt, in denen die Dynamik der Interessen das Handeln fortbewegt», wobei es stets um materielle und ideelle Interessen geht. Fragt man an dieser Stelle nach dem Weichensteller und nach einer Hierarchie der Antriebskräfte, genügt es daher nicht, von einem unmittelbar handlungsauslösendem Druck materieller oder ideeller Interessen auszugehen – eine häufig ex- oder implizit zugrunde gelegte Prämisse zahlreicher Analysen der nationalsozialistischen Judenpolitik. Vielmehr muss primär nach der Steuerungskapazität der involvierten Weltbilder gefragt werden. «Denn ist erst das Reich der Vorstellung revolutioniert», hatte Hegel nach der Erfahrung der Französischen Revolution behauptet, «so hält die Wirklichkeit nicht aus.» «Der Gedanke geht», formulierte Heinrich Heine etwas später ebenso prägnant, «der Tat voraus wie der Blitz dem Donner.» Und daher könne eine «Idee», schloss sich der Protagonist der «Realpolitik», Ludwig August v. Rochau, ihnen an, «die realste aller politischen Mächte sein».

2. Es führt kein Weg daran vorbei, dass in dem von Hitler repräsentierten (und von seinen Paladinen samt seiner charismatischen Gemeinschaft geteilten) Weltbild ein radikalisierter, biologistischer Antisemitismus als Kern der rassenpolitischen Grundüberzeugungen, geradezu als Glaubenswahrheit, eine Schlüsselstellung innehatte. Von diesem biopolitischen Fundament aus ließen sich angeblich sowohl die Grundlinien der Weltgeschichte erklären als auch die Imperative künftigen Handelns ableiten. Wegen der internationalen Verschwörung des Judentums gegen die arische Rasse, zumal wegen der Gefährlichkeit seines neuesten Instruments: des Bolschewismus, war für die fanatischen Anhänger des Rasseaberglaubens ein rücksichtsloses Vorgehen geboten.

3. Dank seiner Sonderstellung als charismatischer «Führer» besaß Hitler frühzeitig in allen Weltanschauungsfragen ein Interpretationsmonopol. Auch wenn keineswegs jede Initiative von Hitler ausging, blieb er die letzte Entscheidungsinstanz im Besitz der Kompetenzkompetenz. Die Ausdehnung der unangefochtenen Deutungshoheit des Charismaträgers impliziert die Konsequenz, dass ohne den mörderischen Antisemitismus des «Führers» der Holocaust in seiner histori-

schen Form als allumfassender Judenmord nicht zustande gekommen wäre. Denn es waren Hitlers Weltbild und sein Interpretationsmonopol, welche die denkbar radikalste «Selektion der negativen Weltanschauungselemente» herbeiführten. Denkt man sich Hitler im Sinn einer kontrafaktischen Überlegung aus dem Entscheidungsprozess weg, fehlt die maßgebliche Schlüsselfigur nicht nur bei der Planung und Durchführung, sondern vor allem auch bei der Legitimierung des Judenmords. Ohne die Machtkompetenz und Funktionsgewalt des «Führers» hätten die Himmler, Heydrich und Konsorten allein für sich genommen, den Holocaust als europaweit angelegte Mordaktion nicht organisieren, ausführen und rechtfertigen können.

Hitler als personales Entscheidungszentrum auch für den Judenmord anzuerkennen, wie das der innersten Natur seines charismatischen Herrschaftssystems entspricht, bedeutet nicht, einer Apologie etwa in dem Sinn das Wort zu reden, dass allein ihm die Gesamtschuld am Holocaust zugerechnet werden sollte. Charismatische Herrschaft ist eine soziale Dauerbeziehung, und das hervorgehobene Individuum hängt stets von der Resonanz und Folgebereitschaft seiner Gesellschaft ab. Daher bleiben die Hunderttausende von Aktivisten und die Millionen von bereitwilligen Helfern, die am Judenmord beteiligt waren, ein zentrales Problem. Aber noch einmal: Ohne die letztinstanzliche Legitimierung ihres Tuns durch den «Führer» hätten sie nicht mit dieser zielstrebigen Besessenheit, dieser koordinierten Planmäßigkeit, dieser auf lückenlose Erfassung aller Juden im besetzten Europa zielenden Konsequenz handeln können. Soviel Spontaneität des Judenhasses es auch gegeben haben mag, ihre Durchsetzungsfähigkeit gewann die antijüdische Vernichtungspolitik, weil sie als «Auftrag», als «Werk», als «Wille des Führers» ausgegeben werden konnte.

4. Hitlers idiosynkratisches Weltbild hatte aufgrund seiner Deutungssouveränität nicht allein die Basisideen seiner politischen Massenbewegung fixieren können, die ja auch alle älteren Varianten des Antisemitismus aufgenommen hatte. Vielmehr wurde seine abstruse Lehre in Gestalt der Politischen Religion des Nationalsozialismus nach der Machtübergabe zur offiziellen Staatsdoktrin erhoben. Der von Hitler und seiner Bewegung in tödlich zugespitzter Form verfochtene Antisemitismus als Maxime einer alle gesellschaftlichen und

staatlichen Bereiche systematisch durchdringenden Staatspolitik – das war in der beanspruchten Erstmaligkeit und in seinem Fanatismus tatsächlich etwas historisch Neues.

5. Es lässt sich aus den bisher verfügbaren Quellen nicht belegen (und wäre methodisch auch von vornherein eine naive Annahme), dass Hitler seit den frühen 1920er Jahren oder seit 1933 die «Endlösung» in der Form des Holocaust angesteuert hätte. Trotzdem: Sein Fernziel blieb die «Entfernung» aller Juden. Die Frage nach der zielgerechten Methode, ob Auswanderungszwang, Vertreibung, Internierung in einem östlichen Reservat, Umsiedlung in eine ferne Ghettokolonie – sie blieb zwei Jahrzehnte lang unentschieden offen. Es gibt daher in der Praxis der nationalsozialistischen Judenfeindschaft keineswegs den oft unterstellten geradlinigen Weg zur «Endlösung», sondern allein die «Twisted Road to Auschwitz» (K. Schleunes), obwohl im Denkhorizont Hitlers selbst der Grenzfall der physischen Vernichtung frühzeitig angelegt war.

6. Dass Hitler seit 1930 in den Wahlkämpfen, seit 1933 in seinen Reden als Reichskanzler taktische Rücksichtsnahme übte, ändert nichts an seinem starr festgehaltenen Axiom, zu gegebener Zeit die Judenfrage «zu lösen». Die endlosen Schikanen seit der Machtübergabe, die tausend Ausnahmegesetze, die Verteidigung der Nürnberger Rassegesetze auf dem Parteitag von 1935, der Frontalangriff vom September 1937, dass die Juden ganz Europa in das bolschewistische Chaos stürzen wollten, die Boykottmaßnahmen und das Novemberpogrom von 1938, das größte Pogrom in Mitteleuropa seit dem Mittelalter – sie verrieten, dass Hitler, auch wenn er seine vorwärtstreibende, jeden radikalen Antisemitismus befürwortende Haltung aus Rücksicht auf den Führermythos sorgfältig zu tarnen bestrebt blieb, doch – wie der innerste Kreis um ihn wusste – die Bereitschaft zur Umsetzung des Judenhasses in direkte Aktionen besaß. Andrerseits war der Antisemitismus auch nach 1933 durchaus «kein Hauptgrund für die Bewunderung Hitlers». Für die Legitimierung seiner Sonderstellung besaß dieser allenfalls eine «sekundäre Bedeutung».

7. Der Krieg war es, der dann einen Horizont und neue Handlungsmöglichkeiten eröffnete. Gleich zu Beginn setzte die von der Berliner Führungsspitze gesteuerte Politik der Ermordung und Deportation jüdischer Polen neue Maßstäbe der Verfolgung. Dabei be-

ruhte schon Himmlers erster Befehl an die «Einsatzgruppen» auf Hitlers ausdrücklicher Ermächtigung. Seither steigerte sich die Treibjagd, der die drei Millionen jüdische Polen ausgesetzt blieben. Die unterschiedlichen Dienststellen: die Höheren SS- und Polizeiführer, die Gauleiter, der Despot des «Generalgouvernements» und die lokalen Potentaten äußerten allmählich immer lauter und ungenierter die Forderung nach einer Massenliquidierung. Warum?

Nur zum Teil waren es rabiate Antisemiten, die für dieses Postulat offen eintraten. Alle aber gingen von der Annahme aus, dass ihre Radikalität nicht prinzipiell von Hitler missbilligt, sondern letztlich von ihm stets gebilligt werde. Viele wollten «dem Führer entgegenarbeiten», in der sicheren Erwartung, damit seinen Intentionen gerecht zu werden, auch wenn er sie nicht so direkt und öffentlich äußerte. Andere, die diese Einstellung nicht teilten, optierten dennoch für eine mörderische Judenpolitik, weil sie damit dem Credo der Partei unter neuen vorteilhaften Bedingungen, zugleich auch ihren eigenen Karriereinteressen zu entsprechen glaubten. Widerspruch erwarteten auch sie nicht. Viele unterschiedliche Motive und Initiativen flossen da zusammen.

Je länger aber die deutsche Judenpolitik nach extremen Lösungen suchte, desto mehr wurde den Akteuren bewusst, dass ihnen von Berlin aus kein Einspruch drohte. Im Gegenteil: In dem Augenblick, da das Herrschaftssystem des «Dritten Reiches» über Millionen polnische Juden verfügen konnte, boten Hitlers Weltbild und seine fanatische Handlungsbereitschaft die Gewähr, dass selbst die massenhafte Ermordung von Juden vom «Führer» gebilligt würde. Hitlers Judenhass wirkte wie ein virtueller Freibrief. Und hatte er sich etwa gescheut, sogar in der Öffentlichkeit des Reichstags die «Vernichtung der Juden» im Falle eines von ihnen angezettelten neuen Krieges zu prophezeien?

Als Denkmöglichkeit stand ihm beim Gedanken an Krieg ihre Eliminierung klar vor Augen, da er einer «in ihrem Wesen radikalen Überzeugung anhing». Das aber war deshalb, wie gesagt, von entscheidender Bedeutung, weil das extrem dogmatische Weltbild Hitlers im Verein mit seiner charismatischen Führerstellung und seinem Interpretationsmonopol die Dynamik des Judenmords entfesseln und das vorbildlose Ausmaß der Massenvernichtung durchsetzen konnte.

Ohne die durchschlagende Sanktionsgewalt des «Führerwillens» hätten alle jene konkreten Bedingungen, die vor Ort als Sachzwang galten, für beides nicht ausgereicht.

8. Dass der Krieg eine tiefe Zäsur in Hitlers Politik darstellte und sich ein enormer Beschleunigungseffekt geltend machte, lässt sich auch auf dem neuen Kriegsschauplatz des Judenmordes beobachten. Doch dauerte die erste Phase nur vom September 1939 bis zum Juni 1940. Während Himmlers «Einsatzgruppen» ihre Befehle ausführten, erhielt Heydrich bereits am 21. September 1939 – Warschau hatte noch nicht kapituliert – von Hitler selber den Auftrag, mit dem Abtransport der jüdischen Deutschen aus dem «Altreich» nach Polen zu beginnen. Diese Entscheidung kam einem Todesurteil ohne festen Termin gleich. Die systematische Deportation jüdischer Polen, die aus den annektierten Gebieten in das «Generalgouvernement» geschafft wurden, setzte wenig später ein. Nach dem Besuch des damals größten Ghettos in Lodz notierte sich Goebbels am 17. Oktober 1939: «Dieses Judentum muss vernichtet werden.» «Das sind keine Menschen mehr, das sind Tiere.» Zuerst aber blieben genauere Richtlinien für eine eventuelle physische Eliminierung aus, obwohl diese immer dreister gefordert wurde. Dem einen ging es um die «Beseitigung» der überfüllten Ghettos wegen ihrer Seuchengefahr und der Kostspieligkeit ihrer Versorgung, andere beklagten die Ressourcenbindung durch die Massendeportation in Zwischenlager oder strebten die Entlastung von «unhaltbaren Verhältnissen» an. Wieder andere bestimmte der Wille zur konsequenten «Entjudung» der ehemals polnischen Westgebiete oder zur Germanisierung «judenfreier» Regionen. Nicht zuletzt gab es den tödlichen Judenhass von SS-Führern wie Heydrich, Globocnik, Ohlendorf, Stahlecker und den anderen Einsatzgruppenführern aus der Elite des Reichssicherheitshauptamts, die auf Aktion drängten.

Doch in seiner Denkschrift über «Fremdvölkische im Osten» lehnte es Himmler noch im März 1940 ab, «die bolschewistische Methode der physischen Ausrottung» zu übernehmen, da sie «ungermanisch und unmöglich» sei. Offensichtlich schwankte die Berliner Judenpolitik, wie sie mit Millionen Juden insgesamt und konkret verfahren sollte. Daher lief die Ghettoisierung weiter, bis das Warschauer Ghetto 450 000 Juden in 61 300 Wohnräumen aufgenommen hatte; bis zum Herbst 1941 gab es dort schon 100 000 Todesfälle. Um

Lublin wiederum sollte, das war damals Heydrichs Vorstellung, ein riesiges «Judenreservat» zur Konzentration möglichst vieler Juden in einem einzigen «Reichsghetto» entstehen. Nach seiner Meinung – und er war längst zu einer der fatalen Schlüsselfiguren in der Judenpolitik aufgestiegen – gab es damals nur drei Optionen: die Zusammenführung der Juden in Ghettos, die Einrichtung eines Reservats im Osten oder die Massenauswanderung.

Tatsächlich hat die forcierte Auswanderung zu Beginn der zweiten Phase vom Juni 1940 bis zum Juni 1941 zahlreiche Beamte im Auswärtigen Amt und im Reichssicherheitshauptamt 1940/41 beschäftigt, als der sog. Madagaskar-Plan, die «Umsiedlung» von Millionen Juden auf die französische Inselkolonie, erörtert wurde. Abgesehen davon, dass die Insel in Kriegszeiten ohnehin nicht von einer Armada deutscher Transportschiffe angelaufen werden konnte, zielte dieser abenteuerliche Plan keineswegs auf friedliche Auswanderung, sondern entsprang einem inhumanen Vertreibungs-, ja letztlich schon Vernichtungswillen, da Millionen auf der tropischen Insel bis zum einkalkulierten Tod hilflos hätten dahinvegetieren müssen. Nach wenigen Monaten war klar, dass die Anzahl von mehr als drei Millionen jüdischer Polen jedes Auswanderungsprojekt, zumal angesichts der unangefochtenen britischen Seeherrschaft, überforderte. Auch der Gedanke, Millionen jüdischer Erzfeinde im östlichen «Lebensraum» in einem Reservoir zusammenzuführen oder hinter die künftige Militärgrenze am Ural abzudrängen, damit als potentiellen Gefahrenherd zu erhalten, wurde aufgegeben.

Also wurden vorerst die Ghettos weiter vollgepresst: Warschau, Lodz, Lublin, Radom, Krakau. Allerdings stockte die «Umsiedlung» ins «Generalgouvernement», da seit Anfang 1941 die Transportmittel für den Aufmarsch von Millionen Soldaten des Ostheeres gebraucht wurden. Und diese Stockung steigerte wiederum den Unwillen der Lokal- und Regionalsatrapen, die auf eine «endgültige Lösung» drängten. Im Warthegau befürwortete Gauleiter Greiser, der dem Zeitpunkt entgegenfieberte, zu dem er sein Gebiet als «judenfrei» melden konnte, ein radikales Vorgehen, um «die Juden zu erledigen». Im Juni 1940 eröffnete Heydrich Außenminister Ribbentrop in einem vertraulichen Gespräch, dass man «vielleicht eine inhaltlich nicht präzisierte» «territoriale Endlösung» ins Auge fassen müsste; der «polizeiliche Einsatz in Polen habe sich als «außerordentlich radikal» und daher als erfolgreich erwiesen. Neue Handlungsmaximen wurden daraus aber noch nicht abgeleitet. Stattdessen wurde ein knappes Jahr später die Möglichkeit erörtert, alle Juden in Riesenlagern für jeweils 300 000 Menschen zusammenzupferchen.

9. Als die Planung des Überfalls auf die Sowjetunion in ihre entscheidende Phase trat, veränderte sich die Konstellation für die deutsche Judenpolitik noch einmal. Zum einen war absehbar, dass weitere drei bis vier Millionen Juden dem Zugriff der deutschen Besatzungsmacht preisgegeben sein würden. Zum andern erweiterte die offen anvisierte Natur des Exterminationskrieges den Druck und Handlungsspielraum auch in der Judenfrage. Für Hitler entfielen jetzt, im Zeichen des Rassen- und Vernichtungskriegs, alle bisher noch beachteten Rücksichten. Daher erging auch schon Monate vor dem Beginn des Ostfeldzuges im Auftrag Hitlers vermutlich ein Befehl Himmlers an die «Einsatzgruppen», alle Juden im Hinterland der Front zu erschießen, wogegen von Partisanenbekämpfung noch mit keinem Wort die Rede war. Die SIPO- und SS-Männer in den «Einsatzgruppen» hatten daher längst vor dem Ostkrieg die Gewissheit, dass der Massenmord an jüdischen Russen auf sie zukam. So sollte die erste Phase der «Endlösung» beginnen, und es fällt schwer, die Einstellung mancher Historiker zu verstehen, die sich strikt dagegen sträuben, darin den Anfang des Holocausts zu erkennen.

Der erste «Generalplan Ost», den Himmler am 24. Juni 1941 in Auftrag gegeben hatte, wurde ihm bereits nach knapp einem Monat am 19. Juli 1941 vorgelegt. Er setzte die «Entjudung» des künftigen Eldorados der Germanisierungspolitik voraus. Und am 31. Juli, fünf Wochen nach dem Beginn des Ostkrieges, erteilte Göring Heydrich den von diesem vorformulierten Auftrag, die Vorbereitungen «für eine Gesamtlösung der Judenfrage im deutschen Einflussgebiet in Europa» zu treffen; beziehe man England und die Türkei auf längere Sicht in die Pläne ein, müssten insgesamt elf Millionen Juden erfasst werden. Mitte August 1941 ordnete Hitler den gelben Stern für die deutschen Juden an, ließ jüdische KZ-Häftlinge in die Euthanasie-Aktion einbeziehen und unterstützte den Plan, alle deutschen Juden aus Böhmen und Mähren nach Osten zu deportieren. Mitte Oktober begann die Deportation der jüdischen Deutschen aus dem «Altreich», zum guten

Teil wurden sie Opfer der Massenerschießung durch die «Einsatzgruppen» A und B.

Noch Ende Juni 1941 hatten die vier «Einsatzgruppen» mit ihrem blutigen Werk hinter der Front begonnen. Innerhalb weniger Monate erschossen sie fast eine halbe Million Juden (insgesamt eine Million). Allein die «Einsatzgruppe A» tötete im Baltikum 320000 Juden. Außer den Männern wurden auch die Frauen und Kinder, ohne eine Ausnahme zuzulassen, einbezogen. Die «Endlösung» der «Judenfrage» war auf die radikalste Weise in Gang gekommen. Doch die Täter verstanden es, das Ausmaß des Massenmords auf ungeahnte Weise noch einmal zu steigern.

Es unterliegt keinem ernstzunehmenden Zweifel, dass Hitler im Frühjahr 1941 den Übergang zur Massenvernichtung angeordnet hat. Ein schriftlicher Befehl ist bisher nicht gefunden worden, doch die langwierige Suche nach einem solchen Schlüsseldokument gleicht ohnehin der Jagd nach einer Chimäre (oder sie entspricht dem Wunschtraum der Historiker, möglichst auf eine zuverlässige schriftliche Quelle verweisen zu können). Denn es entsprach seit jeher Hitlers Herrschaftsstil, Grundsatzentscheidungen in einer allgemeinen Form mündlich mitzuteilen, und Lammers und später Bormann mussten dann den «Führerwillen» in konkretisierte Anweisungen für die operative Politik oder die Formulierung von Gesetzen überführen. Freilich sollte man sich unter Hitlers Befehl nicht einen einzigen Globalbefehl zur Judenvernichtung vorstellen, wie ihn Himmler erhalten haben will. Vielmehr wird es sich auch wieder um schubweise radikalisierte Anweisungen aufgrund des Drängens von hohen Unterführern gehandelt haben.

Derselbe Stil herrschte auch und erst recht vor, wenn Hitler die Aufgaben der polykratischen Exekutivstäbe festlegte. Himmler hat sich daher durchaus glaubwürdig auf einen mündlichen Befehl Hitlers berufen, als er sich gegenüber dem Ostministerium am 28. Juli 1942 über den Judenmord äußerte: «Die Durchführung dieses sehr schweren Befehls hat der Führer auf meine Schultern gelegt.» Nie hätte es ein derart auf Hitler fixierter, subalterner Geist wie Himmler gewagt, ohne einen Führerauftrag das Riesenprojekt des Judenmordes allein von sich aus in Angriff zu nehmen, und nie hätte er sich in der formellen Amtskorrespondenz auf einen derartigen Führerbefehl berufen, wenn er ihn nicht tatsächlich erhalten hätte. Glaubwürdig hatte Himmler im März 1940 den Befehlshabern des Heeres versichert: «Ich tue nichts, was der Führer nicht weiß.» Außerdem sind drei Gespräche Himmlers mit Hitler überliefert, in denen vom Auftrag der «Endlösung» die Rede ist (30. 11. 1941, 7. 10. 1942, 19. 6. 1943), und in mindestens fünf Reden vor Gauleitern, Generälen und SS-Führern hat Himmler immer wieder versichert, dass er die Judenvernichtung auf Hitlers Befehl ausführe. Dass Himmler sich auch sonst mehrfach auf diesen Befehl berief, haben auch enge Mitarbeiter aus dem Arkanbereich des SS-Imperiums bezeugt. Bruno Streckenbach, der Amtschef des Reichssicherheitshauptamtes; Gottlob Berger, der Chef des SS-Hauptamtes; Rudolf Höss, der Kommandant von Auschwitz, will ebenfalls von Eichmann gehört haben, dass Himmler vor dem Sommer 1941 diesen Befehl von Hitler empfangen habe.

Dass die Befehlshierarchie so aussah, leuchtet aus den vorn ausführlicher diskutierten Gründen unmittelbar ein. Als Goebbels im März 1941 die Ermordung in Gaskammern als ein «barbarisches und nicht näher zu beschreibendes Verfahren» der Judenvernichtung charakterisierte, fügte er hinzu: «Auch hier ist der Führer der unentwegte Vorkämpfer und Wortführer einer radikalen Lösung.» Um den Führermythos nicht zu beschädigen, blieb Hitler freilich weiterhin darauf bedacht, dass er weder öffentlich noch halböffentlich mit dem Judenmord in Verbindung gebracht wurde. Ende 1941 wehrte er sich sogar strikt dagegen, überhaupt von der «Vernichtung» der Juden zu sprechen – eine Entscheidung, die Bormann mit einer schroffen Wendung gegen Gerüchte über die «Endlösung» dem Herrschaftsapparat noch einmal einschärfte.

Um ein hohes Maß an Tarnung des Mordgeschehens zu gewährleisten, wurde der Judenmord in abgelegenen polnischen, russischen Orten «allein im Geschäftsbereich des Reichsführers SS» begangen. Zu diesem Zweck wurden seit dem Herbst 1941 sechs große Vernichtungslager eingerichtet, die nicht, wie die herkömmlichen Konzentrationslager, das Schicksal der Insassen im Prinzip noch offen ließen, sondern von Anfang an nur als letzte Station von Todeskandidaten vorgesehen waren. Im September 1941 entstanden Auschwitz und Majdanek, im Oktober 1941 Belzec, im Dezember 1941 Chelmno, im März 1942 Sobibor, im Juli 1942 Treblinka. Die beiden ersten Lager sahen die Ermordung oder «die Vernichtung durch Arbeit» vor – bei einer durchschnittlichen Lebenserwartung der Arbeitskräfte von vier Wochen bis maximal drei Monaten. Alle anderen waren nur für den Massenmord angelegt, wobei tagtäglich 2500 bis 10000 Menschen unter unsäglichen Umständen das Leben genommen wurde.

Da bei den regelmäßig eingesetzten Exekutionskommandos der «Einsatzgruppen» und der Polizeibataillone, aber auch bei den SS- und Wehrmachtsverbänden inzwischen die psychische Belastung durch die kontinuierliche Teilnahme an Mordaktionen zutage trat, griffen die Organisatoren des Holocaust auf die Verwendung von Giftgas zurück, wie man das mit den Gaswagen bei der Euthanasieaktion T4 bereits erprobt hatte. Dasselbe technische Personal richtete jetzt erneut Gaswagen in Chelmno und dann unterirdische Gaskammern in Auschwitz ein, in denen das Gas Zyklon B verwendet wurde. Probeweise wurden im September 1941 900 russische Kriegsgefangene vergast, seit dem Oktober 1941 in Belzec und dann seit dem Februar 1942 in Auschwitz vor allem die herbeitransportierten Juden. Anstelle der üblichen Massengräber wurden in Auschwitz, das mit täglich bis zu 10000 Toten zur Vernichtungsstätte katexochen wurde und daher bis heute als Symbol für den Judengenozid dient, Krematorien mit gewaltigen Öfen zur Verbrennung von täglich bis zu 7750 Leichen gebaut.

Ermordet wurden in Chelmno 152000, in Majdanek 200000, in Sobibor 250000, in Belzec 600000, in Treblinka 900000, in Auschwitz wohl eine Million Juden – nach dem Urteil seines Kommandanten Höss sogar drei Millionen. Währenddessen wurden Tausende von Juden in anderen, über ganz Europa verstreuten Lagern umgebracht, und auch die «Einsatzgruppen» mordeten unentwegt weiter. Erst Anfang November 1944, als die Anzahl der Opfer die Sechs-Millionen-Grenze überschritten hatte, brach Himmler das Unternehmen «Endlösung» ab.

Obwohl es die Rückschläge im Ostkrieg unabweisbar machten, die gesamte Transportkapazität in den Dienst der Kriegsführung zu stellen, wurde rollendes Material in einem riesigen Umfang für den Abtransport von Juden aus Russland, Polen und schließlich aus dem gesamten besetzten Europa in Anspruch genommen. Selbst als die russischen Truppen im Sommer 1944 in die ungarische Tiefebene einbrachen und zur Stabilisierung der deutschen Front die effektive Herbeiführung von Ersatzverbänden offensichtlich den Vorrang zu besitzen schien, wurden endlose Güterzüge umdirigiert, um noch in allerletzter Stunde möglichst alle 200000 Budapester Juden nach Auschwitz zu transportieren. Diese krasse Unterordnung militärischer Notwendigkeiten unter den Primat der Judenvernichtung demonstriert unmissverständlich, wie Hitler und seine Helfershelfer ihre Prioritäten verstanden und durchsetzen konnten. Man kann geradezu sagen: Je fragwürdiger der Sieg im Osten wurde, desto hasserfüllter steigerten sich Hitlers Tiraden gegen die Juden, desto mehr trat auch sein Wille hervor, ungeachtet aller militärischen Rückschläge auf dem Kriegsschauplatz der Judenvernichtung seine «Mission» durch einen makabren Sieg zu erfüllen.

Ein weiterer Beweis für die Prioritätenskala Hitlers und in der Spitze der Exekutive, die den Holocaust ausführte, liegt in der Grundsatzentscheidung, dass trotz des eklatanten Mangels an Arbeitern das Arbeitskräftepotential von Millionen Juden nicht in den Dienst der Kriegswirtschaft gestellt wurde. Vielmehr behauptete ein kompromissloser Vernichtungswille zunächst den Vorrang vor jedem ökonomischen Kalkül, selbst wenn er ersichtlich dazu führte, dass katastrophale rüstungswirtschaftliche Auswirkungen dafür in Kauf genommen werden mussten. Mindestens 2.5 Millionen Juden wären, grob gerechnet, als industrielle Arbeitskräfte infrage gekommen. Da die deutsche Arbeiterschaft von 1941 bis 1944 noch einmal um 4.6 Millionen eingezogener Männer abnahm, wäre dieser Rückgang um mehr als die Hälfte ausgleichbar gewesen, ohne in diesem Umfang mit einem zusätzlichen Aufwand auf deportierte ausländische Zwangsarbeiter zurückgreifen zu müssen. Doch wie das Ostministerium im Dezember 1941 auf eine Anfrage zur «Judenbehandlung» verbindlich erklärte: «Wirtschaftliche Rechnungen sollen bei der Regelung des Problems grundsätzlich unberücksichtigt bleiben.»

Diese dogmatische Entscheidung wurde freilich, da es bei der heterogenen Belegschaft der regulären Konzentrationslager nurmehr um eine Minderheit von jüdischen Häftlingen ging (1945 200000 von 720000 Insassen), bereits 1942 etwas aufgeweicht, als erstmals 90000 KZ-Insassen in Kontingenten von bis zu 500 Männern an Industriebetriebe gegen eine an die SS als Leihfirma zu entrichtende Gebühr für die Sklavenausbeutung vermietet wurden. 1942 waren es 300000, 1944 sogar 700000 ausgeliehene KZ-Arbeiter. Deshalb entstanden rings um die Konzentrationslager rund 1000 Nebenlager für temporäre Arbeitskräfte. Allein Auschwitz besaß 39 solche Außenlager. Aber auch in jeder größeren deutschen Industriestadt waren die morgens und abends unter Bewachung marschierenden Arbeiterkolonnen aus den Nebenlagern eine vertraute Erscheinung im Straßenbild. Auch in Polen gab es zeitweilig Hunderte von kleinen Lagern für jüdische Zwangsarbeiter. Großunternehmen wie die IG-Farben, Siemens, Krupp, Heinkel, VW, Bayer und die Hermann-Göring-Werke bedienten sich ebenso wie zahlreiche mittelständische Betriebe dieser billigen Arbeitskräfte, errichteten sogar eigene Betriebe in unmittelbarer Nähe des Hauptlagers, um das extrem kostengünstige Angebot ausnutzen zu können. Von einer wirksamen Hilfe, welche die Unternehmen im Hinblick auf Ernährung, Kleidung und ärztliche Versorgung hätten leisten können, ist nichts bekannt. Offenbar war die Einstellung der IG-Farben-Manager nicht untypisch, dass diese ausgeliehenen Häftlinge ohnehin – wie die Sprache aus dem «Wörterbuch des Unmenschen» den Todesfall umschrieb – nach drei Monaten «abgearbeitet» seien.

Mit der ausdrücklichen Zustimmung Speers wurden seit 1943 KZ-Arbeiter bevorzugt in die Schlüsselunternehmen der Rüstungswirtschaft gelenkt, so dass dort schließlich eine halbe Million arbeitete; allein 14000 von ihnen waren in den ausgelagerten unterirdischen Anlagen, etwa im thüringischen Nordhausen, unter so unmenschlichen Arbeitsbedingungen tätig, dass ihre Sterbequote noch einmal steil hochschnellte. Betriebsabteilungen mit diesen ausgepowerten Leiharbeitern erreichten freilich nur 17 Prozent der durchschnittlichen Produktivität.

Wie konnte ein so ungeheuerlicher Vernichtungs- und Versklavungsprozess initiiert und schließlich im gesamten besetzten Europa mit mörderischer Präzision und Konsequenz durchgeführt werden? Auch wenn man dem mit Besessenheit verfolgten, axiomatischen, in seinem Weltbild tief verankerten Antisemitismus, dem Interpretationsmonopol und der Entscheidungskompetenz des «Führers» in seinem charismatischen Herrschaftssystem die strategisch entscheidende Schubkraft und Legitimierungsfähigkeit zuspricht, war doch ein derart gigantisches, europaweit mit bürokratischer Perfektion ablaufendes Unternehmen nur unter bestimmten Vorbedingungen möglich. Zum einen wirkte eine Vielzahl von Organisationen und Dienststellen, Behörden und Sonderstäben bereitwillig daran mit; so wurden etwa die Reichsbahn und das Reichsverkehrsministerium, in dem Staatssekretär Albert Ganzenmüller zur Schlüsselfigur aufstieg, einbezogen; dort wurden die Transportpläne für das besetzte Europa ausgearbeitet, die Ziele waren bekannt. Zum anderen konnten Hunderttausende von aktiven Helfershelfern auch unter den Einheimischen der besetzten Länder oder den deutschen Alliierten (im Oktober 1943 z.B. brachten rumänische Einheiten in Odessa mehr als 25 000 Juden um) in den Dienst des Genozid-Projekts gestellt werden, während Abermillionen von Beobachtern seine Vorbereitung in passiver Komplizenschaft hinnahmen. Beide Aspekte setzten ein planmäßiges, aktionswilliges, durch den «Führerwillen» legitimiertes Entscheidungszentrum voraus. Sie können mithin nicht aus dem Zusammenfließen unkoordinierter Einzelinitiativen erklärt werden, sooft sich auch ein spontaner Aktivismus in das Gesamtvorhaben einordnen mochte.

Bis zu seinem Ende war sich das Regime auch durchaus bewusst, dass die ungeheuerliche Dimension des Judenmords, weit über einen Tabubruch hinaus, eine gemeinhin unvorstellbare Verletzung zivilisatorischer Normen bedeutete. Die Führungsspitze hegte «stärkste Zweifel», ob ihre «Verbrechen populären Rückhalt fänden». Aus diesem Grunde wurde strengste Geheimhaltung befohlen, gewöhnlich auch gewahrt, um unkalkulierbare massenpsychische Reaktionen im Inneren, die im Grenzfall bis zur Infragestellung der Legitimationsbasis des «Dritten Reiches» hätten reichen können, gar nicht erst aufkommen zu lassen. In seiner berüchtigten Posener Rede vor SS-Führern nannte Himmler im Oktober 1943, voll unverhohlenen Stolzes auf die «anständig» vollbrachte «Leistung» der SS, die Judenvernichtung ein «niemals zu schreibendes Ruhmesblatt unserer Geschichte». Denn man könne erst «in ganz, ganz später Zeit einmal überlegen ..., ob man dem deutschen Volk etwas mehr darüber sagt. Ich glaube, es ist besser, wir nehmen das Geheimnis in unser Grab.» Und auch Goebbels gestand sich zumindest in seinem Tagebuch ein: «Wir haben sowieso so viel auf dem Kerbholz, dass wir siegen müssen, weil sonst unser ganzes Volk, wir an der Spitze ... ausradiert wird.» Noch im

März 1945 wurden daher Soldaten, die Berichte über die «Endlösung» unvorsichtig kolportiert hatten, hingerichtet.

Bisher laufen die Ergebnisse der zeitgeschichtlichen Forschung darauf hinaus, dass es dieser mit Sanktionsgewalt verteidigten Geheimhaltung gelungen ist, genauere Informationen von einem Großteil der Bevölkerung fernzuhalten. Aber Tausende von SS-Männern und Sicherheitspolizisten, Gestapo- und Kripoangehörigen, Verwaltungsbeamten und Experten des SS-Imperiums waren von Anfang an direkt involviert. Dazu kamen Hunderttausende von Wehrmachtssoldaten und Reichsbahnbeamten, die als Täter oder Beobachter den Massenmord selber oder doch seine Vorbereitung erlebten. Schließlich müssen es Millionen gewesen sein, die als Akteure oder Adressaten glaubwürdiger Berichte die Stoßrichtung des Holocausts, wenn auch wahrscheinlich nicht seinen vollen Umfang, kennengelernt haben. Dennoch hat sich unter diesen Millionen nirgendwo eine wirksame Opposition geregt. Nur vereinzelte Männer haben sich der Teilnahme an Massenerschießungen verweigert. Nur (oder immerhin) 15 000 jüdische Deutsche konnten dank ihrer Helfer in der Heimat untertauchen und überleben. Das macht die Willfährigkeit der Masse der Täter, die den Holocaust organisierten und realisierten, macht die Passivität der ihnen zuschauenden oder informierten Zeitgenossen um so erklärungsbedürftiger.

Unübersehbar ist seit 1933, als der «Führerstaat» seine antijüdische Politik Schritt für Schritt vorantrieb, die mentale Hemmschwelle gegenüber einem aktiven rassistischen Antisemitismus rasch abgesenkt worden. Trotzdem fanden spontane und daher irregulär wirkende Pogrome keinen öffentlichen Beifall. Dagegen wurde die legalistisch verkleidete Diskriminierung von jüdischen Deutschen, wie sie von den abertausend Ausnahmegesetzen und stigmatisierenden Vorschriften verkörpert wurde, protestlos, ja oft zustimmend hingenommen. Dass jüdische Nachbarn, darunter der eigene Kinderarzt oder Anwalt, über Nacht auswandern mussten, dass schlimme Geschichten über jüdische Erfahrungen im KZ gelegentlich die Runde machten, vermochte die moralische Gleichgültigkeit, die gegenüber solchen Schicksalsschlägen vorherrschte, nicht aufzubrechen oder fand sogar hämischen Beifall. Dennoch blieb dieser abstoßend ubiquitäre Antisemitismus des nationalsozialistischen Alltags in der Regel noch weit entfernt von tödlicher Gewalt, erst recht von planmäßigem Massenmord. Wenn es zur Gewalt kam, wurde sie zuerst von indoktrinierten SS-Mannschaften in den KZ oder von herbeikommandierten SA-Kommandos während der Pogrome, etwa in der «Reichskristallnacht», ausgeübt. Dank der Meinungsforschung, die der SD mit viel Aufwand betrieb, war das Regime auch über diese ambivalente Grundstimmung ziemlich genau informiert. Eine Stärkung seiner Legitimationsbasis konnte es, das lag danach auf der Hand, von der Ermordung von Juden keineswegs erwarten.

Der Übergang zur physischen Liquidierung in größerem Stil: durch Deportation, Ghettoisierung und vor allem Erschießung ist daher seit Kriegsbeginn den Weltanschauungskriegern der SS-Exekutive und den zugeordneten Sondereinheiten übertragen worden, die unter strengem Schweigegebot ihrem Liquidierungsbefehl nachkamen. Wie in einem System konzentrischer Ringe weitete sich dann jedoch der Teilnehmerkreis stetig aus, da im annektierten oder besetzten Polen die Höheren SS- und Polizeiführer und Gauleiter, die Stadtkommandanten und Polizeiführer mit einer Vielzahl von Dienststellen und Verwaltungsstäben in die militante Judenpolitik einbezogen wurden oder sich sogar danach drängten, an ihr mitwirken zu können. Noch schwankte diese Politik zwischen forcierter Auswanderung, Ghettoisierung, Reservatbildung und regionalen Mordaktionen. So ließ etwa Gauleiter Greiser 100 000 Juden aus eigenem Ermessen töten, ehe er Himmler und Hitler um Autorisierung bat und diese auch prompt und umstandslos erhielt.

Doch mit dem Stau selbstgeschaffener Probleme, der Deportation der jüdischen Polen in längst überfüllte Ghettos oder Regionen, den Versorgungsengpässen und Seuchengefahren wuchs auch der Wille zu einer «Lösung», die den Charakter der Endgültigkeit besaß, zumal die ideologischen Hauptziele: die Germanisierung «judenfreier» Räume und die «Entfernung» des jüdischen «Weltfeindes», in ihrer dogmatischen Starrheit unverändert bestehen blieben. Als im Frühjahr 1941 der Weltanschauungskrieg gegen die Sowjetunion vorbereitet wurde, fiel auch die Entscheidung Hitlers und der SS-Führung, ihn mit der Endlösung eines Exterminationskrieges nicht nur gegen 6.4 Millionen jüdischer Polen und Russen, sondern sogar gegen die gesamte europäische Judenheit zu verbinden. Alle provisorischen Zwischenlösungen traten vor der perversen Faszination, die von dem Holocaust-Projekt ausging, zurück, da sein Liquidierungsprogramm versprach, dem «Großgermanischen Reich» mit seinem «Lebensraum» die vollendete Rassereinheit zu bringen und die historische Mission des Nationalsozialismus: die Ausschaltung der Juden aus der Weltgeschichte, weithin zu erfüllen.

Während die Pelotons der «Einsatzgruppen» in maschinellem Tempo und horrendem Ausmaß den Massenmord in Russland vorantrieben und seit dem September 1941 die großen Vernichtungslager eingerichtet wurden, nahm die zielstrebig und intentional beförderte Eskalation der Vernichtungspraxis zu, die keineswegs das Werk eines selbsttätigen «Entfaltungsprozesses» war. Zu dieser Eskalation gehörte jetzt sowohl die Ausdehnung der tödlichen Rassenpolitik auf das besetzte Europa als auch die Effizienzsteigerung durch eine intensivierte Organisation und die Einschaltung des gesamten Herrschaftsapparats.

Beiden Zielen sollte eine Konferenz aller mit der Judenfrage befassten obersten Reichsbehörden dienen, zu der Himmler und Heydrich im Herbst 1941 einluden, um den einzigen Tagesordnungspunkt, die «Endlösung der Judenfrage», zu erörtern. Außer der SS, dem Reichssicherheitshauptamt und der Wehrmacht sollte endlich die Reichsbürokratie in das Vorhaben eingebunden werden. Es ging mithin nicht um eine genaue Planungsarbeit, welche die Grundzüge des Judenmords erst zu entwickeln hatte, sondern um die Kooperation der Ressorts sowie die allgemeine Anerkennung von Heydrichs Schlüsselposition als Chefkoordinator. Die schließlich auf den 20. Januar 1942 verschobene Besprechung, die ominöse Wannsee-Konferenz, erwies in verblüffend kurzer Zeit, dass alle 14 Teilnehmer sich seit längerer Zeit über die Leitgedanken im Klaren waren, wie die «Beseitigung» der Juden aussehen sollte. Offensichtlich werde es um «Eingriffe» gehen, hatte Generalgouverneur Frank im Vorfeld zutreffend vermutet, «die irgendwie zu einem Vernichtungserfolg führen». Denn mit den Juden müsse «so oder so Schluss gemacht werden». «Wir müssen die Juden vernichten, wo immer wir sie treffen und wo es irgend möglich ist.»

Vorsichtig von Heydrich gesteuert, akzeptierte die Runde ohne jedes Bedenken seinen Vorschlag, in zwei Stufen vorzugehen: erst auf die «Vernichtung durch Arbeit» zu setzen und dann die offenbar zähen Überlebenden einer «Sonderbehandlung» zu unterziehen. Von einer Um- oder Aussiedlung war mit keinem Wort mehr die Rede. Es gab ohne jede Divergenz der Auffassung einen «Vernichtungskonsens». Mit allen Methoden bis hin zu den großen Eliminierungslagern sollte endlich das Ziel erreicht werden, dass Europa «von Westen nach Osten systematisch von Juden gesäubert» dastand. Der Protokollführer, «Judenreferent» Adolf Eichmann vom Reichssicherheitshauptamt, hat nach eigenem Bekunden die ungeschminkten, derben Formulierungen der Beteiligten abgeschwächt. Seine Tarnsprache verhüllt aber nicht, wie bereitwillig sie die Verantwortung «nach oben» auf Heydrich – als Vertreter Himmlers und Hitlers – und «nach Osten» abwälzten.

Dermaßen durch die reibungslose Kooperationswilligkeit der höchsten Reichsbehörden unterstützt, konnte der Holocaust im Sinne seiner Initiatoren im besetzten Europa mit pedantischer Sorgfalt organisiert und zu Ende gebracht werden. Insofern sanktionierte die Wannsee-Konferenz zum einen nur, was Hitler, Himmler und Heydrich längst in Gang gebracht hatten, und zum anderen besiegelte sie die Entscheidung, dass der riesige bürokratische Apparat der verschiedenen Ressorts fortab allen Anordnungen zur Judenpolitik widerspruchslos zu folgen hatte. Eher beiläufig bestätigte die Konferenz auch erneut die Grundeinstellung der Henkerfiguren vor Ort, die wie Einsatzgruppenchef Ernst Walter Stahlecker die «im Ostraum erstmalig mögliche radikale Behandlung der Judenfrage» aus Überzeugung exekutierten, sie aber darüber hinaus noch in das umfassendere Vorhaben einbezogen, die «Gesamtreinigung des europäischen Raumes von allen Juden» zu vollenden.

Die Befehlshierarchie, die den Massenmord ausführte, erstreckte sich spätestens seit der Wannsee-Konferenz auf die SS und die Polizei, die Wehrmacht und die Reichsbürokratie einschließlich der Reichsbahn, auch auf die Gauleitungen und Lokalbehörden. Die Befehle selber wurden zum einen gegeben von planenden Schreibtischtätern. Sie trafen ohne erkennbare Skrupel am grünen Tisch ihre Anordnungen, als ob es sich um konventionelle administrative Vorgänge handelte. Diese Routine wurde dadurch erleichtert, dass das Elend der Betroffenen für sie unsichtbar blieb. Schwankende hielt die Angst vor Ungehorsam, vor Denunziation und Gestapo-Verhör zurück. Weithin herrschte aber auch ein im politischen Habitus gespeicherter latenter oder manifester Antisemitismus vor, der etwa die erzwungene «Umsiedlung» nach Osteuropa mühelos billigte. Und vor allem dominierte der in langwierigen beruflichen Sozialisationsprozessen antrainierte Respekt vor der Anordnung des Vorgesetzten, zumal wenn am Ende der Autoritätskette Heydrich oder gar Hitler stand.

Die Befehle wurden zum andern ausgeführt von Tätern vor Ort. Überzeugungstäter aus der SS und den KZ-Wachmannschaften, SD und Sipo, Ordnungspolizei, Gendarmerie und Feldpolizei konnten umstandslos eingesetzt werden. Ihnen standen lettische, litauische und ukrainische, rumänische, ungarische und französische Schergen bereitwillig zur Seite, die freilich ohne die deutsche Initiative mit ihren unverhofften Gelegenheiten die Riesenpogrome und Vernichtungsaktionen nicht selber entfesselt hätten. Die Polizeibataillone im Hinterland, die von einer Massenerschießung zur anderen eilten oder hunderte von Menschen in Synagogen verbrannten, folgten diesen Befehlen. Das taten auch Wehrmachtseinheiten, denen mit der vermeintlichen Vergeltung für Partisanenüberfälle oft eine Brücke gebaut wurde; so erschoss etwa die 107. Infanteriedivision kurzerhand 10000 Juden in Weißrussland. Auf den höheren Offiziersrängen, namentlich in der Generalität, gab es genug antisemitische Schreibtischtäter, welche durch ihren Tagesbefehl die Truppe in die Pflicht nahmen, am Judenmord als «völkischer» Aufgabe mitzuwirken.

Wie das im Hinblick auf die Brutalisierung des Krieges bereits vorn erörtert worden ist, wirkte sich der Gruppendruck zugunsten der Teilnahme an Liquidierungsunternehmen ganz so nachhaltig aus wie die Furcht vor dem Vorwurf, sich als Feigling vor einer Belastung drücken zu wollen. In «pervertierten Männlichkeitsritualen» wurde die neue «Dienstaufgabe» ausgeführt. Die Macht über Leben und Tod von Menschen zu entscheiden, besaß einen morbiden Reiz. Oft tat der Alkohol das Seine zur Enthemmung. Die Befehlsverweigerung erforderte Mut, den die meisten nicht besaßen. Die fremdartige Umgebung der osteuropäischen Judendörfer und «Schtetl» steigerte die von vielen längst verinnerlichte Aversion gegen die «jüdischen Untermenschen». Viele ahnten oder wussten, dass hinter den Befehlen ihrer Vorgesetzten die Entscheidung ihrer Führungsspitze stand. Aus all diesen Gründen wurden Handlungsspielräume, die es auch unter diesen extrem restriktiven Bedingungen gab, nur außerordentlich selten zugunsten der Opfer genutzt. Letztlich ausschlaggebend aber war die moralische Widerstandsunfähigkeit in einer politischen Kultur, welche die Verteidigung universeller Menschenrechte weder verlangt noch eingeübt, sondern sie als schale Aufklärungsrhetorik abqualifiziert hatte.

Die planmäßige Ausführung des Holocaust wird, wie schon ein unvollständiger Überblick zeigt, durch die territoriale Herkunft der ermordeten Juden verdeutlicht. Die Opfer stammten

- aus dem «Altreich», 160 000 von 500 000;
- aus Österreich, 65 000, 15 000 Juden konnten im Reich untertauchen, nur 13 700 aus dem KZ befreit werden;
- aus Polen, 2.7 Millionen von drei Millionen, davon zwei Millionen in den Vernichtungslagern;
- aus dem unter deutscher Besatzungsherrschaft stehenden Russland 2.8 von drei Millionen; in Polen und Russland überlebten jeweils nur vier Prozent;
- aus Jugoslawien, 65 000 von 82 000;
- aus Griechenland, 63 000 von 70 000;
- aus Rumänien, 350 000 von 730 000, zum großen Teil durch die faschistische «Eiserne Garde» liquidiert; in den von Rumänien, Bulgarien und Ungarn annektierten Gebieten wurden Juden besonders gnadenlos verfolgt;
- aus Großungarn, 527 000 von 800 000, zuletzt noch 80 000 aus der Hauptstadt mit aktiver Beteiligung der radikalfaschistischen «Pfeilkreuzler»;
- aus der Slowakei, 68 500 von 137 000;
- aus dem «Reichsprotektorat Böhmen und Mähren», 73 000 von 137 000; 40 000 konnten noch auswandern, nur 15 000 überlebten im Land;
- aus Holland, 105 000 von 140 000 (112 000 waren Staatsbürger, 28 000 Zugewanderte);
- aus Belgien, 28 000 von 50 000, immerhin konnte fast die Hälfte gerettet werden;
- von den 7000 Juden in Dänemark konnte sogar die große Mehrheit gerettet werden, obwohl dort der ehemalige Gestapochef und Organisator des Reichssicherheitshauptamts Werner Best als Reichskommissar die politische Kontrolle ausübte. Finnland lehnte jede

Auslieferung ab; jüdische Finnen kämpften gegen die Sowjetunion;

– Vichy-Frankreich setzte bereits seit dem Juli 1940 eigene antijüdische Gesetze in Kraft und kooperierte bei der Judenverfolgung bereitwillig mit den deutschen Dienststellen, auch als im März 1941 mit klar erkennbaren Intentionen die Deportation nach Osten einsetzte. 76 000 von 300 000 Juden wurden ermordet.

10. Die Bilanz fällt niederschmetternd aus. Zwei Drittel aller Juden im besetzten Europa fielen der Vernichtungsaktion zum Opfer, als die Funktionseliten in der SS und Polizei, Verwaltung und Wehrmacht, oft unterstützt von einheimischen Kollaborateuren, den Holocaust realisierten. Bei näherem Hinsehen fallen aber auch die in den verschiedenen Besatzungsgebieten auftretenden drastischen Abweichungen vom Ziel der vollendeten «Ausmerze» auf. Sie sind in der Tat so auffällig, dass sie die Frage nach den Handlungsspielräumen individueller Verantwortung, die trotz der Zwangslage beim tödlichen Zugriff offenbar bestanden haben, noch einmal aufwerfen. In Polen, im Baltikum, in der Tschechoslowakei, in Griechenland und Holland wurden weit über 70 Prozent der Juden umgebracht, in der Sowjetunion und Jugoslawien nur etwas weniger, aber in Frankreich, Luxemburg, Italien, Norwegen und Dänemark konnte die Mehrheit überleben.

Offensichtlich hingen diese Differenzen mit dem verschiedenartigen Charakter der jeweils etablierten deutschen Gebiets- und Besatzungsherrschaft zusammen, in dem sich der typische Kompetenzwirrwarr des «gelenkten Chaos» polykratischer Herrschaftsparzellierung und -überschneidung widerspiegelte.

a. Zum einen wurden Gebiete vom Reich formell annektiert und seiner Verwaltung unterstellt (Danzig-Westpreußen, Warthegau, Südostpreußen, Ostoberschlesien).

b. Zum anderen wurden ihm Gebiete angegliedert, aber noch nicht formell inkorporiert (Elsass-Lothringen, Luxemburg, Untersteiermark, Kärnten/Krain, die Region um Bialystok); diese Gebiete unterstanden den Chefs der Zivilverwaltung.

c. Zum dritten gab es fremde Territorien unter deutscher Zivilverwaltung, die entweder unter dem «Schutz des Reiches» standen (Dänemark) oder in die «Großgermanische Sphäre» fielen und später für eine Annexion in Frage kamen (Norwegen, Holland); dort fungierten

Reichskommissare als Repräsentanten der Besatzungsherrschaft. Und schließlich gehörten dazu riesige östliche Gebiete, die für die künftige germanisierende Besiedlung vorgesehen waren (Böhmen, Mähren, das «Generalgouvernement», die Ukraine und «Ostland», das Baltikum und Nordostpolen). Hier herrschten der «Reichsprotektor», der «Generalgouverneur» und der Reichskommissar im Stil eines modernen Kolonialabsolutismus.

d. Viertens gab es Gebiete unter deutscher Militärverwaltung. Dabei sind zu unterscheiden die Militärbefehlshaber (Belgien, Frankreich, Serbien, Saloniki/Ägäis, Südgriechenland/Kreta) und die Oberbefehlshaber der Heeresgruppen im Operationsgebiet der Wehrmacht in der Sowjetunion.

Ins Auge sticht sofort der fundamentale Unterschied der Herrschaftsstrukturen in den Besatzungsregimes im Osten und im Westen. Mit ihnen hängt unmittelbar zusammen die unterschiedliche Durchsetzungsfähigkeit der Machtapparate, die den Judenmord betrieben. Im Osten existierte insgesamt die Vorherrschaft dogmatischer NS-Führungskader (Frank, Greiser, Lohse, Koch, Kube, Rosenberg) im Umkreis des allgegenwärtigen SS-Imperiums, das auch im Hinterland der Ostfront von vornherein dominierte oder die Wehrmacht für eine dienende Kooperation gewann. Hier konnten die Initiatoren des Holocaust wie in einem bevölkerungspolitischen Labor ihre totalitäre Utopie des rassereinen Großraums in einem erschreckenden Maß verwirklichen. Die relative Autonomie der gläubigen Dogmatiker in den SS-Ämtern begünstigte ihre auf den Führerwillen gegründete «tödliche Effektivität». In der Konkurrenz mit anderen Zweigen der Reichsbürokratie und Sauckels «Arbeitseinsatz», Todts und Speers Ministerien, Wehrmacht und Organisation Todt vermochten sie sich durchweg durchzusetzen – im Grenzfall unter Berufung auf ihre führerimmediate Stellung oder den expliziten Führerbefehl. Das Fazit: Wo dogmatische nationalsozialistische Satrapen und die polykratischen Exekutivstäbe der charismatischen Führerherrschaft wegen der schwächsten restriktiven Bedingungen die Vorherrschaft besaßen, konnte der Judenmord am umfassendsten ausgeführt werden.

Anders dagegen war die Lage im Westen, wo die unterschiedliche Struktur der Besatzungsverwaltung zu anderen Ergebnissen führte. Das zeigt ein Vergleich von Holland, Belgien und Frankreich, der durch die Einbeziehung der Sonderbedingungen in Skandinavien und Italien noch bestätigt würde. Die drei westeuropäischen Länder waren vom Frühjahr 1940 bis zum Herbst 1944 besetzt. Für das Reichssicherheitshauptamt bildeten sie aber eine einheitliche Region, wo die Judendeportation seit dem März 1942 betrieben wurde; beim Vollzug traten bemerkenswerte Unterschiede zutage.

In Holland war die Stellung von Reichskommissar Seyß-Inquart längst ausgehöhlt worden; der «Vertreter des Auswärtigen Amtes» wurde nicht in die Judenpolitik einbezogen. Der SS war daher der direkte Zugriff möglich, der 76 Prozent der Juden das Leben kostete. In Belgien dagegen erwiesen sich der Militärbefehlshaber General Alexander v. Falkenhausen und der zivile Verwaltungsstab gegenüber dem Drängen der SS, zumal sie nicht durch einen Höheren SS- und Polizeiführer vertreten war, als auffällig resistent, so dass 22 000 Juden gerettet werden konnten. In Frankreich wiederum setzte die Fragmentierung des Landes ihre eigenen Grenzen gegen eine effiziente Deportationspolitik. Denn Frankreich lebte unter fünf verschiedenartigen Besatzungsregimes. Es gab die deutsche Zone unter militärischer Aufsichtsverwaltung, die den Generälen Carl Heinrich v. Stülpnagel (1940/42) und Otto v. Stülpnagel (1942/1944) unterstellt war; das Norddepartement war dem Militärsbefehlshaber in Belgien zugewiesen worden; Elsass-Lothringen wurde von dem badischen Gauleiter Robert Wagner als Chef der Ziviladministration verwaltet; im Süden gab es eine kleine italienische Zone und mit Vichy einen unbesetzten Satellitenstaat, dem eigentümlicherweise weiterhin die Polizei im ganzen Lande unterstand. Die Zurückhaltung der deutschen Militärverwaltung konnte der im März 1942 installierte Höhere SS- und Polizeiführer nicht wettmachen, so dass es im Wesentlichen auf die Kollaboration des Pétain-Regimes zurückzuführen war, dass ein Viertel der französischen Juden nach der Deportation den Tod fand, drei Viertel aber, da die SS kein eigenes Herrschaftsgebiet hatte bilden können, wegen des manche Sicherheitsinseln schaffenden Kompetenzenwirrwarrs überleben konnten.

Der unterschiedliche Grad des Antisemitismus in den besetzten Ländern hat keine entscheidende Rolle für die deutsche Judenpolitik gespielt. In Osteuropa und Russland führte ein giftiger endogener Antisemitismus dazu, dass Tausende von Einheimischen sich an den deutschen Vernichtungsaktionen beteiligten. Trotz seines traditionellen und virulenten Antisemitismus, dem Vichy durchaus nachgab, konnten aber in Frankreich 75 Prozent der Juden irgendwie überleben. Dagegen vermochte in Holland ein nur schwach ausgeprägter Antisemitismus nicht die hohe Verlustquote zu verhindern, und die bravouröse Verteidigung der jüdischen Staatsbürger in Dänemark erklärt nicht die verblüffende Rettung von fast allen.

Es bleibt daher bei dem Eindruck, dass dort, wo die außernormative SS-Herrschaft im Auftrag des charismatischen Führers ohne hemmende Barrieren ausgeübt wurde, der Holocaust eine horrende Dimension erreichte. Wo aber konkurrierende politische und militärische Gewalten, die mit einer gewissen Widerspenstigkeit die Judenpolitik öfters eher begleiteten, als dass sie sie forciert hätten, ein unübersichtliches Handlungsfeld schufen, konnte sich auch der Führerstaat mit seinen bedenkenlosen Sondergewalten nur partiell durchsetzen. Wenn schon die Natur der Besatzungsherrschaft sich so deutlich auswirkte – was hätte ein entschiedener Protest der beiden christlichen Kirchen, zusammen mit dem Offizierkorps, bei einem «Führer» erreichen können, der auf Stimmungen Rücksicht zu nehmen pflegte, wie das der Erfolg von Bischof v. Galen beweist? Aber beide Kirchen haben nicht einmal den Versuch unternommen, und im Offizierkorps war der Antisemitismus bekanntlich noch tiefer als in der Bevölkerung verwurzelt.

Kompetente Schätzungen kommen auf 300 000 deutsche Täter, die auch 1.5 Millionen jüdische Kinder, ein Viertel aller Opfer, niedergemetzelt oder vergast haben. Diese Vernichtungseinheiten setzten sich zusammen aus den vier Einsatzgruppen (je 3000 Mann), der 1. SS-Brigade (4000 Mann), der SS-Kavallerie-Brigade (7200 Mann, beide waren dem Kommandostab Himmlers direkt unterstellt), aus 26 Polizeibataillonen, der Geheimen Feldpolizei, der Feldgendarmerie, den Soldaten der Feldkommandanturen und der Sicherungsdivisionen im Hinterland. Hinzu stieß ein beträchtlicher Teil von Abertausenden von einheimischen «Hilfswilligen». Insgesamt ist daher die ursprünglich angenommene Anzahl von 250 000 Mordaktivisten durch die Spezialisten der Forschung inzwischen auf 300 000 erhöht worden.

In der Bundesrepublik sind insgesamt nicht einmal 500 dieser Täter wegen ihrer Teilnahme am Judenmord verurteilt worden.

14. Die Steigerung des Führerabsolutismus: charismatische Herrschaft und Staatszerfall

Das Verfassungsgefüge, das der Führerstaat in den ersten fünf Jahren errichtet hatte, wurde 1938/39 aufgebrochen, als der Aufbau der «überstaatlichen Selbstherrschaft» Hitlers im Zeichen einer zielstrebigen Radikalisierung seines unbändigen Kriegswillens forciert vorangetrieben wurde. Das Führungspersonal der Wehrmacht und des Auswärtigen Amtes wurde ausgetauscht, die Gleichberechtigung der vergrößerten SS-Verbände gegen die Wehrmacht durchgesetzt, die wirtschaftspolitische Steuerung gestrafft, das Ende der kollegialen Kabinettssitzungen besiegelt, das Judenpogrom als staatlich gelenkte Gewaltaktion inszeniert. Bei all dem erwies sich Hitler stets als treibende Kraft. Zugleich lernte er, welche Radikalität den willfährigen konservativen Machteliten und formal weiter agierenden Regierungspartnern zugemutet werden konnte. 1939 besaß er die Alleinverantwortung für die hektische Abfolge außenpolitischer Krisen, schließlich für die Kriegsentscheidung. Der Einschnitt des Krieges wiederum löste einen «neuen Akzelerationsprozess politischer Aggressivität» aus, der sich insbesondere an der Bevölkerungs- und Rassen-, Germanisierungs- und Judenpolitik im Osten wie im Reich ablesen lässt.

Die erfolgreichen Blitzkriege gegen Polen und Frankreich verstärkten, da sie das gereizte nationalistische Selbstgefühl der Deutschen zutiefst befriedigten, den Führermythos mit einer ungeheuren Kraft. Denn Hitler hatte nicht nur die Traumata der Kriegsniederlage und der Versailler Demütigung geheilt, sondern auch noch den Nimbus des genialen Feldherren hinzugewonnen. Dadurch wurde das Image des charismatischen Messias, der sein Volk zielsicher auch durch die Gefahrenzone des Krieges steuerte, um eine neue Dimension erweitert.

Der Preis für die Konzentration auf die neue Rolle des glorreichen Kriegsherren bestand aber darin, dass Hitler sich zunehmend von den Geschäften des Reichskanzlers ablöste. Mit dem Umzug in sein Führerhauptquartier an wechselnden Standorten war auch die räumliche Entfernung vom Regierungssitz mit seinen Amtsgeschäften verbunden. Hitler hörte faktisch auf, der leitende Politiker im Zentrum des

Staatsapparates zu sein. Damit tat sich auch ein unvorstellbares Informationsgefälle zwischen den Berliner Ministerien und dem Führerhauptquartier auf.

Doch zunächst machte sich das nicht als Blockierung bemerkbar, da Hitler seit jeher, erst in der Partei, dann im Staat, der «Taktik des gewähren und experimentieren lassen» aus der Distanz gefolgt war, um durch den erbitterten Konkurrenzkampf «Initiative, Spontaneität und Aktivität» zu erzeugen. Sein Verhalten bezeugte nicht etwa habituelle Unentschlossenheit oder einen bohèmehaften Laisser-faire-Stil, sondern es folgte einer konsequenten Herrschaftstechnik, die es ihm erlaubte, inmitten des Aktionismus den «ehrlichen Makler» widerstreitender Interessen zu spielen, ehe er im Zweifelsfall sein Entscheidungsmonopol demonstrierte. Auf diese Weise hatte sich ein Klientelsystem in zahlreichen Satrapien und Sonderexekutiven herausgebildet, das ganz auf den Charismaträger ausgerichtet war.

Auch im Krieg blieben die Zentralfunktionen des «Dritten Reiches» weiterhin direkt auf Hitler zugeschnitten, ja mit den zahllosen Entscheidungen über Leben und Tod nahm die Führerfixierung noch erkennbar zu. Durch die soziale Selbstisolierung in weit abgelegenen Führerhauptquartieren wurde die Koordination der Staatsgeschäfte aber außerordentlich erschwert. Reichskanzleichef Lammers musste seit dem Herbst 1939 um Termine förmlich betteln. Deshalb suchte er die Anlehnung an Himmler, wurde auch zum SS-Obergruppenführer ernannt, konnte aber selbst dadurch nicht verhindern, dass sein Stern steil sank.

Die Koordination wanderte stattdessen endgültig hinüber in die Parteikanzlei, in der nach Heß' Englandflug Bormann im Mai 1941 zum neuen Chef mit der Stellung eines Reichsministers aufstieg. Durch einen Erlass Hitlers wurde er überdies im April 1943 mit der exklusiven Vertrauensstellung eines «Sekretärs des Führers» ausgestattet. Im Vorhof der Macht sammelte Bormann – arbeitsfähig, ehrgeizig, Hitler ergeben – in rasch wachsendem Maße okkasionelle Einflusschancen. Da er an der Allzuständigkeit Hitlers partizipierte und außerdem täglich mehrfach den Zugang zum Machthaber besaß, setzte er trotz der Kompetenzkonflikte mit einigen Rivalen relativ unangefochten diesen «arbiträren Rechtsdezisionismus» in Führerbefehle und materielles Recht von oft ungeheurer Tragweite um. Im Kern wurde das Staatsrecht in die individuellen Befehle des Diktators transformiert. Das war nicht ohne innere Systemlogik, da Hitler sich aus allen institutionellen Bindungen gelöst hatte und in seiner Person die deutsche Staatsgewalt verkörperte.

Das charismatische Herrschaftssystem, das stets auf dem personalistischen Vertrauensverhältnis des Führers zu seiner charismatischen Aristokratie mit ihren Sonderstäben zur Umgehung der Staatsbürokratie beruht hatte, erreichte erst jetzt seine reinste Form. Da aber die Willensäußerungen Hitlers fast stets interpretationsbedürftig waren, entwickelte erst Bormann daraus «verwaltungsoperative Zieldefinitionen» mit endgültiger Verbindlichkeit. Zugleich verstand er sich darauf, ganz allgemeine Hinweise und Andeutungen Hitlers mit Hilfe der jeden Widerspruch ausschließenden Globalformel: Es entspreche «dem erklärten Willen des Führers», so und nicht anders zu verfahren, in sakrosankte Führerbefehle umzugießen.

Nur drei Institutionen entzogen sich Bormanns direktem Zugriff. Die Wehrmacht instruierte Hitler mit Hilfe seiner Adjutanten, des OKW und des OKH selber. Die Gauleiter verteidigten erfolgreich ihre weitreichende Autonomie. Und der Reichsführer SS besaß seine eigene direkte Kommunikationslinie zu Hitler, so dass er das Vorgehen seiner Partikulargewalten ebenfalls auf unmittelbar erteilte Führerbefehle stützen konnte. Seinen Sonderstatus unterstrich er auch dadurch, dass er eine eigene Dependance im Führerhauptquartier unterhielt.

Im Übrigen wurde der wachsende Realitätsverlust Hitlers Schritt für Schritt auch dadurch verstärkt, dass er nurmehr mit einem kleinen Personenkreis in ständigem Kontakt stand. Dazu gehörten Himmler, Göring, Speer und Goebbels; der eine stieg wegen seiner persönlichen Beziehung und der Bedeutung der Rüstungswirtschaft, der andere wegen seiner Propagandaaufgaben und Präsenz in Berlin zum herausgehobenen Minister auf, zumal Hitler seit 1942 das Führerhauptquartier nurmehr selten verließ. Weiterhin zählten dazu die Generalstabsoffiziere, die Adjutanten, Leibärzte, Sekretärinnen und Chauffeure – keine repräsentativen Figuren eines kriegsführenden 80-Millionen-Volkes.

Mit dieser Extremform charismatischer Herrschaft aus dem Führerhauptquartier hing – gemessen am herkömmlichen, nach rationalen Prinzipien gebauten Staatsapparat – die Entstrukturierung des deutschen Regierungssystems zusammen. Im Gefolge der progressiven

Aufsplitterung des Regimes in atomisierte, verselbständigte Aktionszentren stellte sich die Konsequenz ein, dass die Gesamtorganisation staatlicher Herrschaft einem unaufhaltsamen Erosionsprozess unterlag. Mit Hilfe der Führerbefehle konnten zwar von Fall zu Fall Anstöße gegeben, Richtlinien vorgeschrieben werden. Doch die rivalisierenden «Organisationen, Kompetenzen und Ambitionen» im institutionellen Dschungel des NS-Regimes ließen sich dadurch, trotz des äußeren Anscheins eines vom Diktator straff gesteuerten, monolithischen Machtaggregats, nicht im Zaum halten, vielmehr drifteten sie auseinander.

Dennoch stellte sich aufgrund dieser Entstrukturierung des staatlichen Regierungsapparats keine «Formlosigkeit» im strengen Wortsinn ein, da die charismatische Herrschaft ihr eigenes Ordnungsgefüge nicht nur behielt, sondern während der Kriegsjahre sogar noch in zugespitzter Form enthüllte. Wegen der Permanenz der Krisensituation, in denen sich der Charismaträger jahrelang zu bewähren schien, unterlag sie auch nicht dem Verschleiß durch Veralltäglichung. Vielmehr blieb sie trotz aller immanenten Grenzen zu einer ganz außerordentlichen Machtentfaltung und Mobilisierung von Destruktionskraft im Stande. Als entscheidende Antriebskraft erwies sich dabei immer wieder Hitlers Besessenheit, auf die Leitideen seines Weltbildes zurückzugreifen.

Trotz der häufigen Beliebigkeit der Entscheidungsbildung und trotz der jede «Gesamtkoordination und Regelhaftigkeit» in Frage stellenden Eigendynamik der partikularen Machtapparate hielt der Mythos um den charismatischen «Führer» und seine Befehlsgewalt der inhärenten Auflösungsgefahr Jahr für Jahr stand. Und wenn auch die Polykratie der Sonderstäbe und Satrapien mit ihrer rechtsenthobenen, verwaltungsunabhängigen, führerimmediaten Stellung die zentralisierte Staatsmacht auflöste, steigerte doch der Einfluss eben dieser Partikulargewalten an strategischen Stellen und auf herausgehobenen Wirkungsfeldern die Durchsetzungsmacht des «Führers», wie das besonders deutlich der Judenmord enthüllt. Insofern galt bis zuletzt eines der Grundgesetze des Regimes weiter, dass charismatische Herrschaft und Polykratie in wechselseitiger Verschränkung einander bedingten.

Seit Stalingrad wurde das Regime durch die horrenden Frontverluste, dann auch durch die Verwüstungen des Bombenkrieges allmählich, eigentlich noch immer erstaunlich langsam, an den Rand einer Legitimationskrise getrieben. Um der Auflösung der Kampfmoral an der inneren und äußeren Front zu begegnen, wurde der Terror in Gestalt der kompromisslosen «Gegnerbekämpfung» zu neuer Gewalt gesteigert.

Die deutsche Justiz hatte sich seit 1933 durch eine deprimierende «Selbstanpassung ... an den dezionistischen Führerwillen» hervorgetan. Hitlers bereits im März 1933 im Reichstag verkündete Maxime, dass das «Rechtswesen ... in erster Linie der Erhaltung der Volksgemeinschaft» zu dienen und dem «gesunden Volksempfinden» zu folgen habe, war widerspruchslos übernommen worden. Folgerichtig waren zahllose Willkürentscheidungen im Namen dieses «Volksempfindens» gefallen, während gleichzeitig auf die gerichtliche Nachprüfung staatlicher und polizeilicher Tätigkeit verzichtet worden war.

Mit dem Beginn des Krieges wurde die Strafverfolgung verschärft, neue Tatbestände wurden eingeführt (z.B. Wirtschaftssabotage, Abhören von ausländischen Sendern), zusätzliche Sondergerichte eingerichtet, die Befugnisse der SS und Polizei im «außernormativen Bereich der Führergewalt» noch einmal erweitert, die Strafmaße erhöht. 1942 verhaftete die Gestapo 7311 Arbeiter wegen angeblicher Verletzung der Arbeitsdisziplin, 1944 waren es schon 42501. 1939 richtete die NS-Justiz 926 Menschen hin, 1943 waren es schon 5336. Auch in der Folgezeit blieb diese Justiz bis zum Ende ein «unbarmherziger Büttel des Regimes». Selbst Hans Frank, der Despot von «Restpolen» und Präsident der «Akademie für Deutsches Recht», klagte 1941 unverhohlen: «Die Ausweitung des willkürlicher Anwendung ausgelieferten Vollmachtbereichs der polizeilichen Exekutivorgane hat zur Zeit ein solches Maß erreicht, dass man von einer völligen Rechtlosigkeit der einzelnen Volksgenossen sprechen kann.»

Bis zum April 1945 brachte es die deutsche Gerichtsbarkeit auf 16000 Todesurteile. Sie gingen aus 12000 Hochverratsverfahren und 40000 Fällen vor den Sondergerichten hervor, die außer der Todesstrafe jahrzehnte- oder lebenslange Zuchthausstrafen verhängten.

Seit 1949 verfügte auch der 1934 installierte «Volksgerichtshof» die erdrückende Mehrheit seiner rund 5000 Todesurteile. Alle fünf Richter, darunter nur zwei Berufsrichter, waren von Hitler selber ernannt worden. Als Roland Freisler 1942 zum Gerichtspräsidenten aufstieg, fiel das Amt an einen Fanatiker der «Feindbekämpfung». Freisler sah die Sondergerichte als Verteidigungsbastion an der «inneren Front» an, die den zweiten «Dolchstoß im Rücken des Volkes verhindern sollten». Konsequent exekutierte er «Parteijustiz nach stalinistischem Vorbild». Unter seiner Ägide stieg die Zahl der Todesurteile von 102 (1941) um das zwanzigfache auf 2097 (1944). Seinen Tiefpunkt erreichte der «Volksgerichtshof» unter diesem Präsidenten, als er Aberhunderte von Männern aus dem Umkreis der Verschwörer des 20. Juli 1944 in Gerichtsverfahren, die jeder Rechtsstaatlichkeit Hohn sprachen, zum Tode verurteilte. Insgesamt erreichte die Opferzahl nach dem 20. Juli die Höhe von 5000. Zu spät wurde Freisler im Februar 1945 während eines Bombenangriffs von den Trümmern des zusammenbrechenden Hauses erschlagen.

Auch die 1934 wieder eingerichtete Militärjustiz brachte es bis Kriegsende auf etwa 30000 Todesurteile, mindestens 20000 wurden durch Standgerichte vor allem in der zweiten Kriegshälfte verhängt. Selbst nach dem Waffenstillstand hielten es unerbittliche Militärjuristen vom Schlage des Marinerichters Hans Filbinger für richtig, in den alliierten Gefängnislagern unter Berufung auf nationalsozialistische Rechtsnormen Todesstrafen zu verhängen und ausführen zu lassen.

Der typischen Normenauflösung als Kennzeichen charismatischer Herrschaft korrespondierte mithin eine brutale Gewaltjustiz, die vom NS-Kodex abweichendes Verhalten, insbesondere die Verletzung des nationalsozialistischen Ausnahmerechts, mit einer barbarischen Ausweitung der Todesstrafen ahndete. Doch selbst die hochschnellende Opferzahl konnte die Erosion des Durchhaltewillens, der Kampfmoral und der dogmatischen Vorschriften der Führerdiktatur nicht mehr aufhalten.

Auch der schleichende Verfall des Führerglaubens ließ sich schließlich nicht mehr eindämmen. Die Zahl derer, die noch immer im Glauben an den «Endsieg» verharrten, schmolz dahin, zumal als Anfang 1945 die Reichsgrenzen von alliierten Truppen überschritten wurden. Hitlers letzte Rede wurde am 20. Februar 1945 als «Führerproklamation» von einem seiner «alten Kämpfer aus der Münchener Clique», Staatssekretär Hermann Esser vom Propagandaministerium, verlesen – und löste eine überwiegend ablehnende Reaktion aus. «Der größte Demagoge aller Zeiten verfügte nun über kein Publikum mehr.»

Von dem vergötterten Charismaträger stand kein neuer Befreiungsschlag zu erwarten. «Wir sind die letzten Deutschen», hatte Hitler früher einmal in vertrauter Runde behauptet. «Wenn wir einmal versinken sollten, dann gibt es kein Deutschland mehr.» Jetzt zog er zynisch die Konsequenz aus seinem verantwortungslosen Nihilismus, dem weder die arische Herrenrasse noch die «Volksgemeinschaft» etwas galt. «Wenn der Krieg verloren geht, wird auch das Volk verloren sein», eröffnete er Speer. Daher sei es auch nicht notwendig, «auf die Grundlagen, die das deutsche Volk zu seinem primitivsten Weiterleben braucht, Rücksicht zu nehmen», denn es habe «sich als das schwächste erwiesen, und dem stärkeren Ostvolk gehört damit ausschließlich die Zukunft».

In der gespenstischen Atmosphäre des Berliner Führerbunkers nahten die letzten Stunden. Göring, Speer und Ribbentrop verließen Berlin am Abend des 20. April, Hitlers 56. Geburtstag. Als Göring am 23. April anfragte, ob die Nachfolgeregelung zu seinen Gunsten in Kraft treten solle, wurde er nach einem Wutanfall Hitlers aller Ämter enthoben. Am 28. April wurden Himmlers Kontakte mit den Westmächten bekannt, worauf Hitler ihn ebenfalls aus der Partei ausschloss. In seinem letzten Willensakt bestimmte er Goebbels zum Nachfolger als Reichskanzler, den fanatisch hitlergläubigen Großadmiral Dönitz zum Reichspräsidenten. Die Koppelung der höchsten Staatsämter in der einzigartigen Stellung des «Führers des Reiches» wurde von Hitler folgerichtig wieder aufgehoben, ehe er am 30. April Selbstmord beging. Obwohl der Führermythos im vergangenen Jahr zusehends verblasst war, hielt die fatale charismatische Integrationskraft Hitlers bis in seine letzten Tage an. Keine Meuterei, kein Aufstand, kein Aufbegehren, keine Empörung der Deutschen, die ihm so lange in die Diktatur und in den Untergang gefolgt waren, machten ihr ein Ende.

15. Das Scheitern des Widerstands: Führerloyalität statt Opposition

Nach dem Zusammenbruch des «Dritten Reiches» und der Orientierungsunsicherheit in den späten 1940er Jahren wurde der deutsche Widerstand gegen die Diktatur, namentlich gegen den Tyrannen selber, in den beiden Neustaaten von 1949 aus unterschiedlichen Legitimationsgründen frühzeitig anerkannt und aufgewertet. Die deutschen Bolschewisten in der DDR verabsolutierten den kommunistischen Widerstand, der in der Tat den höchsten Blutzoll entrichtet hatte, bis hin zu seiner schrankenlosen Heroisierung im Kontext der Antifaschismus-Legende. Jahrzehntelang wurden die anderen Oppositionsströmungen völlig übergangen, wurde ihre Bedeutung schlichtweg geleugnet. In der Bundesrepublik suchte man ebenfalls nach Anknüpfungspunkten im Trümmerfeld der jüngsten Vergangenheit. Für diesen Zweck wurden die Verschwörer des 20. Juli 1944 als noble Opposition gegen Hitler überhöht, vom Odium des Hochverrats befreit und alsbald bis zur Monumentalisierung verklärt.

Die Entmythologisierung setzte hier erst mit der revisionistischen Kritik seit der Mitte der 1960er Jahre ein. Sie stellte die politischen und gesellschaftlichen Ziele der wichtigsten Widerstandsgruppen in Frage, indem sie ihre Bindung an autoritäre Traditionen des Kaiserreichs oder der antidemokratischen Opposition gegen die Weimarer Republik, einschließlich des geraume Zeit vorherrschenden Antisemitismus, herausarbeitete. Allmählich erweiterte sich dann das Interessenspektrum der Forschung wie der Öffentlichkeit, so dass das Verhalten in einzelnen Städten und Betrieben vermehrt untersucht wurde, bis im Zeichen eines alltagsgeschichtlichen Interesses an der sogenannten «Resistenz» das Festhalten an nichtnationalsozialistischen Normen, Traditionen und Organisationen mit dem Ergebnis «kleiner Formen» des zivilen Mutes in den Mittelpunkt rückte. Der kautschukartige, vor allem «die Konsensdimension systematisch unterschätzende» Resistenzbegriff erwies sich aber als nicht trennscharf genug, da seine Anwendung Gefahr lief, dass nahezu jedes Verhalten außerhalb der demonstrativen Begeisterung für den Nationalsozialismus für ihn in Anspruch genommen werden konnte. Das erklärungsbedürftige Hauptproblem von Hitlers Deutschen bleibt aber ihre Führerloyalität bis zum Frühjahr 1945, im Vergleich damit treten die unterschiedlichen Formen von «Resistenz» zurück.

Offensichtlich bedarf man der klaren Differenzierung zwischen zwei idealtypischen Verhaltenspolen. Zum einen ist da die partielle Nonkonformität mit ihrem abweichenden Verhalten aus Unzufriedenheit; zum anderen die aktive politische Opposition bis hin zur Konspiration mit evidentem Lebensrisiko. Dazwischen existieren fließende Übergänge mit verschwimmenden Grenzen. Man kann daher auch von vornherein zwischen zumindest vier Verhaltensstufen unterscheiden: der Nonkonformität mit reservierter Haltung; der sozialen Verweigerung mit Dissens im Alltag; dem öffentlichen Protest mit politischer Opposition und der Loyalitätsaufkündigung bis hin zum aktiv betriebenen Umsturzunternehmen.

Während die beiden ersten Verhaltensformen in vielen modernen Diktaturen trotz ihres Anscheins monolithischer Geschlossenheit auftreten und mit der auch ihnen gegebenen Reaktionselastizität bewältigt werden können, werfen die beiden anderen Einstellungen in aller Regel systembedrohende Probleme auf, wobei es in der Definitionsmacht des Regimes liegt, welche Widerstandsbewegungen es als systemgefährdend einordnen und dann unterdrücken will. Zu diesen Willkürentscheidungen erwies sich das NS-Regime von Anfang an, insbesondere aber in den Kriegsjahren, in auffallendem Maße imstande.

Vorerst aber folgte seine gewalttätige innenpolitische Disziplinierungs- und Pazifizierungsstrategie den programmatisch vorgegebenen Feindbildern, so dass sich die ganze Wucht der Verfolgung zunächst gegen die «marxistischen Parteien» richtete, von denen auch die entschiedendste Opposition gegen den heraufziehenden Führerstaat ausging. Inhaftierung und Terrorisierung dezimierten an erster Stelle das kommunistische Funktionärskorps. Da die KPD auf das Überwechseln in den Untergrund nicht vorbereitet war, wurde die Parteiorganisation im Nu zerschlagen. Als sich kleine Zellen insgeheim neu formierten, wurden sie von der Gestapo infiltriert und ausspioniert, dann wiederum verhaftet. Durchweg blieben zudem diese KPD-Reste von der Außensteuerung durch Direktiven der Stalinschen Politik abhängig. Gleichzeitig richtete sich die pathologische Säuberungswut des russischen Diktators auch gegen die in die Sowjetunion emigrierten deutschen Kommunisten. Ihr fielen dort mehr führende Köpfe zum Opfer als unter dem Nationalsozialismus.

Der Hitler-Stalin-Pakt übte auf die kommunistische Opposition in Deutschland verständlicherweise eine außerordentlich desillusionierende Wirkung aus. Diese politische Depression konnte erst nach dem Beginn des Russlandkrieges überwunden werden. Wegen der kompromisslosen Bekämpfung kommunistischer Widerstandsgruppen durch den Polizeiapparat des NS-Regimes mag die Anzahl der Opfer die behauptete Höhe von 20000 erreicht haben. Ihrer Überzeugungstreue und ihrem persönlichen Mut im Kampf gegen einen gnadenlosen Gegner wird man den Respekt nicht versagen wollen, wie man andererseits ihrem bornierten Fanatismus, ihrer anhaltenden Verketzerung der Sozialdemokraten als «Sozialfaschisten» und ihren «Volksfront»-Illusionen mit dezidierter Kritik begegnen muss.

Vor allem aber lässt sich das Grunddilemma ihrer ideologiepolitischen Opposition nicht auflösen. Gegen den Rechtstotalitarismus im Besitz der Macht kämpfte der kommunistische Linkstotalitarismus an, um selber die Macht zu ergreifen und seinen Irrweg in der neuzeitlichen Gesellschaft einschlagen zu können. Da sich auch der Widerstand gegen die deutsche Diktatur daran messen lassen muss, ob er eine überlegene Alternative im Hinblick auf das Institutionengefüge der politischen Herrschaft, die effektive Kontrolle von Macht und die Respektierung von Menschen- und Grundrechten verfochten hat, gehört der Kampf zweier totalitärer Bewegungen zu jenen Auseinandersetzungen, die den Erfolg von keiner der beiden Seiten als wünschenswert erscheinen lassen.

Die Sozialdemokratie gab ihren Kampf gegen die Diktatur früher auf: enttäuscht ob der eigenen Ohnmacht seit dem «Preußenschlag», niedergeschlagen nach der Härte der Verfolgung, rundum unvorbereitet auf einen solchen Kampf bis aufs Messer und unwillig, ihn mit niederdrückender Aussichtslosigkeit zu führen. Daher hatte sie auch weniger Opfer zu beklagen. Die Exil-SPD bemühte sich darum, von außen einen lockeren Kontakt zu widerstandswilligen Kleingruppen zu unterhalten, die durchweg ihr Misstrauen gegenüber den kommunistischen Zellen beibehielten. Einige profilierte jüngere Politiker wie Julius Leber, Carlo Mierendorff, Wilhelm Leuschner, Theodor Haubach und Adolf Reichwein stießen schließlich zu jenem aktiven Widerstandskreis, der den Tyrannenmord am 20. Juli 1944 vorbereitete. Vor allem Lebers imponierende Persönlichkeit ließ ihn als künftigen Reichskanzler oder Reichsinnenminister geeignet erscheinen. Doch zu einer effektiven Störung des Getriebes der Diktatur waren der kommunistische und der sozialdemokratische Widerstand zu keinem Zeitpunkt imstande.

Nahezu drei Jahrzehnte lang hat man unter der irreführenden Parole des «Kirchenkampfes» in den beiden christlichen Amtskirchen den Hort eines rühmenswerten Widerstandes gesehen. Das hat zu einer verzerrenden Überschätzung geführt. Zwar boten die Kirchen ihren Anhängern einen gewissen Freiraum, auch verdient die mutige Opposition vieler katholischer Priester und einiger protestantischer Geistlicher alle Hochachtung. Doch an den neuralgischen Punkten versagten die Kirchen als Institutionen. Denn ihr Protest blieb aus, als die Republik zertrümmert, die Linke brutal dezimiert und der Rechtsstaat zerstört wurde, als die Euthanasieaktion tausendfach menschliches Leben vernichtete und Bischof v. Galen seinen einsamen Einspruch erhob, als die Massensterilisierung Hunderttausende ins Unglück stürzte, als die Ausgrenzung und Entrechtung der jüdischen Deutschen in aller Öffentlichkeit voran schritt und schließlich in die Ermordung des Großteils der europäischen Juden mündete. Für wie eingeengt man auch immer den Handlungsspielraum der Kirchen in der Führerdiktatur halten mag – sie nahmen das Risiko des öffentlichen Protestes gegen die Untaten des Regimes nicht auf sich, auch wenn das vorsichtige Taktieren, erst recht die Zustimmung den Verrat wesentlicher Elemente der christlichen Glaubenslehre implizierte.

Nachdem der Führerabsolutismus etabliert war, konnte er im Grunde genommen nur noch durch die Streitkräfte gestürzt werden. Hitler hatte aber erst die Reichswehr, dann die Wehrmacht nicht nur mit unleugbarem Geschick umworben, sondern auch ihre SA-Konkurrenz rigoros ausgeschaltet und die kühnsten Aufrüstungsträume übertroffen. Als eine derart privilegierte Berufsklasse entwickelte das Offizierkorps, zumal die Affinität dominierender Vorstellungen zu denen der NS-Spitze nicht zu übersehen ist, eine ausgeprägte Systemloyalität. Selbst als Hitlers Vabanque-Politik eine punktuelle Missbilligung, die durch seine Erfolge freilich immer wieder verdrängt wurde, hervorrief und während der Sudetenkrise von 1938 nur deshalb einen Höhepunkt erreichte, weil ein Krieg unter ungünstigen Bedingungen für die Wehrmacht zu drohen schien, konnten sich die Kritiker, wie etwa der Generalstabschef Ludwig Beck, zu keinem tatkräftigen Entschluss durchringen.

Die Militärs sahen sich freilich auch einem spezifischen Dilemma gegenüber. Sie fühlten sich durch ihren Diensteid auf Hitler gebunden, unter wie fragwürdigen, rechtswidrigen Umständen er auch immer zustande gekommen war. Formal waren sie trotz aller Autonomiebestrebungen seit jeher als Exekutive der Staatsgewalt auf eine dienende Rolle festgelegt. Und über jeder aktiven Opposition schwebte das Damoklesschwert des Hoch- und Landesverrats. Daher bedurfte es erst der Kenntnis von den Verbrechen im Ostkrieg und der drohenden Zerstörung des Reiches, bis einige jüngere Offiziere – kein einziger Frontgeneral gehörte zu ihnen – die Bereitschaft zum aktiven Widerstand entwickelten.

Kleine Widerstandsgruppen, die sich bis dahin zur Aktion durchgerungen hatten, waren gescheitert. Die «Rote Kapelle» etwa, im Wesentlichen eine Verbindung intellektueller Sympathisanten des Marxismus, flog nach erfolgreicher Spionagetätigkeit im August 1942 auf; rund 100 Mitglieder wurden verhaftet, die meisten zum Tode verurteilt. Der mit Flugblättern ausgeführte gesinnungsethische Protest einer winzigen Münchner Studentengruppe, der «Weißen Rose», endete 1943 nach der Denunziation mit ihrer Hinrichtung. Die Universität München fand sich nicht einmal zu einem Gnadengesuch für ihre Studenten bereit.

Der Jurist Helmuth James v. Moltke, seit Kriegsbeginn als Experte für Völker- und Kriegsrecht für das OKW tätig, hatte allmählich eine locker organisierte Gesprächsrunde von etwa 40 aus unterschiedlichen Lagern stammenden systemkritischen Personen gebildet. Dieser «Kreisauer Kreis», so benannt nach dem Treffpunkt auf dem schlesischen Gut der Moltkes, zeichnete sich durch eine eigentümliche Mischung von christlich-sozialistischen Grundüberzeugungen mit einem rigorosen Moralismus aus. Hinzu kam der tief wirkende Einfluss des Breslauer Juraprofessors Eugen Rosenstock-Huessy, eines faszinierenden Universalgelehrten, der zwar schon 1933 in die USA emigrierte, aber den Kern des Kreises an der Universität geprägt und ihn in den schlesischen Arbeitsdienstlagern mit jungen Männern aus den unterschiedlichsten Sozialmilieus zusammengeführt hatte. In der politischen Vorstellungswelt der Kreisauer herrschte eine spürbare Demokratiefremdheit, gepaart mit dem auch aus bündischen und aristokratischen Wurzeln genährten Vertrauen auf elitäre Führung, zugleich aber auf eine geradezu basisdemokratische Regeneration der deutschen Gesellschaft auf vielen Stufen der Selbstverwaltung. Wenn es denn ein respektheischendes Zentrum oppositioneller Überlegungen und Planungen gegeben hat, ohne eingeschliffene soziale Vorurteile und mit einer eindrucksvollen Offenheit des Denkens und Diskutierens – dann war es der «Kreisauer Kreis».

Mit ihm traten schließlich auch die nationalkonservativen Honoratioren in engeren Kontakt, die Hitler ausschalten, aber weiter an einem starken autoritären Staat und der europäischen Hegemonialstellung des Reiches festhalten wollten. Zu ihnen gehörten Männer wie der Ex-Generalstabschef Beck, der preußische Finanzminister Johannes Popitz, der Botschafter Ulrich v. Hassell und der Leipziger Oberbürgermeister Carl Goerdeler, die von wilhelminischen Traditionen ganz so zehrten wie von der Ablehnung der Weimarer Republik.

Und schließlich breitete sich unter einigen jüngeren Stabsoffizieren, die sowohl genaue Kenntnisse von den barbarischen Aktionen des antijüdischen und antirussischen Vernichtungskrieges besaßen als auch von der Sorge um die Zerstörung des Reiches umgetrieben wurden, eine oppositionelle Haltung aus. Sie führte bei profilierten Exponenten wie Claus Graf v. Stauffenberg und Henning v. Tresckow zur Bereitschaft zum Tyrannenmord, da anders dem Unheil offensichtlich nicht mehr beizukommen war.

All jene Gruppen, die man zum deutschen Widerstand rechnen kann, sahen sich einem Bündel schwieriger Probleme gegenüber:

1. Sie verband die Opposition gegen das Herrschaftssystem im eigenen Land, zumal unter Kriegsbedingungen. Das konstituierte eine fundamental andersartige Ausgangslage, als sie für die militanten Widerstandsbewegungen im besetzten Europa bestand, die gegen eine fremde Besatzungsmacht antraten und sich in einer sympathisierenden Bevölkerung bewegen konnten.

2. Die Mitwirkung im Regime oder doch die Anpassung an es erwies sich meistens, zumindest zeitweilig, als unvermeidbar. Das erzwang belastende Kompromisse oder schuf eine kompromittierende Zwitterstellung.

3. Zu den verschiedenen Widerstandsgruppen stießen Angehörige denkbar unterschiedlicher sozialkultureller Milieus. Zu keinem Zeitpunkt gab es eine soziale und politisch homogene, aktionsbereite Widerstandsbewegung.

4. Gemeinsam war diesen Oppositionellen nur die Überzeugung, dass Hitler ausgeschaltet, der Krieg beendigt, die Herrschaft des

Rechtsstaats wieder aufgerichtet werden musste. Was aber die Ausschaltung des Diktators konkret hieß, unter welchen Bedingungen der Krieg beendet werden, welches politische System in Zukunft Deutschland bestimmen sollte – darüber bestand eine Vielzahl unterschiedlichster Meinungen.

5. Vor allem aber war es bis zuletzt ein Widerstand ohne Unterstützung im Volk. Der «Führer» hatte wegen seiner Erfolge bis 1943 die große Mehrheit hinter sich. Bereitschaft zum Widerstand gegen die Diktatur hieß daher immer auch, in sozialer Isolierung von der Bevölkerung und der Front denken und handeln zu müssen.

6. Als sich der Schwerpunkt des handlungswilligen Widerstands zu den Offizieren, den konservativen Honoratioren und den «Kreisauern» verlagert hatte, tauchten spezifische Dilemmata auf:

a) Die Militärs und die Konservativen wollten fast bis zum Schluss auf die deutsche Hegemonialstellung in Europa nicht verzichten. Die Aspirationen des späten Kaiserreichs, zumal während der Kriegszieldiskussion, lebten unter ihnen, in gesteigerter Form nach den beiden ersten Kriegsjahren, weiter fort. Sie rückten dadurch in eine fatale Nähe zur nationalsozialistischen Reichs- und Europaideologie, während sich die «Kreisauer» ungleich realitätsnähere Gedanken über den Status Deutschlands und ein föderatives Europa machten.

b) Zu lange wollten die Militärs und die Konservativen auf einen Großteil der eroberten Gebiete nicht verzichten, zumindest den territorialen Besitzstand des «Großdeutschen Reiches» einschließlich aller Annexionen bewahren. In mancher Hinsicht wollten sie einen Gutteil von Hitlers Zielen ohne Hitler erreichen, eine imponierende Machtstellung ohne Hitlers Verbrechen behaupten.

c) Auf wichtigen Politikfeldern hielten sie an dogmatischen Anschauungen des Kaiserreichs, der Weltkriegsdiskussion und der antirepublikanischen Opposition gegen Weimar fest. Besonders in der Innenpolitik setzten sie die antidemokratische Fundamentalpolitik der 20er und frühen 30er Jahre fort. Da geisterten neokonservative und korporativistische Ideen, ein vager «preußischer Sozialismus» oder die Beschwörung preußischer Traditionen herum. Zukunftsfähig war davon gar nichts, und auch der christliche Humanismus der «Kreisauer» blieb angesichts der künftigen Gestaltungsaufgaben eigentümlich abstrakt.

d) Durchweg blieben sie den Kategorien eines schroffen, teilweise unbelehrbaren Nationalismus verhaftet, der Deutschlands Stellung in der Welt verklärte, für ein künftiges Zusammenleben in Europa aber keine freien Perspektiven eröffnete, wie sie wiederum nur die «Kreisauer» durchaus entwickelten.

e) Nur außerordentlich zögernd schlugen sie den «Weg von systemstabilisierenden Korrekturen» zu «systemsprengenden Umsturzstrategien und umfassenden Neuordnungsplänen» ein. Hätten untergeordnete Instanzen der Militärs oder der konservativen Honoratioren in wichtigen Fragen auf Leben und Tod derart lange gezögert, hätten sie heftigste Vorwürfe, schroffste Kritik, ja Strafverfahren auf sich gezogen.

f) Das Dilemma, dass nur das Militär den Diktator stürzen konnte und dass jede Aktion ohne verlässlichen Rückhalt in der Bevölkerung ausgelöst werden musste, lastete wie ein Alpdruck auch auf den aktivistischen Persönlichkeiten der Konspiration vor dem 20. Juli, zumal sie zunächst überwiegend aus dem Adel und den oberen bürgerlichen Mittelklassen stammten und erst spät Kontakt zu sozialdemokratischen Oppositionellen gewonnen hatten. Erschwerend kam hinzu, dass sie sich bis 1938/39 dem Nationalsozialismus angeschlossen hatten, da er ihr Ideal des starken autoritären Staates zu realisieren schien. Das diskreditierte sie jahrelang in den Augen der Linksopposition.

Es ist schwer zu bestreiten, dass der lang ausbleibende Widerstand von Angehörigen der Macht- und Funktionseliten ein «Defizit an moralpolitischer Orientierung» enthüllt. Wogegen hat sich die spätere konservative Opposition nicht gewandt, muss man daher fragen, wofür hat sie nicht gestritten?

Sie hat nicht gegen die Zerstörung der Republik und des Rechtsstaates, nicht gegen die Verfolgung von Hunderttausenden von Linken und jüdischen Deutschen gekämpft. Im Gegenteil, die meisten von ihnen begannen als «Parteigänger oder Sympathisanten» des NS-Regimes, und es bedurfte eines langwierigen, im Ergebnis unstreitig auch imponierenden Lernprozesses, bis sie sich seiner Höllenfahrt entgegenstemmten.

Schwache Kritik nur entzündete sich 1934 an den Mordfällen während der Röhm-Krise, lahmer Protest richtete sich seit 1938 gegen die demütigende Entlassung der Generäle v. Fritsch und Blomberg, an der

Sudetenkrise irritierte nicht die Staatszerstörung, sondern das außenpolitische Risiko. Selbst gegen die mörderische Polen- und Judenpolitik seit 1939 erhob sich vorerst kaum ein vernehmbarer Protest.

Zum eigentlichen Stachel wurde die seit dem Herbst 1941 bekannt werdende Mordpraxis im Osten, dann die Bedrohung der staatlichen Substanz des Reiches durch eine von Hitler verschuldete Niederlage. Auch jetzt sollte aber zunächst noch möglichst viel von der Erfolgsbilanz des «Führers» gerettet werden. Das «Odium des Verzichts» schien vielen unerträglich – auch und gerade wegen der politischen Rückwirkung im Inneren im Falle eines Umsturzerfolges. Erst nachdem bereits zehn Millionen Juden, Polen, Russen und Angehörige anderer Völker von Deutschen ermordet worden waren, kam es zum «Aufstand eines sehr privaten Gewissens», der zum Attentat des 20. Juli führte – aber zu keinem Staatsstreich, der aus Empörung über diese Opfer ausgeführt worden wäre.

Angesichts des Scheiterns der Attentäter bleibt ihre ehrenvolle Intention, die Henning v. Tresckow in unvergänglichen Worten ausgedrückt hat, als er im Sommer 1944 an Stauffenberg schrieb: «Das Attentat muss erfolgen, coûte que coûte. Sollte es nicht gelingen, so muss trotzdem in Berlin gehandelt werden. Denn es kommt nicht mehr auf den praktischen Zweck an, sondern darauf, dass die Widerstandsbewegung vor der Welt und vor der Geschichte den entscheidenden Wurf gewagt hat. Alles andere ist daneben gleichgültig.» So ehrenhaft diese Entscheidung dann auch ausfiel, mangelte es doch weithin an zukunftsfähigen politischen Zielen. Die meisten Akteure orientierten sich keineswegs an der gültigen Weimarer Reichsverfassung, am normativen Kodex der Menschenrechte, an der parlamentarischen Demokratie.

Dies kritisch zu konstatieren heißt, die übliche Antikritik auszulösen, dass man die Maßstäbe unserer Zeit an jene turbulenten Jahre mit vermeintlich ganz anderen Erfahrungsbedingungen nicht herantragen dürfe. Diese Forderung eines apologetischen Historismus führt indes in die Irre, denn bei den Grundwerten, der Parteiendemokratie, der parlamentarischen Republik handelt es sich keineswegs um brandneue Errungenschaften der allerjüngsten Gegenwart. Vielmehr ging es um längst vertraute Phänomene, die allerdings in der neueren deutschen Geschichte ganz so heftige Ablehnung ausgelöst hatten, wie sie andererseits von Millionen bejaht und verteidigt worden waren. Bis auf kleine, isolierte Gruppen oppositioneller Sozialdemokraten und wichtige Angehörige des «Kreisauer Kreises» blieben die meisten Verschwörer einer rückwärts gewandten Position verhaftet.

Wie sehr die Führerloyalität, nicht aber die bunte Vielfalt der «Resistenz» das brennende Problem darstellt, beweist die leidenschaftliche Empörung, mit der die «Heimatfront» und die Frontsoldaten zugunsten Hitlers auf das Attentat reagierten. Noch immer hatte sich der Nimbus des charismatischen «Führers» in den Augen seiner Deutschen nicht aufgelöst. Der Coup selber setzte die «letzte revolutionäre und antikonservative Energie des Radikalfaschismus» frei. Diese Reaktion unterstreicht noch einmal die Stabilität des NS-Regimes zehn Monate vor seinem Untergang.

16. Kriegswirtschaft – Kriegsfinanzierung – Ausbeutung Europas

Schon vor dem Krieg hatte das NS-Regime durch seine Investitionslenkung, Rohstoffzuteilung und Berufsregulierung eine friedensähnliche Kriegswirtschaft oder eine kriegsähnliche Friedenswirtschaft aufgebaut. Trotzdem gab es noch keine einheitliche Organisation der kriegswirtschaftlichen Interessen, allenfalls existierten dafür Schubladenpläne. Zu Beginn des «Polenfeldzugs» zielte ein Paket von kriegswirtschaftlichen Verordnungen, die am 4. September 1939 in Kraft traten, auf eine straffere Steuerung:

1. Die Rationierung der wichtigsten Lebensmittel wurde unverzüglich eingeführt, um von Anfang an die Fehler des Ersten Weltkriegs zu vermeiden. Dass sich diese Regulierung mit ihrer Einebnung der Konsumchancen als Erfolg erwies, beruhte in erster Linie auf der brutalen Ausbeutung des besetzten Europa, in das der Hunger exportiert wurde, während das deutsche Versorgungsniveau bis zum Herbst 1944 auffällig hoch blieb.

2. Die Bruttolöhne wurden am selben Tag durch die Streichung aller Zuschläge für Überstunden, sogar für die Nacht- und Feiertagsschichten, um mindestens acht Prozent gekürzt. Die Arbeitszeitregelung mit ihrem Richtwert von acht bis maximal zehn Stunden wurde aufgehoben.

Dieser schmerzhafte Eingriff in «Essentials» der industriellen Arbeitswelt löste, zumal er ohne jede propagandistische Einstimmung vorgenommen wurde, eine ungewöhnlich heftige Kritik aus, die sich Ley und Hess, aber auch die Gauleiter Mutschmann, Sauckel und Terboven nach zahlreichen identischen Berichten über die Empörung in den Belegschaften mit Nachdruck zu eigen machten. Innerhalb weniger Wochen sorgten daraufhin Göring, Hess und Reichswirtschaftsminister Funk für einen abrupten Kurswechsel. Die beiden strittigen kriegswirtschaftlichen Verordnungen wurden aufgehoben, so dass seit dem 12. Oktober 1939 überall wieder das vorhergehende Lohnniveau bestand und die gewohnte Arbeitszeit eingehalten wurde. Erneut hatte sich die Erinnerung an die Revolution von 1918 als Warnung ausgewirkt. Die rigorose Umstellung allein auf die militärischen Bedürfnisse war sechs Wochen nach Kriegsbeginn am Widerstand in der NS-Spitze, im Staatsapparat und unter den Betroffenen schon wieder gescheitert. Die soziale Bestechung der Arbeiterschaft wurde erfolgreich fortgesetzt.

Als symptomatisch für die Bemühungen, trotz des Krieges möglichst an der «Normalität» festzuhalten, kann auch gelten, dass die Konsumgüterproduktion und selbst der Export vorerst ungestört weiterliefen. Zwar wurde bald auf die Steuern ein Kriegszuschlag in Höhe von 50 Prozent erhoben, aber die Lohnsteuerpflichtigen mit bis zu einem 2400 RM betragenden Jahreseinkommen wurden völlig freigestellt – diesen Vorzug genossen volle 60 Prozent aller Arbeitskräfte. Doch auch die Empfänger höherer Einkommen wurden sehr glimpflich behandelt. Auf jährlich 10 000 RM etwa wurde nur ein Steuerzuschlag in Höhe von 13.7 Prozent erhoben, auf 100 000 RM von 55 Prozent; in Großbritannien dagegen mussten von diesen Einkommensklassen 23.7 bzw. 75 Prozent abgeführt werden.

Der verblüffende Blitzkriegerfolg in Polen verleitete dazu, dass der Rüstungsausstoß 1939 und 1940 nicht einmal verdoppelt (und selbst 1941 auf diesem Niveau nur gehalten) wurde. Zwar hatte Göring in seiner Rolle als Wirtschaftszar der Vierjahresplan-Behörde im Februar 1940 eine entschiedenere ökonomische Umstellung zugunsten der Rüstung gefordert, war aber mit diesem Appell rundum blockiert worden. Noch herrschte durchweg die Illusion eines schnellen Kriegsendes vor. Viele Unternehmen waren weniger auf kontinuierliche

Rüstungs- als vielmehr schon wieder auf Friedensproduktion eingestellt. Nicht zuletzt wegen der evidenten Grenzen der Rüstungswirtschaft musste dann der Beginn des Frankreichkrieges immer wieder verschoben werden. Doch nach dem ganz unerwarteten Sieg in einem zweiten Blitzkrieg wurde die Konsumgüterwirtschaft prompt angekurbelt. Das Rüstungsprogramm gab sich mit dem Einhalten des erreichten Niveaus und der Vermeidung von Engpässen zufrieden.

In manchen Bereichen hing das auch mit den Erfolgen der robusten Wirtschaftspolitik im Dienst der Aufrüstung zusammen. So war etwa die Mineralölproduktion, die zur Achillessehne auch der Wehrmacht werden konnte, von 1937 bis 1942 mit 50 Prozent aller Investitionen im Rahmen des Vierjahresplans bedacht worden. Tatsächlich stammten Ende 1942 6.5 Millionen der benötigten 7 Millionen Tonnen an Treibstoff und Heizöl aus eigener Produktion, die Hälfte davon konnte die IG Farben aus Leuna liefern. Zur selben Zeit hätte ihr Buna-Werk den dringendsten Bedarf in Deutschland, Frankreich, Italien, Holland, Belgien, Luxemburg, Skandinavien und den Balkanländern decken können, von der deutschen Autoreifenproduktion konnte daher zu 98 Prozent dieser synthetische Kautschuk verarbeitet werden.

Nach dem Sieg über Frankreich setzte aber in der Rüstungsproduktion nicht nur eine allgemeine Stagnation ein, sondern in manchen Bereichen nach einem illusionsverhafteten Absenken der Ausgaben, etwa für die Munitionsherstellung, sogar ein drastischer Rückgang. Dagegen übertraf die Leistung der englischen Rüstungswirtschaft bis zum Ende des nächsten Jahres bereits die deutsche. Zusammen mit dem Ausstoß in Amerika und Russland stellte sich das Verhältnis jetzt schon auf 19.5 zu 6 zu ungunsten des Deutschen Reiches.

Für die Kriegsfinanzierung griff man auf das Rezept der Reichsleitung im Ersten Weltkrieg zurück. Alle Kosten sollten auf die künftigen Verlierer abgewälzt werden. Hunderttausende von Soldaten wurden, wenn auch vornehmlich für die Rüstungswirtschaft, beurlaubt. Jedes Unternehmen klammerte sich so fest wie möglich an seine Facharbeiter, indem es sich darum bemühte, sie zur Vermeidung des Wehrdienstes als «unabkömmlich» anerkannt zu bekommen. Tatsächlich stieg die Zahl der Freigestellten von 1.7 Millionen im September 1939 innerhalb von zwei Jahren auf 5.6 Millionen Männer im September

1941. Die in industriellen Kreisen verfolgten Pläne zur Großraumwirtschaft der Nachkriegszeit richteten sich ganz auf die Chancen im besiegten Westeuropa, die etwa Otto A. Friedrich auf Inspektionsreisen erkundete. Von Osteuropa war nirgendwo mehr die Rede.

Nach außen aber wirkte die deutsche Kriegsmaschine nach den schlechterdings atemberaubenden Erfolgen in Polen und Frankreich erschreckend kraftvoll und effizient. Niemand erkannte zu dieser Zeit das Hohle hinter der glänzenden Fassade. Nur selten wurde das begrenzte Potential der deutschen Kriegswirtschaft nüchtern betrachtet. Hitler selber, dem der Mangel an Ressourcen im eigenen Land seit jeher vor Augen stand, entschied sich erneut für ihre Eroberung, diesmal im Osten. Eine ökonomische Ausbeutung in gigantischem Ausmaß gehörte deshalb von Anfang an zu den zentralen Motiven des Ostkriegs. Aber dieser «Russlandfeldzug» wurde ohne besondere Rüstungsanstrengungen begonnen. Die Verblendung reichte so weit, dass der zunächst erfolgreiche neue Blitzkrieg den Sieg in unmittelbarer Nähe vorgaukelte. Selbst die angeblich kühlen Köpfe des Generalstabs erlagen der Unterschätzung des neuen Gegners und seiner Reserven.

Stattdessen folgte auf die irreführenden «Illusionen vor der Katastrophe» vor Moskau das Debakel des Winterkriegs 1941/42, damit aber der Zwang zur Umstellung auf eine langwierige, materialverschleißende Auseinandersetzung. Das war das Ende aller Blitzkriegs-Chimären. Obwohl Wehrmacht und Wirtschaft in einer neuartigen Ausbeutungsorganisation eng kooperierten, erfüllte sich die euphorische Erwartung, gewaltige Rohstoff- und Nahrungsmittelmengen abtransportieren zu können, nirgendwo. Hinter der Ostfront kam nur ein schmales Rinnsal an Lieferungen in das Reich zustande.

Im Spätherbst 1941 setzte sich im Berliner Machtzentrum allmählich die Einsicht durch, dass die bisherige Rüstungsplanung gegenüber der neuen Lage in Russland offensichtlich völlig inadäquat war, zumal die amerikanische Kriegsbeteiligung immer näher rückte. Eine neue Konzeption der Tiefenrüstung unter Zusammenballung aller Kräfte für einen langlebigen Material- und Abnutzungskrieg erwies sich als unabweisbar. Im März 1941 war Fritz Todt wegen seines mehrfach bewiesenen Organisationstalents zum «Reichsminister für Bewaffnung und Munition» ernannt worden, um die Rüstungswirtschaft effizienter zu organisieren. Im Dezember 1941 wurde seine Stellung durch einen Führererlass, der eine erste Konsequenz aus der Niederlage vor Moskau zog, entschieden aufgewertet. Doch in der kurzen Zeit bis zu seinem Tod im Februar 1942 gelang es dem leistungsfähigen Technokraten noch nicht, eine Rüstungssteigerung durch Massenfertigung zu erreichen, geschweige denn, seine Kontrolle über die gesamte Rüstungswirtschaft auszudehnen. Allerdings schaffte er es noch, zu seiner Unterstützung Selbstverwaltungsorgane der Wirtschaft einzurichten, um durch diese Dezentralisierung um so effektiver die Rüstungsanstrengungen mobilisieren zu können. Am Ende seiner Amtszeit gab Todts nüchternes Urteil den Krieg wehrwirtschaftlich verloren, wenn es Hitler nicht gelinge, einen Sonderfrieden mit Russland zu schließen und die Wehrmacht durch einen enormen Kraftakt zuvor zu stärken.

Zu Todts Nachfolger ernannte Hitler zur allgemeinen Überraschung seinen Lieblingsarchitekten, den damals 37jährigen Albert Speer. Ein Mann mit unbändigem Ehrgeiz, fasziniert von Hitler und bis zuletzt in seinem Bann, ausgezeichnet durch sein fast freundschaftliches Verhältnis zu dem Diktator, begabt mit einem auffallenden Organisationstalent und der Fähigkeit zur einfallsreichen, unbürokratischen Improvisation, hatte Speer bisher doch ebenso wenig administrative wie politische Erfahrung. Ohne moralische Bedenken, was die evidenten Schattenseiten seiner neuen Tätigkeit anging, wuchs Speer erstaunlich schnell mit den Anforderungen seines Aufgabenfeldes, zu dem außer der Rüstungsproduktion bald auch die gesamte zivile Kriegswirtschaft, schließlich sogar die eifersüchtig auf eine Sonderstellung bedachte Luftrüstung gehörte. Dank seiner Ämterkumulation gewann Speer als «Minister für Rüstung und Kriegsproduktion» kraft Führererlass vom 2. September 1943 und als «Generalinspekteur für das Straßenwesen, für Wasser und Energie» die Position eines Wirtschaftsdiktators, dem verblüffende, die fatale Verlängerung des Krieges erst ermöglichende Leistungen gelangen.

Speer richtete als gesamtwirtschaftliches Steuerinstrument die «Zentrale Planung» unter Hans Kehrl ein, die mit ihren Produktions- und Distributionsplänen alle Felder der Industriewirtschaft Deutschlands und des besetzten Europa kontrollierte. Innerhalb kurzer Fristen wurden die Rohstoffe verteilt, die Investitionsströme überprüft, der «Einsatz» von Arbeitskräften koordiniert. Anfangs sah sich Speer in einen erbitterten Konkurrenzkampf mit staatlichen Behörden und Sonderstäben verstrickt, denn Funks Reichswirtschaftsministerium, Görings Vierjahresplan-Bürokratie, Thomas' Rüstungsamt, die «Reichsgruppe Industrie» und die Branchenverbände, auch die 27 Reichsstellen für Rohstoffversorgung fanden sich keineswegs sogleich bereit, anstelle des vertrauten Kompetenz- und Koordinationschaos eine einzige Entscheidungsdomäne unter Speers Leitung anzuerkennen. Es spricht für Speers robustes politisches Konfliktverhalten – und für seine Rückendeckung durch Hitler –, dass er sich im Ämterdarwinismus des «Dritten Reiches» zügig durchzusetzen vermochte. Das Militär, das Reichswirtschaftsministerium, die Vierjahresplan-Behörde – sie alle wurden von Speers eigenem bürokratischen Apparat zurückgedrängt, während gleichzeitig die Unternehmer für die Mitarbeit gewonnen und zur Mitverantwortung herangezogen wurden.

Das gelang Speer nach Todts Vorbild mit der Zauberformel von der «dezentralisierten Selbstverwaltung». Die Wirtschaftssparten und Produktionsfelder wurden in 12 Hauptringen und 21 Hauptausschüssen (mit zahlreichen weiteren Ringen und Ausschüssen) organisiert, deren Führungspositionen nicht mit Parteifunktionären oder Offizieren, sondern ausschließlich mit Managern besetzt wurden. Sie arbeiteten offenbar bereitwillig mit, fühlten sich beruflich ernst genommen und wurden überdies mit Hoheitsfunktionen zur Durchsetzung ihrer Ziele ausgestattet. Unter Speers «jungen Leuten» – in seinem «Kindergarten», wie die Senioren höhnten – fanden sich zahlreiche talentierte junge Technokraten, die nicht selten auch nach 1945 ihre berufliche Karriere erfolgreich fortsetzen konnten.

In der Sache der größtmöglichen Steigerung des Ausstoßes an Rüstungsgütern forcierte Speer erstmals die Serienfertigung und Massenproduktion am Fließband, die verbesserte Rationalisierung und Anhebung der Produktivität, den Austausch von «Know how» anstelle der Hütung von Betriebsgeheimnissen, die Privilegierung von Höchstleistungsbetrieben auch in Gestalt finanzieller Anreize und die Leistungsfähigkeit der leichter zu steuernden Großbetriebe. Zu ihren Gunsten wurden auch mittelständische Betriebe der Konsumgütererzeugung stillgelegt, bis zum Juni 1943 immerhin 21 000.

Auf diese Weise gelang es Speer und seiner loyalen Manager-Mannschaft, den Anteil der deutschen Rüstungsproduktion am industriewirtschaftlichen Ausstoß von 1938 = 7 Prozent auf 1944 = 40 Prozent zu steigern. Legt man einen einfachen Mengenindex, basierend auf dem Ausstoß vor seinem Amtsantritt (Februar 1942 = 100), zugrunde, stößt man innerhalb von nicht einmal drei Jahren bis zum Höhepunkt im August 1944 auf eine Verdreifachung der deutschen Rüstungsproduktion. Die Herstellung von Panzern wurde versechsfacht, die Erzeugung von Waffen stieg auf 323, von Munition auf 297, von Flugzeugen auf 248, von Kriegsschiffen auf 234 Indexpunkte. Gleichzeitig wurde trotz des intensivierten alliierten Bombenkriegs der Ausbau von Kapazitäten, schließlich auch in unterirdischen Werken, die den Unternehmen zur Rettung ihres Maschinenparks willkommen waren, ebenso vorangetrieben wie der Konzentrationsprozess in der großen Industrie.

Die Propaganda sprach von einem «Rüstungswunder». Tatsächlich kann man aber erst seit dem Frühjahr 1942 vom Übergang der Rüstungswirtschaft zum totalen Krieg sprechen, nachdem bis dahin Ad-hoc-Entscheidungen und das Bemühen vorherrschten, keine allzu spürbaren «Opfer» zu verlangen. Trotz der unleugbaren Effizienz und Produktionssteigerung in der «Ära Speer» verrät die Rüstungsexpansion daher auch, wie wenig die «Blitzkrieg»-Ökonomie das deutsche Potential und das des besetzten Europa bis dahin ausgeschöpft hatte. Der Vergleich zeigt freilich, dass die Produktion in den USA um das 2.7fache, in England auch noch um ein Viertel höher lag als in Deutschland.

Die wesentlichen Gründe sind in der geringeren Modernität der deutschen Produktionsanlagen zu suchen, in den bescheideneren Leistungsanreizen, nicht zuletzt aber auch in der Verwendung von Millionen Sklavenarbeitern, die nur einen geringen Bruchteil (manchmal 40, eher 17 %) der Leistung deutscher Facharbeiter erreichten. Da es in der Belegschaft namentlich der großen Rüstungsbetriebe zwischen 70 und 90 Prozent «Ostarbeiter» gab – insgesamt stellten Zwangsarbeiter ein Fünftel des deutschen Arbeitskräftepotentials –, fiel die Produktivität entsprechend ab. Im Hinblick auf die neuen Waffensysteme versäumte es die deutsche Rüstungsindustrie zu lange, gebremst durch Hitlers willkürliche, sich widersprechende Befehle, verwendungsfähige Düsenjäger, Langstrecken- und Abwehrraketen herzustellen.

Es ist sozialhistorisch aufschlussreich, dass Speer sich insbesondere auf drei Typen von Manager-Unternehmern stützen konnte. Da gab es zum einen den Typus des organisatorisch begabten, fachlich tüchtigen NS-Karrieristen, wie er etwa von Paul Pleiger, Hans Kehrl, Walter Rohland, Willi Schlieker verkörpert wurde. Sie alle erreichten in jungen Jahren Schlüsselstellungen in Speers Apparat. Daneben gab es, zum zweiten, den Typus des Managers, der seine Spitzenposition in der Großindustrie mit weitreichenden Lenkungsfunktionen als «Sonderbevollmächtigter» in der nationalsozialistischen Wirtschaftsverwaltung verband. Karl Krauch etwa fungierte gleichzeitig als Vorstandsvorsitzender der IG-Farben, Generalbevollmächtigter für chemische Erzeugung und Leiter des Reichsamtes für Wirtschaftsausbau, so dass die Grenzen zwischen der Privattätigkeit im größten europäischen Chemiekonzern und in den politischen NS-Sonderstäben verschwammen und sich die bürokratischen Experten in diesen Institutionen wechselseitig zuarbeiteten. Genauso verbanden ehemalige Generaldirektoren und Vorstandsvorsitzende wie Jakob Werlin von Daimler Benz und Heinrich Koppenberg von den Junkers-Flugzeugwerken ihre Unternehmensaufgaben mit Leitungstätigkeiten in den polykratischen Exekutivgewalten. Auf der Klaviatur dieses Mischsystems verstand Speer vorzüglich zu spielen.

Und schließlich gab es den Typus des Techniker-Unternehmers. Dazu gehörten etwa Ernst Heinkel, Willy Messerschmitt, Claude Dornier – die drei Leitfiguren der deutschen Flugzeugindustrie, allesamt «Newcomer», die nicht aus dem höheren Wirtschaftsbürgertum stammten, talentiert, ehrgeizig und bedenkenlos anpassungsbereit –, aber auch der Flugzeugkonstrukteur Kurt Tank, der etwa den Focke-Wulf-Jäger entwarf, und der Autokonstrukteur Ferdinand Porsche. Alle Flugzeugwerke erlebten im Rahmen erst der Rüstungs-, dann der Kriegswirtschaft einen atemberaubend schnellen Ausbau. Das Heinkel-Werk zum Beispiel besaß 1936 gerade einmal 9000 Beschäftigte, 1944 aber in mehreren Großbetrieben hunderttausende von Arbeitskräften. Damit übertraf es, wie auch Junkers, die Größenordnung von Mammutunternehmen vom Rang der IG-Farben oder der Vereinigten Stahlwerke.

Außer in ihren Aufgabenbereichen als Konstrukteure, Betriebsleiter und «Wehrwirtschaftsführer» fungierten die Koryphäen der Flugzeugindustrie außerdem noch als Vorsitzende in Speers Ringen und

Ausschüssen. Und Porsche, fasziniert von den technischen Chancen im Nationalsozialismus, verfolgte mit allen Mitteln sein Ziel, einen großen europäischen Autokonzern aufzubauen, leitete aber auch die wehrwirtschaftliche Panzerkommission. 1942 kooperierte er eng mit der SS und machte sich 1944 die Zwangsarbeit von 16000 Fremdarbeitern und KZ-Häftlingen zu Nutze. Auf die Kooperationsbereitschaft und Loyalität gerade dieses Unternehmertypus konnte sich Speer bis zuletzt verlassen. In dieser Runde wurden keine Bedenken gegen die Verwendung von Millionen von Zwangsarbeitern und auch nicht von schließlich rund 400000 KZ-Häftlingen erhoben, die unter «mörderischen Arbeitsbedingungen» insbesondere die unterirdischen Anlagen errichten mussten. Hatte Speer selbst schon keine Rücksicht genommen, als er im Zuge des Ausbaus der Reichshauptstadt zahlreiche jüdische Mieter vertrieb, war ihm auch jetzt mit derselben amoralischen Rigorosität jede Arbeitskraft recht, um seinem «Führer» die Erfüllung der Planziele melden zu können.

Zu der eigentümlichen Fusion von staatlicher Kommandowirtschaft und unternehmerischer «Selbstverwaltung» gehörte auch, dass NS-Organe nach jahrelanger Zurückhaltung um direkten Einfluss auf die Großwirtschaft, etwa auf freiwerdende Vorstands- und Aufsichtsratspositionen, zu kämpfen begannen. Die Unternehmensleitungen verteidigten im Allgemeinen ihre relative Entscheidungsautonomie mit Erfolg, selbst jetzt trafen die Parteivertreter auf deutlich markierte Grenzen ihrer Macht. Intern verlagerte die Wirtschaft ihre Friedensplanung von der NS-Großraumwirtschaft auf das Projekt einer vom Reich dominierten «Europäischen Wirtschaftsgemeinschaft». Immerhin konnten aber Symbolfiguren des Rüstungserfolgs wie Heinkel und Messerschmitt von Parteifunktionären degradiert, die Drohung mit der Verstaatlichung als Erpressungsmittel gelegentlich effektiv eingesetzt werden.

Es beleuchtet das unkoordinierte Kräftemessen der polykratischen Exekutivgewalten, dass Otto Ohlendorf – SS-General, Stellvertretender Staatssekretär im Reichswirtschaftsministerium, einer der hochkarätigen technokratischen Vordenker des künftigen SS-Staats – strategisch postierten «Wirtschaftsführern» mehrfach nachdrücklich versicherte, dass die SS in der Nachkriegszeit an der Privatwirtschaft mit ihrem intensiven Leistungswettbewerb festhalten, überhaupt die eigene Wirtschaftsordnung erhalten und keine kartellierten Staatsunternehmen einführen wolle. Speer selber war, wie auch seine Managerelite, keineswegs ein Protagonist der Staatswirtschaft.

Zu den politischen Grundentscheidungen gehörte daher auch, dass die Konsumgüterproduktion aus Rücksicht auf die Stimmung an der «Heimatfront» auf einem erstaunlich hohen Niveau gehalten wurde. Setzt man ihren Index mit 1939=100 an, hielt sie sich bis 1941 auf 95.7, 1942 auf 86.1, stieg 1943 sogar auf 90.8 und verharrte selbst 1944 bei 85.4 Indexpunkten. Ein erheblicher Teil dieser Produkte wurde zwar an die Wehrmacht ausgeliefert, doch blieben durchweg für die Zivilbevölkerung 60 Prozent übrig. Dem auffälligen Anstieg von 1943/44 lag die beschleunigte Versorgung der nicht selten mehrfach ausgebombten Städter zugrunde. Auch hier diktierte die Sorge vor offener Unzufriedenheit die für die Rüstungsleistung kontraproduktive Entscheidung.

Diese Furcht vor einer Wiederholung der revolutionären Situation des Herbstes 1918 wirkte sich auch auf den Umgang mit dem eklatanten Arbeitskräftemangel aus. Vom Frühjahr 1939 bis zum Ende des Jahres 1941 war das deutsche Arbeitskräftepotential wegen der laufenden Einziehung zum Wehrdienst von 39.1 auf 35.4 Millionen geschrumpft. Bis Mitte 1944 wurden 40 Prozent aller Industriearbeiter eingezogen. In der gesamten Wirtschaft standen jetzt nurmehr 55 Prozent der deutschen Arbeitskräfte des Sommers 1939 zur Verfügung. Nur mit Hilfe des Millionenheers der deportierten ausländischen Zwangsarbeiter und der Kriegsgefangenen konnten, wie vorn erörtert, die größten Lücken aufgefüllt werden. Zwar hatte ein – typischerweise geheim gehaltener – Führererlass vom 13. Januar 1943 endlich angeordnet, dass die Männer zwischen dem 16. und 65., und die Frauen zwischen dem 17. und 45. Lebensjahr im Produktionsprozess eingesetzt werden sollten, zu konsequenten Durchsetzungs-, geschweige denn harten Zwangsmaßnahmen ist es jedoch nicht gekommen. 1944 waren etwa noch immer 1.38 Millionen Frauen in privaten Haushalten als Gehilfinnen tätig – das waren nur 13 Prozent weniger als vor Kriegsbeginn.

Seit dem Juli 1944 bemühte sich Goebbels als frisch ernannter «Generalbevollmächtigter für den totalen Kriegseinsatz» um die Mobilisierung unerschlossener Reserven. Sie kamen aber nicht mehr der Wirtschaft zugute, denn Goebbels widersetzte sich dem dringenden

Appell Speers, die industriellen Bedürfnisse zuerst zu befriedigen. Vielmehr wurden sie im letzten Aufgebot zusammengefasst: dem «Volkssturm» der 16- bis 60jährigen – seit dem Februar 1945 sollten auch die Frauen und Mädchen «Hilfsdienste» leisten – und im «Werwolf» der Hitlerjugend.

Spätestens seit dem Herbst 1944 verlor Speer den Wettlauf mit dem alliierten Bombardement, das zu einer Zerstörung vital notwendiger Verkehrswege und Industrieanlagen führte. Zuerst fiel daraufhin die Versorgung mit Kohle aus, dem strategischen Energieträger in Speers System. Schon seit dem Frühjahr 1944 waren die Lieferungen aus den wichtigsten ausländischen Erzlagern ausgeblieben. Das hatte einen schroffen Einbruch der deutschen Stahlerzeugung ausgelöst. Anfang 1945 gingen das oberschlesische Industriegebiet und das Saarrevier verloren. Die Agonie der deutschen Kriegswirtschaft nahm unübersehbare Formen an.

Hitlers «Nero»-Befehl vom 30. März 1945, alle wirtschaftlichen Anlagen vor dem Nahen des Feindes zu zerstören, da das deutsche Volk nach seinem schmählichen Versagen nur noch auf allerniedrigstem Niveau weiter zu vegetieren verdiene, wurde zum großen Teil nicht ausgeführt. Offenbar ist es Speer, dessen fanatische Verehrung des «Führers» rationale Voraussicht nicht ausschloss, gelungen, zu dieser Verhinderung wesentlich beizutragen.

Zwar war ihm in den vorangegangenen drei Jahren eine Art von «Rüstungswunder» geglückt, als er die deutsche Kriegswirtschaft zu einer verdreifachten Produktion stimulieren konnte. Damit konnten die horrenden Verluste an der Front nicht wettgemacht, wohl aber die Schrecken der Kriegsführung des «Dritten Reiches» verlängert werden. Diese Rüstungsleistung nährte aber auch die bis ins Frühjahr 1945 anhaltende absurde Hoffnung, durch fabulöse «Wunderwaffen» dem Krieg doch noch die entscheidende Wende geben zu können. Vor allem aber trug Speers trügerischer wehrwirtschaftlicher Erfolg, der die Militärmacht des Führerstaates drei Jahre lang aufrecht erhielt, entscheidend dazu bei, dass die Ermordung der europäischen Juden fortgesetzt werden konnte. So lange die deutsche Front hielt, arbeiteten auch die Krematorien von Auschwitz weiter.

Trotz dieses fatalen Zusammenhangs müssen auch so nicht intendierte positive Folgen des Rüstungsbooms, die sich nach 1945 auswirkten, festgehalten werden. Die maschinelle Modernisierung, Rationalisierung und vertikale Integration haben enorme Fortschritte gemacht. Insbesondere die Chemische und Elektrotechnische Industrie haben ihr Niveau als hochentwickelte Branchen noch einmal anheben können. Die Serienfertigung und Massenproduktion am Fließband haben sich weithin durchgesetzt. Die Facharbeiterschaft ist erheblich vergrößert, ihre Qualifikationsstruktur verbessert worden. Zahlreiche moderne Anlagen sind errichtet, nach der Zerstörung oft wieder aufgebaut worden. Das Anlagekapital in der Rüstungswirtschaft ist zwischen 1935 und 1943 um 50 Prozent angehoben worden. Die Verjüngung der Anlagen und der vergrößerte Kapitalstock kamen der Friedenswirtschaft gleichfalls zugute. Insgesamt lag 1945 ein Viertel der deutschen Industrie (24 %) zerstört da. Aber selbst mit den verbleibenden 75 Prozent hätte dank vieler Verbesserungen beim Ausbau der Kapazitäten das Friedensniveau gehalten werden können. Und als das Zerstörungswerk ebenso überwunden worden war wie der neue Einschnitt der Demontage, gab es im Grunde bereits das Fundament für das «Wirtschaftswunder» seit den 1950er Jahren.

Der Ruin ihrer Währung war in der Erinnerung von Abermillionen Deutschen mit der Hyperinflation von 1923 verknüpft, der Folge, wie es ihnen schien, der chaotischen Nachkriegsjahre und der Unfähigkeit der Republik, diese Finanzprobleme schnell zu meistern. Dass seit dem August 1914 mächtig an der Inflationsschraube gedreht wurde und die Entwertung der Währung primär eine Folge der deutschen Kriegsfinanzierung war, hat erst die neuere Wirtschaftsgeschichte überzeugend herausgearbeitet.

1939 begann derselbe Inflationsvorgang aufs Neue. Nur wurde diesmal fünfeinhalb Jahre lang noch ungleich rücksichtsloser als im Ersten Weltkrieg drauflos gewirtschaftet, ohne jede verantwortungsbewusste Kalkulation und stattdessen auf die Vorstellung fixiert, später die Lasten auf die besiegten Staaten abwälzen zu können.

Formell entstanden vom September 1939 bis zum Mai 1945 614 Milliarden RM an erfassten Nettoausgaben. Wegen des Ausweichens vor einer drastischen Steueranhebung stammten davon nur 185 Milliarden RM aus ordentlichen Steuern, während sich die ordentlichen Staatseinnahmen insgesamt auf 276 Milliarden RM beliefen. Da die Deckung der horrenden Nettoausgaben nur zum Teil durch Kredite erfolgte, wurde auch der Zweite Weltkrieg von Berlin erneut und hauptsächlich durch eine galoppierende Staatsverschuldung finanziert. Hatte die Reichsschuld am 1. September 1939 33 Milliarden RM betragen, war sie bis Anfang Mai 1945 auf mehr als das Zehnfache, auf 393 Milliarden RM geklettert; im Übrigen brach die deutsche Finanzpolitik im Sommer 1944 völlig zusammen. Wilde Summen wurden auf dem Papier bewegt, während die ordentlichen Einnahmen zur Deckung der Ausgaben allenfalls noch die Höhe von zehn Prozent erreichten.

Die Finanzprobleme konnten auch durch die massiven Kontributionszahlungen der besetzten Länder und der verbündeten Staaten nicht gelöst werden. Rechnet man die Besatzungskosten und Zwangsanleihen, Sondersteuern und Entschädigungszahlungen zusammen, kommt man bis zum Ende des «Dritten Reiches» auf einen erpressten Zufluss von rund 119 Milliarden RM. Nach Japan hatte Deutschland von allen Krieg führenden Staaten die höchste Staatsschuld aufgehäuft. Da gleichzeitig die Kaufkraft nicht durch Unmut erregende Steuern abgeschöpft wurde, entstand wegen des Mangels an einer adäquaten Menge von Konsumgütern ein inflationärer Geldüberhang. Mit dem scharfen Schnitt der Währungsreform vom 18. Juni 1948 bezahlten die Deutschen zum zweiten Mal die Entwertung ihrer Währung durch einen zweiten totalen Krieg, in dem sie ihrem «Führer» bis zuletzt gefolgt waren.

Trotz der Organisationsleistung des Rüstungsministeriums unter Speer wären die Ergebnisse zum einen ohne die rund acht Millionen ausländischen Zwangsarbeiter, zum anderen ohne die rücksichtslose Ausbeutung des besetzten Europa nicht zustande gekommen. Ohne diese gewaltsam angeeigneten Ressourcen aus den europäischen Besatzungsgebieten und der Sowjetunion hätte das «Dritte Reich» den Krieg überhaupt nicht bis 1945 fortführen können. 1943 standen, um eine Vorstellung von der Größenordnung zu vermitteln, außer großen Teilen des westlichen Russland rund 2.86 Millionen km² mit 154 Millionen Einwohnern in Ost-, Südost-, West- und Nordeuropa unter deutscher Okkupationsherrschaft.

Der deutschen Hegemonialstellung hätte ein Anlauf zur Neuordnung der europäischen Staatenwelt entsprechen können, doch ist es nicht einmal zu konkreteren Plänen gekommen. Jahrelang geisterte nur der Wunschtraum herum, dass nach dem «Endsieg» ein «Großgermanisches Reich», dessen Grenzverlauf aber unbestimmt blieb, errichtet und im Übrigen das «Kleinstaatgerümpel» beseitigt werden sollte. 1940/41 hatte durchaus die Chance für eine kontinentaleuropäische Konföderation unter deutscher Führung bestanden, so erdrückend wirkte die Vorherrschaft des Reiches, so enttäuschend die Isolierung Englands, so fern die Zerstörung des deutschen Nimbus in Russland. Aber schon der Entwurf einer staatenbündischen Einigung blieb dem Denken im Berliner Machtzentrum fremd, da Hitler und seine Umgebung nur in den Kategorien eines zentralistischen Zwangssystems auf der Grundlage einer rassischen Hierarchie dachten. Dafür entwickelten regimehörige Völkerrechtler einen diffusen Reichs- und Großraumbegriff, ersetzten bewährte Vertragsprinzipien durch einen vermeintlich germanischen «Treue»-Begriff und begründeten rassetheoretisch die abenteuerliche Konstruktion des Wertes oder Unwertes von Staaten. Diese Überlegungen haben in mancher Hinsicht die deutsche Besatzungsherrschaft angeleitet, vor allem aber sind sie aufschlussreich für die servile Beflissenheit, mit der Carl Schmitt und seine Adepten ihre Großraumideen in den Dienst des expandierenden Führerstaats gestellt haben.

Die konkreten Modalitäten der Ausbeutung folgten anderen Gesichtspunkten. Bis zum August 1944 flossen 90 Milliarden RM an «Realleistungen der besetzten Gebiete» in das Reich; bis zum Frühjahr 1945 kamen noch einmal mehrere Milliarden RM hinzu. Doch die Erschließung des begehrten riesigen russischen Wirtschaftspotentials erwies sich als pures Hirngespinst. Nur ein kärglicher Zustrom konnte nach Westen geleitet werden. Denn die von den deutschen Truppen angerichteten Zerstörungen und die Politik der verbrannten Erde seit 1943 verhinderten jedwede effektive Ausbeutung.

Der Löwenanteil erpresster Leistungen stammte daher aus Westeuropa. Alle besetzten Länder mussten Besatzungskosten zahlen. Von 1940 bis 1944 belief sich die Gesamtsumme auf 85 Milliarden RM. Das waren 40 Prozent aller öffentlichen Einnahmen des Deutschen Reiches in dieser Zeitspanne (zum Vergleich: alle deutschen Reparationszahlungen von 1919 bis 1932 betrugen maximal 20 Milliarden RM). Aus Belgien kamen 5.6, aus Holland 4.9, aus Frankreich aber 34 Milliarden RM; das allein waren 40 Prozent aller an Deutschland entrichteten Besatzungskosten. Frankreich lieferte außerdem bis Anfang 1944 auch noch 3700 Flugzeuge und 9600 Flugzeugmotoren, allein 1942/43 52000 Lastkraftwagen und alle neugebauten Lokomotiven nach Deutschland.

Der aus dem besetzten Europa herausgepresste Konsumgüteranteil lag bereits 1939/40 bei zehn Prozent des deutschen Verbrauchs, 1941–43 aber bei 19 Prozent und selbst 1944/45 noch bei 4.7 Prozent – im Durchschnitt bei einem Achtel aller in Deutschland absorbierten Güter. Dieser Anteil mag relativ klein wirken, doch trug er in entscheidendem Maße dazu bei, für 80 Millionen Reichsdeutsche zahlreiche, sonst empfindlich spürbare Engpässe zu überwinden. Die Konflikte, die in Deutschland bei mangelhafter Versorgung hätten entstehen können, wurden so externalisiert, dass auch auf Kosten der besetzten Länder die Loyalität der «Heimatfront» gesichert werden konnte.

Zu den krassesten Formen der Ausbeutung gehörte die Deportation von Zwangsarbeitern, deren Mehrheit aus Osteuropa und Russland stammte. Aber West- und Südeuropa blieben keineswegs verschont. Bis 1941 begnügte sich die deutsche Verwaltung mit der Anwerbung von Freiwilligen. Aus Holland kamen immerhin 227000, aus Belgien und dem besetzten Nordfrankreich 261000, aus Vichy-Frankreich 120000 Arbeitskräfte. Im Rahmen von Sauckels forciertem «Arbeitseinsatz» setzte dann im März 1942 die Sklavenjagd und Zwangsverpflichtung ein, von der nur Dänemark und Norwegen als «germanische Länder» ausgenommen blieben. Bis zum August 1944 stieg dagegen die Zahl der Fremdarbeiter aus Belgien auf 254000, aus Holland auf 270000, aus dem inzwischen besetzten Italien auf 585000, aus Frankreich auf 1.3 Millionen. Diese 2.41 Millionen stellten immerhin ein Drittel der Zwangsarbeiterschaft.

In der Sozialhierarchie der deutschen Betriebe besaßen diese west- und südeuropäischen Fremdarbeiter häufig eine spürbar günstigere Position als die Ostarbeiter. Und manche Kriegsgefangenen aus diesen Ländern konnten auf Bauernhöfen noch erträglicher überleben. Aber wie mag es auf diese Männer und Frauen nach mehrjähriger Zwangsarbeit im NS-Reich gewirkt haben, dass das westdeutsche «Wirtschaftswunder» nur wenige Jahre später den Besiegten schon wieder eine privilegierte Position zu verschaffen vermochte?

17. Die «kämpfende Heimat» – der Bombenkrieg

Es gehört zu den eigentümlichen Wirkungen des Nationalsozialismus, dass die Grenzen zwischen den überkommenen Sozialformationen durch seinen Egalisierungsdruck in Frage gestellt wurden, den Millionen als Aufbruch in die Zukunft einer meritokratischen Leistungsgesellschaft, insofern auch als Befreiung von den erstarrten Schlacken der kaiserdeutschen Vergangenheit empfanden. Mit dieser Wahrnehmung und wohl auch Mentalitätsveränderung lösten sich die konkreten Unterschiede zwischen den sozialen Klassen noch keineswegs auf. Aber sie traten insbesondere für die jüngeren Generationen, welche die zahlreichen Chancen der Aufstiegsmobilität nutzten, erkennbar zurück, zumal von der ideologischen Verheißung der «Volksgemeinschaft» ein unterstützender Homogenisierungsschub ausging. Überhaupt wurde die Fata Morgana einer neuartigen, überlegenen Gesellschaftsverfassung ohne anachronistische Klassenantagonismen an den Horizont projiziert.

Den Nivellierungserfahrungen an der Front, wo angesichts der permanenten Präsenz des Todes die «Kameradschaft» der Überlebenden gleich welcher sozialen Herkunft aufgewertet wurde, trugen das Ihre dazu bei, soziale Distinktionen abzubauen. Und schließlich verlor der Markt, der bisher als Strukturierungszentrum der deutschen Marktgesellschaft und ihrer marktbedingten Klassen fungiert hatte, einen Großteil seiner Durchsetzungskraft, da die Rüstungswirtschaft und Kriegsvorbereitung in den Friedensjahren, erst recht dann die Kommandowirtschaft und der etatistische Dirigismus während der Kriegszeit genuin politischen Imperativen folgten.

Insofern kann man konstatieren, dass sich die überkommenen Erwerbs-, Berufs- und Besitzklassen zwar nicht auflösten – für die Auflösung derart harter sozialer Strukturen waren die zwölf Jahre des «Tausendjährigen Reiches» ohnehin viel zu kurz. Doch sie traten nicht allein in der Wahrnehmung zahlreicher Zeitgenossen, sondern auch in einem objektivierbaren Sinn als wirklichkeitsprägende Verbände zurück. Hitler hatte die «Abschleifung der alten sozialmoralischen Bindungen», die Einebnung der konfessionellen, proletarischen, ostelbischen Milieus zugunsten einer «kampfbereiten, leistungsstarken

Volksgemeinschaft» gewollt. Tatsächlich waren es dann aber vor allem der Krieg und die frühen Nachkriegsjahre, die eine neuartige Homogenisierung der deutschen Gesellschaft auf den Weg brachten. Das machte sie, wie sich nach 1949 in Westdeutschland herausstellen sollte, «bereit für die Moderne».

Setzte sich aber zunächst anstelle der Klassengesellschaft die neue «Volksgemeinschaft» durch, wie das die Propaganda mit ihrem Trommelfeuer beschönigender Beschwörung behauptete? Unstreitig gab es Aufwallungen eines milieu- und klassenübergreifenden Zusammengehörigkeitsgefühls. Nach dem «Polenfeldzug» etwa, erst recht nach dem «Frankreichfeldzug» existierte so etwas wie eine siegestrunkene «Volksgemeinschaft», die im Zeichen nationalistischen Überschwangs eine kurzlebige Integrationserfahrung machte. Doch spätestens im Winter 1941/42 war dieser Taumel schon wieder verflogen, und seit Stalingrad fanden sich die Deutschen an ihrer «Heimatfront» zusehends in einer «Notgemeinschaft der Erschöpften», schließlich der «Verzweifelten» vereint.

Unstreitig gingen vom Krieg egalisierende Wirkungen aus. Die Rationierung der Lebensmittel, das begrenzte Angebot an Verbrauchsgütern, die Zerbombung der städtischen Wohnquartiere – all das ebnete Unterschiede ein, die eben noch in auffallenden Varianten des Lebensstils und Aufwandkonsums zu Tage getreten waren. Aber als «Durchhaltepropaganda» predigte Goebbels die Wohltaten seines Kriegssozialismus vergeblich, denn auch jetzt wurden die Belastungen denkbar ungleich verteilt.

Während Großstädte zerstört wurden, verharrten Kleinstädte und das flache Land geradezu im Zustand unberührter Idylle. In den Großstädten unterschied sich das bombardierte Zentrum von der unversehrten Peripherie. Industrieregionen waren schmerzhafter betroffen als die Tausende von Kleinstädten. Rüstungsarbeiter in den Industrierevieren mussten ein härteres Leben ertragen als Angestellte in der Verwaltung von Landkreisen. Eine latente Entscheidung über Leben und Tod verbarg sich hinter der Einbeziehung zum Wehrdienst, während die Anerkennung als «unabkömmlicher» Fachmann die Risiken radikal reduzierte. Die Versetzung an die Ostfront galt seit dem Dezember 1941 als Todesurteil, während sich an der französischen Küste oder auf einer griechischen Insel der Militärtourismus weiterhin genießen ließ. Je länger der Krieg andauerte, desto wichtiger wurde es, ob Kinder aus einer gefährdeten Stadt im Rahmen der Kinderlandverschickung in ländliche Gebiete geschickt werden konnten oder zu Hause bleiben mussten, ob man evakuierte Städter aufzunehmen hatte oder selber als Ausgebombter einer fremden Familie zugewiesen wurde.

Zwar gab es die Zauberformel von den «guten Beziehungen», die noch immer manches erleichterten, etwa einen Sohn mitten im Krieg auf eine Schweizer Internatsschule stecken oder die Villa von Evakuierten freihalten zu können. Doch die endemische Korrumpierbarkeit der «Goldfasane» erzeugte wiederum einen Groll, wenn nicht sogar offenen Hass, den die verheißene «Volksgemeinschaft» der gemeinsam für den Endsieg darbenden Volksgenossen als puren Hohn empfand.

Wer im Produktionsprozess stand, erlebte eine engere Bindung an den Betrieb, der nicht nur als wesentlicher Stützpfeiler des Überlebens, sondern auch als Bürge des Übergangs in die Friedenszeit galt. Hier kristallisierte sich eine Gemeinsamkeit der Interessen von Unternehmensleitung und Belegschaft heraus, die sich nach 1945 vielfach bewähren sollte. Vorerst aber führte die Doppelwirkung von Frontverlusten und Bombenkrieg seit 1943 zu einem anhaltenden Verfall des Sekuritätsgefühls, zumal die Attraktion der Anfangserfolge verblasste. Damit aber ließ auch die Nützlichkeit einer seit Machiavelli vertrauten Herrschaftstechnik abrupt nach. Jahrelang hatte das NS-Regime seine Expansionserfolge in der Tradition des Sozialimperialismus als «Ersatz für innere Reformen» genutzt. Damit öffnete es nicht nur ein «notwendiges Aggressionsventil», sondern sorgte zugleich für eine «kompensatorische Stärkung des Sozialprestiges», das der militärisch siegreiche Herrenmensch auf seinen Eroberungszügen gewinnen sollte. Seit Stalingrad konnte diese Stabilisierungsstrategie immer weniger verfangen, vielmehr trieb das Regime unaufhaltsam auf seine existentielle Legitimationskrise zu.

Sie drückte sich auch in dem schleichenden Prozess eines inneren Rückzuges vom «Dritten Reich» aus, und in gewisser Hinsicht setzte jetzt die «Entnazifizierung» vieler Deutscher ein, so dass sie das Kriegsende desillusioniert, vielfach schon entideologisiert, allein auf individuelles und familiäres Überleben bedacht, erlebten. Auch dadurch wurde für den Neubeginn eine günstigere Ausgangsposition geschaffen, als sie etwa 1918 bestanden hatte.

Zu dieser «lautlosen Abwendung» gehörte freilich auch die Abwesenheit von nennenswerter Sabotage und spürbarem Widerstand trotz des einsetzenden Zerfalls. Vielmehr verbanden sich Apathie, Erschöpfung, Leere noch immer mit einem erstaunlichen Durchhaltewillen. Die Propaganda hat ihn mit ihrer Beschwörung alliierter Gnadenlosigkeit, insbesondere aber des Horrors vor den «asiatischen» Racheaktionen der Roten Armee offensichtlich beeinflusst. Doch tief in den Seelenhaushalt hatte sich auch das Gefühl hineingefressen, dass man selber «mitverantwortlich», irgendwie «in die Exzesse und Verbrechen» des Regimes «hineinverwickelt» war. Die Konformität und die Bereitschaft zum Weitermachen bis in das Frühjahr 1945 hinein erklären sich daher auch aus der dumpfen Einsicht, dass es einen fatalen Zusammenhang gab zwischen der «moralischen Entfesselung», der Normenauflösung in der NS-Zeit und der Art der deutschen Kriegsführung und Besatzungsherrschaft – ein Zusammenhang, dessen Folgen auf das Herrenvolk zurückzuschlagen drohten, so dass angsterfüllte, letzte Abwehrkräfte mobilisiert wurden.

Als 1945 zwei Fünftel der deutschen Bevölkerung in furchterfüllter Bewegung waren, mehr als dreißig Millionen Soldaten, Vertriebene, Flüchtlinge und Evakuierte, als sogar mehr als hundert Millionen Menschen das Reichsgebiet bevölkerten: Deutsche, Volksdeutsche, ausländische Arbeiter, Kriegsgefangene – da konnte bei diesem Erbe zwölfjähriger nationalsozialistischer Herrschaft weder von einer eindeutig strukturierten Klassengesellschaft, noch und erst recht nicht von der verwirklichten «Volksgemeinschaft» die Rede sein.

Seit 1942, dem Jahr der deutschen Pyrrhussiege, hat sich eine in diesem Ausmaß unvorhergesehene Form der Kriegsführung entwickelt. Der alliierte Luftkrieg gegen deutsche Städte stellte nicht nur eine neuartige militärische Kampfweise, sondern auch ein folgenreiches sozialgeschichtliches Phänomen dar, da er in das Leben von Abermillionen von Zivilisten mit unabwendbarer Gewalt eingriff. Die Forderung der Verfechter des totalen Krieges, auch die «Heimatfront» in den Krieg uneingeschränkt einzubeziehen, wurde erst jetzt auf ungeahnte Weise verwirklicht. Binnen kurzem sollte diese Einbeziehung das Ende aller Sicherheit des stadtbürgerlichen Lebens bringen.

Die deutsche Luftwaffe hatte mit der perfiden Methode des Terrorangriffs auf die Zivilbevölkerung großer Städte begonnen, als sie Guernica, Warschau, Rotterdam, Coventry und zwei Dutzend andere englische Städte mit dem Ziel der Terrorisierung und des Zermürbens der Zivilbevölkerung ohne jeden militärischen Zweck bombardiert hatte. Seit Ende 1940 übernahmen, beflügelt vom Sieg in der Luftschlacht über England, britische Bomberverbände bei ihren Nachtangriffen diese Brachialform der «psychologischen» Kriegsführung, die den Widerstandswillen der Bevölkerung brechen sollte. Aber erst 1942 wurden Großangriffe der «Royal Air Force» (RAF) gegen Essen und Köln, Lübeck und Rostock geflogen. Im Mai 1942 erlebte Köln die erste Tausend-Bomber-Attacke. Im Juli und August 1943 endeten zwei kombinierte Tag-Nacht-Angriffe auf Hamburg, die Feuerstürme mit einer Hitze von mehr als 1400 Grad Celsius auslösten, mit einer Schreckensbilanz von über 30000 Toten.

Eine ganz andere Zermürbungstaktik entwickelten die amerikanischen Luftstreitkräfte mit ihren Präzisionsangriffen bei Tageslicht. Seit 1941 waren sie imstande – 1942 sind 13300, 1943 über 48000 Flugzeuge für sie gebaut worden –, ihre Offensive zu steigern. Die amerikanischen und englischen Luftflotten warfen im Zweiten Weltkrieg insgesamt 2.698 Millionen Tonnen Bomben ab, die Hälfte davon auf Deutschland: 1943 waren es schon dreimal so viel Bomben wie 1942, 1944 aber fünfmal so viel wie 1943. Die Luftwaffe des «Dritten Reiches» dagegen vermochte nur 108320 Tonnen Bomben auf allen Kriegsschauplätzen einzusetzen. Allein im März 1945 wurde diese Menge von den Alliierten mit 132000 Tonnen übertroffen; von Januar bis April 1945 luden sie 431000 Tonnen über Deutschland ab.

Die nächtlichen britischen Flächenbombardements trafen fast ausschließlich Wohnquartiere, aber keine Produktionsstätten. Die Kölner Innenstadt etwa wurde verwüstet, die Ford-Werke dagegen und die Anlage von Bayer-Leverkusen blieben unversehrt. Die durchschnittlichen englischen Verluste lagen bei vier Prozent der eingesetzten Flugzeuge. Ungleich wirkungsvoller fielen die Angriffe der amerikanischen Langstreckenbomber aus, wobei die «Fliegenden Festungen» von Langstreckenjägern effektiv begleitet wurden. Ihnen gelang es bis zum Herbst 1944, die deutsche Kriegswirtschaft samt ihrem Verkehrswesen fast zum Erliegen zu bringen. Der Preis für diesen Erfolg bestand aus ungewöhnlich hohen Verlusten. Als etwa die Schweinfurter Kugellagerfabriken wegen ihrer Schlüsselfunktion für die Rüstungswirtschaft im August und Oktober 1943 zweimal mit einer gewaltigen Luftflotte angegriffen wurden, verloren die amerikanischen Verbände im Feuer der deutschen Flak-Batterien und Abfangjäger 16 bzw. 20 Prozent aller Flugzeuge. Dennoch steigerten die Alliierten ihre Luftoffensive, so dass 1944/45 vier Fünftel aller Bomben des Krieges auf Deutschland abgeworfen wurden.

Als Opfer der Luftangriffe wurden mehr als 600 000 Zivilisten, überwiegend Frauen und Kinder, gezählt. Angesichts der täglichen und nächtlichen Flächenbombardements von Tausenden von Flugzeugen, der Wiederholungsangriffe, der verheerenden Wirkung von Brandbomben und der völlig unzureichenden Schutzvorkehrungen in den Städten hätte die Verlustquote noch viel höher ausfallen können. Am Ende entsprach sie ungefähr der doppelten Höhe jener Verluste, die allein die Heeresgruppe Mitte im Juli 1944 in einer einzigen Abwehrschlacht erlitt, als die russische Sommeroffensive 25 deutsche Divisionen mit rund 350 000 Soldaten geradezu vernichtete.

Das Leben in den bombardierten Städten nahm zeitweilig chaotische Züge an, konnte aber immer wieder unter Notstandsbedingungen fortgesetzt werden, die der «Deutsche Rundfunk» als «Normalisierung» pries. 1.86 Millionen Wohnungen wurden völlig zerstört, 3.6 Millionen beschädigt; zwanzig Millionen Menschen waren dadurch unmittelbar betroffen; 1.4 Millionen verloren allen Besitz; fünf Millionen mussten in kleine Städte und ländliche Gegenden evakuiert werden. Dennoch hielt die Durchhaltemoral der Stadtbevölkerung der Luftoffensive erstaunlich lange stand. Die Propagandaformel von den alliierten «Terrorangriffen» galt aufgrund der eigenen Erfahrungen als realistische Kennzeichnung. Und der Widerstandswille wurde eher zu einem blindwütigen Trotz gesteigert als ausgelöscht.

Der «Strategic Bombing Survey» der Alliierten nach dem Krieg bestätigte im Grunde genommen das völlige Scheitern der Zermürbungstaktik. Währenddessen wirkte auf die Überlebenden Goebbels' selbstzerstörerische Radikalisierung im «Reich» (30. 6. 1944), dass man durch die Luftangriffe im Zeichen des totalen Krieges vom überflüssigen «Ballast der Zivilisation» befreit werde, ja dass angesichts der nivellierenden Wirkung des Zerstörungswerks «endlich ... die letzten

Klassenschranken» fielen, wie ein denkbar unglaubwürdiges, realitätsfernes Triumphgeschrei.

Unleugbar wurde der alliierte Luftkrieg am Ende zum Selbstzweck, namentlich der Chef des RAF-«Bombercommand», Arthur Harris, verlor jeden Sinn für Verhältnismäßigkeit. Beim letzten alliierten Großangriff, der sich kurz vor Kriegsende am 13./14. Februar 1945 gegen die bisher völlig unbeschädigte Stadt Dresden richtete, warfen britische Bomber bei zwei Nachtangriffen und amerikanische Verbände während der folgenden sechs Tages-Angriffe 5245 Tonnen an Sprengbomben und Minen, dazu 1825 Tonnen an Brandbomben auf diese Stadt ab. Da sie mit den Trecks ostdeutscher Flüchtlinge, die im Bereich der Totalzerstörung (1.5 km^2) im «Feuersturm» zu Asche verglühten, völlig überfüllt war, lässt sich die Verlustquote nicht genau ermitteln. Zu den 35 000 identifizierbaren, überwiegend Dresdener Toten könnten noch einmal fast 100 000 namenlose Flüchtlinge hinzukommen. Auch dieser Schreckensort wurde durch den leidenschaftlich geforderten totalen Krieg unter schrankenloser Einbeziehung der «Heimatfront» geschaffen.

18. Ergebnisse charismatischer Herrschaft

Das geschilderte Krisensyndrom der Nachkriegszeit seit 1918 hat den Bismarck-Kult mit emotionalisierter Übersteigerung in eine chiliastische Erwartungshaltung verwandelt, die dem neuen Messias, dem «zweiten Bismarck» als Retter aus aller Not und Demütigung entgegenfieberte. Es war diese aus der stilisierten historischen Erinnerung an den ersten Repräsentanten charismatischer Herrschaft genährte, breit verwurzelte Disposition, die nach dem neuen starken Mann auf der Kommandobrücke des Staates verlangte, für die politischen Institutionen der ungeliebten Republik aber nur Verachtung hegte.

Die letzte Initialzündung, welche die beklemmende Krisenzeit der 1920er Jahre in eine existentielle Krise von Staat und Gesellschaft verwandelte, ging von der Weltwirtschaftskrise seit 1929 aus. Sie verhalf Adolf Hitler, ursprünglich nur der Chef einer bayrischen Exotenpartei, zur Rolle des vielfach ersehnten Messias, der seither an der Spitze einer radikalnationalistischen Massenbewegung stand. Denn in der Figur des «Führers» bündelten sich nun alle Erwartungen auf Krisenüberwindung, nationalen Wiederaufstieg und neue Machtstellung.

Erneut erwies sich, dass charismatische Herrschaft eine «soziale Beziehung» ist, die auf der Wechselwirkung zwischen Charismaträger und seiner ihn fordernden, ihn tragenden Gesellschaft beruht. Ohne die verbreitete Erwartungshaltung, die nach dem «neuen Bismarck» verlangte, hätte Hitler die leidenschaftliche Resonanz, die ihn emportrug, nicht nutzen können. Mentalitätsgeschichtlich war es nur die außerordentlich kurze Zeitspanne von drei Jahrzehnten, die von Bismarck zu Hitler überbrückt werden musste. Zu dieser Leistung war die lebendige Erinnerung, war das historische Bewusstsein von Abermillionen Deutschen allemal imstande, zumal Hindenburg während seiner Zeit als Reichspräsident von 1925 bis 1934 mit einem zugeschriebenen Charisma diese Lücke gewissermaßen überbrückt hatte.

Trotz des atemberaubenden Aufstiegs der Hitler-Bewegung wurde der «Führer» durch keine Wählermehrheit, sondern zum einen durch die Entscheidung Hindenburgs für Hitler als einen die nationale Einheit gewährleistenden Volkstribun, zum anderen durch die Intrigen einer strategisch postierten Clique aus dem Umfeld der alten Machteliten ins Reichskanzleramt getragen. Danach gelang es Hitler mit einer Mischung aus blendenden Erfolgen, Terror und Mobilisierung der Folgebereitschaft seine charismatische Herrschaft über die Partei auf den ganzen Staat auszudehnen. Nach vorsichtig tastenden Anfangsmanövern bescherte ihm seine Vabanque-Politik eine jedermann verblüffende Abfolge von außenpolitischen Erfolgen, während im Inneren die Beseitigung der Massenarbeitslosigkeit und der durch die Rüstungspolitik angefachte konjunkturelle Aufschwung die Konsensbasis befestigten. An seinem 50. Geburtstag am 20. April 1939 stand Hitler, von der Mehrheit seiner Deutschen vergöttert, als Schlüsselfigur charismatischer Herrschaft in einer rechtstotalitären Diktatur unangefochten da.

Die Siege über Polen und Frankreich haben den Führernimbus noch weiter ausgedehnt, da der «größte Feldherr aller Zeiten» imstande zu sein schien, sein «Großdeutsches Reich» auch durch die Fährnisse des Krieges sicher hindurchzusteuern. Die euphorische Erwartung, dass dem «Führer» und seiner erfolgsverwöhnten Wehrmacht selbst der große Coup der Eroberung der Sowjetunion gelingen werde, hielt auch in den ersten Monaten des Russlandkrieges noch an. Mit dem Debakel vor Moskau und dem Kriegseintritt der Vereinigten Staaten im Dezember 1941 zeichnete sich jedoch die Wende des Zweiten Weltkrieges ab. Dennoch vermochte das «Dritte Reich» noch volle dreieinhalb Jahre gegen eine weit überlegene Allianz furchterregende Feldzüge bis zum Kaukasus und in Nordafrika zu führen, während seine U-Boot-Kampagne die Lebensadern Englands abzuschneiden drohte.

Für die Kampfmoral der Wehrmacht war die Führergläubigkeit von entscheidender Bedeutung. Und im Inneren des Reiches vermochte das Regime des Charismaträgers die freigesetzte oder doch unterstützte gesellschaftliche Transformationsdynamik so zu nutzen, dass eine beispiellose Mobilisierung menschlicher Energien, in der Ära Speer auch materieller Ressourcen, seine Kriegsanstrengungen überhaupt erst ermöglichte. Die Entfesselung dieser Kräfte wurde wesentlich vorangetrieben durch den von Hitler geförderten sozialdarwinistischen Konkurrenzkampf, die Hoffnung auf sozialen Aufstieg in der neuen «Leistungs-Volksgemeinschaft» und nicht zuletzt die «Gesinnungsrevolution» als Komponente charismatischer Herrschaft. Zugleich entband diese protuberanzenartige Freisetzung von Energien auch Destruktionskräfte von ungeahntem Ausmaß, und zu der «Gesinnungsrevolution» gehörte eine derartige Missachtung tradierter, bewährter Normen des menschlichen Zusammenlebens, dass dadurch eine essentielle Voraussetzung des Holocaust und Massenmords an den Slawen geschaffen wurde.

Obwohl die Ausstrahlung von Hitlers Charisma seit Stalingrad allmählich nachließ, hielt doch die Führerfixierung – wie die hasserfüllte Verdammung des Attentats vom 20. Juli 1944 beweist – in gleichwie gebrochener Form noch weiter an. Es war nicht nur der selbsttätige Lauf der Militärmaschine, der die Verteidigungsaktivität deutscher Truppen an allen zurückweichenden Fronten aufrechterhielt. Vielmehr waren es Hitlers Befehle, denen bis Ende April 1945 gehorcht wurde, war es seine Autorität, die auf dem Weg in einen katastrophalen Untergang anhielt. Selbst im surrealistischen Ambiente des Berliner Bunkers entschied er weiter über Leben und Tod von Hunderttausenden.

Bismarcks charismatische Herrschaft bleibt trotz aller Belastungen des neuen Reiches mit der Bildung langlebiger Institutionen und eines Staates verbunden, der zuletzt 1989/90 seine Überlebensfähigkeit bewiesen hat. Dagegen führte Hitlers charismatische Herrschaft auf der Grundlage einer sozialpsychischen Disposition seiner Deutschen, einen «neuen Bismarck» als «Führer» zu verlangen, zu entsetzlichen Ergebnissen. Abermillionen Tote und Verstümmelte, der Massenmord an der europäischen Judenheit, der Vernichtungskrieg im Osten, die Vertreibungsaktionen von vorbildlosem Ausmaß, die Inhumanität der Rassen- und Ausmerzepolitik, die Zertrümmerung Europas und des deutschen Staates, die Verwüstung zahlreicher deutscher Städte, die Aufwertung der Sowjetunion zur 25 Jahre währenden Teilhabe an der Weltherrschaft, endlose Eruptionen von Hass und Verzweiflung – so beginnt eine lange Liste von Schreckenstaten, die ohne die charismatische Herrschaft Hitlers nicht geschehen wären. Denn in ihm bündelten sich alle destruktiven Tendenzen eines Aufbegehrens gegen die Moderne, aber auch einer Nation, die nach ihrem «Führer» verlangt hat und ihm bis in den Untergang gefolgt ist.

Das unverdiente große Glück der Deutschen, die trotz ihres Zerstörungswerks nach 1949 eine «zweite Chance» erhielten, liegt darin, dass sie bisher nicht erneut in eine jener existentiellen Krisen gestürzt worden sind, die optimale Voraussetzungen für den Aufstieg eines dritten Charismatikers schaffen könnte. Vielleicht hat sie aber auch die tödliche Erfahrung mit der Führerherrschaft und ihren Folgen auf absehbare Zeit dagegen gefeit, einem neuen Messias begeistert und bedingungslos in eine neue Katastrophe zu folgen.

19. Reaktionäre Rechte? Soziale Revolution? Modernisierungsschub?

Wie kann die Stellung und die Wirkung des Nationalsozialismus im historischen Prozess beurteilt werden? An dieser Frage hat sich seit 80 Jahren eine breit aufgefächerte Diskussion entwickelt, die leidenschaftlich zu nennen das Mindeste wäre, wenn ihr Grundton charakterisiert werden soll.

Die Kritik der europäischen Linken, insbesondere im Kommunismus, aber auch bis weit in die Sozialdemokratie hineinreichend, hat den Nationalsozialismus als radikale Spielart des Faschismus, als den Aufstieg, Triumph und Niedergang eines reaktionären Rechtsregimes gesehen. In der Sprache der kommunistischen Internationalen wurde es als Herrschaft der Spitzenclique des Monopolkapitals verbindlich definiert. Die empirische Forschung und theoretische Analyse der Geschichtswissenschaft im Westen hat von dieser Denkfigur, die jede realitätsadäquate Interpretation erstickt hat, nichts, aber auch gar nichts übrig gelassen. In mancher Hinsicht ist diese Deutung eine Verharmlosung der destruktiven Natur des Nationalsozialismus, dessen rassistische Vernichtungspolitik mit konventionellen Begriffen wie «rechts» oder «reaktionär» überhaupt nicht angemessen erfasst werden kann.

Die freie Forschung hat dann selber eine Vielzahl von Interpretationen hervorgebracht, die von der Totalitarismustheorie über eine undogmatische Faschismustheorie bis hin zur Charakterisierung als Entartung der Massengesellschaft oder deutschen Form der modernen Diktatur reichen. Hier wird der Konzeption der charismatischen Herrschaft mit ihrer Förderung einer genozidalen Mentalität aus den vorn erwähnten Gründen der Vorzug gegeben. Auch wenn man sie der Interpretation zugrunde legt, muss man sich aber der Frage stellen, ob ein menschenfeindliches Regime wie der Führerabsolutismus eine soziale Revolution in der deutschen Gesellschaft ausgelöst hat – mit zielstrebiger Absicht oder sogar wider Willen. Anders gesagt: Hat der Nationalsozialismus trotz seiner Schreckensbilanz einen Modernisierungsschub vorangetrieben, welcher auch und gerade der westdeutschen Gesellschaft nach 1949 zugute gekommen ist.

Vergegenwärtigt man sich noch einmal die Attraktivität der Sozialutopie der «Leistungs-Volksgemeinschaft», versteht man besser, warum nach einer ersten zeitlichen Distanz schon in den 1960er Jahren eine leidenschaftliche, wenn auch kurze Debatte darüber geführt worden ist, ob dem NS-Regime trotz aller Schattenseiten nicht doch auch eine Modernisierung der deutschen Gesellschaft, womöglich sogar eine veritable «soziale Revolution» gelungen sei. Der Soziologe Ralf Dahrendorf plädierte in seinem ungewöhnlich einflussreichen Buch über «Gesellschaft und Demokratie in Deutschland» (1968) für die anregende Deutung, dass die Führerdiktatur einen unbeabsichtigten Stoß in die Moderne ausgeführt habe. Mit dem Ziel erst der Herrschaftsstabilisierung, dann der Steigerung der Kriegseffizienz habe sie traditionale Autonomieinseln zerstört, damit aber eine von ihr nicht intendierte Modernisierung vorangetrieben, die dann der Bundesrepublik zugute gekommen sei. Ungefähr gleichzeitig ging der amerikanische Historiker David Schoenbaum in seiner Interpretation der «Braunen Revolution» (1967) so weit, dem «Dritten Reich» nicht nur eine mentale, sondern auch eine sozialstrukturelle Revolution, eine «Revolution der Zwecke und der Mittel», zuzubilligen.

Während sich in den 70er Jahren überwiegend Skepsis gegenüber diesem Ansatz und seinen Bewertungskriterien ausbreitete und die Debatte darüber in den 80er Jahren fast ganz zum Erliegen kam, tauchte sie, abgekoppelt von der bisherigen Auseinandersetzung, aber das Interesse einer jüngeren Generation ausdrückend, in den 90er Jahren erneut auf. Diesmal ging es sogar um angeblich nachweisbare Modernisierungsintentionen, auch und gerade von Hitler selber, sowie um das Erreichen von Modernisierungszielen im Vollzug einer bewusst sozialrevolutionären Politik. Wiederum überwog die notwendige Kritik an der teils nachlässigen, teils verwegen inkompetenten, manchmal aber auch einleuchtenden Gedankenführung, so dass es, aufs Ganze gesehen, noch nicht zu einem ruhigen Abwägen der strittigen Argumente gekommen ist. An dieser Stelle muss man sich daher zunächst einmal zwei Gesichtspunkte unmissverständlich vor Augen führen.

Zum einen meint hier Modernisierungstheorie keineswegs die kurzlebige Blüte namentlich der amerikanischen sozialwissenschaftlichen Variante der Modernisierungstheorien in den 1950/60er Jahren, deren Schwächen längst hinlänglich kritisiert worden sind. Vielmehr bezeichnet der Begriff jene von Adam Smith, Karl Marx, Max Weber und manchen anderen entfaltete Analyse und Deutung des in die westliche Moderne führenden Evolutionsprozesses. Zum anderen liegt die eigentliche Stärke dieser Modernisierungstheorie in der Identifizierung, Untersuchung und Interpretation von langlebigen Transformationsprozessen. Dafür ist sie seit jeher gedacht gewesen und besonders geeignet. Auf die Entwicklung innerhalb einer kurzen Zeitspanne ist sie dagegen nicht zugeschnitten und die zwölf Jahre des «Tausendjährigen Reiches» umfassen in diesem Sinn einen außerordentlich knappen Zeitraum. Dennoch kann man im Rahmen dieser

Theorie einige sinnvolle und legitime Fragen stellen. Man muss es auch deshalb tun, um die eingangs erwähnte Kontroverse, die angeblich in ein «kognitives Nirwana» zu führen droht, einer Klärung entgegenzuführen.

Sind die bis 1933 unzweifelhaft vorhandenen mächtigen Modernisierungstrends, unter deren Hegemonie auch das deutschsprachige Mitteleuropa an der okzidentalen Sonderentwicklung teilgenommen hatte, weitergelaufen? Sind sie sogar gefördert worden? Oder sind sie im Gegenteil unterbrochen oder abgebrochen worden? Herrschte mithin in einem so durchsetzungsfähigen Transformationsprozess eher Kontinuität oder eher Diskontinuität – oder beides? Wurde zumindest auf einigen Gebieten der Modernisierungsprozess intentional unterstützt? Oder setzte er sich ohne das absichtsvolle Handeln der Akteure weiter durch, zumal man die begrenzte Gestaltungsfähigkeit des NS-Regimes in seinen wenigen Jahren nicht überschätzen darf? Die Aufstiegsmobilität etwa kam dank der Nachfrage neuer Institutionen, aber nicht als zielstrebig geplante Modernisierungsmaßnahme zustande. Bezeichnete dagegen die anvisierte «Leistungs-Volksgemeinschaft» eine Etappe auf dem Weg zur modernen meritokratischen Leistungsgesellschaft? Und schließlich: Was sind die Langzeitwirkungen des geforderten oder blockierten Modernisierungsprozesses, wie sie sich nach 1945 geltend machten? Sind vielleicht fundamentale Veränderungen im Sinn einer Modernisierungsbegünstigung überhaupt erst durch den Krieg und in den ersten Nachkriegsjahren als Folge der «deutschen Katastrophe» oder als Fernwirkung der nationalsozialistischen Politik nach dem Untergang des Regimes zustande gekommen?

Eins ist sicher: Man sollte solchen Fragen nicht mit der schroffen Leugnung jedweder Modernisierung unter der Führerdiktatur von Anfang an entgegentreten, indem man generell das Verdikt der «simulierten» oder der «vorgetäuschten» Modernisierung verhängt. Gerade wer den Nationalsozialismus der gebotenen und überfälligen Historisierung unterwerfen, ihn also nicht als erratischen Block mitten in der deutschen Geschichte des 20. Jahrhunderts liegenlassen, sondern in den historischen Kontext einbetten will, muss sich den tiefen Ambivalenzen der Modernisierung auch nach 1933 stellen. Der Krieg ist zwar nicht, wie es seit der Antike heißt, der Vater aller Dinge. Aber er kann dennoch Entwicklungen fördern, die den Nachlebenden positiv zustatten kommen. Kann daher nicht auch, wird man fragen dürfen, die Vorbereitung und Durchführung eines Vernichtungskrieges, die Modellierung eines arischen Herrenrassereichs Impulse mit einer modernisierenden Wirkung auslösen, die als solche nicht geplant waren, aber nach dem Scheitern aller Vorhaben und um einen entsetzlichen Preis den Überlebenden und neuen Generationen zugute kommen? Mit einer Überschätzung oder gar heimlichen Rechtfertigung der nationalsozialistischen Politik, die selbstredend mit aller Entschiedenheit verurteilt werden muss, hat das ganz und gar nichts zu tun. Sehr viel aber mit der Hegel vertrauten Heterogonie der Zwecke, wonach aus den Handlungen der Menschen ganz andere Resultate hervorgehen, als es ihrer ursprünglichen Absicht entsprach.

Die okzidentale Modernisierung während der Neuzeit vollzieht sich in den langlebigen Prozessen einer zusammenhängenden strukturellen Veränderung, die alle Dimensionen des gesellschaftlichen Lebens schließlich erfasst hat. (Von den älteren Antriebskräften, etwa dem monotheistischen Juden- und Christentum, dem römischen Recht, der griechischen Philosophie, der Staatsbildung braucht hier nicht gehandelt zu werden.) Gemeinhin denkt man bei dieser Transformation an ein Bündel zentraler Faktoren. Da ist etwa:

1. der Wandel der Wirtschaftsstruktur von der Agrar- zur Industrie- und Konsumgesellschaft, ablesbar an den Indikatoren des wirtschaftlichen Wachstums;

2. die Verkehrsrevolution von Eisenbahn, Telegraph und Post, sogleich gefolgt von neuen Kommunikationsmitteln;

3. der Wandel der Sozialstruktur von der Ständegesellschaft zur Klassengesellschaft unter der Dominanz marktbedingter Erwerbs- und Berufsklassen, die durch hohe geographische und soziale Mobilität geprägt sind;

4. das zeitweilig beispiellose demographische Wachstum, das als Antriebskraft zahlloser Veränderungen, etwa massenhafter Migrationsbewegungen oder der Sozialpolitik, wirkte;

5. das Vordringen der Urbanisierung und die dazu parallel verlaufende Entagrarisierung;

6. die Expansion des Bildungswesens und des Kommunikationssystems, mithin eine umfassende kulturelle Mobilisierung;

7. der Aufstieg der Wissenschaften zu einer den Alltag zunehmend prägenden Innovationsmacht, ohne die der technische Fortschritt nicht denkbar ist;

8. die Säkularisierung weiter Lebensbereiche und die dadurch erzwungene Adjustierung der Konfessionen;

9. die großen Emanzipationsbewegungen der Unterprivilegierten, der Frauen, der Arbeiter, der Minderheiten, etwa der Juden und kleinen Nationalitäten;

10. der Wandel des politischen Systems, mithin die Ausweitung der politischen Partizipationsrechte, der Staatsfunktionen im Verlauf des anhaltenden Staatsbildungsprozesses und der Bürokratie; der Aufbau des Verfassungs-, Rechts- und Sozialstaats; auch der Elitenwechsel und die Attraktivität der Staatsform, der demokratisch legitimierten Republik.

Diese «politische Evolution» vollzieht sich gewöhnlich im Zeichen von «Krisen», wobei sich die Problemtypologie solcher Krisen: der Identitäts-, Legitimations-, Partizipations-, Integrations-, Penetrations- und Distributionskrise heuristisch und empirisch bewährt hat.

Selbstverständlich gibt es auch durch und durch moderne Phänomene, welche gewissermaßen die schwarze Seite der Moderne verkörpern. Denn erst ihr Potential hat die totalitäre Diktatur, den industriellen Massenmord, den Vernichtungskrieg, den menschenfeindlichen Szientismus, die Massenindoktrination, die Umweltzerstörung, den Nord-Süd-Konflikt, die exzessive Bürokratisierung, die militante Entliberalisierung und Entdemokratisierung möglich gemacht. Das Urteil über alle Dimensionen des Modernisierungsprozesses ist unvermeidbar normativ aufgeladen, bis hin zu den Richtungskriterien, welche die Stoßrichtung der Modernisierung präzisieren helfen. Das wird besonders deutlich sichtbar, wenn die modernen politischen Systeme mit ihren Charakteristika bewertet werden müssen.

Wendet man sich den schillernden Ambivalenzen der Modernisierung im «Dritten Reich» zu, erkennt man einige typische Verlaufsphänomene. Manche Modernisierungstrends liefen, wie von der Führerdiktatur völlig unberührt, unbeirrbar weiter; andere wurden nicht unterbrochen oder sogar beschleunigt, da sie als systemdienlich galten; wiederum andere wurden wider Willen gefördert. Vor allem aber lassen sie sich nie, das ist die oberste Maxime ihrer Erörterung, aus dem

Zusammenhang der Rassen- und Kriegspolitik durch einen künstlichen Schnitt herauslösen, vielmehr bleiben sie aufs Allerengste mit ihr verwoben.

Geht man auf die vorn genannten Modernisierungsdimensionen etwas genauer ein, drängen sich die folgenden Erwägungen auf:

1. Wegen des Primats der Aufrüstung und Kriegsführung ist die industrielle Entwicklung, besonders in den Dynamik generierenden Leitsektoren, beschleunigt worden. Trotz der Zerstörung durch den Bombenkrieg fand die Bundesrepublik einen breiten Sockel modernster Industrieanlagen vor; auch dem österreichischen «Wirtschaftswunder» hätte ohne den forcierten Industrieausbau seit 1938 eine wesentliche Grundlage gefehlt. Die staatliche Steuerung erwies sich freilich als weithin ineffektiv. Sie konnte selbst im Krieg ein «Rüstungstohuwabohu» nicht verhindern, bis Todt und Speer eine Neuorganisation durchsetzten. Im Grunde erwies sich die interventionistische Lenkung als eine Episode, da die Unternehmensautonomie zwar geschwächt, der harte Kern der maßgeblichen privaten Verfügungsrechte aber nicht angetastet, geschweige denn beseitigt wurde.

Ohne die Ausbeutung der besetzten europäischen Länder und des Millionenheers der Zwangsarbeiter wäre die auffällige Ausstoßsteigerung unmöglich gewesen. Und auch die Deutschen selber zahlten für den industriellen Aufschwung mit der volkswirtschaftlich unproduktiven Aufrüstung, der zweiten Zerrüttung ihrer Währung und vollends mit der Verwüstung durch den Krieg folgerichtig einen extrem hohen Preis.

In der Agrarwirtschaft beruhte die Reichsnährstandspolitik eine Zeit lang ersichtlich auf starren dogmatischen Prämissen. Aber sowohl mit der Förderung des lebensfähigen großen Bauernhofs als auch mit der Herauslösung der Landwirtschaft aus dem Markt bewegte sie sich, wenn man das ideologische Gewand des «Erbhofs» einmal abstreift, auf der Linie des europäischen Agrarprotektionismus seit den 1950er Jahren, dessen exzessives Subventionssystem ebenfalls den von Marktzwängen weithin entlasteten Großbetrieb privilegiert.

2. Das Verkehrssystem ist durch den spektakulären Ausbau der Autobahnen verbessert worden. Aber auch sie dienten zunächst einmal primär als militärische Transportwege, während die von Hitler durchaus gewollte allgemeine «Motorisierung», auf lange Sicht gera-

dezu im amerikanischen Stil, als Folge des Angebots erschwinglicher «Volkswagen» ebenso reine Zukunftsmusik blieb wie die zivile Luftfahrt.

3. In der Sozialstruktur folgte mit der Rückkehr der acht Millionen Arbeitslosen in den Produktionsprozess die große, durch die staatliche Konjunkturpolitik beschleunigte Anpassung nach dem Trendbruch der Weltwirtschaftskrise seit 1929. Doch hat sich das System der marktbedingten Klassen nicht sehr verändert, sondern ist im Gegenteil bestätigt worden. Die vertraute Klassenstruktur wurde allerdings durch die politische Selektion der nationalsozialistischen Eliten durchbrochen, die namentlich in den polykratischen Sondergewalten eine eigene, wenn auch führerabhängige Machtstellung gewannen. Nicht zuletzt mit ihnen und dem forcierten Aufbau großer Verwaltungsapparate für die Wehrmacht, die neuen staatlichen Einrichtungen, die Partei und ihre Verbände hing die verblüffende Aufstiegsmobilität von gut zwei Millionen Männern zusammen.

Fraglos sollte die arbeiterfreundliche Politik den Schock der Zerschlagung der Gewerkschaften und der Linksparteien kompensieren, insbesondere aber die Integration in den Führerstaat unterstützen. Mit diesen Zielen vor Augen erreichte die «Deutsche Arbeitsfront» vornehmlich in den Mittel- und Kleinbetrieben zahlreiche verbesserte Sozialleistungen. Durch gemeinsame Tarifverträge, Lohnfortzahlungen und verlängerte Urlaubszeiten sollte der eingeschliffene Unterschied zwischen Arbeitern und Angestellten allmählich abgebaut werden. Doch wurde das Fernziel eines einheitlichen Arbeitnehmerstatus, dem das unterschiedliche Versicherungsrecht weiterhin starr entgegenstand, keineswegs energisch angesteuert.

Die symbolische Aufwertung der «Arbeiter der Faust», die immerhin 21 Prozent der Teilnehmer an den Kraft-durch-Freude-Inlandsreisen und zehn Prozent ihrer Seereisen stellten, blieb offenbar nicht ohne Wirkung. Aus traditionalistischen Gründen wurde dagegen der Zug zur Frauenerwerbsarbeit abgebremst.

Nie ging es dem Regime bei seiner Gesellschaftspolitik um jene Chancengerechtigkeit, die der demokratische Verfassungs- und Sozialstaat als normative Vorgabe unterstützt. Vielmehr blieb sein absolut vorrangiges Ziel, dem sich alles unterzuordnen hatte, die Optimierung der völkisch-rassischen Leistungskraft, um ein großgermanisches Rassereich zu etablieren und die Bewährungsprobe des Krieges, einschließlich künftiger Kämpfe um die Weltherrschaft, bestehen zu können. Währenddessen versuchte es, die Herausforderung der Moderne durch Rassenzüchtung und Judenmord stillzulegen.

4. Trotz aller Anstrengungen konnte die nationalsozialistische Bevölkerungs- und Familienpolitik kein nennenswertes generatives Wachstum inaugurieren, für das zwölf Jahre ohnehin zu knapp bemessen sind. Der demographische Zuwachs kam vielmehr allein durch Gewaltakte zustande. Aufgrund der Einverleibung der «Volksdeutschen» und der Bevölkerung der annektierten Gebiete gewann das «Großdeutsche Reich» mehr als 18 Millionen Menschen hinzu, die seine Population auf 80 Millionen brachten. Als Konsequenz des deutschen Vernichtungskriegs und seiner barbarischen Bevölkerungspolitik im Osten stand am Ende der millionenfache Tod und die Vertreibung von 14 Millionen Deutschen nach Westen.

5. Trotz des Redeschwalls der Agrarutopisten wurde die Urbanisierung nicht ernsthaft behindert, aber auch nicht kraftvoll unterstützt; nur in den Städten mit neuer Rüstungsindustrie indirekt beschleunigt. In der ominösen Zukunftsplanung, die Robert Ley als «Reichskommissar für den Wohnungsbau» betreiben ließ, nahm allerdings die Großstadt mit Hoch- statt Einfamilienhäusern einen festen Platz ein.

6. Einen dramatischen Rückschritt erlebte das Bildungswesen als Ort einer entscheidenden Schubkraft der Modernisierung. Die auffällige Expansion des letzten halben Jahrhunderts wurde abgebrochen. Die Studentenzahl der Universitäten wurde durch harte Eingriffe von 1933 = 121 000 auf 1939 = 56 000 um mehr als die Hälfte abgesenkt. An den Technischen Hochschulen schrumpfte ihre Zahl von 20 400 auf 9500, selbst an den Ingenieurfachschulen von 19 000 auf 10 000. Die Frauenquote an den Universitäten verringerte sich von 15.4 auf 11.6, an den Technischen Hochschulen von 4.6 auf 1.9 Prozent. Der Anteil der Arbeiterkinder fiel wieder auf den Stand von 1911 zurück. Als Fachkräfte überall dringend gesucht wurden, blieb wegen der eklatanten Fehlplanung im Hochschulsystem der Nachwuchs aus.

Im Schulsystem erfassten die nationalsozialistischen Eliteschulen nur eine winzige Schülerschaft. Zwar bahnte die Aufhebung der überlebten Konfessionsschule auf längere Sicht der Simultanschule den

Weg, verstärkte aber vorerst die Systemkritik der Katholischen Kirche.

7. Eine tiefe Zäsur charakterisiert ebenfalls das Wissenschaftssystem, das einen irreparablen Verlust an Fachkräften und dann eine durch die braune Intellektuellenfeindschaft geförderte Stagnation erlebte. Die Vertreibung jüdischer oder politisch diskriminierter Spitzenkräfte, deren Können seither vornehmlich den amerikanischen Hochschulen zugute gekommen ist, konnte nie wieder wettgemacht werden. Wichtige Forschungsfelder wie die Hochfrequenztechnik, die Radartechnologie, die Atomforschung wurden faktisch einer Blockade unterworfen. Strittige Erfolge waren das vor 1933 entwickelte Hydrierverfahren und der zu spät betriebene Raketen- und Düsenflugzeugbau.

Unter dem Kuratel der NS-Ideologie verwandelten sich erhebliche Teile der Biologie und Geschichtswissenschaft, der Volkskunde und Soziologie, der Psychiatrie und Psychologie, der Germanistik und Jurisprudenz in regimekonforme Afterwissenschaften, obwohl dort auch klassische Professionalisierungstendenzen weiterliefen. Aberhunderte von Medizinern wirkten bei der Euthanasie und Sterilisation, bei Menschenexperimenten im Banne der rassistischen Züchtungsutopie mit, verleugneten alle ethischen Normen und verkörperten mit ihrem szientifisch getarnten Irrationalismus eine Perversion der Moderne.

8. Der Säkularisierungsprozess verschärfte sich durch die bedrohlichen Ansprüche der nationalsozialistischen Säkularreligion. Durch dieses Neuheidentum gerieten die Amtskirchen unter schmerzhaften Druck. Während sich ihm die Katholische Kirche, ungeachtet der Anpassungsbereitschaft exponierter Würdenträger, bravourös widersetzte, stand die Evangelische Kirche unmittelbar vor dem Schisma zwischen «Deutschen Christen» und «Bekennender Kirche», das der Nationalprotestantismus im Verein mit der neuen politischen Religion heraufbeschwor. In der Alltagswelt sank freilich die Anzahl der konfessionellen Eheschließungen noch nicht, und die Scheidungsrate stieg keineswegs an. Insgesamt scheint der Prozess jener Entchristianisierung, die Hitler und der Partei als Endziel fraglos vorschwebte, stecken geblieben oder wegen der erwünschten Konfliktfreiheit während des Krieges angehalten worden zu sein.

9. Die Emanzipationsbewegungen der Arbeiter und Frauen wurden, da ist kein Zweifel möglich, nach Kräften unterdrückt. Die Pseudolösung des «Harmonieverbandes» namens «Arbeitsfront» erwies sich nicht als überlebensfähig. Und der parteioffizielle Antifeminismus stand, wie sich herausstellte, der indirekten Emanzipationsförderung durch die Eigenverantwortung und Selbständigkeit namentlich junger Frauen nicht starr im Wege.

10. Im politischen System hat die charismatische Herrschaft der Führerdiktatur wie ein Amoklauf gewirkt, der die meisten Modernisierungsfortschritte zerstörte. Zuerst hat sie eine mühsam erkämpfte Errungenschaft des modernen Staatsbildungsprozesses, den demokratischen Machtwechsel nach der Wahl einer neuen Mehrheit durch die partizipationsberechtigten Männer und Frauen, zunichte gemacht. Formal gehörte zu diesem Prozess die Ausdehnung der Staatsfunktionen. Aber dieser Vorgang diente jetzt nurmehr der Effizienzsteigerung der Diktatur, der Vorbereitung und Durchführung des zweiten totalen Krieges. Diesem Ziel war auch das Auswuchern der Bürokratie bis hin zu den zahlreichen führerimmediaten Sonderstäben zu verdanken.

Das Gehäuse des Verfassungs- und Rechtsstaats wurde in Windeseile zertrümmert, der Sozialstaat umgebaut. Er ordnete jetzt die alten und neuen Methoden der Daseinsvorsorge den Imperativen der Herrschaftsstabilisierung und der effektiven Leistungssteigerung, der umfassenden Reglementierung und der rassischen Selektion lückenlos unter. Zwar wurde die Präventivmedizin gefördert, das Freizeitangebot vermehrt, eine größere städtische Durchschnittswohnung in Aussicht gestellt und den siegreich heimkehrenden Kriegern eine dynamische Rente als Belohnung zugedacht. Insofern besitzt der Leysche «Sozialpaternalismus» hier und da auch Züge einer formalen Ähnlichkeit mit dem wohlfahrtsstaatlichen Beveridge-Plan in England. Aber die Hauptintention der nationalsozialistischen Sozialpolitik blieb die Unterstützung aller sinistren Regimeziele, und ihr Erfolg wäre mit dem Lebensraumimperialismus und der Ausbeutung Europas sowie Russlands durch die großdeutsche Hegemonialmacht untrennbar verbunden gewesen.

Blickt man auf die konkreten Ergebnisse der häufig überschätzten Sozialpolitik, sieht man, dass die Weimarer Republik 1929 neun Prozent des Sozialprodukts, das NS-Regime 1939 aber nur sechs Prozent für diese Zwecke ausgab. Hatte die Republik von 1924 bis 1930 die Hälfte aller Wohnungsbauten mit öffentlichen Mitteln gefördert, waren es im Führerstaat von 1934 bis 1939 nurmehr zehn Prozent.

Der Elitenwechsel repräsentierte nicht mehr einen demokratischen Austausch des Führungspersonals, sondern einen klaren Kontinuitätsbruch. Die Parteioligarchie, der sozialen Herkunft nach oft aus dem kleinbürgerlichen Milieu und den Unterklassen stammend, drang in die überkommenen Machteliten ein, fusionierte mit ihnen oder verdrängte sie innerhalb kurzer Zeit. Anstelle des versprochenen entscheidungsfähigen, da straffen autoritären Systems entwickelte sich unter der Führerdiktatur eine neofeudalistische Personenverbandsherrschaft, deren Kennzeichen der ungehemmte Klientelismus, das verfilzte Patronagenetzwerk, die geltungssüchtige Satrapie nach dem Motto war: Dem Sieger die Beute, der Korruption der Vorrang. Ein Vorspiel des gegenwärtigen Interessenpluralismus sollte man darin nicht erkennen. Allerdings zeichnete sich mit dem Aufstieg der SS-Expertenherrschaft ein stählernes Gehäuse des künftigen «Dritten Reiches» ab. Mit politischer Modernisierung in einem normativ positiv besetzten Sinn hatte all das denkbar wenig zu tun, wohl aber ganz und gar mit den Schattenseiten der Moderne.

Da objektivierbare Kriterien den Eindruck der Zeitgenossen, in einer krisenreichen Zeit zu leben, unterstützen, lohnt sich ein Blick auf die vorn erwähnte Krisentypologie.

1. Eine Identitätskrise trat insofern auf, als zeitweilig das Vordringen der Herrenrassenmentalität den Vorrang des traditionellen politischen Habitus in Frage stellte, zumal der Radikalnationalismus eine häufig betretene Brücke bildete. Doch schon in der zweiten Kriegshälfte erwies sich die Zählebigkeit der überkommenen Identität in den historischen Regionen und des gewissermaßen konventionellen, nicht arisch-großgermanisch überhöhten Deutschen.

2. Die unübersehbare Legitimationskrise der Republik führte zum tiefsten Einschnitt, da mit Hitlers charismatischer Herrschaft die Umpolung auf eine neuartige, die Diktatur stützende Legitimationsbasis verbunden war.

3. Eine Partizipationskrise wurde seit 1933 durch die radikale Widerrufung aller politischen Teilhaberechte geschaffen, die nur noch in der Schwundform der plebiszitären Akklamation erhalten blieben.

Schon wegen der Abwesenheit der innerparteilichen Demokratie und des Charakters charismatischer Herrschaft spricht nichts dafür, dass unter dem Führerabsolutismus das Rad zurückgedreht worden wäre, um regelmäßige politische Teilnahme mit direktem Einfluss auf das Herrschaftssystem wieder zu ermöglichen. Diese Entwicklung trug wesentlich zum breitenwirksamen Rückzug in die apolitische familiale Privatheit bei, zumal sich die Familie auch unter den Kriegsbedingungen als überlebensfähige Institution erwies.

4. Die evidente Integrationskrise der Republik, als alle Welt nur Desintegration in schlechthin allen Lebensbereichen beschwor, wurde sowohl durch den Radikalnationalismus als auch durch die Faszination der «Volksgemeinschaft» zeitweilig überwunden. Beide Ideologien erwiesen sich indes als Pseudolösung.

5. Die Penetrationskrise ist hauptsächlich ein Problem der europäischen Staatsbildung im 19. Jahrhundert gewesen, aber der neue Zentralstaat griff, auch alte Wunschträume seiner Bürokratie erfüllend, nach der Zertrümmerung des traditionsreichen deutschen Föderalismus mit seiner neuartigen autoritären Penetration des Landes bis zur Peripherie und in die Intimsphäre des Einzelnen durch.

6. Eine Distributionskrise als Folge der sozialen Ungleichheit in industriekapitalistischen Gesellschaften wurde durch die geheuchelte Egalität der «Volksgemeinschaft» eskamotiert. Unter dem Deckmantel der sozialen Gerechtigkeit für alle «Volksgenossen» sank die Lohnquote auf einen neuen Tiefpunkt, während die Unternehmereinkommen rasant stiegen. Von einer Beteiligung der Arbeitnehmer am Produktivkapital war in der «Arbeitsfront»-Rhetorik nicht einmal ansatzweise die Rede. Jeder Zuwachs wurde in den Dienst des Krieges gestellt, so dass erst die langlebige Prosperitätsphase seit den 1950er Jahren eine neuartige Umverteilung des Wohlstands ermöglicht hat.

Die Diskussion der Gesichtspunkte, welche das modernisierungstheoretische Raster zur Verfügung stellt, erfasst aber öfters gerade jene Faktoren nicht realitätsgerecht oder nur ungenau, die nach dem Selbstverständnis von Abermillionen Zeitgenossen die offenen, dynamischen «fortschrittlichen» Züge des «Dritten Reiches» verkörperten. Diese subjektive Wahrnehmung zählte, da sie die Geister mobilisierte, auf längere Sicht oft mehr als kurzlebige «objektive» Veränderungen.

1. Im Hinblick auf die soziale Hierarchie entwickelte sich offenbar eine veränderte Bewusstseinslage. Es gab eine Diskontinuität der Sichtweisen, Einstellungen, Wahrnehmungen – auch sie ein Ausdruck der «Gesinnungsrevolution» unter der charismatischen Herrschaft, die überkommene Denkformen verflüssigte. Die traditionellen Klassen und Statusschranken wurden delegitimiert und auch konkret abgebaut, damit verbundene mentale Sperren nicht nur symbolisch in Frage gestellt. Insofern schien es vielen, dass eine Egalität bis hin zur Homogenisierung der Sozialstruktur in der «Volksgemeinschaft» vordrang. Unter dem Motto «Freie Bahn dem Tüchtigen» wurde vielfach eine freiere Aufstiegsmobilität zur lebenspraktischen Erfahrung, ohne dass danach gefragt wurde, welchem Parteiverband mit seiner bürokratischen Expansionslust sie zu verdanken war.

Die propagierte meritokratische «Leistungsgemeinschaft» eröffnete vielen arischen «Volksgenossen» bislang ungeahnte Karrierechancen. Der Erwartungshorizont wurde weiter als je zuvor geöffnet. Schon der Anreiz, erst recht der befriedigte Ehrgeiz, schuf Systemloyalität, erhöhte die populäre Zugkraft des Führerstaates.

Auch die nationalsozialistische Gleichschaltungspolitik im weitesten Sinn hat wahrscheinlich soziale Mobilisierungskräfte entbunden. Indem, wie es aussah, alte Schlacken fielen, wurden Energien entbunden, die nach einer neuen Ordnung strebten. Da die nationalsozialistischen Ideen auch in dieser Hinsicht vage blieben und nur die Vision der «Leistungsgemeinschaft» angeboten wurde, bemühten sich energische Individuen darum, diesen Rahmen nach ihren Vorstellungen von Berufserfolg und Sozialprestige auszufüllen. Das entsprach dem sozialdarwinistischen Konkurrenzideal des Regimes, wurde aber auch als neue Bewegungsfreiheit empfunden. Dadurch wurden konstruktive Antriebskräfte freigesetzt, die durch die typische Normenauflösung als Direktfolge charismatischer Herrschaft unterstützt wurden.

Vor allem aber wurden, besonders im Krieg, destruktive Energien ungeahnten Ausmaßes freigesetzt. Jedenfalls entstand eine «Dynamik der psychosozialen Kraftentfaltung», die zum einen den «Modernitätsappeal» des Nationalsozialismus steigerte, zum anderen sich für das Regime und seine Kriegsführung als «höchst funktional» erwies. Die Einlösung der geweckten Hoffnungen und der wahrgenommenen Versprechungen beruhte jedoch letztlich auf dem Sieg eines rassischen

Großreiches, das alle legitimierbaren Modernisierungshoffnungen zunichte gemacht hätte.

2. Die «Volksgemeinschaft» als verführerische Neukonstruktion der Nation wurde offenbar von Millionen nicht negativ erfahren. Sie glaubten vielmehr an die sozialharmonische Überwindung des aus ihrer Sicht antiquierten Klassenantagonismus. Ging Gemeinnutz nicht in der Tat vor Eigennutz? Konnte man die neue Gemeinschaft nicht sicht- und fühlbar erleben? Der propagandistisch erzeugte «schöne Schein» ist unübersehbar. Aber man darf die bereits im Vormärz und während des Kaiserreichs lebendige, im Weltkrieg verstärkte und in der Republik unverändert anhaltende Sehnsucht nach dem gesellschaftlichen Konsens, der alle Interessendivergenzen zu überwinden im Stande war, nicht unterschätzen. Die nationalsozialistische «Volksgemeinschaft» als Leitidee und als energisch betriebener Gesellschaftsumbau hat dieses Bedürfnis vieler Zeitgenossen befriedigt. Sie hat vielerorts ein «verändertes Lebensgefühl» erzeugt, das die «affektive Integration» in das NS-System beförderte.

Fortbestehende Privilegien, neue Vorrechte der Parteibonzen und abstoßende Korruption der «Goldfasane» – sie galten vielen als überwindbare Mängel. Überdies gab es die neue Variante eines alten Topos vom gerechten Fürsten in der Ferne: «Wenn das der Führer wüsste ...». Hitler hat sich «instinktsicher» den Drang nach Integration und einer Zuflucht vor der konfliktreichen Moderne mit seiner Beschwörung der «schönen neuen Welt» der «Volksgemeinschaft» zu Nutze gemacht. Sie war aber nie Selbstzweck, sondern zweckdienliche Voraussetzung der «rassenimperialistischen Machtentfaltung». An erster Stelle galten Rassereinheit und Lebensraum als die «Garanten völkischer Zukunft».

3. Die Vollbeschäftigung befreite von millionenfacher Not. Sie galt auch damals, wie in den Jahrzehnten nach 1945, als Optimalzustand der modernen Arbeitsgesellschaft. In den letzten Friedensjahren von 1939 schien sich auch das Vordringen der Massenkonsumgesellschaft fortzusetzen. Nach den chaotischen Depressionsjahren wurden vitale Lebensinteressen durch diese Form der Amerikanisierung befriedigt. Die Wirkung dieses Erfolgs, die mörderischen Exzesse des Konjunkturzyklus überwunden zu haben, hat bei vielen die Überzeugung fest verankert, in den Genuss einer wahrhaft modernen, zukunftsfähigen

Wirtschaftspolitik zu kommen, mit welcher der «Führer» Deutschland als erstes Industrieland aus der Depression in die Prosperität zurückgeführt habe. Vor der schwarzen Folie der Depressionsjahre fungierte das nationalsozialistische «Wirtschaftswunder» als Nährboden für die Regimeloyalität der Arbeiterschaft. Die Zerschlagung ihrer Organisationsstruktur unterstützte die Erosion ihrer Subkultur. Zugleich wurde der Typus des konsum- und leistungsorientierten, «Fremdarbeiter» dirigierenden Arbeiters nachhaltig gefördert. Nach 1945 gab es, das erwies sich sehr schnell, keine Rückkehr zum proletarischen Sozialmilieu mit seiner marxistisch geprägten Arbeiterschaft und seinen politischen Organisationen.

4. Galt nicht bis Stalingrad für viele Millionen, dass es sich unter der erfolgsverwöhnten charismatischen Führerherrschaft als «arischer Volksgenosse» besser als vor 1933 leben ließ? Selbst das nationalsozialistische Trauma von 1918/19 war durch die militärische Zerschlagung des Versailler Systems während der «Blitzkriege» gegen Polen und Frankreich geheilt, das Selbstwertgefühl durch die Überhöhung zum privilegierten Herrenvolk im Besitz der europäischen Hegemonie gesteigert worden. Schien nicht die Führerherrschaft im Vergleich mit den entscheidungsschwachen parlamentarischen Demokratien des Westens die überlegene Staatsform der Gegenwart, selbstverständlich auch der Zukunft zu sein? Nicht nur wurde diese Überzeugung durch machtvolle Traditionen der deutschen Politischen Kultur gestützt. Vielmehr konnte das Regime offenkundig eine bestechende Mobilisierung gesellschaftlicher Ressourcen bewerkstelligen.

Stand Hitler nicht selber für Massenkonsum, Technikbegeisterung, Motorisierung, Urbanisierung – geradezu auf das in dieser Hinsicht attraktive amerikanische Vorbild fixiert? Von einer archaischen Reagrarisierung konnte ernsthaft nicht die Rede sein. Dafür hätte das Regime außerhalb der Fanatikerzirkel auch gar keine Legitimationsbasis besessen. Hitler sah die Industrialisierung ungleich positiver als die alte Garde der Konservativen und wurde nicht allein von jungen Akademikern, Ingenieuren, Technikern auch so verstanden. Zugleich stemmte er sich aber zeitgemäßen Innovationen entgegen, da der Modernisierungsprozess auch die angebliche tödliche Bedrohung durch die Juden erzeugte. Vor dieser Gefahr galt es, durch eine erbarmungslose Rassen- und Lebensraumpolitik die «ewigen Werte» im «Tausendjährigen Reich» für immer zu retten. Was aber kann an diesem Rassenkampf als Bewegungsgesetz der Weltgeschichte noch als modern gelten?

5. Selbst der barbarische Rassismus, der alle ethischen Normen sprengende Antisemitismus, die menschenverachtende Eugenik wurden von zahlreichen Experten und all jenen, die an deren überlegenes Wissen glaubten, als zukunftsträchtige Moderne verstanden. Diese Überzeugung brachte die Verführbarkeit so vieler Angehöriger der professionellen Dienstleistungsklassen hervor. Sie verliehen dem Regime einen Gutteil jener sozialen Dynamik, die sein grenzenloses Zerstörungswerk überhaupt erst ermöglichte. So gewann es für viele das Image, als Vollender des wissenschaftlichen Fortschritts in den Biowissenschaften an der Spitze einer wahrhaft modernen Entwicklung zu stehen. Um diesen Verrat aller humanen Werte bloßzustellen, bedurfte es offenbar der totalen Niederlage des selbstprogrammierten Rassestaats.

Die Bilanz ist nach alledem nicht leichterhand zu ziehen. Überwiegend ist das Regime daran interessiert gewesen, kurzfristig realisierbare Ziele zu erreichen. Dafür nutzte es das Modernisierungspotential des Landes aus, oft ebenso geschickt wie bedenkenlos. Was systemdienlich wirkte, wurde unbekümmert in den Dienst des Führerstaates gestellt.

An nur langfristig realisierbaren Zielen außerhalb der mit dogmatischer Starrheit verfolgten Rasse- und Kriegspolitik zeigte das Regime dagegen nirgendwo ein anhaltendes Interesse. Wegen des Ämterchaos und der inhärenten Willkür charismatischer Herrschaft war es zu einer Langzeitplanung und -politik auch strukturell außer Stande. Die Vision von der «Leistungsgemeinschaft» beruhte sowohl auf der Exklusion aller rassepolitisch stigmatisierten Staatsbürger als auch auf der Negierung korrumpierender politischer Einflüsse. Der verheißene Sozialstaat und die Amerikanisierung der Konsumgesellschaft hingen von einem Siegfrieden und der Ausbeutung des unterworfenen Europas ab. Die verklärte «Volksgemeinschaft» unterlag der Einwirkung des rassepolitischen Atavismus und der anhaltenden Barbarisierung durch die Züchtungsutopie.

Von einer direkten Modernisierungspolitik als Folge nationalsozialistischer Intention kann man daher genauso wenig sprechen wie von einer gelungenen «sozialen Revolution». Manche Modernisierungsprozesse liefen aus eigener Kraft weiter, mühsam erkämpfte Modernisierungsfortschritte, etwa im Bildungswesen und politischen System, wurden zunichte gemacht. An objektivierbaren Modernisierungseffekten aus eigener Kraft bleibt wenig übrig. Dennoch trug der Einfluss des Regimes, wenn man den Krieg und die von ihm mitgeprägte Nachkriegszeit einbezieht, dazu bei, dass außerhalb der Welt zweckvoller Absichten auch Modernisierungsimpulse freigesetzt und traditionale Strukturen abgebaut wurden. In dieser Anerkennung nicht intendierter Modernisierungswirkung liegt die fortdauernde Überzeugungskraft der Dahrendorfschen Argumentation. Abgesehen von der Zerstörung des einflussreichen Militärapparats, der Ausschaltung des Offizierkorps und der ostelbischen Adligen, der Zertrümmerung überkommener Sozialmilieus und der radikalen Dementierung des Überlegenheitsanspruchs der Diktatur sowie von anderen umstürzenden Folgen im Jahrzehnt zwischen 1939 und 1949 bleibt offenbar der wirksamste Modernisierungseffekt die vielfach eingetretene Veränderung der Mentalität.

Auch wenn die meisten nationalsozialistischen Maßnahmen primär der Herrschaftsfestigung und Kriegspolitik dienten, sind sie doch von vielen Zeitgenossen als Befreiung von anachronistischen Schranken, als Übergang zu einer mobilen, leistungsgläubigen, meritokratischen Gesellschaft empfunden worden. Insofern hat die mit der charismatischen Herrschaft verbundene «Gesinnungsrevolution» nicht nur den Führerglauben gestärkt, sondern auch zu einer Mobilisierung der Denkformen und der Wahrnehmungsweisen, zu einer Ausweitung auch des Erwartungshorizonts geführt. Dieser mentale Umbruch, namentlich in den jüngeren Generationen sollte sich nach 1945 als äußerst folgenreich: als eine Schubkraft der westdeutschen Modernisierung erweisen, die ohne eigenes Verdienst auf den mobilisierten Leistungsfanatismus der Jüngeren zurückgreifen konnte.

Natürlich wäre die Modernisierung Deutschlands, um eine kontrafaktische Frage anzuschneiden, theoretisch mit ungleich geringeren Opfern, ohne die Exzesse der Massenvernichtung und des Krieges, denkbar gewesen. Realiter aber gab es für die deutsche Gesellschaft, die ihren charismatischen Führer als Verkünder seiner modernen Welt bejubelte, da ihre historischen Erfahrungen und die Traditionen ihrer politischen Kultur kein Bollwerk gegen die Diktatur, wohl aber die Verführbarkeit durch eine neue charismatische Herrschaft geschaffen hatten, keine realistische Wahl zwischen einer relativ preiswerten Modernisierung im Frieden und der aberwitzigen Alternative des NS-Regimes. In der Entscheidung für die zweite Option liegt letztlich der härteste Vorwurf gegen die innere Verfassung dieser Gesellschaft.

20. Konsequenzen der Führerherrschaft: Kriegsverluste und Folgekosten

Zu Recht gelten die zwölf Jahre des NS-Regimes als schroffste Zäsur, gilt das Jahr 1945 als ein Tiefpunkt der neueren deutschen Geschichte. Tatsächlich muss man aber auch noch die ersten drei Nachkriegsjahre in diese Schreckenszeit mit einbeziehen. Denn jetzt kam es in der Gestalt eines furiosen Gegenschlags gegen die nationalsozialistische Bevölkerungs- und Rassenpolitik im Osten zu einer beispiellosen Vertreibung von etwa 14 Millionen Deutschen aus Ostdeutschland und von Angehörigen der volksdeutschen Minderheiten in Ost- und Südosteuropa. Gleichzeitig stieg der Strom der Flüchtlinge aus der Sowjetischen Besatzungszone an, da sie sich vor den Racheorgien der Roten Armee und der sogleich anlaufenden Sowjetisierung «nach Westen» in Sicherheit bringen wollten. Die ostdeutsche Adelswelt wurde durch die sowjetische Besatzungsmacht und die deutschen Bolschewiki, die in der «Ostzone» das Ruder unverzüglich übernommen hatten, von Grund auf zerstört.

13 Millionen Soldaten erlebten ihre Demobilmachung – anders als 1918, als die Legende «im Felde unbesiegt» überall grassierte – in alliierten Kriegsgefangenenlagern. Mit der totalen militärischen Niederlage verband sich auch eine radikale Deflation jenes Nimbus, der bisher das deutsche Militär umgeben hatte. Neun Millionen Evakuierte des Bombenkriegs mussten in ihre Heimatstädte zurückgebracht werden, ebenso viele, vielleicht sogar zehn Millionen «Displaced Persons» (DP), Zwangsarbeiter, Kriegsgefangene, KZ-Häftlinge, «Hilfswillige» der deutschen Wehrmacht, in ihre Heimatländer repatriiert werden.

Über Millionen ostdeutscher Frauen und Mädchen, Kinder und Greisinnen brachen jahrelang die barbarischen Exzesse der Massenvergewaltigungen durch Rotarmisten herein. Nachdem deutsche Männer den Vernichtungskrieg im Osten geführt hatten, mussten diese Frauen dafür einen unendlich demütigenden, oft tödlichen Preis zahlen. Während die Furien des Krieges in dieser Form weiterlebten, dehnte sich eine Hungerkrise aus, brach das Verkehrssystem zusammen, erfasste die Demontage Hunderte von intakt gebliebenen Industrieanlagen, bahnte sich nicht zuletzt wie ein unaufhaltsamer Automatismus die Aufteilung des Landes an. Österreich hatte im Schutz der Legende, das erste Opfer der NS-Aggression gewesen zu sein, seine Souveränität wiedererlangt; bis 1948 setzte sich die Spaltung des «Altreiches» in vier Besatzungszonen durch.

So unleugbar der Mai 1945 eine Befreiung von der nationalsozialistischen Diktatur bedeutete, von der die Deutschen sich selber nicht hatten befreien können, so verständlich ist es, dass die Niederlage mit ihren Folgen aus der Sicht der meisten deutschen Zeitgenossen als deprimierende Katastrophe empfunden wurde. Hatte unlängst noch das «Großdeutsche Reich» vom Nordkap bis nach Nordafrika, von der Atlantikküste bis zur Krim sein Herrschaftsgebiet ausgedehnt, hatten sich Hitlers Deutsche bereits als künftiges Herrenvolk der Welt gefühlt, erlebten sie seit diesem Frühjahr 1945 den Absturz in den Abgrund der Besiegten, die endlich auch mit dem Menschheitsverbrechen des Judenmords konfrontiert wurden. Das war das Ende aller kriegerischen Exzesse und aller aberwitzigen Träume. Finis Germaniae? Das glaubten damals nicht wenige.

An erster Stelle muss man sich die horrende Höhe der Menschenverluste vergegenwärtigen, die der Aufbruch in das «Tausendjährige Reich» unter den Deutschen selbst verursacht hat. Insgesamt sind bis zum Kriegsende 18.2 Millionen Männer zum Militär eingezogen worden. Hinzu stießen noch Hunderttausende von «Volksdeutschen», Ausländern, Hilfswilligen, Nachrichtendiensthelferinnen und Krankenschwestern im Dienst der Wehrmachtsteile und der Waffen-SS. Die bisher genaueste empirische Ermittlung der Todesfälle ergibt in abgerundeten Zahlen 5.32 Millionen Tote. Die Todesquote schwankte je nach den Geburtsjahrgängen erheblich. Für die Jahrgänge 1910 bis 1925 lag sie durchschnittlich zwischen 20 und 40 Prozent. Mindestens zwei Fünftel der Jahrgänge 1920 bis 1925 wurden förmlich ausgelöscht.

Die Hälfte aller Verluste wurde an der Ostfront registriert. Waren im Ersten Weltkrieg täglich 1000 deutsche Soldaten umgekommen, waren es im Zweiten Weltkrieg allein im Osten während der ersten drei Jahre täglich 2000. Schon bis zum Sommer 1944 lag daher die Todesziffer bei zwei Millionen Soldaten. Seither stieg sie rapide auf täglich 5000 an. Wöchentlich gingen mithin zwei vollständige Divisionen verloren. Allein der apokalyptische Zusammenbruch der Heeresgruppe Mitte und Südukraine endete mit einem Massaker von ca. 350 000 deutschen Soldaten. Eine Zuspitzung brachten die allerletzten Monate des «Endkampfes», der 1,2 Millionen deutsche Soldaten das Leben kostete.

Zählt man die deutschen Kriegstoten in der Zeit von dem gescheiterten Attentat auf Hitler im Juli 1944 bis zum Mai 1945 zusammen, kommt man auf eine Ziffer, die fast genau der Anzahl der deutschen Kriegstoten in der gesamten vorhergehenden Kriegszeit vom September 1939 bis zum Juli 1944 entspricht. Allein auf diese zehn Schreckensmonate entfällt mithin die Hälfte aller deutschen Kriegsverluste. Darüber hinaus wurden 1.5 Millionen Soldaten als vermisst registriert. So gut wie ausnahmslos handelte es sich um weitere, nicht genau spezifizierbare Todesfälle. Der Suchdienst des Deutschen Roten Kreuzes erklärte mit hinreichender Sicherheit 1.086 Millionen Vermisste für tot; die restlichen Fälle blieben ungeklärt.

Zu den Überlebenden des großen Mordens zählten die elf Millionen deutschen Soldaten, die bis zum Mai 1945 in Kriegsgefangenschaft geraten waren. Viele von ihnen wurden schnell entlassen, aber Ende September 1945 blieben immer noch 6.5 Millionen in westlichen Lagern. Auch sie wurden, abgesehen von den Gefangenen in französischen Lagern, meist bis Ende 1946 zügig entlassen. Trotz der gewaltigen logistischen Probleme, welche die Versorgung dieser Millionenzahl von Soldaten, zusätzlich zum eigenen Millionenheer, aufwarf, ist es bei den westlichen Alliierten relativ selten zu eklatanten Missständen gekommen. In Frankreich dagegen wurden Tausende von jungen Soldaten in die Fremdenlegion gepresst, mehr als 100 000 jahrelang zur Zwangsarbeit in Bergwerken herangezogen. Und auf den berüchtigten Rheinwiesen, wo amerikanische Einheiten nach ihrem Durchbruch durch die letzte deutsche Westfront zahlreiche deutsche Kriegsgefangene provisorisch zusammengepfercht und bei kaltem Regenwetter wochenlang kaum versorgt hatten, kam es zu einem Massensterben. Noch jahrelang nach dem Krieg pries sich im allgemeinen aber jeder Soldat glücklich, der in britische oder amerikanische Gefangenschaft geraten war, in die große Verbände auf der Flucht vor der Roten Armee geradezu nach Westen geeilt waren.

Ein wahrer Horror herrschte dagegen vor der sowjetischen Kriegsgefangenschaft, in der bis zum Herbst 1945 etwa 2.1 Millionen deutsche Soldaten geblieben waren. Nicht zu Unrecht, wie sich herausstellte, denn etwa ein Drittel dieser Gefangenen kam auf den endlosen Märschen in die Lager oder während der folgenden Zwangsarbeitsjahre ums Leben. Von den 90000 Überlebenden von Stalingrad etwa kehrten nur 5000 Männer heim. Gewiss litt auch die russische Bevölkerung unter eklatanten Versorgungsmängeln, doch die Lebensbedingungen in den sibirischen Zwangsarbeitslagern besaßen ihre eigene mörderische Gewalt. Erst 1955/56 trafen die letzten 35000 Rückkehrer, überwiegend in der stalinistischen Ära durch Pseudogerichtsverfahren wegen «Kriegsverbrechen» verurteilte Soldaten, in der Bundesrepublik ein.

Der Bombenkrieg, den die alliierten Luftflotten gegen deutsche Städte geführt hatten, kostete etwa 600000 deutschen Zivilisten das Leben. Hunderttausende von volksdeutschen und ostdeutschen Zivilisten, von «Blitzmädchen» und Krankenschwestern, die aus der Gefangenschaft oder nach der Besetzung in die Sowjetunion verschleppt wurden, ohne dass ihre Zahl je genau festgestellt werden konnte, erlitten bis zu ihrer Entlassung nach realistischer Schätzung tödliche Verluste von etwa einem Drittel.

Ungleich höher noch lag die Verlustziffer der deutschen Vertriebenen und Flüchtlinge. Die Anzahl der Überlebenden bezifferte sich bis 1950 auf 12.45 Millionen, doch 1.71 Millionen waren während der Vertreibungsaktion oder auf der Flucht in den Westen umgekommen, so dass insgesamt 14.16 Millionen die bisher größte gewaltsame Bevölkerungsverschiebung erlebt oder wegen der Flucht ihre Heimat verloren hatten. Im Einzelnen verteilten sich die Zahlen auf die wichtigsten Herkunftsgebiete folgendermaßen: deutsche Ostgebiete 6.66, Tschechoslowakei 2.06, Polen 2.1 Millionen, Jugoslawien 238000, Ungarn 210000, Rumänien 133000. Nicht einbezogen sind die Wolgadeutschen, die größte deutschsprachige Minderheit in Südrussland, die unter Stalin mit riesigen Verlustziffern in die Weiten Kasachstans deportiert worden waren.

Die noch immer vorläufige, doch empirisch so gut wie möglich abgesicherte Bilanz der deutschen Kriegstoten und der Opfer der Kriegsfolgen beläuft sich daher auf 9.23 Millionen, maximal auf 10.13 Millionen Sterbefälle. Das entsprach fast einem Sechstel der Reichsbevölkerung von 1938.

Die Resultate der Kriegsverluste, der Vertreibung und der Massenflucht führten in den Nachkriegsjahren zu dramatischen demographischen Konsequenzen. Auf die vier Besatzungszonen, auf deren Gebiet 1939 59.794 Millionen Menschen gelebt hatten, verteilten sich bis 1946 ohne Berücksichtigung der «Displaced Persons» 65.930 Millionen Bewohner. Die Einwohnerdichte stieg deshalb von 167.5 auf 186.6 pro km^2 an. Auf 36.195 Millionen Frauen entfielen (im Verhältnis von 125:100) nur 29.316 Millionen Männer. Schon bis zum April 1947 waren 10.1 Millionen Vertriebene eingetroffen, die sich auf die vier Besatzungszonen ungleich verteilten: auf die Sowjetische Besatzungszone entfielen zunächst 3.95, auf die Britische Zone 2.19, auf die Amerikanische Zone 2.9 Millionen, auf die Französische Zone nur 50000, allerdings waren darunter auch schon 900000 Flüchtlinge, die aus der Sowjetzone in den Westen übergewechselt waren.

Bis zur ersten Volkszählung nach dem Krieg im Jahre 1950 war die Anzahl der Vertriebenen und Flüchtlinge auf 12.3 Millionen angestiegen. Damit stellten sie fast ein Fünftel (18 %) der Bevölkerung von Restdeutschland. Zu dieser Zeit lebten 7.9 Millionen von ihnen in Westdeutschland, 4.4 Millionen noch in der DDR. Die Bundesrepublik besaß in diesem Jahr bereits 47.7 Millionen Einwohner, mithin 8.3 Prozent Menschen mehr als 1939 (39.4 Mill.) auf diesem Gebiet gelebt hatten. Bis 1961 ist die Einwohnerzahl weiter auf 54 Millionen angestiegen, da in diesem Jahrzehnt noch einmal 5.4 Millionen Menschen, darunter 3.5 Millionen DDR-Flüchtlinge, zugewandert sind.

Im Vierzonendeutschland gab es aus unmittelbar einleuchtenden Gründen nach 1945 kein Geburtenhoch wie in den Siegerländern Frankreich und England. Wohl aber musste das amputierte Land 12.45 Millionen Vertriebene aufnehmen. Der allergrößte Anteil entfiel auf das Gebiet der Bundesrepublik, die nicht nur zahlreiche aus der Sowjetzone nach Westen weiter wandernde Vertriebene, sondern auch die

DDR-Flüchtlinge unter denkbar schwierigen Bedingungen zu integrieren hatte. Zu diesen widrigen Umständen gehörte z.B., dass wegen der zerstörten Großstädte insbesondere die Agrargebiete und Kleinstädte die Heimatlosen auffangen mussten. 1950 stellten Vertriebene und Flüchtlinge zwei Drittel der Bevölkerung in Schleswig-Holstein, ein Drittel in Niedersachsen und ein Drittel in Bayern. Allerdings waren zu diesem Zeitpunkt fast alle 8.944 Millionen Evakuierten aus den ländlichen und kleinen Orten in ihre Heimatstädte zurückgekehrt.

Zu den einschneidenden Folgen der Kriegsverluste gehörte auch die Ungleichverteilung der Geschlechter. 1950 entfielen auf 1000 Männer in den Alterskohorten der 15- bis 65jährigen noch immer 1362 Frauen, in den Altersklassen der besonders dezimierten Kohorten der 25- bis 40jährigen sogar 1400 Frauen, denn dieser Männeranteil war von 1939 = 27.3 bis 1946 auf 17.6 Prozent der Bevölkerung abgesunken. Folgerichtig bestand darum auch das westdeutsche Arbeitskräftepotential zu Beginn der zweiten Hälfte des 20. Jahrhunderts zu 53.4 Prozent aus Frauen. Neben 15.18 Millionen vollständigen Familienhaushalten existierten noch immer 4.1 Millionen verwitwete Haushaltsvorstände. Der Zustrom von Vertriebenen und Flüchtlingen bis zum Mauerbau von 1961 sorgte dann aber schnell nicht nur für einen Ausgleich der Geschlechterasymmetrie, sondern auch für eine Verjüngung der männlichen Arbeitskräfte. Denn Vertriebene und Flüchtlinge stellten 1950 schon 20 Prozent der Erwerbstätigen (1969 sogar 22 %). Jeder fünfte Berufstätige war erst in den letzten Jahren in seiner neuen Heimat eingetroffen.

Andere jedoch bemühten sich darum, deutschen Boden so schnell wie eben möglich zu verlassen. Das waren die acht bis zehn Millionen «Displaced Persons», vornehmlich Zwangsarbeiter, Kriegsgefangene, Überlebende der Konzentrationslager und ins Reich geflüchtete «Hilfswillige» der Wehrmacht. Ihre Versorgung, ihr Lagerleben, ihre Repatriierung warfen für die Besatzungsmächte wie für die Einheimischen zeitweilig gravierende Probleme auf. Doch bis zum Frühjahr 1947 war die Anzahl der «Displaced Persons» auf eine Million hinabgesunken, in den drei Westzonen blieben bis zum Frühjahr 1949 nurmehr 411 000 Rückkehrunwillige zurück. Darunter befanden sich zahlreiche Wehrmachts-Hiwis, die aus guten Gründen vor der Repatriierung und der folgenden Bestrafung zurückschreckten. Sie hatten seither mit einer überwiegend spannungsreichen Assimilation zu kämpfen, zumal sie nicht selten als neue Asoziale in Slumviertel oder -straßen abgedrängt wurden. Selbst dieses Leben in einer Marginalexistenz war aber dem Schicksal der repatriierten sowjetischen Kriegsgefangenen und zahlreicher Zwangsarbeiter vorzuziehen, die wegen ihrer gefährlichen Erfahrungen mit dem Lebensniveau eines westlichen Landes von der Stalinschen Politik geradewegs in den Archipel Gulag transportiert wurden.

An die Stelle des geplanten «Großgermanischen Reiches» mit seinem östlichen Vorfeld bis zum Ural trat seit 1945 ein neuartiges Rumpfdeutschland. Denn aufgrund von interalliierten Vereinbarungen wurde rund ein Viertel des deutschen Staatsgebiets abgetrennt. Dazu gehörten 25 Prozent der landwirtschaftlichen Nutzfläche, große Industriereviere und Bodenschätze. Die Sowjetunion übernahm das nördliche Ostpreußen einschließlich Königsberg. Als Entschädigung für Ostpolen, das im Vollzug der vierten polnischen Teilung aufgrund des Hitler-Stalin-Paktes von der Sowjetunion annektiert worden war, erhielt Polen – von Stalin auch als ewiger Zankapfel zwischen Deutschen und Polen gedacht – Ostdeutschland gemäß der Formel «östlich von Oder und Neiße», d.h. den Südteil Ostpreußens, die Osthälfte von Pommern, einen Teil der Provinz Brandenburg, ganz Oberschlesien und den größten Teil von Niederschlesien. Selbstverständlich fielen auch die von Hitler annektierten früheren Provinzen Westpreußen und Posen an Polen zurück. Die erdrückende Mehrheit der deutschen Bevölkerung wurde aus diesen Gebieten vertrieben. Je nach ihrer Zugehörigkeit zu einer jetzt vorteilhaften Kategorie der nationalsozialistischen «Volksliste», welche die Menschen nach ethnisch-rassischen Gesichtspunkten eingestuft hatte, konnte nur eine winzige, meist zweisprachige Minderheit in Schlesien und Masuren bleiben.

Frankreich konnte seit dem Juli 1945 das Saargebiet als Protektorat einrichten, dessen Montanproduktion im Zuge der ökonomischen Eingliederung allein nach Frankreich ausgeliefert wurde, während eine formale politische Autonomie gut zwölf Jahre lang, bis 1957, bestehen blieb. Das Elsass und Lothringen erlebten ihre zweite Désannexion und kehrten in den französischen Staatsverband zurück.

Diese Entscheidungen bedeuteten, dass Rumpfdeutschland zwei seiner großen Industriegebiete, das oberschlesische und das saarländische Revier, sowie die dort gelegenen Energieressourcen der Kohlenbergwerke verlor. Die Abtrennung der ostdeutschen Agrargebiete hatte für Millionen Vertriebene den unwiederbringlichen Verlust ihrer Heimat zur Folge. Sieht man aber einmal diesen Verlust allein unter dem Gesichtspunkt der Minderung belastender regionaler Disparitäten, hat er das wirtschaftliche Wachstum der Bundesrepublik, vierzig Jahre lang aber auch der DDR, nachhaltig begünstigt.

Erneut musste die Kriegs- und die Handelsflotte an die Alliierten (zwei Drittel an die Westmächte, ein Drittel an die Sowjetunion) ausgeliefert werden. Erneut wurde das gesamte deutsche Auslandsvermögen in Höhe von etwa zehn Milliarden Mark konfisziert. Die ausländischen Wertpapiere in Höhe von 2.5 Milliarden Mark sowie sämtliche deutschen Patente und Warenzeichen wurden als Bestandteil der Reparationen beschlagnahmt. Diese reparationsäquivalenten Leistungen erreichten einen Wert von zehn Milliarden Dollar und kamen vorrangig der amerikanischen Industrie zugute. Das waren schmerzhafte Folgen eines verlorenen Krieges, wahrhaft betäubend aber wirkte lange Zeit die territoriale Verstümmelung, die mehr als 600, 700 Jahre nach der mittelalterlichen «Ostsiedlung» einen Großteil dieser deutschen Lebenswelt abrupt auslöschte. Nie zuvor ist in der neueren europäischen Geschichte eine Großmacht in derart krasser Form nach ihrer Niederlage bestraft worden, allenfalls der vom Kaiserreich der Sowjetunion diktierte Frieden von Brest-Litowsk hält einem Vergleich in etwa Stand. Nie zuvor hatte aber auch eine solche Großmacht einen derartigen Eroberungs- und Vernichtungskrieg mit der Kulmination aller Schrecken im Holocaust und Russlandfeldzug geführt.

Trotz der schlechten Erfahrungen nach dem Ersten Weltkrieg haben sich die Alliierten des Zweiten Weltkriegs erneut darauf geeinigt, dass deutsche Reparationsleistungen als Zwangsabgaben des Besiegten an die Sieger einen Teil der eigenen Kriegskosten ausgleichen sollten. Das konnte durch Entschädigungszahlungen und die Entnahme von Gütern aus der laufenden Produktion geschehen. Als zeitweilig wichtigste Leistung erwies sich die komplette Montage unversehrter deutscher Industriebetriebe, welche die Ausrüstung der Siegerländer verbessern helfen sollten.

Insbesondere die Sowjetunion, deren Westen jahrelang umkämpfter Kriegsschauplatz und Ort eines gnadenlosen Zerstörungswerks gewesen war, wollte möglichst schnell hohe Beträge, Produktionslieferungen und die industriellen Anlagen für ihren Wiederaufbau gewinnen. Um den Zugriff auf das Industriepotential des britisch besetzten Ruhrgebiets zu gewinnen, hielt Moskau trotz der beschleunigten Einrichtung einer sowjetischen Satrapie bis zur Elbe eine geraume Zeit lang noch am Ziel der wirtschaftlichen Einheit Deutschlands fest. Dieser Zugriff wurde ihm indes von den Westmächten aus wohl verstandenem Eigeninteresse alsbald auch im Schlagschatten des heraufziehenden Kalten Krieges verwehrt, so dass die Sowjetzone/DDR sich wehrlos der Ausbeutung durch die Besatzungsmacht ausgeliefert sah. Jahr für Jahr mussten hohe Zahlungen geleistet, die Besatzungskosten übernommen, große Teile der anlaufenden Produktion an die Sowjetunion geliefert werden.

Die im Verlauf eines wahllosen Abbaus intensiv betriebene Demontage erreichte ihr Maximum im Frühjahr 1946, hielt aber bis Mitte 1948 und auch darüber hinaus noch in erheblichem Umfang weiter an. Der Umfang der ostdeutschen Industrieanlagen, die unter dem Bombenkrieg vergleichsweise wenig gelitten hatten, verringerte sich aus diesem Grund um mindestens 45, vielleicht sogar um 55 Prozent des Standes von 1945, so dass er auf den Stand von 1936 herabgedrückt wurde. Etwa 30 Prozent des gesamten ostdeutschen Industriekapitals wurden in den Besitz der «Sowjetischen Aktiengesellschaften» (SAG) überführt, die ausschließlich für die Sowjetunion arbeiteten. Auf diese Weise konnte sie einen großen Anteil der Abzweigung aus der laufenden Produktion selber genau kontrollieren. Wesentlich als Schreckreaktion auf den ostdeutschen Arbeiteraufstand vom Juni 1943 wurde eine russisch-ostdeutsche Vereinbarung getroffen, wonach vom Januar 1954 ab die Reparationszahlungen eingestellt, die SAG für drei Milliarden Mark zurückverkauft, die Besatzungskosten angeblich gesenkt werden sollten; großmütig wurden der DDR sogar ihre Nachkriegsschulden erlassen.

Das Ziel der russischen Reparationspolitik war ursprünglich eine deutsche Leistung von etwa zehn Milliarden Dollar gewesen, die Stalin später dann als propagandistischen Beweis «brüderlicher Freundschaft» auf 3.17 Milliarden Dollar ermäßigt hatte. Tatsächlich aber kam der Sowjetunion schließlich das zweieinhalbfache ihrer anfänglichen Forderung zugute. Bis Ende 1953 hat sie wahrscheinlich Reparationszahlungen in Höhe von 13.39 Milliarden Mark (4.29 Milliarden Dollar) empfangen, mehr als 2000 Betriebe demontiert und aus der laufenden Produktion Güter im Wert von etwa 35 Milliarden Mark entnommen, wobei die SAG zehn Milliarden Mark direkt abgeschöpft haben. Als Besatzungskosten wurden bis Ende 1953 sechzehn Milliarden Mark in Rechnung gestellt. Überdies wurden von deutschen Kriegsgefangenen in der Sowjetunion mindestens 1.4 Milliarden unbezahlter Zwangsarbeitstage geleistet.

Die ostdeutschen Leistungen betrugen daher bis zum Januar 1954 mindestens 35 Milliarden Mark (zu laufenden Preisen) oder 16.3 Milliarden Dollar. Auf die ostdeutsche Bevölkerung umgerechnet entfiel mithin eine Bürde von 890 Dollar p.c., die Belastung des ostdeutschen Bruttosozialprodukts mit den Reparationsleistungen machte bis Ende 1946 33 Prozent, seither auch nicht weniger als 25 Prozent aus. Im Vergleich mit Westdeutschland hat daher die Sowjetzone/DDR eine unverhältnismäßig höhere Belastung mit den Kriegsfolgekosten auf sich zu nehmen gehabt.

Den drei Westzonen und dann der Bundesrepublik wurden anfangs, bis 1953, weitaus geringere Reparationsleistungen abverlangt, zumal die britische und die amerikanische Besatzungsmacht von vornherein keine extrem hohen Ansprüche gestellt und ihre Forderungen nie in festen Summen konkretisiert, geschweige denn in Vertragsform gegossen hatten. Doch war es dann allein die Bundesrepublik, die seit den frühen 1950er Jahren die Tilgung sämtlicher internationalen deutschen Schulden und die Wiedergutmachungszahlungen übernommen hat, allerdings zu einer Zeit, als ihr das «Wirtschaftswunder» die Abzweigung dieser Milliardenbeträge ungleich leichter machte, als das für Ostdeutschland die Abführung seiner Zwangsabgaben bis 1954 gewesen ist.

Der westdeutsche Maximalverlust durch Reparationszahlungen betrug bis Ende 1953 fünf Milliarden Mark (in Preisen von 1938) oder 1.24 Milliarden Dollar. Der Kapazitätsverlust durch die Demontage führte, da er allenfalls 3.5 Prozent betrug, zu keiner einschneidenden Schwächung, obwohl der Abbau der Industrieanlagen, die den Bombenkrieg überstanden hatten, von den Belegschaften, den Unternehmen und Gewerkschaften als gravierend empfunden wurde. Am amerikanisch-britischen Widerstand prallte die russisch-französische

Forderung nach einer Internationalisierung des Ruhrgebiets ab, die zu einer rigorosen Demontagepraxis hätte führen können. Wären übrigens die anfänglichen Pläne des Alliierten Kontrollrats und der Interalliierten Reparationsagentur vom Frühjahr 1946 in den Westzonen verwirklicht worden, wären dort 1800 Fabriken demontiert worden – das hätte die Rückkehr auf den Stand von 1931 bedeutet. Tatsächlich blieb es dann aber bis zum Ende der Reparationen aufgrund des Petersberger Abkommens vom November 1949, rechtlich besiegelt durch den Deutschlandvertrag vom Mai 1952, bei knapp einem Viertel des ursprünglich geplanten Umfangs. Einschließlich der Besatzungskosten, des Wertes der entnommenen Produktion und des weithin nicht angemessen bezahlten westdeutschen Exports (bis zum Oktober 1947 z.B. fielen darunter immerhin 75 Prozent der Ausfuhr, und auch danach wurde weit unter dem Weltmarktpreis abgerechnet) belief sich die westdeutsche Gesamtleistung auf etwa 16.8 Milliarden Dollar.

Als Rechtsnachfolger der Weimarer Republik und des Deutschen Reiches übernahm die Bundesrepublik im Rahmen des Londoner Schuldenabkommens von 1952 die Rückzahlungspflicht für alle internationalen Schulden, die Deutschland vor 1939 eingegangen war. Auf diese völkerrechtliche Anerkennung hatten die amerikanische und die englische Politik schon in der frühen Nachkriegszeit im Prinzip mit dem Resultat bestanden, dass von vornherein große Kapitalgeber künftig eher begünstigt werden sollten als geschädigte Zivilisten aus jenen Ländern, die vom «Dritten Reich» mit Krieg überzogen worden waren. Außerdem führte die Bundesrepublik ein relativ großzügiges Wiedergutmachungsprogramm in dem Bewusstsein aus, dass millionenfache Opfer und unsägliches menschliches Leid durch finanzielle Leistungen niemals ausgeglichen werden könnten, den Überlebenden aber wenigstens materiell geholfen werden sollte. Immerhin kamen diese zügig eingeleiteten Zahlungen zahlreichen Menschen und dem Staat Israel als Heimstätte vieler überlebender Juden zugute.

Deshalb summierten sich von 1953 bis 1989 noch einmal Kriegsfolgeleistungen, die über die bisherigen westdeutschen Reparationen und Demontageverluste weit hinausgingen. So wurden etwa für die individuelle Wiedergutmachung 9.12 Milliarden Dollar, an Israel 5.23 Milliarden Dollar, für die Schuldentilgung 3.15 Milliarden Dollar, auch für die Besatzungskosten noch einmal 3.36 Milliarden Dollar, insgesamt 20.88 Milliarden Dollar oder rund 122 Milliarden DM bezahlt.

Addiert man die gesamtdeutsche Leistung für die Zeitspanne der Zonenherrschaft und Zweistaatlichkeit, mithin von 1945 bis 1989, kommt man auf 30.15 Milliarden Dollar, einschließlich der Besatzungskosten sogar auf 50.5 Milliarden Dollar. Dabei sind die Verluste an Auslandsinvestitionen und -sachvermögen, an ausländischen Wertpapieren und durch die Patententeignung sowie die Beschlagnahmung aller deutschen Schiffe nicht berücksichtigt. Von den 30.15 Milliarden Dollar an Reparationsleistungen im engsten Sinne entfallen 12 Milliarden auf Westdeutschland, aber 18.15 Milliarden auf Ostdeutschland. Pro Kopf machte das für die vielfach privilegierten Westdeutschen eine Belastung mit ca. 195, für die vielfach diskriminierten Ostdeutschen jedoch mit 1.084 Dollar aus.

So drückend diese Last, namentlich in Ostdeutschland, auch wirkte – wie begrenzt nimmt sie sich doch aus, wenn man sie mit den 34 Millionen europäischen Toten des Zweiten Weltkriegs, dem Holocaust, überhaupt mit dem menschlichen Elend und den Verwüstungen in Beziehung setzt, die Hitlers Deutsche in fünfeinhalb Jahren über Europa und Russland gebracht haben.

Anhang

Auswahlbibliographie

I. Nachschlagewerke

W. Benz u. a. Hg., Enzyklopädie des Nationalsozialismus, München 2007[5].
W. Benz Hg., Lexikon des Holocaust, München 2002.
M. Broszat u. N. Frei, Das Dritte Reich im Überblick, München 2007.
I. Gutman u. a. Hg., Enzyklopädie des Holocaust, 4 Bde., München 1998[2].
E. Klee Hg., Das Personenlexikon zum Dritten Reich, Frankfurt 2007[2].
A. S. Leoussi u. A.D. Smith Hg., Encyclopaedia of Nationalism, New Brunswick 2001.
A. J. Motyl Hg., Encyclopedia of Nationalism, 2 Bde., San Diego 2001.
H. Weiß Hg., Biographisches Lexikon zum Dritten Reich, Frankfurt 2002[2].

II. Anregungen

M. Bach, Die charismatischen Führerdiktaturen, Baden-Baden 1990.
S. Haffner, Anmerkungen zu Hitler, Frankfurt 2002.
I. Kershaw, Der NS-Staat, Reinbek 1999.
I. Kershaw, Hitlers Macht, München 2000[2].
M. R. Lepsius, Das Modell der charismatischen Herrschaft u. seine Anwendbarkeit auf den «Führerstaat» A. Hitlers, in: ders., Demokratie in Deutschland, Göttingen 1993, 95–118.
J. Stern, Hitler, München 1981.
H. A. Turner, Geißel des Jahrhunderts: Hitler u. seine Hinterlassenschaft, Berlin 1989.

III. Kurze Überblicke

E. Piper, Kurze Geschichte des Nationalsozialismus, Hamburg 2007.
M. Wildt, Geschichte des Nationalsozialismus, Stuttgart 2008.

IV. Allgemeine Darstellungen

A. Bauerkämper, Der Faschismus in Europa 1918–1945, Stuttgart 2006.
V. Berghahn, Europa im Zeitalter der Weltkriege, Frankfurt 2002.
K. v. Beyme, Politische Theorie im Zeitalter der Ideologien 1789–1945, Wiesbaden 2002.
M. Broszat, Der Staat Hitlers, München 2000[15].
K. D. Bracher, Die deutsche Diktatur, Berlin 1997[7].

R. Dahrendorf, Gesellschaft u. Demokratie in Deutschland, München 1977[5].
J. Dülffer, Deutsche Geschichte 1933–1945. Führerglaube u. Vernichtungskrieg, Stuttgart 1992.
R. J. Evans, Das Dritte Reich, 3 Bde., München 2004/2006/2009.
E. Fraenkel, Der Doppelstaat, Hamburg 2001[2].
R. Griffin u. M. Feldman Hg., Fascism, 5 Bde., London 2004.
U. v. Hehl, Nationalsozialistische Herrschaft, München 2001[2].
L. Herbst, Das nationalsozialistische Deutschland 1933–45, Frankfurt 1996.
K. Hildebrand, Das Dritte Reich, München 2003[6].
E. Kolb, Die Weimarer Republik, München 2002[6].
H. Mommsen, Die verspielte Freiheit. Der Weg der Republik von Weimar in den Untergang 1918 bis 1933, Berlin 1989.
H. Mommsen, Von Weimar nach Auschwitz, München 2001.
F. Neumann, Behemoth, Frankfurt 1994.
R. O. Paxton, Anatomie des Faschismus, München 2006.
S. G. Payne, Geschichte des Faschismus, Wien 2006.
D. Peukert, Die Weimarer Republik, Darmstadt 1997.
D. u. W. Süss Hg., Das «Dritte Reich», München 2008
H.-U. Thamer, Verführung u. Gewalt. Deutschland 1933–1945, München 2004[5].
H.-U. Wehler, Deutsche Gesellschaftsgeschichte IV: 1914–1949, München 2008[3], 542–593 (die wichtigste Literatur: 1079–93, 1093–1147, 600–950).
W. Wippermann, Europäischer Faschismus im Vergleich 1922–82, Frankfurt 1991.
H. A. Winkler, Weimar 1918–1933, München 2005[4].

V. Nationalsozialismus und Hitler

R. Bessel Hg., Fascist Italy and Nazi Germany, Cambridge 1996.
M. Broszat, Soziale Motivation u. Führerbindung im Nationalsozialismus, in: ders., Nach Hitler, München 1988, 11–33.
A. Bullock, Hitler u. Stalin, München 1999.
J. Falter, Hitlers Wähler, München 1991.
J. Fest, Das Gesicht des Dritten Reiches, München 1994[11].
N. Frei, Der Führerstaat 1933–1945, München 2001[6].
U. Herbert, Best. Radikalismus, Weltanschauung u. Vernunft 1903–1989, Bonn 1996.
E. Jaeckel, Hitlers Herrschaft, Stuttgart 1991[3].
E. Jaeckel, Hitlers Weltanschauung, Stuttgart 1991[4].
M. Kater, Hitler-Jugend, Darmstadt 2005.
M. Kater, The Nazi Party 1919–1945, Cambridge/Mass. 1983.
I. Kershaw, Hitler, 2 Bde., Stuttgart 1998/2000.
I. Kershaw, Der Hitler-Mythos, München 2002.
M. G. Knox, Origins and Dynamics of the Fascist and National Socialist Dictatorships, Bd. I: To the Threshold of Power 1922/1933, Cambridge 2007.
U. Lohalm, Völkischer Radikalismus. Die Geschichte des «Deutschvölkischen Schutz- u. Trutz-Bundes», Hamburg 1970.
H. Mommsen, Der Nationalsozialismus u. die deutsche Gesellschaft, Reinbek 1991.

S. O. Müller, Deutsche Soldaten u. ihre Feinde. Nationalismus an Front u. Heimatfront im Zweiten Weltkrieg, Frankfurt 2007.
A. Nolzen u. S. Reichardt Hg., Faschismus in Italien u. Deutschland, Göttingen 2005.
J. Nyomarkay, Charisma and Factionalism in the Nazi Party, Minneapolis 1967.
R. Overy, Die Diktatoren. Hitlers Deutschland, Stalins Rußland, München 2005.
W. Pyta, Hindenburg, München 2007.
W. Schieder, Faschismus, in: R. van Dülmen Hg., Geschichte, Frankfurt 1990², 177–95.
W. Schieder, Faschistische Diktaturen, Göttingen 2008.
D. Schmiechen-Ackermann, Diktaturen im Vergleich, Darmstadt 2006².
D. Schoenbaum, Die braune Revolution. Eine Sozialgeschichte des Dritten Reiches, Berlin 1999.
K. Schreiner, «Wann kommt der Retter Deutschlands?» Formen und Funktionen von politischem Messianismus in der Weimarer Republik, in: Saeculum 49.1998, 107–160.
K. Schreiner, Messianismus, in: K. Hildebrand Hg., Zwischen Politik u. Religion, München 2003, 1–44.
A. Tooze, Ökonomie der Zerstörung. Die Geschichte der Wirtschaft im Nationalsozialismus, München 2007.
A. G. Whiteside, Nationaler Sozialismus in Österreich vor 1918, in: Vierteljahrshefte für Zeitgeschichte 9.1961, 333–59.
M. Wildt, Generation des Unbedingten. Das Führungskorps des Reichssicherheitshauptamtes, Hamburg 2003.

VI. Antisemitismus, Rassismus, Genozid

B. Barth, Genozid. Völkermord im 20. Jh., München 2006.
P. E. Becker, Wege ins Dritte Reich, Bd. 2: Sozialdarwinismus, Rassismus, Antisemitismus u. völkischer Gedanke, Stuttgart 1990.
W. Benz, Der Holocaust, München 2008⁷.
H. Berding, Moderner Antisemitismus in Deutschland, Frankfurt 1995².
D. L. Bergen, War and Genocide, N.Y. 2003.
C. Browning, Die Entfesselung der «Endlösung». Nationalsozialistische Judenpolitik 1939–42, Berlin 2006.
Militärgeschichtliches Forschungsamt Hg., Das Deutsche Reich u. der Zweite Weltkrieg, 10 Bde., München 1979–2008.
S. Friedländer, Das Dritte Reich u. die Juden, 2 Bde., München 1998/2006.
C. Geulen, Geschichte des Rassismus, München 2007.
R. Hilberg, Die Vernichtung der europäischen Juden, 3 Bde., Frankfurt 1999⁹.
P. Longerich, «Davon haben wir nichts gewußt!» Die Deutschen u. die Judenverfolgung 1933–1945, München 2006².
P. Longerich, Politik der Vernichtung. Eine Gesamtdarstellung der nationalsozialistischen Judenverfolgung, München 1998.
H. Mommsen, Auschwitz 17. 7. 1942, München 2002.
G. L. Mosse, Die Geschichte des Rassismus in Europa, Frankfurt 2006.
R.-D. Müller, Der Zweite Weltkrieg, Stuttgart 2004.

N. M. Naimark, Flammender Haß. Ethnische Säuberungen im 20. Jh., München 2004.
H.-W. Schmuhl, Rassenhygiene, Nationalsozialismus, Euthanasie 1890–1945, Göttingen 1992².
D. Pohl, Holocaust, Freiburg 2000.
G. Schreiber, Der Zweite Weltkrieg, München 2002.
S. Volkov, Antisemitismus als kultureller Code, München 2000.
S. Volkov, Germans, Jews and Antisemites, Cambridge 2006.
S. Volkov, Jüdisches Leben u. Antisemitismus im 19. u. 20. Jh., München 1990.
S. Volkov, Das jüdische Projekt der Moderne, München 2001.
P. Weingart u. a. Hg., Rasse, Blut u. Gene. Geschichte der Eugenik u. Rassenhygiene in Deutschland, Frankfurt 1992.
M. Zimmermann, Die deutschen Juden 1914–45, München 1997.
M. Wildt, Volksgemeinschaft als Selbstermächtigung. Gewalt gegen Juden in der deutschen Provinz 1919–1939, Hamburg 2007.

Personenregister

Aus dem Verlagsprogramm

Hans-Ulrich Wehler bei C. H. Beck

Deutsche Gesellschaftsgeschichte Bände 1–5

Band 1: 1700–1815. Vom Feudalismus des Alten Reiches bis zur Defensiven Modernisierung der Reformära
4. Auflage. 2006. XII, 676 Seiten. Leinen

Band 2: 1815–1845/49. Von der Reformära bis zur industriellen und politischen «Deutschen Doppelrevolution»
4. Auflage. 2005. XII, 914 Seiten. Leinen

Band 3: 1849–1914. Von der „Deutschen Doppelrevolution" bis zum Beginn des 1. Weltkrieges
2. Auflage. 2006. XVIII, 1.515 Seiten Seiten. Leinen

Band 4: 1914–1949. Vom Beginn des Ersten Weltkriegs bis zur Gründung der beiden deutschen Staaten
3. Auflage. 2008. XXIV, 1.173 Seiten. Leinen

Band 5: Bundesrepublik und DDR 1949–1990
2008. 529 Seiten. Leinen

Verlag C. H. Beck München

Hans-Ulrich Wehler bei C. H. Beck

Eine lebhafte Kampfsituation
Ein Gespräch mit Manfred Hettling und Cornelius Torp
2006. 224 Seiten.
Beck'sche Reihe Band 1705

Nationalismus
Geschichte, Formen, Folgen
3. Auflage. 2006. Paperback
C. H. Beck Wissen in der Beck'schen Reihe 2169

Konflikte zu Beginn des 21. Jahrhunderts
Essays
2003. 244 Seiten. Paperback
Beck'sche Reihe Band 1551

Notizen zur deutschen Geschichte
2007. 295 Seiten. Paperback
Beck'sche Reihe Band 1743

Scheidewege der deutschen Geschichte
Von der Reformation bis zur Wende 1517–1989
1995. 255 Seiten. Paperback
Beck'sche Reihe Band 1123

Verlag C. H. Beck München